Michael von Hauff
Nachhaltige Entwicklung

Michael von Hauff

Nachhaltige Entwicklung

Grundlagen und Umsetzung

3., überarbeitete und erweiterte Auflage

DE GRUYTER
OLDENBOURG

ISBN 978-3-11-072236-9
e-ISBN (PDF) 978-3-11-072253-6
e-ISBN (EPUB) 978-3-11-072260-4

Library of Congress Control Number: 2021944312

Bibliografische Information der Deutschen Nationalbibliothek
Die Deutsche Nationalbibliothek verzeichnet diese Publikation in der Deutschen
Nationalbibliografie; detaillierte bibliografische Daten sind im Internet über
http://dnb.dnb.de abrufbar.

© 2021 Walter de Gruyter GmbH, Berlin/Boston
Umschlaggestaltung: Adyna/DigitalVision Vectors/Getty Images
Satz: le-tex publishing services GmbH, Leipzig
Druck und Bindung: CPI books GmbH, Leck

www.degruyter.com

Für
Isabelle, Philipp und Nicolas

Vorwort zur dritten Auflage

Nachhaltige Entwicklung fand in den vergangenen Jahren, d. h. seit der zweiten Auflage dieses Buches, in vielen Bereichen wie Wissenschaft, Wirtschaft, Politik und Gesellschaft eine zunehmende Beachtung. In der Wissenschaft ist sie von einer Querschnittsdisziplin jedoch noch weit entfernt. In Deutschland haben weiterhin die wenigsten Hochschulen ein eigenes konsistentes Nachhaltigkeitskonzept bzw. eine Nachhaltigkeitsstrategie die auch umgesetzt wird. Gleichzeitig gibt es Vorbilder wie die Universität Lüneburg und die Hochschule für Nachhaltigkeit Eberswalde. Einige weitere Hochschulen haben Nachhaltigkeitsstrategien, wobei es in der Regel wenige Informationen über die tatsächliche Umsetzung gibt. Andere Hochschulen sind zumindest auf dem Weg zu einer Nachhaltigkeitsstrategie. Ähnlich verhält es sich in der Wirtschaft. Auch hier gibt es Unternehmen, die bestrebt sind ihr Nachhaltigkeitskonzept umzusetzen. Viele Unternehmen verwenden jedoch den Begriff, ohne dass Konsumenten erkennen können, welchen Anspruch sie damit verbinden. Die Politik zeichnet sich durch eine gewisse Ambivalenz aus. Einerseits hat Deutschland im internationalen Vergleich eine relativ ambitionierte nationale Nachhaltigkeitsstrategie und auch die Mehrzahl der Bundesländer haben auf Landesebene eine Nachhaltigkeitsstrategie als Grundlage für die Politikgestaltung. In Diskussionen in Parlamenten oder in der konkreten Politikgestaltung wird darauf jedoch kaum Bezug genommen. Daher stellt sich die Frage, in welchem Maße die nachhaltige Entwicklung in der Gesellschaft angekommen ist bzw. sich etabliert hat.

In einer Befragung in Deutschland gaben 85 % der Befragten an, dass ihnen der Begriff schon „einmal begegnet" ist. Etwa 80 % sehen in nachhaltiger Entwicklung eine große Chance, dass sich ihre Lebensqualität verbessert und mehr Naturverbundenheit ermöglicht. Mehr als 50 % erwarten von einer nachhaltigen Entwicklung, dass sie zu mehr Gemeinschaft unter den Menschen führt. Schließlich erhofft sich die Mehrheit, dass sich die Wirtschaft mehr an den Bedürfnissen der Menschen ausrichtet. *(Umweltbundesamt 2019)* Die Umsetzung wurde von der Völkergemeinschaft im Rahmen der Agenda 2030 mit den 17 Nachhaltigkeitszielen (SDGs), auf deren Grundlage alle Länder eine nationale Nachhaltigkeitsstrategie entwickeln sollen, konkretisiert. Auch hier lässt sich feststellen: der Grundgedanke der Agenda 2030 stößt auf Zustimmung. Die Mehrheit der Bevölkerung ist jedoch nicht mit den SDGs vertraut. Etwa 60 % der Bürgerinnen und Bürger haben im Sommer 2017 noch nichts von ihnen gehört. Nur etwa 10 % kannten den Begriff und gaben an, dass sie wissen, um was es sich dabei handelt. *(Gleser, Schneider, Buder 2018, S. 50)*

Dabei wenden sich die 17 Nachhaltigkeitsziele den drängenden Problemen wie Armut, Klimawandel, Abnahme der Biodiversität, Gesundheit aber auch der wachsenden Einkommensungleichheit zu und es wird aufgezeigt, wie diese Probleme verringert bzw. gelöst werden sollen. Betrachtet man sich die Dringlichkeit der Nachhaltigkeitsziele, so ist festzustellen, dass es bei der Problembewältigung vielfach an einer

https://doi.org/10.1515/9783110722536-201

dynamischeren Entwicklung mangelt. Hinzu kommt, dass die Zielbeziehungen bisher nur unzureichend analysiert und aufgezeigt werden. Beispielsweise wird der Zusammenhang zwischen Artensterben, Klimawandel und Pandemien – man spricht hier von der Triple-Krise – nur langsam in ausreichendem Maße wahrgenommen. *(Settele 2020)* Dabei besteht kein Zweifel, dass Lösungsansätze sehr komplex sind, die Umsetzung kompliziert ist und große Hemmnisse zu überwinden sind. Dennoch gibt es bereits eine umfassende Forschung und Empfehlungen die umgesetzt werden könnten.

Das Anliegen des Buches zielt darauf ab, den Transformationsprozess in einigen grundlegenden Bereichen, der von dem Mainstream zu einem nachhaltigen Wirtschaften führt, aufzuzeigen und zu begründen. Dafür ist es notwendig zunächst exemplarisch die Grundlagen und Funktionsweisen des wirtschaftlichen Mainstreams aufzuzeigen, um dann die Herausforderungen und Anforderungen an den Transformationsprozess abzuleiten. Es gilt also zunächst den Ausgangspunkt für den Transformationsprozesses zu bestimmen. Diese Vorgehensweise wird in der Literatur bisher noch weitgehend vernachlässigt. Teilweise werden Transformationsprozesse entwickelt und beschrieben ohne den Ausgangspunkt zu bestimmen. Das gilt auch für ein weiteres Anliegen: es geht darum potenzielle Konflikte, die sich aus dem Transformationsprozess ergeben können, aufzuzeigen. Ein Beispiel hierfür ist die Beziehung zwischen Klimaschutz und Wirtschaftswachstum. Zur Lösung dieser Konflikte besteht vielfach noch Forschungsbedarf.

Daraus ergab sich die Notwendigkeit die dritte Auflage umfassend zu aktualisieren und einige Themen neu aufzunehmen. Das Kapitel 7, das sich der Agenda 2030 mit den 17 Nachhaltigkeitszielen und deren Umsetzung zuwendet, wurde neu geschrieben.

Stuttgart 2021   Michael von Hauff

Vorwort zur zweiten Auflage

Die Diskussion zu dem Paradigma nachhaltiger Entwicklung führte seit der ersten Auflage dieses einführenden Lehrbuches zu einer weiteren Vertiefung bzw. Ausdifferenzierung. Gleichzeitig lässt sich aber auch eine gegenläufige Entwicklung beobachten: Einerseits hat die Bedeutung nachhaltiger Entwicklung in Lehre und Forschung zugenommen, und es gibt in Deutschland auch erste erfolgreiche Bemühungen zur Entwicklung von Studiengängen mit einem Nachhaltigkeitsbezug. Es werden auch Nachhaltigkeitskonzepte für Hochschulen entwickelt, was jedoch in anderen Ländern wie den USA schon verbreiteter ist. Auch in der Unternehmenspraxis sowie in Kommunen und teilweise auf Länderebene ist ein wachsendes Interesse an dem Paradigma festzustellen. Andererseits sind bei der Umsetzung bisher nur relativ „kleine Schritte" zu beobachten.

Daher hat die Struktur des Lehrbuches, das sowohl die theoretischen Grundlagen nachhaltiger Entwicklung als auch die Umsetzung behandelt, noch an Bedeutung gewonnen. In dem Buch geht es weiterhin darum, wie es zu dem Paradigma der nachhaltigen Entwicklung kam und welche Anforderungen die Nachhaltigkeit hinsichtlich der Weiterentwicklung der heute dominierenden Ökonomie stellt. Dabei geht es ganz zentral um die kritische Hinterfragung des Primats der Ökonomie gegenüber der Ökologie und der sozialen Dimension, d. h. der Gesellschaft. Im Prinzip besteht heute kein Zweifel, dass wirtschaftliches Denken und Handeln in den Grenzen ökologischer Systeme stattfinden sollte, um die menschlichen Existenzgrundlagen nicht in Frage zu stellen bzw. zu gefährden. Aber diese Erkenntnis hat sich bisher noch nicht in ausreichendem Maße durchgesetzt. Im Kontext nachhaltiger Entwicklung gibt es auch zunehmend die Forderung, dass die Wirtschaft der Gesellschaft nützlich sein soll und nicht die Gesellschaft sich der Wirtschaft unterordnen soll.

Neben einer Aktualisierung des Lehrbuches wurden einige Kapitel weiterentwickelt und neuere Erkenntnisse mit einbezogen. So wurde das Kapitel zwei „Ökonomischer Mainstream und nachhaltige Entwicklung – Eine Abgrenzung" erweitert. In diesem Kapitel geht es primär um die unterschiedliche Herangehensweise an zentrale Themen. Es beginnt mit der Gegenüberstellung der unterschiedlichen Menschenbilder in der Ökonomie und dem Paradigma nachhaltiger Entwicklung, die auch für die Form des Wirtschaftens von zentraler Bedeutung sind. Der folgende Abschnitt zu dem Fortschrittsparadoxon in der Ökonomie kam ebenfalls neu hinzu.

Das Kapitel drei nimmt weiterhin einen relativ breiten Raum ein, da Innovationen sowohl für die wirtschaftliche Entwicklung im Sinne der Mainstream Ökonomie als auch im Sinne nachhaltiger Entwicklung von großer Relevanz sind. Eine wichtige Erweiterung hat das Kapitel vier mit dem Thema „Von der Ökoeffizienz zu einer nachhaltigen Ressourcenstrategie" erfahren, indem das Thema der nachhaltigen Ressourcenstrategie neu hinzukam. Damit wird deutlich, dass die Beziehung von Ökologie und Ökonomie in dem Buch einen relativ breiten Raum einnimmt. Dabei wird jedoch

https://doi.org/10.1515/9783110722536-202

auch der Bezug zur sozialen Dimension hergestellt. In dem Kapitel fünf zur intra- und intergenerativen Gerechtigkeit wurde der capability approach von Amartya Sen ausführlicher dargestellt. Am Ende des Buches kam noch der Abschnitt „Hemmnisse für die Umsetzung nachhaltiger Entwicklung" dazu.

Ein wichtiges Anliegen des Buches ist also aufzuzeigen, wie sich die Anforderungen nachhaltiger Entwicklung begründen. Dabei ist die Mainstream Ökonomie immer der Ausgangspunkt, wodurch sich die Abgrenzung und die Begründung nachhaltiger Entwicklung besser nachvollziehen lassen. In dem Lehrbuch konnten nicht alle Themenbereiche in der notwendigen Tiefe ausformuliert bzw. präsentiert werden. Aus diesem Grund enthält das Lehrbuch eine Vielzahl von Literaturhinweisen, die eine Vertiefung erleichtern. So werden beispielsweise die verschiedenen Teildisziplinen der Wirtschaftspolitik in dem Buch „Nachhaltige Wirtschaftspolitik" präsentiert. *(v. Hauff, Nguyen 2013)*

Bei der Überarbeitung des Buches wurde ich in vielfältiger Weise unterstützt. Zunächst möchte ich meinem Mitautor der ersten Auflage, Alexandro Kleine, danken. Wegen seiner vielfältigen beruflichen Herausforderungen war es ihm zeitlich nicht mehr möglich, an der zweiten Auflage mitzuwirken. Wir haben bei der ersten Auflage jedoch viele Ideen und Textpassagen gemeinsam entwickelt, die auch in der zweiten Auflage teilweise wiederzufinden sind, und nun nur unter meinem Namen erscheinen. Dann möchte ich meinen Mitarbeiterinnen, Frau Thuan Nguyen, M.A. International Economics, und Frau Dipl.-Oec. Claudia Kuhnke sowie meiner ehemaligen Mitarbeiterin Frau Dr. Andrea Jörg und meiner ehemaligen Doktorandin Frau Dr. Anke Sterzing für hilfreiche Anregungen danken. Danken möchte ich auch meinen studentischen Mitarbeitern und Mitarbeiterinnen Christine Behling, Esther Huff, Timo Nauerz und Daniel Sauter. Sie haben mich immer sehr hilfsbereit und in fröhlicher Stimmung bei der Aktualisierung von Tabellen und Schaubildern, bei der Beschaffung neuerer Literatur, aber auch bei Formatierungsarbeiten unterstützt. Schließlich darf ich auch Frau Petra Homm für das Korrekturlesen des Manuskriptes sehr danken. Für mögliche Ungereimtheiten bin ich jedoch alleine verantwortlich.

Kaiserslautern, Juni 2014   Michael von Hauff

Vorwort zur ersten Auflage

In den letzten Jahrzehnten ist der Wohlstand, gemessen am Indikator Pro-Kopf-Einkommen, in vielen Ländern weltweit gestiegen. Damit wurde nach der weitverbreiteten ökonomischen Lehrmeinung ein wesentliches Ziel wirtschaftlichen Handelns erfüllt. Gleichzeitig kam eine Reihe von Krisensymptomen bzw. Ungleichgewichten auf und hat sich in den letzten Jahren teilweise noch verschärft. Exemplarisch sollen hier die Folgen von Umweltproblemen wie die Klimaveränderung, die sich zumindest in einigen Ländern verschärfende Wasserknappheit, aber auch die wachsende Arbeitslosigkeit und die steigende Verschuldung vieler Länder genannt werden. Es wurde zunehmend deutlich, dass es sich nicht nur um temporäre Probleme handelt, sondern dass sich ebenso politische und wirtschaftliche Gestaltungsmöglichkeiten ergeben. Durch den zu vollziehenden Strukturwandel entstehen also auch Chancen für die weltweite Umsetzung einer vielmehr qualitativen Entwicklung und eines anderen Fortschritts.

Eine der drängendsten sozialen Herausforderungen war und ist die weitverbreitete Armut, die durch die ungleiche Chancenverteilung in vielen nationalen Bildungs- und Gesundheitssystemen und teilweise durch eine wachsende Ungleichverteilung von Einkommen und Vermögen noch verschärft wird. Die weltweiten ökonomischen Krisensymptome werden gegenwärtig durch die Krise der internationalen Finanzmärkte besonders offensichtlich, da alle Länder davon betroffen sind. Dabei kam es bereits seit den 1980er-Jahren in einer Reihe von Entwicklungsländern zu Finanzkrisen mit verheerenden wirtschaftlichen und sozialen Folgen für die Bevölkerung, die in den westlichen Industrienationen häufig nur unzureichend wahrgenommen wurden.

Einige Ökonomen wie auch Vertreter internationaler Organisationen – besonders der Organisationen der *Vereinten Nationen* – erkannten schon in den 1970er-Jahren diese krisenhaften Entwicklungstendenzen. Auf internationaler Ebene wurde u. a. mit der Einberufung der *Brundtland-Kommission* und mit der Durchführung einer Vielzahl von internationalen Konferenzen auf die Krisensymptome reagiert. Hierbei wurde deutlich, dass viele der dominierenden ökonomischen Ansätze für eine dauerhafte Lösung dieser Krisen nicht mehr tauglich sind. Aus diesem Grunde wurde das Leitbild nachhaltige Entwicklung für die Herausforderungen des 21. Jahrhunderts entwickelt.

Die nachhaltige Entwicklung ist eine normative – keine völkerrechtlich einklagbare – Vereinbarung der Weltgemeinschaft. Sie gilt spätestens seit der Weltkonferenz 1992 in Rio de Janeiro als globales Leitbild, das von Regierungsvertretern aus 178 Nationen unterzeichnet wurde. Auf der Konferenz wurde u. a. die „Agenda 21" beschlossen, die den Handlungsrahmen für eine gerechte Entwicklung heutiger und zukünftiger Generationen vorgibt. Der Konferenz lag die Einsicht zugrunde, dass die Forderungen der Industrieländer nach mehr Umweltschutz mit dem wirtschaftlichen Nachholbedarf der Entwicklungsländer zu vereinbaren seien.

https://doi.org/10.1515/9783110722536-203

Zehn Jahre später wurde das Leitbild nachhaltige Entwicklung auf der ersten Folgekonferenz in Johannesburg weiter konkretisiert und ausdifferenziert. In der Literatur wird jedoch immer wieder darauf hingewiesen, dass die neuere Diskussion zur Nachhaltigen Entwicklung mit dem ersten Bericht an den *Club of Rome* „Grenzen des Wachstums" im Jahr 1972 begann. Dieser Bericht, in dem das Wachstumsparadigma hinterfragt wurde, löste eine theoretische Diskussion zu diesem Thema aus, in der sich bis heute unterschiedliche Positionen unversöhnlich gegenüberstehen.

Für ein besseres Verständnis des neuen Paradigmas werden die historischen Vorläufer der Diskussion dargelegt. Darauf folgen die inhaltliche Abgrenzung der drei Dimensionen und die theoretische Begründung einer „Sustainability Science". Dabei wird deutlich, dass die beiden Dimensionen Ökologie und Ökonomie und deren Beziehung in der Literatur bisher noch dominieren. Das Lehrbuch legt seinen Schwerpunkt ebenfalls auf Ökologie und Ökonomie, berücksichtigt aber auch die soziale Dimension, die in der neueren Literatur zunehmend Beachtung findet. Die intragenerationelle und intergenerationelle Gerechtigkeit als wichtige Forderungen Nachhaltiger Entwicklung werden ausführlich aufgenommen. Im hinteren Teil des Buches geht es dann um die Umsetzung des Leitbildes im Rahmen von Nachhaltigkeitskonzepten bzw. -strategien.

Die Differenzierung nach Ökologie, Ökonomie und Sozialem ist ein weitverbreiteter Ausgangspunkt zur Analyse und Strukturierung Nachhaltiger Entwicklung. Sie soll auch in diesem Buch zu einer Einordnung bzw. Systematik beitragen. Da berechtigte Kritik geübt wurde, die Dreiteilung alleine sei zu ungenau und würde die Problematik nicht genügend abbilden, bedient sich das Buch später einer konzeptionellen und didaktisch ertragreichen Weiterentwicklung, dem Integrierenden Nachhaltigkeitsdreieck, das ein Kontinuum aus ökologischer, ökonomischer und sozialer Dimension erlaubt. Mit dieser neuen Systematisierungsmethodik lassen sich die Aspekte einer Nachhaltigen Entwicklung prägnanter einordnen, Beziehungen aufzeigen und im Zusammenhang darstellen. Das Anwendungsspektrum der Methodik ist vielfältig, wie die Anwendungsbeispiele am Ende des Buches zeigen.

Kaiserslautern, Mai 2009

Michael von Hauff
Alexandro Kleine

Inhalt

1 Entstehung und Zielsetzung des Leitbildes nachhaltige Entwicklung

Die historischen Vorläufer nachhaltiger Entwicklung sollen kurz aufgezeigt werden, um zu verdeutlichen, welche Erkenntnisse schon vor der „offiziellen Einführung" des Leitbildes vorlagen. Daraus wird deutlich wie unendlich schwer sich die Menschheit mit der Umsetzung des notwendigen Transformationsprozesses tut. Das Leitbild nachhaltige Entwicklung wurde durch die Konferenz in Rio de Janeiro 1992 international sehr populär. Es gab jedoch schon viele Vorläufer zu diesem Leitbild. Seinen Ursprung kann man der Wald- bzw. Forstwirtschaft zuschreiben. Es wurde erkannt, dass ein Gleichgewicht zwischen der Abholzung und Aufforstung von Waldbeständen notwendig ist, wenn es nicht zu einer Holzknappheit kommen sollte, die weitreichende wirtschaftliche und soziale Folgen hat.

„The Principles of Population" von *Thomas Malthus* ist ein Beispiel für eine erste wachstumskritische Arbeit aus ökonomischer Perspektive. Er ging 1798 davon aus, dass die Bevölkerung weiter stark wachsen würde, womit die langsamer steigende Nahrungsmittelproduktion nicht mithalten könne. Infolgedessen würden die Löhne sinken und die Preise steigen. Um dieser Gefahr zu entgehen, schlug *Malthus* Bildungsmaßnahmen und Heiratskontrollen vor. Später zeigte sich, dass die Prognosen von *Malthus* nicht eintraten, da er den technischen Fortschritt in der Landwirtschaft unter- und den Bevölkerungszuwachs überschätzt hatte.

Knappheiten bzw. Umweltbelastungen sind auch in neuerer Zeit Ausgangspunkt von Analysen. Ökonomen wie *Kenneth Boulding, Karl William Kapp* und *Nicholas Georgescu-Roegen* haben bereits in den 1960er- und 1970er-Jahren in Veröffentlichungen auf die wachsenden Gefahren der Umweltbelastung hingewiesen. Es folgten 1968 erste Konferenzen wie die „Biosphere Conference" in Paris und die „Conference on Ecological Aspects of International Development" in Washington, D. C.

Seit Anfang der 1970er-Jahre gibt es die Diskussion über die „Nachhaltigkeit" wirtschaftlichen Handelns. Wichtige Ereignisse waren die 1972 veröffentlichte wachstumskritische Schrift „Grenzen des Wachstums", die erste Weltumweltkonferenz in Stockholm, die im gleichen Jahr stattgefunden hat und das wirtschaftswissenschaftliche „Symposium on the Economics of exhaustible resources", das zwei Jahre später stattfand. Auf der Basis dieser drei Meilensteine erfuhr die Nachhaltigkeit eine erste Ausformulierung für die Frage des optimalen Verbrauchs natürlicher Ressourcen.

Nachhaltige Entwicklung ist spätestens seit der Veröffentlichung des Berichtes der sogenannten „Brundtland-Kommission" *(WCED 1987, deutsch: Hauff 1987)* die Grundlage für ein neues und umfassendes politisches Leitbild der Weltgemeinschaft. Die Ziele Umweltschutz und wirtschaftliche Entwicklung sind mit der Forderung verbunden, die Bedürfnisse sowohl heutiger als auch zukünftiger Generationen gerecht zu befriedigen. Daher sind die intra- und intergenerationelle Gerechtigkeit konstitutive Merkmale des Brundtland-Berichtes. Nach der Rio-Konferenz im Jahr 1992 kam

https://doi.org/10.1515/9783110722536-001

es dann zu einer Vielzahl von Folgekonferenzen, auf denen das Leitbild nachhaltiger Entwicklung durch Zielvorgaben bzw. Forderungen weiter konkretisiert wurde. Die wichtigsten Stationen nachhaltiger Entwicklung hat Pufé tabellarisch zusammengetragen. (*Pufè 2017, S. 58 ff.*)

Die nachfolgenden Abschnitte zeichnen die Genese der nachhaltigen Entwicklung nach. Sie ist auch für die heutige Diskussion noch in hohem Maße relevant. Abschnitt 1.1 stellt die Waldwirtschaft als einen historischen Vorläufer dar. In Abschnitt 1.2 wird auf dem Hintergrund des ersten Berichtes an den Club of Rome „Die Grenzen des Wachstums" die Diskussion über mögliche Wachstumsgrenzen einer Industriegesellschaft vorgestellt. Der Brundtland-Bericht (Abschnitt 1.3) führte dies Mitte der 1980er-Jahre zu einem Konzept für die Politik weltweit aus und leitete den Agenda 21-Prozess ein (Abschnitt 1.4). Der Exkurs in Abschnitt 1.5 zeigt die Diskussion um die Gewichtung von Nachhaltigkeitsdimensionen auf. Die zunehmende Ablösung einer ökologisch dominierten Diskussion (Abschnitt 1.6) zeichnet sich in Nachhaltigkeitsstrategien als zentrales politisches Konzept zur Umsetzung einer nachhaltigen Entwicklung ab (Abschnitt 1.7).

1.1 Historische Vorläufer der Nachhaltigkeit

Einer der bedeutendsten Vorläufer des Nachhaltigkeitskonzepts ist die Forstwirtschaft. Aus den damaligen Erkenntnissen kann man heute noch viel ableiten. Daher wird im Folgenden ein kurzer Rückblick in die entscheidende Phase der Forstwirtschaft gegeben, wobei sich die Ausführungen auf einige exemplarische Ereignisse konzentrieren (siehe auch *Osranek 2017; Holzbaur 2020*).

Der Mutter von *Herzog Carl August, Anna Amalia*, ist weltweit die erste Forstreform mit dem Anspruch auf Nachhaltigkeit zu verdanken. Das Ziel war, Holz dauerhaft und mit stetem Ertrag bereit zu stellen. Der Begriff nachhaltig wurde jedoch schon vom Freiberger Oberberghauptmann *Hans Carl von Carlowitz* geprägt, der ihn in seiner Abhandlung „Sylvicultura Oeconomica" aus dem Jahr 1713 einführte. Im Jahr 2013, also 300 Jahre nach dem Erscheinen seiner bedeutenden Schrift, fand er in einer Vielzahl von Publikationen eine besondere Aufmerksamkeit. In seiner Abhandlung fordert er eine *„continuierliche und beständig nachhaltende Nutzung"*. Sein Verständnis von Nachhaltigkeit wird in dem folgenden Zitat deutlich:

> Denn je mehr Jahr vergehen, in welchem nichts gepflanzet und gesaet wird, je langsamer hat man den Nutzen zugewarten, und um so viel tausend leidet man von Zeit zu Zeit Schaden, ja um so viel mehr geschickt weitere Verwüstung, daß endlich die annoch vorhandenen Gehöltze angegriffen, vollends consumiret und sich je mehr und mehr vermindern müssen. ... Wo Schaden aus unterbliebener Arbeit kommt, da wächst der Menschen Armuth und Dürfftigkeit. Es lässet sich auch der Anbau des Holtzes nicht so schleunig wie der Acker=Bau tractiren. (von Carlowitz 1713, S. 105)

Hintergrund seiner Überlegungen war, dass der Bergbau und die Verhüttung einen hohen Holzbedarf verursachten. Daher war die Umgebung der Bergbaustädte häufig entwaldet. *(Ott, Döring 2011, S. 22)* Die Folge war, dass Holz über größere Entfernungen – meistens über Flößerei – transportiert werden musste. Dadurch stiegen die Holzpreise und es kam zusätzlich zu der verbreiteten Befürchtung einer Holzknappheit. Besonders aktuell ist, dass er auch Holzschäden erkannte (Kapitel 5): Sturmschäden standen bei ihm an erster Stelle gefolgt von Schäden durch Schnee, Frost und Trockenheit und schließlich Schäden durch blattfressende Raupen und anderes Vieh. *(von Carlowitz 2012, S. 25)* Dahr waren seine Ausführungen im Prinzip ein Vorläufer der Diskussion über „Die Grenzen des Wachstums". Vogt gibt jedoch zu bedenken, dass es von Carlowitz keineswegs nur um eine Managementregel, sondern eher um eine Geisteshaltung ging, was im Prinzip auch für die heutige Zeit von Bedeutung ist. So nimmt er in dem schon erwähnten Werk immer wieder auf Gott Bezug, was häufig übersehen wird. Seine Naturvorstellung war stark durch den jüdischen Religionsphilosophen Spinoza geprägt, der Gott und die „natura naturans" als Einheit versteht. Seine Geisteshaltung begründet sich also aus der Ehrfurcht vor der Schöpfung, der Teilhabe an deren kreativ-schöpferischer Macht und als vorausschauende Zukunftsverantwortung. *(Vogt 2014)*

Dabei gab es in der früheren Geschichte schon mehrfach das Problem der Holzknappheit, die besonders durch den Schiffbau verursacht wurde. Die weitgehende Entwaldung Griechenlands und anderer Länder im Mittelmeerraum ist darauf zurückzuführen. Ein eindrucksvolles Beispiel war auch der enorme Holzbedarf Venedigs vor und zu Beginn des 15. Jahrhunderts sowohl für den Schiffbau als auch für die Pfähle und Wellenbrecher beim Auf- und Ausbau der Stadt, für die Herstellung von Holzkohle für die Öfen der Glasmanufakturen von Murano bis hin zum Heizen in den eisigen venezianischen Wintern. Der enorme Holzbedarf führte zu einer „staatlichen Intervention": 1458 gründete der Senat die Behörde „proveditori ai boschi", die sich um die Vorsorge von Holz kümmern sollte. *(Grober 2010, S. 81, Osnarek 2017)* Aber auch die Lüneburger Heide ist ein Beispiel für die Abrodung der Wälder – in diesem Fall – zur Gewinnung von Salzen aus Salinen.

von Carlowitz entwickelte neue Grundsätze, mit denen die Holzknappheit für immer überwunden werden sollte. Im Prinzip stellt *von Carlowitz* fest, dass in der Forstwirtschaft ökonomisches Handeln mit den Erfordernissen der Natur in Einklang zu bringen sei. Diese Maxime ist auch heute noch hoch relevant. Seine einfache Vorgabe war: Es sollte pro Jahr nicht mehr Holz geschlagen werden, als nachwächst. Es handelt sich um das in der Literatur heute weithin akzeptierte ressourcenökonomische Prinzip. Daraus begründet sich die Notwendigkeit, das ökonomische Ziel der maximalen dauerhaften Nutzung des Waldes mit den ökologischen Beziehungen des Nachwachsens des Waldes zusammenzuführen. Insofern wurden hier bereits Grundlagen der ökologischen Nachhaltigkeit gelegt.

Dieses Gedankengut ging 1775 in die Weimarische Forstordnung ein. Eine der zentralen Positionen war, dass der „Abtrieb" des Holzes nicht mehr nur nach Gutdünken oder „Holzbedürfnis" der gegenwärtig lebenden Generation zu erfolgen habe, sondern auch die Bedürfnisse der „Posterität", d. h. die Sorge für die Nachkommenschaft, zu berücksichtigen seien. Das entspricht dem Nachhaltigkeitsprinzip der intergenerationellen Gerechtigkeit, die sich in der Definition des Brundtland-Berichts wiederfindet. Die Bemühungen um eine nachhaltige Waldwirtschaft wurden in den folgenden Jahren fortgeführt. Besonders zu erwähnen sind *Heinrich Cotta* mit seinem 1806 erschienen Buch über „Die Bewegung und Funktion des Saftes in den Gewächsen", in dem es besonders um das Wachstum des Holzes ging, von dem der Wohlstand eines erheblichen Teils der Bevölkerung abhing.

In der Folge entstand dann die Forstakademie in Tharandt, in der die neue Lehre vom Waldbau den Nachwuchskräften aus dem In- und Ausland beigebracht wurde. Der sächsische König erhob das Institut 1816 zur staatlichen Hochschule, nachdem *Carl Maria von Weber* seine Waldoper „Der Freischütz" schrieb und *Caspar David Friedrich* Mitglied der Kunstakademie wurde. Daraus wird die neue Grundstimmung deutlich, die darauf abzielte, den Raubbau an der Natur bzw. die chaotische und zerstörerische Ausbeutung der Wälder zu beenden. Die Vision war „der ewige Wald", der für alle Zeiten die Gesellschaft mit dem lebenswichtigen Rohstoff versorgen sollte. Das Konzept des „maximum sustainable yield", das den Nachhaltigkeitsbegriff prägte, fand Anfang des 20. Jahrhunderts auch Eingang in die Fischereiwirtschaft. Danach sollte sich der Fischfang an der Reproduktionsfähigkeit der Fischbestände orientieren, um maximale Erträge dauerhaft erzielen zu können. *(Grunwald, Kopfmüller 2012, S. 19)* Somit haben Erkenntnisse zur Stabilisierung und zu den Belastungsgrenzen von Wirtschaft und Gesellschaft schon früh in wissenschaftlichen Abhandlungen Eingang gefunden.

Forstexperten wie *Cotta* waren bestrebt auf der Grundlage mathematischer Verfahren Holzvorräte zu berechnen und den erwarteten Nachwuchs an Holz zu kalkulieren. So wurde der Tharandter forstwirtschaftliche Nachhaltigkeitsbegriff weltweit zum Leitbild. Die mathematischen Berechnungen konnten jedoch nicht verhindern, dass es in der Folge zu neuen unvorhergesehenen Problemen kam. Es entstanden die Konzepte des „Normalwaldes", in dem die Bäume in Reih' und Glied stehen, und die „Reinertragslehre", die mit kurzen Umtriebszyklen und raschwüchsigen Nadelbaumarten einen maximalen ökonomischen Ertrag vorsah. Dabei wurde deutlich, dass einseitige Bewirtschaftungsmethoden, wie Monokulturen, nicht stabil sind. So fraß die Larve der Nonne, einer Schmetterlingsart, in den 1850er-Jahren große Nadelholzbestände kahl. Als Reaktion darauf wurde die Schädlingsbekämpfung als Mittel der Problemlösung gefördert. In der Folge wurde die Massenvernichtung von Ungeziefer zur Maxime der Forstwirtschaft, was mit dem Leitbild der Nachhaltigkeit kaum in Einklang zu bringen ist. Es kam zu einer Kontroverse über Monokulturen, die auch heute wieder hoch aktuell ist.

Einen etwas anderen Zugang zu Wäldern bzw. der Idee der Nachhaltigkeit hatte *Alexander von Humboldt*. Er brach 1799 zu einer großen Expedition nach Südamerika auf. Seine Reise führte auch in den Regenwald, d. h. in das Zentrum der Artenvielfalt.

Dabei hat sich von Humboldt der Erforschung der Beziehungen von Flora und Fauna, ihren Standort-, Klima- und Umweltbedingungen zugewandt. Auch diese Erkenntnisse sind für das Amazonasgebiet aus heutiger Perspektive von hoher Relevanz *(Mechik, v. Hauff 2021)*. Daraus entstand ein neuer Wissenschaftszweig, die „Oecologie". Sie wurde jedoch erst nach dem Tod von *Humboldt* im Jahr 1866 durch *Ernst Haeckel* geprägt: *„Unter Oecologie verstehen wir die gesamte Wissenschaft von den Beziehungen des Organismus zur umgebenden Aussenwelt, wohin wir im weiteren Sinne alle Existenz-Bedingungen rechnen können."* *(Haeckel 1866, S. 286)* Bemerkenswert ist, dass danach die Wissenschaftsdisziplinen Ökologie und Nachhaltigkeit bis in die 1970er-Jahre weitgehend vernachlässigt wurden.

Die Forstwirtschaft hat sich in den vergangenen Jahrzehnten weiterentwickelt. In Deutschland ist man beispielsweise bestrebt, eine nachhaltige Forstwirtschaft durch ungleichartige und standortgerechte Baumarten in Mischwäldern umzusetzen. Hinzu kommt noch die Begrenzung des Einschlags, die sich entsprechend dem Grundsatz von Hans Carl von Carlowitz an der Wiederaufforstung zu orientieren hat. Weiterhin wurden standardisierte Zertifizierungsverfahren eingeführt (Forest Stewardship Council/FSC Zertifizierung). In diesem Zusammenhang ist es wichtig, die verschiedenen neuen Entwicklungen im Kontext nachhaltiger Entwicklung zusammenzuführen. Der explizite Nachhaltigkeitsbezug ist in den gesamteuropäischen Kriterien und Indikatoren einer nachhaltigen Forstwirtschaft „Sustainable Forest Management" eingegangen. Dabei geht es darum, eine einseitige Funktionsverschiebung der Waldnutzung auf die Kohlenstoffspeicherung zulasten anderer Waldfunktionen wie den Erhalt der Biodiversität oder der Wiederherstellung naturschutzfachlich wertvoller Waldökosysteme zu vermeiden. *(Schaich, Konold 2012, S. 5)* Die folgenden Ausführungen beschränken sich auf die sechs Kriterien:

- **Kriterium 1:** Forstliche Ressourcen und ihr Beitrag zum globalen Kohlenstoffkreislauf,
- **Kriterium 2:** Gesundheit und Vitalität der forstlichen Ökosysteme,
- **Kriterium 3:** Produktionsfunktion der Wälder wie Zuwachs und Nutzung,
- **Kriterium 4:** biologische Diversität in forstlichen Ökosystemen,
- **Kriterium 5:** Schutzfunktion der Wälder, d. h. besonders Boden- und Wasserschutz,
- **Kriterium 6:** sozioökonomische Funktionen wie Eigentümerstruktur, Beitrag zum Bruttoinlandsprodukt und Erholungswald.

Die Forstwirtschaft findet seit längerer Zeit auch auf internationaler Ebene unter dem Aspekt des Waldschutzes zunehmend Beachtung. Hier kommt es zu neuen internationalen Allianzen, die sich dem Klimaschutz zuwenden. Es besteht international ein großer Konsens, dass Wälder und hier besonders die Regenwälder entscheidend zum Klimaschutz beitragen. Die Relevanz wird deutlich, wenn man bedenkt, dass in jedem Jahr weltweit eine Fläche von der Größe Griechenlands entwaldet wird. Während internationale Waldschutzforen bisher weitgehend erfolglos blieben, findet in den

Klimaverhandlungen der Waldschutzmechanismus „Reducing Emissions from Deforestation and Degradation (REDD+)" politische Unterstützung. *(Acosta 2011, S. 109, FAO, UNEP 2020; Mechik, v. Hauff 2020)*

Für die Forstwirtschaft gewinnen seit den 1990er-Jahren aber auch Modellierungen künftiger regionaler Klimazustände an Bedeutung. Dabei werden Szenarien der Standortveränderungen aufgrund von Klimaveränderungen und deren ökologische und ökonomische Auswirkungen erarbeitet. *(Kölling 2007, Peukert 2021)* Es geht darum, schon heute Maßnahmen festzulegen, um die Wälder vorausschauend „klimastabil" zu entwickeln. In diesem Kontext entstanden bereits eine Reihe von waldbaulichen Anpassungsstrategien wie die Schaffung und der Erhalt von Mischbeständen. Ein wichtiges Forschungsfeld hierbei ist, die Konfliktpunkte und Synergiepotenziale zwischen Forstwirtschaft und Naturschutz herauszuarbeiten. *(Reif et al. 2010, S. 261; Bundesamt für Naturschutz 2019, S. 5 ff.; DVFFA 2020).* Aus diesen exemplarischen Ausführungen wird deutlich, dass die Komplexität nachhaltiger Waldbewirtschaftung deutlich zugenommen hat. Dies gilt auch für viele andere Bereiche der Wirtschaft und der Gesellschaft, wie noch näher ausgeführt wird.

1.2 Grenzen des Wachstums

In der Literatur gibt es unterschiedliche Hinweise darauf, wann die Nachhaltigkeitsdiskussion in neuerer Zeit wieder aufgenommen wurde *(vgl. u. a. Dresner 2008, S. 25).* Es ist jedoch unstrittig, dass einige Ökonomen wie *Kenneth Boulding, John Galbraith* und auch *Edward Mishan* bereits in den 1960er-Jahren auf die wachsenden Umweltprobleme und ihre Auswirkungen aufmerksam machten. Besondere Beachtung fand das Buch von *Mishan* mit dem Titel „The Costs of Economic Growth". Er kritisiert in seinem Buch das Sozialprodukt als Indikator für „human welfare". Eine besondere Aufmerksamkeit erfuhr dann 1972 der erste Bericht an den *Club of Rome* „The Limits to Growth" (deutsch „Die Grenzen des Wachstums"), maßgeblich erstellt von *Dennis Meadows* und *Donella Meadows*. Die wichtigste Botschaft des Berichtes, der in 28 Sprachen übersetzt wurde, war, dass eine Fortschreibung der aktuellen Trends hinsichtlich des Bevölkerungswachstums und der Nachfrage nach nichtregenerativen Ressourcen bis Mitte des 21. Jahrhunderts zu einer großen wirtschaftlichen Beeinträchtigung führen würde. Auch wenn der Bericht konzeptionelle und methodische Unzulänglichkeiten aufwies, löste er eine kontroverse Diskussion über den Zusammenhang von Produktionsformen und Lebensstilen, aber auch über das exponentielle Wirtschaftswachstum und die nicht-erneuerbaren Ressourcen aus, die auch heute noch stattfindet. *(v. Hauff, Jörg 2017)*

1972 fand die erste große Umweltkonferenz der UN in Stockholm statt, auf der das *United Nations Environment Programme* (UNEP) gegründet wurde. Als Folge davon wurden in vielen Staaten Umweltministerien gegründet. 1980 wurde von der *International Union for the Conservation of Nature* (IUCN) in Kooperation mit verschiedenen UN-Organisationen, wie UNEP, die „World Conservation Strategy" erarbeitet *(Grunwald, Kopfmüller 2012, S. 21)*. Dabei wurde erstmals der Begriff „Sustainable Development" in einem größeren wissenschaftlichen und politischen Kreis verwendet. Hierbei zielte der Begriff in Anlehnung an die Forstwirtschaft darauf ab, dass eine dauerhafte ökonomische Entwicklung ohne die Erhaltung der Funktionsfähigkeit der Ökosysteme nicht möglich ist. Soziale Aspekte der Ressourcen- und Umweltprobleme, aber auch die Eigenständigkeit der sozialen Dimension wurden zu diesem Zeitpunkt noch weitgehend vernachlässigt. Obwohl in den 1970er- und in der ersten Hälfte der 1980er-Jahre noch viele relevante Ereignisse auf dem Weg zum Leitbild nachhaltiger Entwicklung zu nennen wären, erfolgt nun der Übergang zur Entstehung und den zentralen Aussagen des Brundtland-Berichts.

Der Brundtland-Bericht gilt als einer der bedeutendsten Beiträge zur Entwicklung und Abgrenzung des Leitbildes nachhaltiger Entwicklung. Auch hierzu gab es jedoch eine Reihe von Publikationen bzw. Stellungnahmen, die diesen Bericht beeinflusst haben. Besonders hervorzuheben ist auch in diesem Kontext der erste Bericht an den *Club of Rome*. Der Bericht basiert auf der Prognose, wonach sich die Menschheit auf einem sogenannten „Boom-and-Burst"-Pfad befindet. Die zentrale Aussage ist: Ein exponentielles Wachstum führt zur Überschreitung der natürlichen Grenzen der Natur, wodurch besonders eine Knappheit der nicht regenerativen Ressourcen, wie Erdöl, auftritt. Dadurch wird das „optimistische Wachstumsmodell", wie es zu diesem Zeitpunkt dominierte, infrage gestellt. Die Prognose zielt darauf ab, dass bis zum Jahre 2100 Krisenphänomene auftreten, wie ein Absinken der Bevölkerung, eine Deindustrialisierung und eine massive Einschränkung der bisher üblichen Lebensverhältnisse. So wird u. a. festgestellt:

> Eines der in unserer Gesellschaft gern geglaubten Märchen ist die Behauptung, dass die Fortdauer des Wachstums zu einer stärkeren menschlichen Gleichberechtigung führen müsse. Wir haben bereits dargestellt, wie das gegenwärtige Wachstum von Bevölkerung und Kapital tatsächlich die Kluft zwischen Arm und Reich weltweit vergrößert. (Meadows et al. 1972)

Der Bericht „Die Grenzen des Wachstums" fand jedoch nicht nur eine breite Aufmerksamkeit, sondern auch eine sehr gegensätzliche Resonanz. Die Befürworter des Berichtes, wie *Paul Ehrlich*, betonten besonders die Verknappung natürlicher Ressourcen mit den im Bericht aufgezeigten Folgen. Dadurch würde bei einem „Catching-up"-Prozess – wirtschaftlicher Aufholprozess von Entwicklungsländern – das bis dahin dominierende Wachstumsmodell des exponentiellen Wachstums nicht aufrechterhalten werden können. In dem Bericht wurde weiter hervorgehoben, dass die Schadstoffemissionen weitgehend parallel zum Wirtschaftswachstum zunehmen würden. Neben der Rohstoffverknappung kommt es in diesem Szenario also auch zu einer exponentiell steigenden Umweltverschmutzung, die besonders von den Industrieländern verursacht wird.

Die Kritiker der eher pessimistischen Prognose von *Meadows* hielten dem Bericht entgegen, dass er zu stark von *Thomas Malthus* geprägt sei. *(Dresner 2008, S. 27 ff.)* Es ist unbestritten, dass im bereits genannten Szenario der technische Fortschritt beziehungsweise der umwelttechnische Fortschritt keine ausreichende Beachtung findet. Aber auch die Umweltpolitik – so die Kritiker – hätten die Befürworter des Berichtes weit unterschätzt. Gleichzeitig ist jedoch anzumerken, dass die nachholende Entwicklung vieler Entwicklungsländer hinsichtlich ihrer Umweltauswirkungen zu diesem Zeitpunkt noch nicht in ausreichendem Maße absehbar war, wie an den Beispielen der großen aufstrebenden Entwicklungsländer China, Indien oder auch Brasilien besonders deutlich wird.

Im Jahr 1992 erschien von Donella Meadows, Jorgen Randers und Dennis Meadows eine aktualisierte Neuauflage von „The Limits to Growth" mit dem Titel „Beyond the Limits", in der die globalen Entwicklungen zwischen 1970 und 1990 aufgenommen wurden. In der Neuauflage wurden die Erkenntnisse aus der ersten Auflage ganz wesentlich bestätigt. Der Titel der zweiten Auflage erklärt sich jedoch aus der gegenüber der ersten Auflage neuen Erkenntnis, dass die Menschheit die Grenzen der „Earth's support capacity" überschritten hat. Insofern kommen sie zu der Schlussfolgerung, dass die Menschheit in ein „nicht nachhaltiges Territorium" vorgedrungen ist. Beispielhaft hierfür nennen sie die Abholzung von Regenwäldern in Dimensionen von „nicht nachhaltigen Raten". Die Folge für sie ist der voranschreitende Klimawandel. *(Meadows 1992)*

2004 erschien dann von dem gleichen Autorenteam die dritte Auflage mit dem Titel: „Limits to Growth – The 30-Year Update". *„This 30–year update presents the essential parts of our original analyses and summarizes some of the relevant data and the insights we have acquired over the past three decades"* (S. ix). Dabei erkennen die Verfasser sehr wohl, dass es zu einer Reihe von positiven Entwicklungen gekommen ist. Sie nennen neue, umweltfreundlichere Technologien, ein verändertes Konsumentenverhalten, die Gründung neuer Institutionen und die neuen internationalen Vereinbarungen zur Stärkung nachhaltiger Entwicklung. Aber auch das Umweltbewusstsein hat in diesen drei Jahrzehnten deutlich zugenommen, und in den meisten Ländern gibt es Umweltministerien, die höhere Umweltstandards einfordern. Gleichzeitig betonen sie aber auch, dass der steigende Wohlstand mit einem sich vergrößernden ökologischen Fußabdruck mit allen negativen Auswirkungen einherging. Die positiven Effekte wurden somit von negativen Effekten kompensiert oder sogar überkompensiert (rebound effect). Daher führen sie eine Vielzahl von Ansätzen auf, die für den Transformationsprozess zu einem nachhaltigen System beitragen können. *(Meadows 2004, S. 235 ff.)* John kommt hinsichtlich einer Bewertung zu dem Fazit, dass mit dem systemdynamischen Ansatz eine Methode vorgestellt wurde, die es ermöglicht, die langfristige Entwicklung von komplexen und dynamischen Systemen zu identifizieren und zu analysieren. Das vorgestellte World3-Modell weist darauf hin, dass eine nachhaltige Entwicklung nur unter sehr restriktiven und politisch schwer zu realisierenden Bedingungen möglich ist. Die Voraussetzung hierfür ist, dass die Weltbevölkerung nicht weiterwächst und sich das wirtschaftliche Wachstum strikt an Nachhaltigkeitsplanken orientiert. *(John 2014)*

Auf dem Weg zum Brundtland-Bericht sollte weiterhin der „Ecodevelopment"-Ansatz des Hammarskjöld-Projekts genannt werden. In dem Bericht werden folgende Leitlinien aufgestellt *(UNGASS 1975)*:

– Befriedigung der Grundbedürfnisse weitgehend mit Hilfe der je eigenen Ressourcenbasis
– Keine Kopie des westlichen Lebens- und Konsumstils
– Erhalt einer befriedigenden Umweltsituation
– Respekt vor kultureller Andersartigkeit und vor lokalen Traditionen
– Solidarität mit zukünftigen Generationen
– Lokal angepasste Techniken
– Lokale Partizipation besonders durch die Stärkung der Rolle der Frauen
– Erziehungsprogramme
– Familienplanung
– Teilweise Abkopplung vom Weltmarkt und Entwicklung lokaler Märkte
– Orientierung auf religiöse und kulturelle Traditionen
– Kein Beitritt zu den militärischen Machtblöcken der Nato und des Warschauer Paktes

Die Leitlinien zeigen wichtige Elemente, die in dem Leitbild nachhaltiger Entwicklung wiedererscheinen. Insofern kann man hier von einem bedeutenden Vorläufer des Brundtland-Berichtes sprechen.

1.3 Der Brundtland-Bericht

Eine wichtige Entscheidung auf dem Weg zum Brundtland-Bericht war weiterhin, dass die internationale Gemeinschaft unter dem Dach der *Vereinten Nationen* (United Nations, UN) 1980 die *World Commission on Environment and Development* (WCED) bildete. Durch sie wurde dann im Jahr 1983 die *Brundtland-Kommission* eingesetzt. Vor dem Hintergrund der wachsenden ökologischen, ökonomischen, aber auch sozialen Probleme nahm die Kommission unter dem Vorsitz der norwegischen Ministerpräsidentin *Gro Harlem Brundtland* ihre Arbeit auf. Die Kommission sollte Handlungsempfehlungen zur Erreichung einer dauerhaften Entwicklung erarbeiten. Sie hat den Begriff „Nachhaltige Entwicklung" erstmals als globales Leitbild einer breiten Öffentlichkeit nahegebracht.

Der Brundtland-Report erschien in einer Zeit, als Probleme wie die Ölkrisen in den 1970er-Jahren, die Trockenheit in Afrika, die Vernichtung tropischer Wälder, die Verringerung der Ozonschicht, erste nationale Finanzkrisen, Verschuldungsprobleme vieler Länder und einige andere ernsthafte Probleme wichtige Herausforderungen für die Politik auf allen Ebenen darstellten. Die Herausforderung war, die verschiedenen und vielfältigen Probleme in einem holistischen Verständnis wahr- und anzunehmen. Die Intention des Reports war, dass Wirtschafts- und Umweltpolitik nicht länger als getrennte Politikbereiche betrachtet werden. Das Verständnis von Nachhaltigkeit, wie es im Brundtland-Bericht aufgezeigt wird, ist sowohl in der wissenschaftlichen Diskussion zur Nachhaltigkeit als auch bei der Entwicklung und Umsetzung von Nachhaltigkeitskonzepten die Ausgangsbasis, die breiten Zuspruch fand. Das Ziel ist eine dauerhafte Erfüllung menschlicher Grundbedürfnisse unter Berücksichtigung der Tragekapazität der natürlichen Umwelt. Dementsprechend war es das Bestreben, die Konfliktlinien zwischen Umwelt- und Naturschutz, Armutsbekämpfung und Wirtschaftswachstum zu überwinden.

Neben der globalen Perspektive und der Verknüpfung zwischen Umwelt- und Entwicklungsaspekten ist die intra- und intergenerationelle Verteilungsgerechtigkeit ein konstitutives Merkmal des Berichtes und damit auch der nachhaltigen Entwicklung. In diesem Zusammenhang fand die Definition nachhaltiger Entwicklung viel Beachtung und wurde zur Grundlage vieler Publikationen:

> Sustainable Development is development that meets the needs of the present without compromising the ability of future generations to meet their own needs (WCED 1987, S. 43).

In der deutschen Version des Brundtland-Berichts wurde die Definition wie folgt übersetzt:

> Dauerhafte Entwicklung ist Entwicklung, die die Bedürfnisse der Gegenwart befriedigt, ohne zu riskieren, dass künftige Generationen ihre eigenen Bedürfnisse nicht befriedigen können (Hauff 1987, S. 46).

Damit stellt der Bericht die menschlichen Bedürfnisse sowohl der gegenwärtig lebenden Menschen als auch die Beziehung der gegenwärtig lebenden zu den künftigen Generationen in den Mittelpunkt. Dadurch wird in dem Bericht eine eindeutig anthropozentrische Position eingenommen, die mehrfach kritisiert wurde. Dabei gilt zu berücksichtigen, dass sich die Kommission aus Experten ganz unterschiedlicher Länder zusammensetzte. Die beiden konstitutiven Merkmale der intra- und intergenerationellen Gerechtigkeit lassen sich wie folgt abgrenzen:

- Die **intragenerationelle Gerechtigkeit** fordert einen gerechten Ausgleich der Interessen der Menschen zwischen Industrie- und Entwicklungsländern aber auch der Menschen in den einzelnen Industrie- und Entwicklungsländern.
- Die **intergenerationelle Gerechtigkeit** fordert, dass zukünftige Generationen in ihrer Bedürfnisbefriedigung nicht durch die Lebensweise der gegenwärtig lebenden Generation beeinträchtigt werden.

Neben den konstitutiven Merkmalen der intra- und intergenerationellen Gerechtigkeit ist noch die globale Orientierung zu nennen. Dabei geht es, entsprechend dem Titel des Brundtland-Berichts „Our Common Future", um eine Entwicklungsperspektive für die Weltgesellschaft als Ganzes. Neben den Erfordernissen einer globalen nachhaltigen Entwicklung sollen die einzelnen Staaten spezifische Ziele und Strategien zur Umsetzung auf nationaler Ebene erarbeiten. Diese sollen ihren jeweiligen Ausgangsbedingungen entsprechen. Ein weiteres konstitutives Merkmal des Berichts ist der anthropozentrische Ansatz des Leitbildes. Es geht um die Befriedigung menschlicher Bedürfnisse heute und in Zukunft. Das bedeutet, dass die Natur als Dienstleistungssystem für die Bereitstellung von Gütern zur Befriedigung menschlicher Bedürfnisse betrachtet wird. Auch dort, wo ihr Eigenwert als Lebens- und Erfahrungsraum zugeschrieben wird, erfolgt dies aus der Sicht und nach den Wertmaßstäben des Menschen. *(Acker-Widmaier 1999, S. 63ff)* Dabei wird jedoch auch die Verantwortung des Menschen für die Natur, wie sie im Kontext des Anthropozän diskutiert wird, berücksichtigt. *(Crutzen, Stoermer 2000: Ellis 2020)*

Die Bedingungen für eine nachhaltige Entwicklung werden wie folgt festgelegt:

– einen größeren Output mit einem geringeren Input herstellen (z. B. durch Recycling und Ressourceneffizienz),
– Verringerung des Bevölkerungswachstums,
– Umverteilung von Nord nach Süd,
– Überleitung von einem Input- und Größenwachstum der Wirtschaft zu einem nachhaltigen Wachstum.

Der Brundtland-Bericht fand international eine breite Zustimmung. Sie erklärt sich jedoch auch aus dem relativ geringen Konkretisierungsgrad des Berichtes, der breite Spielräume für Interpretationen zulässt. Der geringe Konkretisierungsgrad begründet sich hauptsächlich aus den international unterschiedlichen beziehungsweise gegensätzlichen Positionen. Es ging hauptsächlich darum, ökologische, ökonomische und soziale Entwicklungsaspekte zu berücksichtigen, verschiedene entwicklungstheoretische Ansätze einzubeziehen und zwischen verschiedenen Einschätzungen der Bedeutung des Wirtschaftswachstums und des technischen Fortschritts zu vermitteln. Dem Brundtland-Bericht lag eine insgesamt optimistische Sicht zu den Möglichkeiten eines „sustainable growth" zugrunde, indem technischer Fortschritt zur wirtschaftlichen Entwicklung, zum wirtschaftlichen Wachstum und zur Erhaltung der Umweltbedingungen im positiven Sinne gesehen wird. Die Forderung in der Präambel lautet:

What is needed now is a new era of economic growth – growth that is forceful and at the same time socially and environmentally sustainable.

Diese Forderung findet auch in der neueren Diskussion Zustimmung. *(v. Hauff, Jörg 2017)* So wurde es möglich, einvernehmliche Handlungsstrategien nachhaltiger Entwicklung vorzuschlagen. Die Kunst, unterschiedliche Positionen zusammenzuführen, wird teilweise als Schwäche und teilweise als Stärke des Berichtes ausgelegt. Dem Bericht kommt jedoch unzweifelhaft das große Verdienst zu, durch die Problemanalyse und die aufgeführten Grundforderungen eine weltweite Diskussion über angemessene Wege zu einer nachhaltigen Entwicklung initiiert zu haben. Die *Brundtland-Kommission* brachte auch den Vorschlag einer Weltkonferenz ein, die 1992 stattfand und den sogenannten „Rio-Prozess" einleitete. Daher wird der Brundtland-Report vielfach auch als wichtiger Grundstein für die Rio-Konferenz eingeschätzt.

1.4 Der Rio-Prozess

Auf der *United Nations Conference on Environment and Development* (UNCED) in Rio de Janeiro im Jahre 1992 verpflichteten sich 178 Nationen zu dem Leitbild nachhaltiger Entwicklung. Die Weltkonferenz führte dazu, dass das Leitbild nachhaltiger Entwicklung international eine große Popularität und eine wachsende politische Gestaltungsorientierung erfahren hat. Besondere Beachtung erfuhr die handlungsleitende Agenda 21. Dieses Aktionsprogramm stand unter der Maßgabe, Umwelt- und Entwicklungsaspekte, also die Ziele von Industrie- und Entwicklungsländern zusammenzuführen. Das Programm besteht aus einer Vielzahl politischer Bekenntnisse, Ziele und Vorhaben. Es erstreckt sich über 350 Seiten und bindet unterschiedlichste Themen und Anspruchsgruppen ein. *(UNCED 1992)*

Auf der Rio-Konferenz wurden eine Reihe von weiteren Beschlüssen wie die Rio-Deklaration zu Umwelt und Entwicklung (das Recht auf Entwicklung der heutigen und der zukünftigen Generationen entsprechend ihrer Bedürfnisse), die Klimarahmenkonvention (Stabilisierung der Treibhausgasemissionen zur Vermeidung einer Störung des Klimasystems), die Konvention über biologische Vielfalt (Biodiversitätskonvention) und die Waldkonvention (Bewirtschaftung und Erhaltung der Wälder nach dem Nachhaltigkeitsgrundsatz) gefasst. Keines der verabschiedeten Dokumente enthält jedoch konkrete und überprüfbare Verpflichtungen, was den schleppenden Verlauf der Umsetzung begründet. Auch die Konventionen haben nur den Charakter von Rahmenbedingungen. Daher kam es nach der Rio-Konferenz zu einer Reihe von Folgeaktivitäten, wie die Weltbevölkerungskonferenz 1994, den Weltsozialgipfel 1995 und die Klimakonferenz (Kyoto-Protokoll) 1997.

Auf der 55. Generalversammlung der Vereinten Nationen, die vom 6. bis 8. September stattfand, wurde die Millennium Decleration vorgelegt. Sie wurde von einer Arbeitsgruppe aus Vertretern der Vereinten Nationen, der Weltbank, des IWF und des Entwicklungsausschusses Development Assistance Committee der OECD formuliert. Am 9. September 2000 beschlossen 189 Mitgliedsstaaten der Vereinten Nationen mit der *Millenniumserklärung* einen Katalog grundsätzlicher und verpflichtender Zielsetzungen. Im Mittelpunkt der internationalen Gemeinschaft standen die Ziele der Armutsbekämpfung, der Erhaltung des Friedens und der Umweltschutz. Dabei wurde Armut nicht mehr nur als Einkommensarmut verstanden, sondern umfassender als Mangel an Chancen und Möglichkeiten. Die Vertreter der Mitgliedsstaaten einigten sich somit auf einen Maßnahmenkatalog von acht konkreten Zielvorgaben die bis zum Jahr 2015 realisiert werden sollten. Bei den Millennium Development Goals (MDGs) gab es gewisse Fortschritte. Einige der MDGs konnten jedoch bis 2015 nicht in dem angestrebten Maße erreicht werden, was schon relativ früh erkannt wurde. *(v. Hauff, Schulz, Wagner 2018, S. 30 f.)*

Im Jahr 2002 fand die in Rio de Janeiro beschlossene Folgekonferenz, d. h. der zweite Weltgipfel für nachhaltige Entwicklung statt. Auf der Johannesburg-Konferenz wurde ein Implementierungsplan verabschiedet, in dem neue Ziele und Programme für Umweltschutz und Armutsbekämpfung enthalten sind. Bereits 1997, d. h. im Vorfeld der Johannesburg-Konferenz wurde vereinbart, dass alle Länder bis 2002 eine nationale Nachhaltigkeitsstrategie entwickeln sollten. Sie wurde auf der Johannesburg-Konferenz noch einmal eingefordert, da bis zu diesem Zeitpunkt nur wenige Länder eine Nachhaltigkeitsstrategie vorweisen konnten. Insgesamt zeichnete sich die Johannesburg-Konferenz durch eine Vielzahl von Kompromissen aus, die für die Erreichung eines Konsenses zwischen den beteiligten Ländern wichtig war. Daraus erklärt sich, dass die Aufbruchsstimmung („the Spirit of Rio"), die noch auf der UNCED 1992 vorherrschte, einer gewissen Ernüchterung gewichen war.

> We acknowledge that, since 1992, there have been areas of insufficient progress and setbacks in the integration of the three dimensions of sustainable development, aggravated by multiple financial, economic, food and energy crises, which have threatened the ability of all countries, in particular developing countries, to achieve sustainable development. (United Nations 2012, S. 5)

Parallel zum Rio-Prozess wurde im Jahr 2000 beim UN-Millenniumsgipfel in New York mit der Millenniumserklärung ein Entwicklungsprozess eingeleitet, der im Gegensatz zur Agenda 21 bzw. dem Rio-Prozess mit den acht Millennium Development Goals (MDGs) konkrete, messbare und für die gesamte Weltgemeinschaft gültige Ziele vorgab. Ein wesentlicher Kritikpunkt hinsichtlich der MDGs ist die mangelnde Kohärenz, da manche Ziele nur auf Kosten anderer erreicht werden können. Weiterhin wird kritisiert, dass die ökologische Dimension der Nachhaltigkeit in den MDGs zu wenig berücksichtigt wurde und die Rio-Vision der untrennbaren Verknüpfung von Umwelt- und Entwicklungspolitik verloren ging. Daher sollten die MDGs nur in Kombination mit und keinesfalls losgelöst vom Rio-Prozess gesehen werden.

2012 fand schließlich die Konferenz Rio + 20 erneut in Rio de Janeiro statt. Dabei wurden der politische Wille und die Bemühungen für eine nachhaltige Entwicklung konkretisiert und erneuert. Die Konferenz stand unter dem Thema „Green Economy." Die Europäische Kommission versteht darunter eine Wirtschaftsweise, „die Wachstum generiert, Arbeitsplätze schafft und Armut bekämpft, indem sie in das Naturkapital, von dem langfristig das Überleben unseres Planeten abhängt, investiert und dieses erhält." *(KOM 2011, S. 2)* Entsprechend der UNEP soll eine nachhaltige Entwicklung, wie sie 1992 definiert wurde, auf der Grundlage einer Green Economy erreicht werden.

Es wurde beschlossen, dass bis 2015 aktionsorientierte, messbare, jedoch rechtlich nicht verbindliche Ziele für nachhaltige Entwicklung verhandelt werden. Von den Vereinten Nationen wurde eine Arbeitsgruppe eingesetzt, die den Auftrag erhielt, eine Liste mit universellen Entwicklungszielen zu erarbeiten. So kam es zur Agenda 2030 mit den 17 Sustainable Development Goals (SDGs). Dabei sollten die großen Herausforderungen des 21. Jahrhunderts an den Schnittstellen von menschlicher Wohlfahrt, und dem Umwelt- und Ressourcenschutz aufgezeigt werden. Alle Themen wurden intensiv und teilweise auch kontrovers diskutiert. Besonders umstritten waren die Themen Geschlechtergerechtigkeit und die Verringerung der Ungleichheit zwischen und innerhalb von Staaten. Im Herbst 2015 wurde die Agenda 2030 als Folgedokument zu den Millennium Development Goals auf dem UN-Nachhaltigkeitsgipfel verabschiedet. Hierbei spricht man oft auch von der Post-2015-Agenda. *(v. Hauff, Scholz, Wagner 2018, S. 32)* Es lässt sich feststellen, dass die Agenda 2030 aus zwei konvergierenden Prozessen entstanden ist. Neben der Erstellung der Liste universeller Entwicklungsziele durch die schon erwähnte Arbeitsgruppe begann parallel dazu in der Entwicklungspolitik eine Debatte, auf welche neuen Ziele sich die internationale Entwicklungsgemeinschaft nach dem Auslaufen der Millenniums Development Goals 2015 verständigen solle. *(Scholz 2017, S. 24)*

Die Ausführungen zeigen auf, dass das Leitbild nachhaltiger Entwicklung überaus komplex und kaum in eine griffige Definition zu fassen ist. Es hat sich aber die Auffassung von der nachhaltigen Entwicklung als „regulative Idee" durchgesetzt. Die Übereinkunft zur nachhaltigen Entwicklung ist heute so zu interpretieren, dass die drei Dimensionen Ökologie, Ökonomie und Soziales ausgewogen in einer offenen Aushandlung unter Beteiligung aller Anspruchsgruppen zu berücksichtigen und zusammen zu führen sind.

1.5 Exkurs: Die Kontroverse ökologisch dominiertes Konzept versus Drei-Säulen-Konzept

In vielen älteren wie auch neueren Konzepten kommt der Natur bzw. den ökologischen Systemen als Lebens- und Wirtschaftsgrundlage der Menschheit völlig zu Recht eine zentrale Bedeutung zu. Die ökonomische und soziale Dimension werden der ökologischen Dimension so zugeordnet, dass sie der Umwelt bzw. dem Umweltschutz nicht widerstreben oder schaden. Das wird damit begründet, dass menschliche Eingriffe, wie der Abbau von Rohstoffen, die Umlenkung von Stoff- und Energieflüssen, aber auch die Veränderung großräumiger natürlicher Strukturen und die kritische Belastung von Schutzgütern (z. B. die Atmosphäre) das System Erde zunehmend in seinem Charakter verändern bzw. belasten. *(Grunwald, Kopfmüller 2012, S. 54)*

Das Primat der Ökologie erklärt sich also daraus, dass die Umwelt die Lebens- und Produktionsgrundlage der heutigen Generation aber auch der zukünftigen Generationen ist und ökologische Überlastungen wie z. B. der Klimawandel und die dramatische Reduktion der Biodiversität – die primär durch menschliches Handeln verursacht werden – im Gegensatz zu vielen ökonomischen und sozialen Fehlentwicklungen oft nicht mehr reparabel sind. Daher wird die hohe Bedeutung der ökologischen Nachhaltigkeit heute, beispielsweise in Gutachten des *Sachverständigen-*

rates für Umweltfragen, besonders betont. In diesem Kontext geht es also um die Belastungsgrenzen bzw. die Tragekapazität der Umwelt und somit um die Stabilität der ökologischen Systeme. Insofern ist es sinnvoll von folgender Grundstruktur auszugehen: Die Beachtung der Grenzen oder Leitplanken ökologischer Systeme ist eine Grundvoraussetzung für die menschlichen Lebensbedingungen, die weltweit eingehalten werden müssen. In dem sogenannten „Drei-Dimensionen-Modell" geht es also um die ausgewogene Zusammenführung der drei Dimensionen Ökologie, Ökonomie und Soziales. Die Übereinkunft zu nachhaltiger Entwicklung wird heute international so interpretiert, dass die drei Dimensionen Ökologie, Ökonomie und Soziales in einer offenen Aushandlung unter Beteiligung aller Anspruchsgruppen zu erfolgen hat und idealtypischer Weise zu einem Gleichgewicht zusammengeführt werden. Auf EU-Ebene hat sich die Dreidimensionalität nachhaltiger Entwicklung schon früh durchgesetzt. So

> ist der Dreiklang Umweltschutz, wirtschaftlicher und sozialer Fortschritt bereits in der Präambel zum EUV (EU Vertrag) enthalten, verbunden durch den Grundsatz der nachhaltigen Entwicklung, der damit diesen Dreiklang ausfüllt und von dem Ziel eines starken Umweltschutzes nicht unbeeinflusst bleiben kann. Dadurch ist der Umweltschutz zum notwendigen integralen Bestandteil der wirtschaftlichen und sozialen Entwicklung geworden. (Frenz, Unnerstall 1999, S. 173)

Auch die Enquete-Kommission[1] „Schutz des Menschen und der Umwelt" hat das Drei-Dimensionen-Modell als konzeptionelle Grundlage gewählt (1998). In diesem Sinne vertrat das Bundesministerium für Umwelt, Naturschutz und Reaktorsicherheit (BMU) die Auffassung, dass der Kern des Leitbildes der nachhaltigen Entwicklung auf der Kenntnis beruhe, dass Ökologie, Ökonomie und Soziales eine untrennbare Einheit bilden. (*BMU 1997, S. 9*) Insofern ist Nachhaltigkeit als integriertes Konzept angelegt. Für die Präferenz des Drei-Dimensionen-Konzeptes lassen sich zwei Gründe anführen (*Grunwald, Kopfmüller 2012, S. 57*):
– Die **Realisierung der postulierten Gerechtigkeit** und der auferlegten Verantwortung erfordern die Einbeziehung der drei Nachhaltigkeitsdimensionen.
– Die **Sicherung des menschlichen Daseins**, besonders hinsichtlich zukünftiger Generationen und der zu vermeidenden Risiken, erfordert auch ökonomische und soziale Ressourcen als Basis einer Bedürfnisbefriedigung.

Teilweise wird noch die politisch-institutionelle oder kulturelle Dimension als vierte Dimension hinzugefügt. Die Dreidimensionalität findet – wie schon erwähnt – heute jedoch einen breiten Konsens und hat sich weltweit und somit auch in Deutschland durchgesetzt. Die inhaltliche Abgrenzung und konzeptionelle Darstellung wird durch die drei Nachhaltigkeitsdimensionen determiniert. Sie sind für zahlreiche in-

---

1 Enquete-Kommission ist eine überfraktionelle Arbeitsgruppe, die vom Deutschen Bundestag oder einem Landesparlament eingesetzt wird.

haltliche Abgrenzungen nachhaltiger Entwicklung die Grundlage. Das Leitbild nachhaltiger Entwicklung sollte auch im Kontext der Gestaltung von Politik einen Vorrang erhalten, wobei der Umweltpolitik vieler Experten bisher eine gewisse Dominanz zugeordnet wurde. Das wird in dem nachfolgenden Abschnitt für Deutschland aufzeigt.

1.6 Die bisherige Dominanz der Umweltpolitik

Nachhaltigkeit ist in Industrieländern über viele Jahre durch die ökologische Nachhaltigkeit dominiert worden, d. h. Umweltschutzpolitik stand zunächst im Vordergrund der Politik nachhaltiger Entwicklung. Der früher in Deutschland häufig verwendete Begriff einer „dauerhaft umweltgerechten Entwicklung" als Übersetzung für „Sustainable Development" deutet schon auf diese Ausrichtung hin. Beispielsweise wurde in Deutschland schon zu Beginn der 1970er-Jahre durch die Einführung einer aktiven Umweltschutzpolitik die ökologische Komponente in der Wirtschaftsordnung verankert und somit das Konzept der Sozialen Marktwirtschaft – in gewissen Grenzen – hin zu einer Öko-Sozialen Marktwirtschaft erweitert. Hierbei ist jedoch zu berücksichtigen, dass sowohl hinsichtlich der Ausgestaltung der sozialen Dimension als auch der Umweltpolitik eine intensive Kontroverse entstand, in der sich gegensätzliche Positionen bis heute unversöhnlich gegenüberstehen. Während sich die Situation in den anderen Industrieländern – mit einer gewissen Differenzierung – ähnlich verhält, fällt die Mehrzahl der Entwicklungsländer noch deutlich davon ab. *(v. Hauff 2019, S. 108)*

> **Der Siegerländer Hauberg als historisches Beispiel einer nachhaltigen Wirtschaftsweise**
> Wirtschaftliche Notwendigkeiten und vorsorgliche Nutzung des kargen Bodens führten zu einer genossenschaftlichen Nutzung von Niederwäldern, was 1562 erstmals eine „Haubergsordnung" vorschrieb. Hiernach wurden die Wälder nach dem natürlichen Umtriebszyklus von ca. 15 Jahren in sogenannte „Haue" aufgeteilt. Jeder Genossenschaftsangehöriger erhielt für bestimmte Zeit ein gleichwertiges Stück, das es systematisch für Brennstoff- und Holzgewinnung, Gerberstoffe, Landbau und Viehzucht zu nutzen galt. Die Haubergswirtschaft konnte sich mehrere Jahrhunderte behaupten, bis sie durch den industriellen Strukturwandel verdrängt wurde *(Rottländer 1997, S. 475–489)*.

Heute zeichnen sich real existierende marktwirtschaftliche Systeme in Entwicklungsländern dadurch aus, dass sie die drei Dimensionen nachhaltiger Entwicklung, d. h. Ökologie, Ökonomie und Soziales, zumindest in rudimentärer Form aufweisen. Es besteht jedoch noch keine ausgewogene Zusammenführung der drei Dimensionen. Die ökonomische Dimension marktwirtschaftlicher Entwicklungsländer basiert zumindest in idealtypischer Weise u. a. auf den marktwirtschaftlichen Prinzipen des Wettbewerbs, des freien Marktzugangs und dem Leistungsprinzip. Die soziale Dimension findet teilweise in sozialstaatlichen bzw. sozialpolitischen Maßnahmen, wie der Einkommens- und Vermögensumverteilung durch die Steuerprogression, dem Sozialversicherungssystem und den sozialstaatlichen Sozialleistungstransfers, ihre partielle Berücksichtigung und Umsetzung. Hiervon profitieren die Menschen in Entwicklungsländern jedoch in sehr unterschiedlichem Maße. Neben den sozialstaatlichen Bereichen sind bei der sozialen Dimension z. T. noch die Formen bürgerschaftlichen Engagements und weitere Bereiche gesellschaftlicher Aktivitäten zu berücksichtigen. Die ökologische Dimension, d. h. die Umweltpolitik wird in der Regel bisher unzureichend umgesetzt.

Gebhard Kirchgässner stellt in diesem Kontext die Frage, ob der Markt ökologisch und sozial verantwortliches Handeln fördert oder ob er es zumindest zulässt. Obwohl er das vielfältige soziale und ökologische Verantwortungsbewusstsein einzelner Unternehmer erkennt, kommt er zu der zutreffenden Erkenntnis:

> So nützlich Märkte auch für die wirtschaftliche Entwicklung sind und so wichtig die Rolle ist, die dabei der Wettbewerb spielt, Wettbewerbsmärkte vermitteln von sich aus zu wenig Anreize im Hinblick auf ökologisch und sozial nachhaltiges Handeln. (Kirchgässner 2002, S. 393)

Daraus begründet sich für die Politik die Aufgabe, Bedingungen bzw. Anreize zu schaffen, wonach es für die Wirtschaftssubjekte attraktiv wird, ihr Handeln so auszurichten, dass es nachhaltige Entwicklung fördert. Besondere Bedeutung hat in den 1990er-Jahren in Deutschland die Diskussion um die Ökologische Modernisierung als technisch-ökonomischer Fortschritt erlangt. Diese zielt auf ein alternatives Verständnis von Politik und insbesondere Umweltpolitik ab, das von komplexen, dynamischen und vernetzten Innovationsprozessen ausgeht. Daraus kann gefolgert werden, dass eine klare Zielsetzung sowie strategiereiche, anreizbasierte und transparente Maßnahmen der Politik nötig sind. Ein konsensorientierter Politikstil soll diese Maßnahmen stärken sowie die Ziele transparent und flexibel erfassen helfen. Hierbei setzt die Wirksamkeit der innovationsorientierten Politik ein enges und integrierendes Netzwerk der Akteure voraus. (*Jänicke 2000, S. 284–288*) Ein Beispiel für ein solches Netzwerk ist das vom *Bundesministerium für Bildung und Forschung* (BMBF) eingerichtete Programm „Forschung für Nachhaltigkeit" (FONA) mit jährlichen Konferenzen.

1.7 Umsetzung des Leitbildes durch Nachhaltigkeitsstrategien

Die neuere Diskussion über die nachhaltige Entwicklung konnte das vorherrschende ökologische Verständnis durch ein umfassenderes Nachhaltigkeitsverständnis ablösen. Das Drei-Dimensionen-Modell, wonach ökologische, ökonomische und soziale Aspekte gleichrangig zusammengeführt werden sollen, gewann zunehmend an Bedeutung. Das spiegelte sich in den Konferenzen und Aktivitäten, die auf die UNCED aus dem Jahr 1992 bzw. im Rahmen des Agenda-21-Prozesses folgten, wider. Es wurden Ansätze entwickelt und teilweise implementiert, die zunehmend versuchten die Forderung der Agenda 21 in Politik, Gesellschaft und Wirtschaft zu integrieren. Beispielsweise wurden zahlreiche Aktivitäten zur Lokalen Agenda 21 initiiert und durchgeführt. Aber auch auf nationaler und internationaler Ebene entstanden zunehmend handlungsorientierte Ansätze der Politik, Wirtschaft und des bürgerschaftlichen Engagements. *(v. Hauff 2020, S. 117 ff.)* Schließlich beschleunigte das *World Summit on Sustainable Development* (WSSD), das im Jahr 2002 in Johannesburg stattfand, in jenen Ländern, die bis zu dem vorgesehenen Zeitpunkt keine nationale Nachhaltigkeitsstrategie vorliegen hatten, die Erstellung von Nachhaltigkeitsstrategien auf nationaler Ebene. Dabei wurde die Relevanz nationaler Nachhaltigkeitsstrategien bereits in der Agenda 21 betont. Eine Nachhaltigkeitsstrategie soll gemäß Agenda 21 die nachhaltige Entwicklung kooperativ, partizipativ und umfassend umsetzen:

> Die Regierungen sollten soweit angebracht in Zusammenarbeit mit internationalen Organisationen eine nationale Strategie für nachhaltige Entwicklung verabschieden, die unter anderem auf der Umsetzung der Konferenzbeschlüsse aufbaut, insbesondere soweit diese die Agenda 21 betreffen. Diese Strategie sollte von den verschiedenen sektoralen Politiken und Plänen eines Landes im Wirtschafts-, Sozial- und Umweltbereich ausgehen und diese miteinander abstimmen. Die im Rahmen bereits existierender Planungsvorhaben, wie etwa einzelstaatlicher Berichte für die Konferenz, Naturschutzstrategien und Umweltaktionspläne, gewonnenen Erfahrungen sollten umfassend genutzt und in eine von den Ländern gesteuerte Nachhaltigkeitsstrategie eingebunden werden. Zu den Zielen dieser Strategie sollte es gehören, eine sozialverträgliche wirtschaftliche Entwicklung bei gleichzeitiger Schonung der Ressourcenbasis und der Umwelt zum Nutzen künftiger Generationen sicherzustellen. Sie sollte mit möglichst großer Beteiligung entwickelt werden. Außerdem sollte sie von einer genauen Bewertung der aktuellen Situation und aktueller Initiativen ausgehen. (UNCED 1992, Kapitel 8.7)

Obwohl das Leitbild nachhaltiger Entwicklung bisher nur langsam umgesetzt wurde, schreitet die Implementierung zumindest ansatzweise voran. Die politische Umsetzung ist eine komplexe Herausforderung. *(Laws, Heinrichs 2017)* In Abb. 1.1 wird ersichtlich, dass in den ersten Jahren von 2003 bis 2010 hauptsächlich europäische Staaten und Industrieländer – abgesehen von den USA – eine nationale Nachhaltigkeitsstrategie entwickelt und den Umsetzungsprozess eingeleitet haben. Die EU hat beispielsweise 2006 ihre erste Nachhaltigkeitsstrategie von 2001 fortgeschrieben und Deutschland hat 2012 einen weiteren Fortschrittsbericht vorgelegt. Dieser Prozess erhielt auf internationaler Ebene 2015 durch die verabschiedete Agenda 2030 mit den 17 Nachhaltigkeitszielen einen wesentlichen Schub (siehe Kapitel 7). Für Deutschland ist jedoch kritisch anzumerken, dass die nationale Nachhaltigkeitsstrategie und die Konzeption der sozialen Marktwirtschaft bisher weitgehend unverbunden nebeneinanderstehen und die Beziehung zueinander weitgehend ungeklärt ist.

Länder, die bis 2002 noch keine nationale Nachhaltigkeitsstrategie vorlegten, konnten zumindest erste Koordinations- und Beratungsprozesse einleiten. Andere Länder haben zumeist nur Instrumente wie Umwelt- oder Entwicklungspläne aufgestellt. *(UNDESA 2004)* Weltweit war somit der Prozess der Entwicklung und Umsetzung nationaler Nachhaltigkeitsstrategien noch nicht weit fortgeschritten. Dabei wurden 2002 die Anforderungen an eine nationale Nachhaltigkeitsstrategie von der

Juli 2003

Juni 2010:

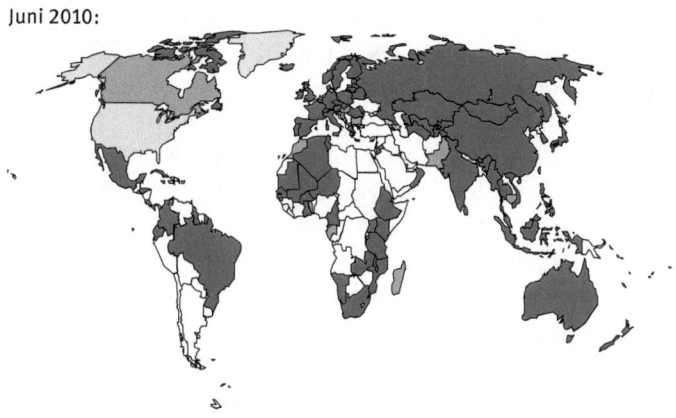

□ : keine Information verfügbar/keine Maßnahmen ergriffen

▢ : keine Nachhaltigkeitsstrategie umgesetzt, aber Koordinations-
und Beratungsprozesse zur nachhaltigen Entwicklung

▨ : Nachhaltigkeitsstrategie in der Entwicklung

■ : Nachhaltigkeitsstrategie umgesetzt

Abb. 1.1: Weltweite Umsetzung von Nachhaltigkeitsstrategien 2003 und 2010
(Quelle: in Anlehnung an UNDESA 2004; UNDESA 2010)

„*United Nations Department of Economic and Social Affairs*" (UNDESA) klar vorgegeben:

> A national sustainable development strategy is a coordinated, participatory and iterative process
> of thoughts and actions to achieve economic, environmental and social objectives in a balanced
> and integrated manner. The process encompasses situation analysis, formulation of policies and
> action plans, implementation, monitoring and regular review. It is a cyclical and interactive pro-
> cess of planning, participation and action in which the emphasis is on managing progress to-
> wards sustainability goals rather than producing a "plan" as an end product. (UNDESA 202, S. 1)

Daher gilt festzustellen, dass die beiden Abbildungen beispielsweise für den asiatischen Kontinent ein zu positives Bild vermitteln: In diesem Zeitraum konnte auf dem asiatischen Kontinent der Umsetzungsprozess nur in Japan und Südkorea als fortgeschritten bezeichnet werden. In den anderen asiatischen Ländern war er noch im Anfangsstadium oder hat noch nicht nennenswert begonnen. Hierfür gibt es mehrere Gründe:

–   Es gibt in diesen Ländern **starke Interessen einzelner Gruppen,** die sich gegen die Berücksichtigung und Umsetzung der dreidimensionalen nationalen Nachhaltigkeitsstrategie stellen und sich eindeutig für eine Beibehaltung der Dominanz der ökonomischen Dimension einsetzen. Daher lassen sich Umweltschutzmaßnahmen, aber auch soziale Maßnahmen oft nur unzureichend in eine Nachhaltigkeitsstrategie einbringen und umsetzen. Dabei wird von den Entscheidungsakteuren in diesen Ländern jedoch häufig übersehen, dass nur die gleichrangige Berücksichtigung der drei Dimensionen mittel- bis langfristig eine stabile wirtschaftliche Entwicklung ermöglicht, wie am Beispiel Indiens aufgezeigt werden kann. *(v. Hauff, Veling 2018)*

–   Oft sind die **politischen Akteure nicht bereit**, einen partizipativen Prozess zur Entwicklung und Umsetzung einer Nachhaltigkeitsstrategie einzuleiten. Weiterhin mangelt es ihnen an methodischen und konzeptionellen Kenntnissen, wie z. B. die Ermittlung der erforderlichen Indikatoren, um auf dieser Grundlage eine Nachhaltigkeitsstrategie zu entwickeln und umzusetzen.

–   Daher sind die komplexen Beziehungsstrukturen zwischen Ökologie, Ökonomie und Sozialem im Rahmen einer konsistenten Strategie stärker zu diskutieren und zu verdichten sowie die Nachhaltigkeitsstrategie effektiv zu institutionalisieren. *(Bregha et al. 2004, S. ix-xiv; Europäische Kommission 2004, S. 19–21)*

2 Ökonomischer Mainstream und nachhaltige Entwicklung – Eine Abgrenzung

Der ökonomische Mainstream und die nachhaltige Entwicklung sind sehr unterschiedliche Paradigmen. Ziel dieses Kapitels ist, zunächst die Unterschiede exemplarisch aufzuzeigen und anschließend den Transformationsprozess von dem Paradigma des ökonomischen Mainstreams zu jenem der nachhaltigen Entwicklung aufzuzeigen. Die Darstellung der Unterschiede beginnt oft mit den unterschiedlichen Menschenbildern. Das Menschenbild des Homo oeconomicus, das sich durch Rationalität und Nutzenmaximierung auszeichnet, dominiert zumindest implizit auch heute noch in der neoklassischen Ökonomie. Es gibt jedoch in zunehmendem Maße Kritik an diesem Menschenbild. Sie konzentriert sich hauptsächlich auf die Einengung auf das einzelne Individuum und dessen Streben nach Nutzenmaximierung. Es besteht Konsens, dass dieses Menschenbild den Anforderungen nachhaltiger Entwicklung nicht entspricht. Anders formuliert: Es bedarf eines normativen Menschenbildes, dessen Handeln mit den Forderungen der Nachhaltigkeit konform geht, wie in dem folgenden Abschnitt erläutert wird. Im Rahmen nachhaltiger Entwicklung besteht weiterhin ein grundsätzlicher Konsens, dass die wissenschaftliche Zuwendung zu Problemstellungen interdisziplinär erfolgen muss. Hier steht die neoklassische Ökonomie noch am Anfang, wie im Rahmen des Fortschrittsparadoxon, das in Abschnitt 2.2 aufgezeigt wird, verdeutlicht werden kann.

Ein weiterer wesentlicher Unterschied besteht darin, dass im Rahmen nachhaltiger Entwicklung die drei Dimensionen Ökologie, Ökonomie und Soziales zu einem Gleichgewicht zusammengeführt werden sollen. Ausgangspunkt hierbei ist, dass die ökologischen Systeme Grenzen vorgeben, deren Einhaltung für die Menschheit von existenzieller Bedeutung sind. Daher wird gefordert, dass die Ökonomie als Subsystem der Ökologie in die Grenzen der ökologischen Systeme wieder zurückgeführt wird. In diesem Zusammenhang spricht man auch von den ökologischen Leitplanken. Zunächst geht es jedoch in Abschnitt 2.3 darum, die drei Dimensionen inhaltlich zu konkretisieren.

Eine wichtige Kontroverse besteht hinsichtlich des konstitutiven Merkmals der Gerechtigkeit. Der Ausgangspunkt der Vertreter beider Disziplinen ist die intergenerationelle Gerechtigkeit, bei der es darum geht, dass zukünftige Generationen in ihrer Bedürfnisbefriedigung nicht durch die Lebensweise der gegenwärtigen Generation beeinträchtigt werden sollen, wie im Brundtland-Bericht gefordert wird. Die Vertreter der neoklassischen Ökonomie streben die intergenerationelle Gerechtigkeit über eine Erhaltung des Kapitalstocks (Naturkapital + Sachkapital) an. Dabei kann Naturkapital durch Sachkapital substituiert werden (vgl. hierzu 2.4).

Das wird von den Vertretern der Ökologischen Ökonomie, die als wissenschaftliche Grundlage nachhaltiger Entwicklung gilt, grundsätzlich abgelehnt. Die Vertreter der Ökologischen Ökonomie fordern ein umweltorientiertes Leitbild nachhaltiger

https://doi.org/10.1515/9783110722536-002

Entwicklung, das die Beziehung der beiden Dimensionen Ökologie und Ökonomie in den Mittelpunkt stellt (vgl. hierzu 2.5). Bei dieser Kontroverse geht es ganz wesentlich um die Bewertung bzw. Relevanz wirtschaftlichen Wachstums. Die soziale Dimension wird sowohl bei der neoklassischen Ökonomie als auch bei der Ökologischen Ökonomie weitgehend vernachlässigt. Eine Weiterentwicklung findet die Ökologische Ökonomie in den Überlegungen zu einer Postwachstumsgesellschaft bzw. Postwachstumsökonomie.

Die gegensätzlichen Positionen der neoklassischen Ökonomie und der Ökologischen Ökonomie lassen sich in der ausgewogenen Nachhaltigkeit überwinden (vgl. hierzu 2.6). Dabei ist die ausgewogene Nachhaltigkeit nicht ein in sich geschlossener Ansatz. Es gibt hierzu einige Beiträge, die unterschiedliche Akzente setzen, die kurz aufgezeigt werden. Die Beiträge zur ausgewogenen Nachhaltigkeit führen jedoch zu der Frage, ob ein nachhaltiges Wachstum möglich ist. Die kurzen Ausführungen haben schon aufgezeigt, dass es zwischen dem ökonomischen Mainstream und der nachhaltigen Entwicklung grundsätzliche Unterschiede gibt, die in den beiden folgenden Absätzen verdeutlicht werden.

2.1 Das Menschenbild in der neoklassischen Theorie und der nachhaltigen Entwicklung

Der Homo oeconomicus (rational economic man) als ökonomisches Verhaltensmodell ist in der neoklassischen Ökonomie verankert. Der Homo oeconomicus hat jedoch schon eine lange Tradition, wie Sen in seinem bemerkenswerten Artikel "Rational Fools: A Critique of the Behavioral Foundations of Economic Theory" feststellt:

> In his Mathematical Physiks, published in 1881, Edgeworth asserted that "the first principle of Economics is that every agent is actuated only by self-interest." This view of man has been a persistent one in economic models, and the nature of economic theory seems to have been much influenced by this basic premise. (Senn 1977, S. 317)

Teilweise wird der Homo oeconomicus auch als Menschenbild und nicht als ökonomisches Verhaltensmodell klassifiziert. Schließlich ist noch zu erwähnen, dass beide Klassifikationen teilweise auch in Frage gestellt werden, indem es sich hierbei weder um ein ökonomisches Verhaltensmodell noch um ein Menschenbild, sondern nur um eine analytische Abstraktion handelt, die vom realen Menschen losgelöst ist. Lingnau spricht im betriebswirtschaftlichen Kontext von einer apersonellen Wirtschaftlichkeitsoptimierungslehre, in der ethische Kategorien wie Menschenfreundlichkeit keinen Platz haben. *(Lingnau 2011, S. 35)* Dies würde bedeuten, dass man den Bezug zur Realität aufgibt, womit der wissenschaftliche Anspruch der gesamten neoklassischen Ökonomie infrage gestellt wird. Sie könnte dann keinen sinnvollen Beitrag zur Gestaltung realer Prozesse leisten. *(Siebenhüner 2001, S. 110)*

Ursprünglich stammt das ökonomische Verhaltensmodell des Homo oeconomicus aus der klassischen Nationalökonomie. Das ursprüngliche Verhaltensmodell hat sich jedoch im Zeitablauf insofern geändert, als es zu abgestuften Formen besonders hinsichtlich des Grades der Rationalität kam. *(vgl. hierzu Kirchgässner 2013)* Das wird in den folgenden Ausführungen jedoch nur kurz behandelt. So geht man z. B. in der Neuen Institutionenökonomie von beschränkter Rationalität aus. Grundsätzlich lässt sich feststellen, dass der Homo oeconomicus noch in der Mikroökonomik, aber auch in der Makroökonomik aufgrund der mikroökonomischen Fundierung der Makroökonomie verankert ist. Bei dem Verhaltensmodell steht der einzelne Mensch im Mittelpunkt der Betrachtungen. Die ökonomische Methode setzt daher beim Verhalten des einzelnen Individuums an. Aus diesem Grund spricht man auch von dem methodischen Individualismus.

Im Kontext des methodischen Individualismus sind nur Individuen, nicht aber Kollektive, zum Handeln fähig. Daher kommen auch keine sozialen Normen in den Präferenzen der Individuen vor. Kollektive können somit keine eigenständigen Präferenzen haben, die von jenen der handelnden Individuen unabhängig wären. Kollektive Entscheidungen ergeben sich aus der Aggregation individueller Entscheidungen. Es ist jedoch mit dem methodischen Individualismus vereinbar, dass sich Individuen in Kollektiven anders verhalten, als wenn sie alleine wären. Das erklärt sich daraus, dass sich ihre Einschätzungen in einem Kollektiv bzw. einer Gruppe ändern. Die Änderung von Einschätzungen einzelner Personen begründet sich somit auf soziale Interaktionen in Gruppen.

Das Verhaltensmodell basiert auf drei Annahmen *(Kirchgässner 2013, S. 16 ff.)*: Bei dem Verhaltensmodell des Homo oeconomicus wird angenommen, dass die Präferenzen eines Individuums weder einen Bezug zu den Präferenzen anderer noch zu den Handlungsfolgen auf andere aufweisen, also entsprechend des methodischen Individualismus ihre Entscheidungen unabhängig voneinander treffen. Das nächste Kriterium ist, dass sich die Individuen rational verhalten. Sie sind bestrebt, ihre Zielfunktion unter Berücksichtigung aller zur Verfügung stehenden Informationen zu maximieren. Individuen entscheiden sich in einer Situation der Entscheidung für jene Handlungsalternative, die ihnen unter Berücksichtigung ihrer Präferenzen den größten Vorteil bei dem geringsten Aufwand erbringen. Die Zahl der Handlungsalternativen ist durch Restriktionen, wie die finanzielle Ausstattung eines Individuums, beschränkt. Die dritte Annahme entspricht dem Eigennutzaxiom. Konkret bedeutet das, dass die Haushalte ihre Nutzenfunktionen unter Berücksichtigung der relativen Preise der Güter und die Unternehmen Gewinnmaximierung anstreben. Das Eigennutzaxiom wird vielfach auch mit egoistischem Verhalten gleichgesetzt.

Die Kritik an dem ökonomischen Verhaltensmodell richtet sich vielfach gegen die absolute Rationalität, wie sie beispielsweise von Gary S. Becker präferiert wird. In jüngerer Zeit kam eine fundamentale Kritik zu diesem Verhaltensmodell von dem Nobelpreisträger Richard Thaler der aufzeigt, warum sich die Menschen immer wieder irrational und damit unberechenbar verhalten. Für ihn ist das Konzept des rational handelnden Homo Oeconomicus ein fataler Irrglaube. *(Thaler 2018)* Hiervon abzugrenzen ist der „moderne Homo oeconomicus", der sich nicht immer und überall als Optimierer verhält. *(Kirchgässner 2013, S. 32)* Hier wird häufig das Konzept der beschränkten Rationalität aufgeführt. Das Konzept der beschränkten Rationalität (bounded rationality) geht auf die Arbeiten von Herbert Simon zurück. *(Simon 1955, 1957)* Dabei baut er auf psychologischen Erkenntnissen zum Entscheidungsverhalten von Menschen auf. Seinen Ansatz nennt er in einer späteren Publikation „behavioral economics" *(1987)*. Er unterscheidet zwischen Rationalität der Entscheidung (substantive rationality) und der prozeduralen Rationalität (procedural rationality).

Danach streben Individuen die Befriedigung eines Anspruchsniveaus und nicht die Maximierung ihrer Bedürfnisbefriedigung ganz allgemein an. Der Grad der Einschränkung des rationalen Verhaltens hängt ganz wesentlich davon ab, wie groß die Unkenntnis der Handlungsmöglichkeiten, d. h. die Unvollständigkeit der Informationen ist. Dabei geht es dann auch um die Frage, wie hoch die Transaktionskosten für zusätzliche Informationen sind. Die Stärke des Ansatzes der beschränkten Rationalität sieht Siebenhüner in der Auseinandersetzung mit den kognitiven Fähigkeiten und Schwächen des Menschen, die auch im Rahmen der Nachhaltigkeit eine große Bedeutung haben. „Auch die Fähigkeit zum vernetzten Denken und zur Antizipation der Zukunft sind von Wahrnehmungsverzerrungen, von kognitiven Dissonanzen oder asymmetrischen Erfolgszuschreibungen beeinträchtigt." *(Siebenhüner 2001, S. 177)*

In jedem Fall zeichnet sich der Homo oeconomicus dadurch aus, dass er seine eigenen Interessen verfolgt. Eine typische Überlegung eines Homo oeconomicus ist, warum er sein eigenes Glück für das Glück anderer opfern sollte. Oder: Warum sollte er sein gegenwärtiges Wohlbefinden für eine andere Person in Zukunft zurückstellen bzw. einschränken? Das ist teilweise im Kontext des Klimawandels wieder zu erkennen. Da er ausdrücklich auf seinen eigenen Vorteil bedacht ist, wird er vielfach auch als egoistisch bezeichnet. Kirchgässner gibt bei dieser Einschätzung zu bedenken, dass sich ein Individuum auch altruistisch bzw. moralisch oder gar missgünstig und neidisch verhalten kann und fragt in welchen Situationen ein solches Verhalten auftritt. Hiervon trennt er jedoch die Frage ab, ob es aus methodischen und inhaltlichen Gründen sinnvoll sein könnte, grundsätzlich Egoismus zu unterstellen, selbst wenn man zur Kenntnis nimmt, dass dies nicht immer richtig sein muss. *(Kirchgässner 2013, S. 47)*

In diesem Kontext stellt sich die Frage, ob in einer globalisierten Marktwirtschaft, in der Wettbewerb und das Leistungsprinzip konstitutive Merkmale sind, Eigeninteresse das primäre Verhalten sein muss. Ein Unternehmer, der sich in einem wettbewerbsintensiven Markt behaupten muss, kann sich – so ein weit verbreitetes Argument – oft keine zusätzlichen sozialen oder monetären Leistungen für seine Mitarbeiterinnen und Mitarbeiter leisten, wenn er in diesem Markt bestehen will. Er handelt also auch im Sinne seiner Mitarbeiter eigennützig, um ihre Arbeitsplätze zu erhalten. Viele Arbeitskräfte müssen sich auf einem Arbeitsmarkt, der sich ebenfalls durch Wettbewerb auszeichnet, auf der Grundlage ihrer Eigeninteressen durchsetzen.

Es ist jedoch zu berücksichtigen, dass nicht alle Unternehmer nach dieser Maxime handeln. Es ist also festzustellen, dass es nicht ausschließlich ein „systembedingtes Eigeninteresse" gibt. Teilweise verfolgen Individuen ihr Eigeninteresse auch mit List oder mit opportunistischem Verhalten, wenn sie dadurch ihren Nutzen mehren können.

Wie schon zu Beginn dieses Abschnitts aufgezeigt wurde, kam es bereits früh zu Kritik an dem Verhaltensmodell des Homo oeconomicus. Diese Kritik kam sowohl von Ökonomen als auch von Vertretern anderer Disziplinen wie der Politikwissenschaft und der Soziologie. Bei der Kritik von Vertretern anderer Disziplinen besteht jedoch ebenfalls das Problem einer Reduktion der Erklärung menschlichen Verhaltens auf den Kontext der jeweiligen Disziplin. Daraus leitet sich das Problem der Beschränkung menschlicher Handlungsmöglichkeiten und Freiheitsgrade ab. Der Mensch sollte daher besonders im Kontext nachhaltiger Entwicklung als handlungsoffenes Wesen angesehen werden. Er sollte auf der Grundlage seiner Willensentscheidung sein Handeln aus sich heraus bestimmen. Werden Menschenbilder als Grundlage dieser Entscheidung herangezogen, erhalten sie auch neben der erklärenden eine normative, d. h. eine verhaltenslenkende Funktion *(Siebenhüner 2013, S. 108)*. Die folgenden Ausführungen beschränken sich auf die Unvereinbarkeit des Verhaltensmodells des Homo oeconomicus mit dem Leitbild nachhaltiger Entwicklung. Hierzu stellen Ferraro und Reid fest:

> Dissatisfaction with homo oeconomicus' worldview has led to many critiques notably in debates related to sustainable development where there is a growing awareness of the negative implications of its philosophy, especially its ethos of self-interest, for the management and utilisation of natural resources. (Ferraro, Reid 2013, S. 127)

Es stellt sich nun die Frage, worauf das Menschenbild nachhaltiger Entwicklung basiert. Manstetten und Faber stellen im Rahmen der Nachhaltigkeitsökonomie als Kernpunkt eine menschliche Motivationsstruktur heraus, die sich durch die Achtung vor den Interessen aller Menschen auszeichnet, besonders auch jener der zukünftigen. *(Manstetten, Faber 1999, S. 76 ff.)* In der Folge entstanden eine Vielzahl von alternativen Menschenbildern: vom homo sustinens über den homo politicus, den homo reciprocans und den homo ecologicus. Ein gewisser Konsens besteht bei der Mehrzahl dieser alternativen Menschenbilder in der Notwendigkeit eines pluralen Menschenbildes, das sich aus verschiedenen Teildisziplinen ableiten lässt, deren wissenschaftlicher Erkenntnisstand in Bezug auf menschliches Handeln und Entscheiden entsprechend fortgeschritten ist. Die folgenden Ausführungen konzentrieren sich auf das Konzept des Homo sustinens. Der Begriff leitet sich aus dem lateinischen Wort „sutinere" ab, das dem Wortstamm to sustain zuzuordnen ist. Entsprechend soll sich der Homo sustinens an den Anforderungen nachhaltiger Entwicklung orientieren.

Für das Konzept des Homo sustinens nennt Siebenhüner vier Teildisziplinen der Ökonomie, die zu diesem Verhaltensmodell einen wichtigen Beitrag leisten. Es handelt sich hierbei um die Verhaltensökonomik, die neue Institutionenökonomik, die

Glücksforschung und die Neuroökonomie. Dabei werden die neue Institutionenökonomie und die Glücksforschung nur kurz vorgestellt, da sie in Abschnitt 2.3 noch ausführlicher erläutert werden.

Verhaltensökonomik: Die verhaltenswissenschaftliche Ökonomik (behavioral economics) erfuhr besonders durch die Verleihung des Nobelpreises an Kahneman und Smith im Jahr 2002 als empirisch fundierte Theorie menschlichen Verhaltens in der Ökonomie eine wachsende Bedeutung. Dabei geht es in der Regel um die Analyse menschlichen Verhaltens in experimentellen Situationen. Die Ergebnisse vieler Experimente wichen deutlich von dem Verhaltensmodell des Homo oeconomicus ab, d. h. es konnten viele Anomalien gegenüber dem Lehrbuchmodell des Homo oeconomicus festgestellt werden *(Thaler 2018)*.

Dies soll an einem kleinen Modell von Fehr und Schmidt aufgezeigt werden:

Die Grundidee des Ansatzes besteht darin, dass Individuen eine Ungleichheitsaversion haben, d. h. sie bevorzugen gleichmäßige Auszahlungen. Nach Fehr und Schmidt *(1999)* sind also den Menschen neben ihrer eigenen Auszahlung auch die Auszahlungen der anderen von Bedeutung. Die vereinfachte Nutzenfunktion eines Zwei-Spieler-Falls lautet wie folgt für Spieler *i*:

$$U_i = u\left(\pi_i, \pi_j\right) = \begin{cases} \pi_i - \beta\left(\pi_i - \pi_j\right) & \text{für} \quad \pi_i \geq \pi_j \\ \pi_i - \alpha\left(\pi_j - \pi_i\right) & \text{für} \quad \pi_i < \pi_j \end{cases}$$

mit $\alpha \geq \beta$ und $1 > \beta \geq 0$.

Bei π_i und π_j handelt es sich um die Auszahlungen der Spieler *i* und *j*. Die Präferenzparameter, die das Verhalten antreiben, sind zum einen α, das Maß für die nachteilige Ungleichheitsaversion („Neidparameter"), und β, das Maß für die vorteilhafte Ungleichheitsaversion („Mitleidsparameter").

Die Nutzenfunktion des Spielers *i* beschreibt zwei Fälle: In dem einen Fall steht das Individuum, Spieler *i*, besser als sein Gegenüber da ($\pi_i \geq \pi_j$). Dies entspricht der oberen Zeile der Funktion. In diesem Fall spielt die vorteilhafte Ungleichheitsaversion eine Rolle. In der anderen Situation ist es schlechter gestellt und die nachteilhafte Ungleichheitsaversion liegt vor ($\pi_i < \pi_j$): die untere Zeile. Allerdings ist es in diesem Modell auch von Bedeutung, wie das Individuum relativ zu den anderen steht. Es wäre eher bereit, Ungleichheit in Kauf zu nehmen, wenn es derjenige wäre, der besser gestellt ist (Annahme: $\alpha \geq \beta$).

Im Kontext der Kritik von verhaltenswissenschaftlichen Ökonomen am Homo oeconomicus gibt es viele interessante Erkenntnisse. So besteht nach Marwell und Ames ein signifikanter Unterschied im Öffentlich-Gut-Spiel zwischen den Studierenden unterschiedlicher Disziplinen, wobei Studierende der Ökonomie sich besonders auffällig verhalten: Die Ökonomie-Studenten investieren durchschnittlich nur 20 % in das öffentliche Gut, während die Highschool-Schüler 42 % in das öffentliche Gut investieren. Daraus lässt sich ableiten: Ökonomiestudenten neigen eher zum Trittbrettfahrerverhalten.

> Economists may be selected for their work by virtue of their preoccupation with the 'rational' allocation of money and goods. Or they may start behaving according to the general tenets of the theories they study. Confronted with a situation where others may not behave rationally, they nevertheless behave the way good economic theory predicts. (Marwell, Ames, 1981, S. 309)

Aus dieser Erkenntnis ergibt sich folgende Situation: Entweder wurde den Ökonomiestudenten das rationale Verhalten mit in die Wiege gelegt und sie haben daher diesen Studiengang gewählt (Selektionseffekt) oder die Studierenden werden durch den vermittelten Stoff zu Ökonomen im Sinne von Nutzenmaximierung „erzogen". Hier kann man von einem Ausbildungseffekt sprechen. Andererseits kommen Yezer u. a. (1996) zu der Erkenntnis, dass Wirtschaftsstudenten in einem Lost-Letter-Experiment ehrlicher sind als Studierende anderer Disziplinen, indem sie einen Brief mit Geld und Absender, der in einem Hörsaal lag, häufiger abgegeben haben.

Ein anderes Beispiel: Fehr, Naef und Schmidt *(2006)* spielten die Spiele Ey und P aus der Veröffentlichung von Engelmann und Strobel *(2004)* nach. In einer vergleichenden Studie zwischen Ökonomen (Studenten der VWL und der BWL) und Nicht-Ökonomen (Studenten der Sozialwissenschaften) fanden sie heraus, dass die Ökonomen die effiziente Allokation (= Präferenz für die Maximierung der Gesamtauszahlung) gegenüber der ungleichheitsaversen (= Präferenz für die Minimierung der Auszahlungsdifferenz zwischen den Probanden) bevorzugten. Die Nicht-Ökonomen wählten seltener die effiziente Allokation und legten eine höhere Anzahl ihrer Ungleichheitsaversion offen. In einem weiteren Experiment wurde die politische Einstellung der Probanden mit ihrer Verteilungspräferenz verglichen. Fehr et al. konnten darlegen, dass politische Neigungen weder die Präferenz für Effizienz noch die für Ungleichheitsaversion signifikant beeinflussen. Allerdings entschieden sich Versuchspersonen tendenziell häufiger für die ungleichheitsaverse Allokation, die sich zum politisch linken Flügel hingezogen fühlen, als solche, die den rechten Flügel präferieren.

Für die Nachhaltigkeitsforschung wäre noch eine wichtige Frage, ob Individuen mit steigender Machtfülle sich stärker den Verhaltensmaximen des Homo oeconomicus anpassen, um ihre Machtfülle zu erhalten bzw. weiter auszubauen, was zu vermuten ist. Geht man von dieser Annahme aus, kommt man zu folgender Erkenntnis: Da nur eine relativ kleine Gruppe von Individuen – im Verhältnis zu der Gesamtbevölkerung eines Landes – mit einer relativ großen bzw. wachsenden Machtfülle ausgestattet ist, käme es dementsprechend zu wichtigen Entscheidungen in Wirtschaft, Gesellschaft und Politik durch diese Individuen, die ganz wesentlich durch das Verhaltensmodell des Homo oeconomicus geprägt sind. Die Neue Politische Ökonomie gibt wichtige Hinweise, die diese These bestärken. (vgl. u. a. *Kirsch 2004; Sunken, Schubert 2018)*

Aus der Perspektive der nachhaltigen Entwicklung geht es ganz zentral um die Relevanz der Kooperation zwischen Menschen auch in anonymen Situationen. Die Erkenntnisse aus Experimenten zeigen, dass sich Menschen auch kooperativ verhalten.

Das gilt besonders, wenn zum Beispiel Fairness-Normen das verlangen. Nicht kooperatives Verhalten wird besonders dann unterlassen, wenn unfaires Handeln, also die Nichtbeachtung der Fairness-Normen, bestraft werden kann. Daher sind in diesem Zusammenhang bestimmte gesellschaftliche konsensfähige auf Fairness angelegte Verhaltensweisen und/oder politisch vorgegebene Normen von großer Bedeutung. Dennoch sollte beachtet werden, dass menschliches Verhalten oft auch durch das Eigennutzprinzip bestimmt ist. Das gilt besonders, wenn es um den eigenen Vorteil geht.

Institutionenökonomie: Institutionen sind Spielregeln, mit denen ökonomisches oder gesellschaftliches Handeln strukturiert wird. Ihr Hauptzweck besteht darin, die Unsicherheit in wirtschaftlichen Abläufen und im gesellschaftlichen Zusammenleben zu vermindern, indem sie für eine stabile (nicht notwendigerweise effiziente) Ordnung im täglichen Leben sorgen. Der Begriff „Institutionen" implizierte in seiner funktionalen Bedeutung Anfang des 20. Jahrhunderts Basisinstitutionen wie Ehe, Familie und Recht. In den 1940er- und 1950er- Jahren wurde der Begriff Institution in einer umfassenderen Definition auf alle strukturerhaltenden Aspekte der Gesellschaft ausgeweitet, sofern sie auf Werten basieren. In ihrem weitesten Sinne sind Institutionen „jegliche Art von Beschränkung [...] zur Gestaltung menschlicher Interaktionen." *(North 1992, S. 4)* Dabei sind Beschränkungen im Sinne von Grenzen gemeint, die Handlungsspielräume definieren. Diese dienen nicht nur der Einschränkung von Optionen, sondern auch ihrer Erweiterung. Einige weniger privilegierte Individuen können dadurch neue Möglichkeiten erhalten, während andere mehr Verantwortung übernehmen müssen, was die Stabilität innerhalb einer Gesellschaft begünstigt.

Glücksforschung: Die Glücksforschung ist ein neuer, interdisziplinärer Forschungszweig, in dem Wirtschaftswissenschaftler, Psychologen, Hirnforscher, Soziologen und Vertreter anderer Disziplinen zusammenarbeiten. Besondere Beachtung erfuhr auch die Glücksforschung analog der Verhaltensökonomie dadurch, dass der Psychologe Daniel Kahneman im Jahr 2002 und der Ökonom Richard Thaler 2017 für ihre Arbeiten zur verhaltensorientierten Ökonomik den Nobelpreis für Wirtschaftswissenschaften verliehen bekamen. Bei der modernen Glücksforschung geht es darum, herauszufinden, wodurch Glück gehemmt oder gefördert wird. Darauf aufbauend lassen sich Gestaltungsvorschläge für die Wirtschafts- und Gesellschaftspolitik entwickeln und umsetzen. Bei der Ausgestaltung gesellschaftlicher Institutionen und politischer Prozesse lassen sich durch die Erkenntnisse der modernen Glücksforschung neue Perspektiven aufzeigen. Das gilt beispielsweise für die Arbeitsmarkt-, die Steuer-, die Familien- und die Bildungspolitik.

Neuroökonomie: Die Neuroökonomie (Neuroeconomics) zielt auf die interdisziplinäre Verknüpfung der Neurowissenschaften mit den Wirtschaftswissenschaften ab. *„Neuroeconomics has its origins in two places, in events following the neoclassical revolution of the 1930s and in the birth of cognitive neuroscience during the 1990s."* *(Glimcher, Fehr 2009, S. xviiff.).* Vielfach wird sie als eine Erweiterung der Verhaltensökonomie eingeordnet. Im Kern geht es darum „how neuroscience constructs an understanding of individuals as whole persons." *(Davis 2010, S. 574)* Im Gegensatz zu dem Verhaltensmodell des Homo oeconomicus geht es also bei der Neuroökonomie darum, die Gründe und Motive von Entscheidungsverhalten im ökonomischen Kontext mit dem Ziel zu ergründen, ein besseres Verständnis von scheinbar suboptimalen und unlogischen Entscheidungsprozessen zu erlangen.

Neuroökonomische Forschungsfelder sind beispielsweise das Entscheidungsverhalten bei Risiko und Unsicherheit. Dabei werden Gehirnscanner in Laboruntersuchungen eingesetzt, um neuronale Prozesse von Menschen bei Entscheidungsprozessen zu beobachten. So konnte die Wirkungsweise von Normen, wie der des fairen Umgangs mit anderen Menschen durch die Aktivierung der für moralische Prozesse zuständigen Gehirnpartien, gezeigt werden. *(Peyrolón 2020)* Ein weiteres Forschungsfeld ist die Konsumforschung. *(Huchler 2006, S. 1991; Fischer, v. Hauff 2017)* Sie ist im Kontext des nachhaltigen Konsums von zentraler Bedeutung. Es lassen sich auch Hinweise für die Stärkung fairen Verhaltens gegenüber Menschen anderer Gesellschaften und nachfolgender Generationen ableiten. Allgemein kann man feststellen, dass sie unter Berücksichtigung der bestehenden Unsicherheiten besonders für die Erforschung der sozialen Nachhaltigkeit relevant ist.

Zusammenfassend lässt sich feststellen, dass für ein menschliches Verhaltensmodell bzw. Menschenbild nachhaltiger Entwicklung jenes des Homo oeconomicus unzureichend ist. Es müssen vielmehr Institutionen im Sinne eines Regelsystems entwickelt bzw. umgesetzt werden, die die notwendigen Verhaltensweisen für die Stabilisierung ökologischer Systeme, der wirtschaftlichen Entwicklung und der Gesellschaft fördern. Für ein adäquates Menschenbild nachhaltiger Entwicklung und die dafür notwendigen Rahmenbedingungen bieten die vier aufgezeigten ökonomischen Teildisziplinen Grundlagen zur Gewinnung wichtiger Erkenntnisse. Dabei wurden die wesentlichen Unterschiede zwischen Homo oeconomicus und Homo sustinens deutlich, die in Tab. 2.1 zusammengefasst werden.

In diesem Zusammenhang wird häufig kritisiert, dass unser Lebensstil und besonders die „westlichen Konsummuster" nicht nachhaltig sind und daher korrigiert werden müssen. Im Kontext der notwendigen Umsteuerung menschlichen Verhaltens wird der Politik dabei eine zentrale Bedeutung beigemessen. Das folgende Zitat fasst hierzu wichtige Aspekte noch einmal zusammen:

A new combination of incentives and opportunities, information and education is required to empower citizens to act responsibly through virtue. The consistent acknowledgement of limits is a precondition here, since it is necessary to ensure high consideration for public good; currently the opposite is true, leading to high environmental and social costs. (Bina, Guedes, Vaz 2011, S. 176)

Tab. 2.1: Gegenüberstellung der Verhaltensmodelle Homo oeconomicus und Homo sustinens (Quelle: Bina, Guedes, Vaz 2011, S. 172)

Dimensionen des Homo oeconomicus als Wirtschaftsakteur		Homo sustinens/politicus/ecologicus
Wirtschaftsschule	Neoklassische ökonomische Theorie	Nischentheorien, einschließlich der ökologischen Ökonomie
Menschliches Sein	Individuell	Sozial
Eigenes Menschenbild	Engstirnig, Reduktionist, narzisstisch, individualistisch	Ganzheitlich und ausgewogen
Menschliches Verhalten	Egoistisches Verhalten, reines Eigeninteresse	Egoistisches und altruistisches Verhalten
	Rationaler Nutzenmaximierer konkurrenzbetont	Fähigkeit zur Sympathie, Kooperation Reziprokator (wie Du mir, so Ich dir)
Soziokulturelles Umfeld	Selbstbezogen	Eigen- und Gemeinnutz betonen die ethischen Dimensionen der Gemeinschaftsbeziehungen (aktive Partizipation in der Polis)
	Leugnen der Verbindung zur Gesellschaft und deren ethischen Dimensionen	Moralische Verantwortung gegenüber anderen
Der Mensch und die Natur/Umwelt	Natur ist lediglich ein Input für das ökonomische System	Natur ist mehr als eine Ressource: Verständnis und Respekt, Quelle der Inspiration und Kreativität
	Die Beziehung zur Natur ist durch Eigeninteresse geprägt	
	Verantwortung ist auf eine effiziente Ausbeutung beschränkt	Moralische Verantwortung gegenüber der Natur beinhaltet auch den Schutz nicht menschlicher Interessen
Menschliches Wohlbefinden	Ist abhängig vom zunehmenden Materialkonsum Nutzen kommt aus dem Konsum von Gütern und Dienstleistungen	Hängt von einem breiteren Spektrum von materiellen und nicht materiellen Quellen ab, einschließlich Schönheit, Spiritualität
Sozio-ökonomischer Kontext	Gewinn und individueller Wohlstand sind das Ziel	Wohlbefinden und soziale Wohlfahrt sind das Ziel. Profit ist nur ein Mittel zum Zweck.
	Erfordert permanentes Wachstum, also eine Erneuerung der Produktion und des Konsums (mehr ist immer besser)	Erfordert ein gleichgewichtiges Wirtschaften, in dem Qualität wichtiger ist als Quantität (weniger ist mehr)
Gerechtigkeitskonzept	Fokussiert auf Eigentumsrechte und autonomes Handeln	Verteilungsgerechtigkeit. Verantwortung für zukünftige Generationen und Natur

2.2 Das Fortschrittsparadoxon in der Ökonomie

Die vielfältigen Krisen der jüngeren Vergangenheit führten teilweise zu heftigen Kontroversen über die Frage, ob die Ökonomie bzw. die Wirtschaftswissenschaften sich in einer Krise befinden oder ob die Wirtschaftswissenschaft sogar versagt hat. Diese Diskussion wurde besonders durch die weltweite Finanzkrise 2007/2008 intensiviert. Daraus könnte man die Schlussfolgerung ziehen, dass das Paradigma der nachhaltigen Entwicklung aus den konkreten Krisen, aber auch aus der vermeintlichen Krise der Ökonomie herausführen könne. Ausgangspunkt der folgenden Ausführungen ist jedoch zunächst der Fortschritt in der Ökonomie bzw. in seinen einzelnen Disziplinen. Daraus ergeben sich Herausforderungen, die bisher nicht ausreichend gelöst wurden. Diese Situation bezeichnet Sturn als Fortschrittsparadoxon in der Ökonomie. *(Sturn 2011, S. 7 ff.)* Dieses Paradoxon lässt sich in einer etwas erweiterten Form auch auf die Gegenüberstellung der Mainstream-Ökonomie und der nachhaltigen Entwicklung übertragen.

Es ist völlig unbestritten, dass in der Ökonomie als Wissenschaft immer schon Fortschritte erzielt wurden. *(v. Hauff 2018)* Die Frage, ob diese Fortschritte positiv oder negativ bewertet wurden und auch heute bewertet werden, wird hier nicht diskutiert. Es ist aber auch hinreichend bekannt, dass es in der Ökonomie schon immer Kontroversen bzw. unterschiedliche Lehrmeinungen gab, die jeweils für sich Fortschritte aufweisen. Weiterhin unterscheidet man in der Ökonomie viele Teildisziplinen, die sich unterschiedlich dynamisch weiterentwickelt haben. So hat beispielsweise die Wachstumstheorie – geht man einmal von dem ursprünglichen Wachstumsmodell von Solow aus – in den vergangenen Jahrzehnten eine enorme Weiterentwicklung erfahren. Dabei ging es einerseits um eine Präzisierung und andererseits um eine Differenzierung.

Auffällig ist, dass es unter den Vertretern der Ökonomie, eine gewisse Verunsicherung hinsichtlich der Relevanz des Fortschritts gibt. 2015 kam es im Rahmen des Themas „Neues Denken" zu einer Befragung der Mitglieder des Vereins für Socialpolitik. Die Zielgruppe waren Wirtschaftswissenschaftler aus Deutschland, Österreich und der Schweiz in Wissenschaft und Praxis, die zumindest promoviert sind. Dabei wurde deutlich, dass es nicht nur unter Studierenden der Wirtschaftswissenschaften ein wachsendes Unbehagen gegenüber der eigenen Disziplin gibt. Während 51,5 % der befragten Ökonomen verneinten, dass sich die Ökonomie in einer Legitimationskrise befindet, bekannten sich 45,5 % dazu. Auffällig dabei ist, dass in dem Zeitraum von 2010–2015 der Anteil der Befürworter von 42,0 auf 45,5 % anstieg und dementsprechend der Anteil jener, die eine Legitimationskrise verneinen, von 56,5 auf 51,5 sank. *(Beckenbach et al. 2016)*

Fortschritt in der Ökonomie wird hier als Erweiterung der bisher verfügbaren Erkenntnisse verstanden. Betrachtet man sich diese Erweiterung bzw. Dynamik aus der Perspektive der Intergenerationalität, so müssen junge Wissenschaftlerinnen und

Wissenschaftler bestrebt sein, den bisherigen Wissensstand in der Wirtschaftswissenschaft weiterzuentwickeln. Nur so können sich jüngere Ökonomen profilieren und zu Anerkennung kommen. Diese inhärente Dynamik führt zu kumulativem Fortschritt in den einzelnen wirtschaftswissenschaftlichen Disziplinen. Neue Ideen oder Erkenntnisse werden in der Ökonomie dann oft modelltheoretisch dargestellt. Aber auch auf der Ebene der Methoden empirischer Wirtschaftsforschung kam es zu einem enormen Erkenntniszuwachs, wenn man sich beispielsweise die Weiterentwicklung der Ökonometrie betrachtet. Dies lässt sich unter dem Begriff des kumulativen disziplinären Fortschritts subsumieren.

Diesem Erkenntniszuwachs stehen aber vielfältige Herausforderungen gegenüber, die das Paradoxon begründen. Diese werden zunächst allgemein aufgezeigt und dann auf die nachhaltige Entwicklung ausgerichtet. Zunächst bemängeln einige Ökonomen, dass dem Erkenntniszuwachs eine Reihe von Blockaden gegenüberstehen, die sich teilweise auf den Gegensatz zwischen der Ökonomie als geschlossene bzw. offene Disziplin zurückführen lassen. Gegensätzliche Positionen wurden bereits bei den unterschiedlichen Vorstellungen über das Menschenbild in der Ökonomie deutlich. Die Frage dabei ist, ob man sich z. B. den Erkenntnissen der Verhaltensökonomie bzw. Neuroökonomie öffnet, was gerade auch im Kontext nachhaltiger Entwicklung von großer Relevanz ist, oder ob man grundsätzlich bei dem Verhaltensmodell des Homo oeconomicus auch unter Berücksichtigung der verschiedenen Ausprägungen bzw. Weiterentwicklungen bleibt. Eine ganz andere Ausrichtung der Kritik, d. h. eine Kritik an ökonomischen Erkenntnissen wählt Stiglitz. Er beklagt die unzureichende Verarbeitung der Erkenntnisse von Markt- und Politikversagen in den Wirtschaftswissenschaften. Er zeigt anhand vieler Beispiele und neuer Forschungsergebnisse auf, dass die noch verbreitete Annahme, Märkte seien effizient, keine ausreichende wissenschaftliche Grundlage hat.

> Märkte liefern Anreize, aber Marktversagen ist weit verbreitet, und es gibt fortwährend Diskrepanzen zwischen sozialen und privaten Renditen. In einigen Sektoren – etwa im Gesundheitswesen, in der Versicherungs- und Finanzwirtschaft – waren die Probleme größer als in anderen, und der Staat konzentrierte seine Anstrengungen verständlicherweise auf diese Bereiche. (Stiglitz 2010, S. 309)

Daraus ergibt sich die Forderung nach einer stärkeren Öffnung für neue Forschungsergebnisse, auch dann, wenn sie nicht in die bisher dominierenden Wirtschaftsmodelle einzuordnen sind und zu einer Öffnung für neue Forschungsdisziplinen führen. Eine weitere Herausforderung begründet sich daraus, dass es viele Interdependenzen zwischen den verschiedenen Subsystemen von Gesellschaften gibt. Diese – so die Kritik – werden in der Ökonomie noch nicht hinreichend erkannt bzw. berücksichtigt. Das lässt sich damit begründen, dass es im Rahmen von Analysen vorteilhaft sein kann, diese Interdependenzen auszublenden. Dieser Sachverhalt findet in der Einschätzung von Lerner *(1972, S. 259)* seine Zuspitzung, wenn er feststellt, dass die Ökonomie die Königin der Sozialwissenschaften sei. Hierzu stellt Sturn fest:

Das impliziert auf der einen Seite, dass ‚ungelöste' (oder sich immer neu stellende) politische Koordinations- und Konfliktprobleme den Datenkranz ökonomischer Modelle in einer Weise beeinflussen müssten, die deren königliche Eleganz kontaminieren könnte. Der Umgang mit Abgrenzungen wie der von Lerner angedeuteten hat auf der anderen Seite auch wichtige Implikationen für die Ökonomie in der Krise. Denn es fragt sich, ob eine Königin der Sozialwissenschaften, welche die potentiellen Probleme ‚systemrelevanter' Annahmen nicht adäquat reflektiert und bearbeitet, nicht Krisen tendenziell zu einem Anathema macht und nicht mehr wirklich im theoretischen Horizont hat. Indizien dafür sind die Schwierigkeiten, welche im Umgang mit dem Problemkomplex ‚Krisen und systematisches Risiko' in Theorie und Praxis nicht nur vereinzelt sichtbar werden. …. Spezialisierung/Partialisierung als Voraussetzung von Fortschritt ist unauflöslich mit einem ‚Maschinenmodell des Fortschritts' verbunden, birgt aber Herausforderungen, die klar über dieses Maschinenmodell hinausweisen – und zwar in Richtung kombinatorischem Fortschritt, der eben nicht als Perfektionierung einer Maschine zu verstehen ist. (Sturn 2011, S. 20/21)

Hinzu kommen noch die systemischen Risiken, d. h. die Ansteckungsgefahr über Teilsysteme hinaus. Dieses Problem wird auch in zunehmendem Maße außerhalb der Ökonomie erkannt. So wendet sich der Philosoph Edgar Morin den multiplen interdependenten Krisen, d. h. ökologischen, ökonomischen und sozialen, zu und spricht in diesem Zusammenhang von Poly-Krisen. *(Morin 2011)* Nach ihm findet die Finanz- und Wirtschaftskrise in dem Zeitraum statt, als ein großer Umbau der Produktions- und Wirtschaftsweise ansteht. Das durch Nichtnachhaltigkeit gekennzeichnete Wirtschaftsmodell, das durch fossile Rohstoffe angetrieben wird, tritt nun in ein akutes Stadium. Im Kontext nachhaltiger Entwicklung geht es jedoch nicht um die Gefahr der Ansteckung von Teilsystemen im negativen Sinne, sondern um die wechselseitige Stabilisierung von Teilsystemen. Daher muss ein Fortschrittsprozess, der als Prozess zu besseren Problemlösungen im Kontext nachhaltiger Entwicklung führen soll, nicht nur zu einer Öffnung der Ökonomie gegenüber anderen Teildisziplinen beitragen, sondern zu einer echten interdisziplinären Zusammenarbeit mit anderen Wissenschaftsdisziplinen führen. Dies wird in den Kapiteln drei und vier aufgezeigt. In dem folgenden Abschnitt geht es zunächst um die Grundlagen nachhaltiger Entwicklung.

2.3 Grundlagen nachhaltiger Entwicklung

Nachhaltige Entwicklung stellt aus ökonomischer Sicht in einem ersten Schritt auf die Sicherung der Lebens- und Produktionsgrundlagen ab. Damit wird indirekt auch der Anspruch nachhaltiger Entwicklung, die Umwelt global und dauerhaft zu erhalten und auf dieser Grundlage das Wirtschafts- und Sozialsystem zu entwickeln und zu stabilisieren, begründet. Der Anspruch einer nachhaltigen Entwicklung geht jedoch über diesen Anspruch hinaus und fordert – wie im ersten Kapitel schon erwähnt – ausdrücklich die intra- und intergenerationelle Gerechtigkeit. In der ökonomischen Diskussion gibt es sowohl zur Beziehung von Ökologie und Ökonomie als auch zur sozialen Gerechtigkeit verschiedene Kontroversen. Bis heute stehen sich beispielsweise hinsichtlich der Beziehung von Ökonomie und Ökologie die neoklassische Ökonomik und die Ökologische Ökonomik weitgehend unvereinbar gegenüber. *(vgl. u. a. Costanza u. a. 2001; Rogall 2012; Luks 2015)*

Die Differenzierung und Zielbestimmung einer nachhaltigen Entwicklung anhand der drei Dimensionen dient als Ausgangspunkt der weiteren inhaltlichen Konkretisierung. Die beiden darauffolgenden Abschnitte stellen die Genese der Wirtschaftstheorie, v. a. die Diskussion zwischen Ökologie und Ökonomie, dar. Aber auch in der Diskussion über intra- und intergenerationelle Gerechtigkeit gibt es konträre Positionen, die dem Anspruch nachhaltiger Entwicklung unterschiedlich gerecht werden. Dabei bildet die Gerechtigkeit für heutige und zukünftige Generationen die normative Grundlage jeder Nachhaltigkeitsdiskussion.

Für die quantitative Konkretisierung der drei Dimensionen hat sich die Abgrenzung der unterschiedlichen Kapitalarten durchgesetzt: Das Ziel in den drei Handlungsbereichen ist demnach, ökologisches, ökonomisches und soziales Kapital zumindest zu erhalten oder zu vermehren. Hierbei wird von Kapital jedoch in einem weiteren Sinne gesprochen, als der Begriff sonst in den Wirtschaftswissenschaften verwendet wird: Kapital in diesem Kontext kann neben Geldeinheiten auch physikalische Einheiten (im Kontext der Ökologie) sowie zeitliche und qualitative Größen (im Rahmen der sozialen Dimension) umfassen. Die Monetarisierung bietet bisher kein hinreichendes Verfahren für eine Vereinheitlichung bei allen drei Kapitalarten. Analog zu den drei Dimensionen einer nachhaltigen Entwicklung werden somit drei größere Kapitalarten definiert *(stellvertretend: Hediger 2000, S. 482 ff.; Skene, Murray 2015, S. 34 ff.)*:

– Das **ökologische Kapital** umfasst den in Ökosystemen vorhandenen Bestand an erneuerbaren und nicht erneuerbaren Ressourcen, Land und ökologische Faktoren wie Nahrungskreisläufe, Klimasysteme, solare Einstrahlung und Tragfähigkeit. Die Formen des ökologischen Kapitals stehen entweder direkt (z. B. solare Einstrahlung) oder aber indirekt als Dienstleistung der Ökosysteme (z. B. natürliche Ressourcen) zur Verfügung.

– Das **ökonomische Kapital** bildet das wirtschaftliche Produktionskapital in Form von Sach-, Wissens- und Humankapital (z. B. technische Anlagen, Patente und qualifizierte Mitarbeiter) sowie die in die Wirtschaft eingebrachten Ressourcen ab. Immaterielles Vermögen ist hierbei ein Bestandteil ökonomischen Kapitals, was die weite Definition des Kapitalbegriffs beinhaltet.

– Das **Sozialkapital** ist weniger eindeutig abgegrenzt. In der Volkswirtschaftslehre versteht man unter Sozialkapital bislang die vorwiegend materielle Infrastruktur wie Sachanlagen und öffentliche Einrichtungen. Neuere Publikationen aus verschiedenen sozialwissenschaftlichen Disziplinen fordern hingegen einen umfassenderen und „weicheren" Ansatz. Demnach gehören soziale Güter dazu, die Grundbedürfnisse befriedigen, die gesellschaftliche Integration zu fördern und die Weiterentwicklung der Gesellschaft ermöglichen. *(Fuchs 2020, S. 7 ff.)*

Zwischen den drei Kapitalarten bestehen Überschneidungen. Beispielsweise kann das ökologische Kapital Holz zum Produktivkapital der Möbelindustrie werden. Daher ist einerseits eine integrierende Betrachtung erforderlich, in der andererseits die einzelnen Kapitalformen ausreichend voneinander abgegrenzt sind. Es wird deutlich, dass jeder Versuch einer Systematisierung nur als eine Annäherung zu betrachten ist, die für Analysen und Modellierungen notwendig ist – die drei Dimensionen der Nachhaltigkeit bilden hierfür drei sinnvolle Kategorien. *(Barbier 1987, S. 89 f.)*

Im Weiteren soll der Einfachheit wegen nur noch von den drei Kapitalarten gesprochen werden, ökologisches und natürliches Kapital werden synonym verwendet. Mit den drei Kapitalarten sind spezifische Ziele verbunden, wie in Abschnitt 2.4 dargestellt wird. An den unterschiedlichen Zielvorstellungen und im Widerstreit von Ökologie und Ökonomie lässt sich sodann die Genese wirtschaftstheoretischer Begründungen nachzeichnen – Abschnitt 2.5 gibt die eher wachstumsoptimistische „schwache Nachhaltigkeit" und Abschnitt 2.6 die ökologisch ausgerichtete „starke Nachhaltigkeit" wider. Anschließend werden in Abschnitt 2.7 Ansätze vorgestellt, mit denen sich die beiden gegensätzlichen Positionen zusammenführen lassen.

2.4 Ökologische, ökonomische und soziale Nachhaltigkeit

Die Differenzierung nach den drei Dimensionen hat sich seit Mitte der 1990er-Jahre international durchgesetzt. Diese Aufteilung in ein dreifaches Modell ist seitdem Kristallisationspunkt der Vielzahl von Nachhaltigkeitsdefinitionen *(Tremmel 2003, S. 100–116)* und der pragmatische Ausgangspunkt vieler Nachhaltigkeitsstrategien bzw. -konzepte auf staatlicher wie auch auf betrieblicher Ebene. Im Rahmen des „Magischen Dreiecks" – analog zum „Magischen Viereck" des Stabilitäts- und Wachstumsgesetzes von 1967 – wird eine Zusammenführung und gemeinsame Realisierung der drei Nachhaltigkeitsdimensionen angestrebt. *(vgl. beispielsweise Enquete-Kommission 1994)* Eine ausgewogene Situation kann jedoch nur im Idealfall erreicht werden.

Im Kontext der Dreidimensionalität besteht heute – wie schon erwähnt – im Prinzip ein breiter Konsens, dass der ökologischen Dimension eine besondere Bedeutung zukommt. In der Realität hat sich diese Erkenntnis jedoch noch nicht ausreichend durchgesetzt. So ist die Belastung bzw. Beschädigung von Ökosystemen oft irreparabel bzw. kann nur sehr bedingt beseitigt werden. Der voranschreitende Klimawandel und der dramatische Verlust an Biodiversität sind hier u. a. zu nennen. Dabei ist zur Kenntnis zu nehmen, dass gut funktionierende Ökosysteme viele Leistungen für die Produktion von Gütern und Dienstleistungen erbringen und für das gesellschaftliche Wohlbefinden von zentraler Bedeutung sind.

Ökologische Nachhaltigkeit

Die Natur und deren Nutzung, ohne die der Mensch nicht überlebensfähig ist, hat teilweise schon ein Niveau der Übernutzung erreicht, was besonders für die nächsten Generationen bedrohlich ist. Daher können ökonomische, aber auch soziale Systeme für sich alleine nicht nachhaltig sein. Ihre dauerhafte Existenz hängt von dem ausgewogenen Zusammenspiel der Wirtschaft und der Gesellschaft mit dem ökologischen System ab. Hierzu gibt es sowohl national als auch international einen breiten Konsens. Im Mittelpunkt stehen der Abbau und die Nutzung von Rohstoffen, die Umlenkung von Stoff- und Energieströmen, die Veränderung von großräumigen natürlichen Strukturen oder die Belastung von Schutzgütern, wie die Atmosphäre durch den Ausstoß von Emissionen. Sie verändern und belasten die ökologischen Systeme zunehmend. Das Wissen um die teilweise Übernutzung der Ökologie und das wirtschaftliche Verhalten, das die Übernutzung weiter verschärft, kann man als „Schizophreniedilemma" der Menschheit bezeichnen.

Die ökologische Nachhaltigkeit zielt somit auf die Erhaltung der ökologischen Systeme bzw. des ökologischen Kapitalstocks ab. Orientiert man sich am Prinzip der Rationalität, so begründet sich die ökologische Nachhaltigkeit daraus, dass das ökologische System die Lebensgrundlage (Life Support System) aller menschlichen Aktivitäten bildet. Die wachsenden Bedrohungspotenziale machen es daher notwendig, sowohl die Produktionsformen als auch die Konsumstile an die ökologischen Systeme anzupassen bzw. in die Grenzen der ökologischen Systeme zurückzuführen. Dabei gilt jedoch zu berücksichtigen, dass die Diskussion um nachhaltige Konsumstile in Konkurrenz zu dem Paradigma der Konsumentensouveränität steht. *(v. Hauff, Jörg 2017, S. 40)* Das erklärt, weshalb nachhaltige Konsummuster schwer zu realisieren sind. Im Kontext der ökologischen Nachhaltigkeit ist die Politik daher gefordert, von den Akteuren der privaten Wirtschaft (Unternehmen und Wirtschaftsverbänden), den Haushalten und sonstigen wirtschaftlichen und gesellschaftlichen Akteuren eine stärkere Anpassung an diese Belastbarkeit ökologischer Systeme einzufordern.

Die in ihrer Geschwindigkeit schnell voranschreitenden ökologischen Belastungen und die sich daraus ergebenden Bedrohungspotenziale machen es dringend erforderlich, das Verhältnis der Menschheit zu ihren natürlichen Lebensgrundlagen neu zu bestimmen. Neben den ökonomisch relevanten Funktionen bietet die Natur auch andere Funktionen, die für die Lebensqualität der Menschen eine große Bedeutung haben: die Natur als Lebensraum (Regenerationsfunktion) oder als Ort ästhetischen Genusses. *(Grunwald, Kopfmüller 2012, S. 43)* Diese werden trotz ihrer großen Bedeutung in den folgenden Ausführungen vernachlässigt.

Ökologische Systeme werden vielfach auch als Anbieter von Dienstleistungen für den Mensch bezeichnet. Sie dienen als Aufnahmemedium (Senke) von Emissionen wie CO_2 und als Quelle natürlicher Ressourcen, die den Menschen direkten oder indirekten Nutzen stiften. In diesem Zusammenhang stellt sich die Frage, wann das Optimum der Generierung des Nutzens erreicht ist. In der Umweltökonomie herrscht hier jedoch Uneinigkeit zwischen den Vertretern schwacher und starker Nachhaltigkeit

(Common, Stagl 2005, S. 378), was in den folgenden Abschnitten dieses Kapitels noch vertieft wird. Schwache Nachhaltigkeit bedeutet, dass Naturkapital durch Sachkapital substituiert werden kann, solange der gesamte Kapitalbestand (Sach- plus Naturkapital) für zukünftige Generationen erhalten bleibt. Wird beispielsweise durch den Bau einer Straße ein Teil eines Waldes abgeholzt, reduziert sich zwar das Naturkapital, aber es entsteht zusätzliches Sachkapital. Führt die Substitution zu einem gleichbleibenden Kapitalbestand, liegt schwache Nachhaltigkeit vor. Auch Vertreter der starken Nachhaltigkeit erkennen die Notwendigkeit des Verbrauchs von Naturkapital im Rahmen des Wirtschaftsprozesses. Sie fordern jedoch die Einhaltung von Handlungsregeln, wie sie in Abschnitt 2.5 noch aufgezeigt werden. Weiterhin fordern sie jene Ökosysteme konsequent zu schonen, die bedroht sind und für das Überleben der Menschheit lebensnotwendig sind.

Ökonomische Nachhaltigkeit

Das Ziel der ökonomischen Nachhaltigkeit ist, die Wirtschaftskraft zu stärken um die Aufrechterhaltung einer ausreichenden bzw. gewünschten Lebensqualität im Zeitablauf zu erreichen. Die Stärkung der Wirtschaftskraft lässt sich durch eine positive Entwicklung von Innovationen, Anlageinvestitionen, der Arbeitsproduktivität und Ausgaben für Forschung und Entwicklung fördern. Das erfordert jedoch – wie gerade begründet wurde – im Kontext ökologischer Nachhaltigkeit ein Überdenken der bestehenden Produktionsweise und Konsumstile, die als nicht nachhaltig zu klassifizieren sind. Die erwünschte Lebensqualität bzw. eine Steigerung des Wohlbefindens erfordern daher, neben der Erhaltung der materiellen auch die Erhaltung der immateriellen Lebensgrundlagen.

Philip Lawn stellt in diesem Zusammenhang die Frage, welche Auswirkungen der Konsum auf die Umwelt bzw. auf den Verbrauch von Naturkapitel hat. Werden durch ein bestimmtes Konsumniveau lebenswichtige Ökosysteme stark belastet oder zerstört, dann werden dadurch die menschlichen Lebensgrundlagen gefährdet. *(Lawn 2001, S. 18 ff.)* Weiterhin stellt Jackson in Frage, ob Wohlstand und damit das Konsumniveau das Wohlbefinden eines Individuums allein determiniert. Er stellt fest:

> Können ständig steigende Einkommen für die bereits wohlhabenden weiterhin legitimer Mittelpunkt ihrer Hoffnungen und Erwartungen sein – in einer Welt mit endlichen Ressourcen und engen ökologischen Grenzen, in einer Welt, die immer noch gekennzeichnet ist durch Inseln des Wohlstands inmitten eines Ozeans der Armut? Oder gibt es vielleicht einen anderen Weg hin zu einer nachhaltigen, gerechteren Form des Wohlstandes? (Jackson 2017, S. 4)

Daraus folgt der Paradigmenwechsel „from Wealth to Sustainability." *(Ruta, Hamilton 2007, S. 47)* Von dem materiellen Wohlstand eines Individuums ist somit der gesellschaftliche Wohlfahrtsbegriff abzugrenzen, der weit darüber hinausgeht, indem er neben der quantitativen Dimension der materiellen Ausstattung des Individuums auch die subjektiv bewertete Lebenslage (Lebensqualität) einbezieht. Damit werden die materiellen Dimensionen wie Arbeit, Einkommen und Konsum durch immaterielle Dimensionen wie Freiheit, soziale Gerechtigkeit und sozialer Konsens, aber auch durch eine entsprechende Umweltqualität ergänzt. Dieser Wohlfahrtsbegriff geht entsprechend auch über den Indikator „Sozialprodukt" hinaus.

Ein wichtiger theoretischer Kontext für die ökonomische Nachhaltigkeit bietet die Weiterentwicklung der neoklassischen Wachstumstheorie. Deren Kernaussage ist, dass im langfristigen Gleichgewicht eine Steigerung des Wachstums neben den Produktionsfaktoren Arbeit und Kapital durch technischen Fortschritt möglich ist. In der neueren Wachstumstheorie kommen Determinanten wie Humankapital und Bildung hinzu. Zu der kontinuierlichen Mehrung von Wachstum gibt es jedoch – wie schon erläutert – zumindest seit dem ersten Bericht an den *Club of Rome* „Grenzen des Wachstums" eine intensive Kontroverse. Dabei geht es um die Vereinbarkeit steigender Wachstumsraten und dem Erhalt ökologischer Systeme. *(v. Hauff, Jörg 2017)* Heute gibt es international einen breiten Konsens, wonach der Indikator Bruttoinlandsprodukt bzw. Bruttoinlandsprodukt pro Kopf nicht den Anforderungen nachhaltiger Entwicklung entspricht und somit als Nachhaltigkeitsindikator nicht geeignet ist. Als nachhaltiger Wachstumsindikator gilt heute nach den Vereinten Nationen „*Inclusive Green Growth.*" *(v. Hauff 2020, S. 142)* Er wurde erstmals 2012 im Rahmen der Rio+20 Konferenz eingeführt. Er wird wie folgt umschrieben *(United Nations 2012, S. 2)*:

> We also reaffirm the need to achieve sustainable development by promoting sustained, inclusive and equitable economic growth, creating greater opportunities for all, reducing inequalities, raising basic standards of living, fostering equitable social development and inclusion, and promoting the integrated and sustainable management of natural resources and ecosystems that supports, inter alia, economic, social and human development while facilitating ecosystem conservation, regeneration and restoration and resilience in the face of new and emerging challenges.

Die OECD begründet inclusive green growth wie folgt:

> There is widespread recognition that gross domestic product (GDP) captures only part of economic welfare and excludes other dimensions which also matter for well-being, such as jobs, skills, and education, health status, environment, and civic participation and social connections. (OECD 2014, S. 80)

Betrachtet man noch einmal die große Bedeutung des technischen Fortschritts für Wachstum, so führt das zu der Frage, wie technischer Fortschritt auf die Inanspruchnahme der Produktionsfaktoren Arbeit, Sachkapital und natürliches Kapital wirkt. Geht man davon aus, dass der technische Fortschritt arbeits- oder kapitalvermehrend ist, während die Produktivität des natürlichen Kapitals nicht bzw. nicht in gleichem Maße steigt, induziert Wachstum einen höheren Einsatz natürlicher Ressourcen bzw. eine höhere Beanspruchung der Aufnahmekapazität der Umweltmedien. *(Hillebrand et al. 2000, S. 32)* Langfristig führt das zu einer Überlastung der Umwelt. Durch einen umweltorientierten technischen Fortschritt kann es dagegen zumindest zu einer partiellen Entkopplung von Wachstum und der Nutzung des natürlichen Kapitals bzw.

der Natur als Senke kommen. Die Entkopplung kann neben technischen Innovationen durch soziale und institutionelle Innovationen noch verstärkt werden. Die Forderung nach Gerechtigkeit kann sowohl über die Einkommens- und Vermögensverteilung bzw. Umverteilung als auch durch – wie Sen es bezeichnet – die Realisierung der Verwirklichungschancen (Capability Ansatz) erfolgen. *(Senn 1980)* Danach soll jedes Individuum die Möglichkeit erhalten seine Chancen zu verwirklichen. Betrachtet man die ökonomische Nachhaltigkeit aus der Perspektive der Nachfrageseite, so zielt sie auf die Aufrechterhaltung bzw. die Steigerung einer gewünschten Lebensqualität ab. *(v. Hauff, Schiffer 2013, S. 17 ff.)* In diesem Zusammenhang wird Lebensqualität jedoch oft noch mit ökonomischem Wohlstand assoziiert, was jedoch – wie schon erwähnt – mit dem Paradigma nachhaltiger Entwicklung nicht übereinstimmt.

Soziale Nachhaltigkeit

In der wirtschaftswissenschaftlichen Diskussion zur nachhaltigen Entwicklung hat die soziale Dimension eine wachsende Aufmerksamkeit erfahren. Dabei geht es um den Erhalt bzw. die Stärkung des sozialen Kapitals. Dennoch wurde die soziale Nachhaltigkeit bisher noch nicht in dem Maße diskutiert bzw. inhaltlich ausgestaltet wie die beiden anderen Nachhaltigkeitsdimensionen. Dabei ist die soziale Nachhaltigkeit, die den sozialen Zusammenhalt in Organisationen wie Unternehmen, Interessenorganisationen, Nicht-Regierungsorganisationen als auch den gesellschaftlichen Zusammenhalt in Humanität, Freiheit und Gerechtigkeit zum Ziel hat, ebenfalls von großer Relevanz um die zukünftige ökologische und ökonomische Stabilität einer Gesellschaft zu gewährleisten. In diesem Zusammenhang kann es auch hilfreich sein die nicht nachhaltigen Bedingungen wie Armut, Arbeitslosigkeit, soziale Exklusion und Korruption zu benennen. In einer ersten Annäherung an soziale Nachhaltigkeit stellt Pichler fest: Die soziale Nachhaltigkeit stellt die immateriellen Lebensgrundlagen in den Mittelpunkt. Dabei geht es um eine stabile Gesellschaft und um die Gleichverteilung von Wohlstand. *(Pichler 2020, S. 94)* Auch die soziale Nachhaltigkeit weist verschiedene Zugänge auf.

Grundgüter und Grundbedürfnisse

Im Sinne des Grundbedürfniskonzeptes geht es um einen gerechten Zugang zu den sozialen Grundgütern. Das Grundbedürfniskonzept wurde später durch die theoretischen Arbeiten von Amartya Sen weiterentwickelt. Hervorzuheben ist besonders der Ansatz der Verwirklichungschancen (Capability Approach), der in Kapitel 5 noch ausführlicher vorgestellt wird. Dabei geht es um die Möglichkeiten oder Fähigkeiten der Menschen, ein Leben so führen zu können, dass die Selbstachtung nicht in Frage gestellt wird. Das ermöglicht besonders sozial schwachen Individuen oder Gruppen eine Erweiterung von Handlungsspielräumen und ein Herauslösen aus dem passiven Empfängerstatus. Dadurch wird es dem Individuum oder einer Gruppe möglich, ein sicheres, würdiges und selbstbestimmtes Leben zu gestalten.

In einem weiteren Sinne gehören zu den Grundgütern auch soziale Ressourcen, wie Toleranz, Solidarität, Integrationsfähigkeit, Gemeinwohlorientierung, Rechts- und Gerechtigkeitssinn. Sie sind wichtige Bedingungen für den dauerhaften Zusammenhalt gesellschaftlicher Teilsysteme oder der Gesellschaft als Ganzes. Das wesentliche Ziel der sozialen Nachhaltigkeit besteht nach Marina Fischer-Kowalski et al. in der Erhaltung des sozialen Friedens. Sie subsumiert darunter eine

> akzeptable Lösung der Verteilungsprobleme zwischen Regionen, zwischen sozialen Schichten, Geschlechtern und Altersgruppen und Lösungen des Problems kultureller Integration, von Zugehörigkeiten und Identitäten. (Fischer-Kowalski 1995, S. 5)

Das setzt für den Transformationsprozess zur nachhaltigen Entwicklung konkrete Schutz- und Gestaltungsziele voraus, was an jede Gesellschaft hohe Anforderungen stellt. Bei diesem Ansatz besteht das Problem – es wird auch schon bei der Definition von nachhaltiger Entwicklung des Brundtland-Berichtes deutlich – in der Unsicherheit einer Politikgestaltung, da die Entwicklung der Bedürfnisse zukünftiger Generationen nicht absolut voraus gesagt werden können.

Sozialkapital

Einen weiteren Zugang zur sozialen Nachhaltigkeit bietet das Konzept des Sozialkapitals. Das Konzept wurde zunächst ganz wesentlich durch *Pierre Bourdieu, James Coleman* und *Robert Putnam* geprägt. *(Roßteutscher et al. 2008, S. 21 ff.)* Dabei lassen sich zwei Richtungen unterscheiden: die Kulturtheorie von Bourdieu 1983 und die Theorie der „Rational Choice" von Coleman 1988 *und* Putnam 1993. Bourdieu begründet seinen Ansatz aus der Mikroperspektive, d. h. aus der Sicht des Individuums. In Verbindung mit der sozialen Dimension nachhaltiger Entwicklung geht Gerechtigkeit mit der gerechten Verteilung von Sozialkapital, den Ressourcen, die nach Bourdieu auf der Zugehörigkeit zu einer Gruppe beruhen, einher. *(Bourdieu 1983, S. 190f)* Bourdieu beschäftigt sich in seiner Theorie weiterhin mit der Reproduktion von Kapital. Er unterscheidet hierbei drei Arten von Kapital: ökonomisches, kulturelles und soziales Kapital. Eine weitere wichtige Kategorie für ihn ist das soziale Netzwerk des Individuums. Das soziale Kapital bietet den Individuen einen Zugang zu den Ressourcen des gesellschaftlichen Lebens wie Unterstützung, Hilfeleistung, Anerkennung, Wissen und Verbindungen bis zum Ausfindigmachen von Ausbildungs- und Arbeitsplätzen. Es produziert und reproduziert sich u. a. über Tauschbeziehungen wie gegenseitige Geschenke, Gefälligkeiten und Besuche. *(Pufé 2017, S. 97)* Die Höhe des Sozialkapitals eines Individuums hängt dann von dem Kapital der anderen Beteiligten des sozialen Netzwerks ab. Dagegen wählt Coleman für die Analyse und Begründung von Sozialkapital die Makroperspektive, d. h. er betrachtet Sozialkapital aus der Sicht der Gesellschaft.

Putnam untersucht die ökonomische Rationalität horizontaler Verbindungen und die dort vorherrschenden Normen und deren Produktivität für die Gesellschaft. In seinem Rationalkalkül geht er von der Beobachtung aus, dass Menschen ihre sozialen

Kontakte instrumentalisieren, um ihre Ziele zu erreichen. Dadurch entsteht aus sozialen Beziehungen privates Vermögen. Coleman erweitert diesen Ansatz, indem er auch vertikale Verbindungen und das Verhalten anderer Akteure, wie Unternehmen, einbezieht. Dabei stellt sich die Frage, ob das Rationalitätskalkül von Putnam, d. h. die Instrumentalisierung sozialer Kontakte zur Generierung von privatem Vermögen, mit dem Leitbild nachhaltiger Entwicklung kompatibel ist (vgl. hierzu die Diskussion zu dem Menschenbild des Homo oeconomicus).

Im Gegensatz zu anderen Kapitalformen ist Sozialkapital dadurch gekennzeichnet, dass es sich auf eine mit Externalitäten verbundene soziale Interaktion bezieht. In Analogie zu ökonomischem und ökologischem Kapital gibt es die Gemeinsamkeit, dass ein für den Produktionsprozess langfristig nutzbarer Bestand akkumuliert werden kann. *(vgl. Haug 1997, S. 47)* Hier stellt sich nun die Frage nach den Dimensionen des sozialen Kapitals, die mit dem Leitbild nachhaltiger Entwicklung kompatibel sind. Nach Woolcock lassen sich vier Dimensionen unterscheiden *(vgl. Durth et al. 2002, S. 151–208)*:

- die soziale Integration,
- horizontale soziale Verbindungen innerhalb von Gemeinschaften,
- die Beziehung zwischen Staat und Zivilgesellschaft,
- die Qualität der Regierungsinstitutionen.

Es geht also beispielsweise um die Existenz eines transparenten und für alle gleichermaßen zugänglichen Rechtssystems, in dem alle gleichbehandelt werden, einer funktionsfähigen Wirtschaftsordnung, die sich durch Chancengleichheit und die Möglichkeit, diese auch zu verwirklichen, auszeichnet oder die Gewährleistung demokratischer Grundfreiheiten. Nach Skene und Murray lässt sich Sozialkapital heute wie folgt definieren: „This includes cultural identity, diversity and context, community, institutions, souvereignity, representation, equality, networking group sourcing and diversification potential." *(2015, S. 34)* Daraus lässt sich ableiten, dass das Konzept des Sozialkapitals in zunehmendem Maße den Wert von Individuen in Gruppen erkennt und dies im Gegensatz zum individuellen Humankapital gesehen werden kann.

Neue Institutionenökonomie

Die neue Institutionenökonomie hat eine wachsende Bedeutung für die soziale Nachhaltigkeit. Sie beschäftigt sich mit Institutionen als einem System miteinander verbundener formeller und informeller Normen und Regeln, die den dauerhaften Zusammenhalt einer Gesellschaft (Kohäsion) begünstigen oder beeinträchtigen können. *(v. Hauff, Schiffer 2010, S. 1ff.)* Weiterhin geht es um die Analyse und Darstellung der Wirkungszusammenhänge von institutionellen Strukturen (u. a. Normen, Werte, Organisationsaufbau) und dem darauf aufbauenden Handeln. In der neuen Institutionenökonomie ist der Transaktionskostenansatz von großer Bedeutung. Alle Güter weisen physische sowie eigentumsrechtliche Merkmale auf. Bei der Änderung von

Letzteren entstehen Transaktionskosten. *(North, Wallis 1994, S. 611 ff.; Erlei, Leschke, Sauerland 2016)*

Die Nobelpreisträgerin von 2009, Elinor Ostrom, hat die Rolle von Institutionen für das Verhalten von Menschen schon früh populär gemacht. In ihrem Buch „Governing the Commons" *(1990)* analysiert sie die Bewirtschaftung von Gemeinschaftsgütern wie Wasser, Weiden, Wald, Ozeane und Atmosphäre und widerspricht der dominierenden Auffassung, dass Allmendegüter im Gemeinschaftseigentum per se übernutzt werden. Eigentlich sollte eine grundlegende Institutionenanalyse ökosozialer Systeme der zentrale Punkt für die wissenschaftliche Beschäftigung mit Nachhaltigkeit sein. Daher beschäftigte sich Ostrom besonders mit der Frage, wie Systeme beschaffen sind oder entwickelt werden müssen, damit in unterschiedlichen Gesellschaften und bei unterschiedlichen Ausstattungen mit Ressourcen eine nachhaltige Bewirtschaftung möglich ist und sichergesellt wird. Daraus begründet sich, dass sich Menschen als soziale Wesen an Regeln und Normen ihrer Gemeinschaft zumindest orientieren, auch wenn sie diese nicht immer befolgen. Entsprechend müsste die instituional ecological economics *(Skene, Murray 2015, S. 199)* zur institutional sustainable economics weiterentwickelt werden.

Aus theoretischer Perspektive stellt Leschke die Frage nach der Rolle institutioneller Rahmenbedingungen für den gesellschaftlichen Zusammenhalt. *(Leschke 2008, S. 308)* Die Frage hierbei ist, wie die institutionellen Bedingungen gestaltet werden können, damit in der Gesellschaft zum wechselseitigen Vorteil interagiert wird. Dabei gilt zu berücksichtigen, dass es in vielen Fällen zu sogenannten Dilemmatasituationen kommen kann. Dabei bringt das unkooperative Verhalten A (siehe die folgende Abbildung) dem einzelnen Individuum, d. h. Individuum 1 bzw. 2 einen größeren Vorteil als das kooperative, auf soziale Nachhaltigkeit ausgerichtete Verhalten B.

Ein Individuum, das sich kooperativ verhält (Verhalten B), kann daraus einen Nutzengewinn von höchstens 2 Einheiten erzielen. Bei einem Verhalten A hat es die Möglichkeit, den Gewinn von 5 Nutzeneinheiten zu erzielen. Daher führt das Streben des Einzelnen nach seinem eigenen Vorteil dazu, dass beide Individuen das kooperative Verhalten A bevorzugen. Dabei riskieren sie, dass keiner von ihnen einen Nutzen realisiert. Es ist für ein Individuum besser, einen Nutzengewinn von 0 zu erzielen (beide gehen dem Verhalten A nach), als einen Nutzenverlust von -1 akzeptieren zu müssen (ein Individuum bevorzugt das Verhalten B, während ein anderes Individuum sich zum eigenen Vorteil nach Schema A verhält). *(v. Hauff, Schiffer 2010, S. 11)*

Auch wenn es im kollektiven Interesse ist, dass alle sich nach dem Muster B orientieren, kann es im individuellen Interesse liegen, sich nicht daran zu halten. Legt die Gemeinschaft Institutionen fest, die das vorteilhaftere Verhalten B fördern bzw. das schädliche Verhalten A bestrafen, kann das Dilemma gelöst werden. Einigt sich eine Gesellschaft auf Institutionen, die die soziale Nachhaltigkeit fördern oder zumindest berücksichtigen, so bedeutet das noch nicht, dass dies zu einer institutionellen Verankerung führt. Diese kann nur erfolgen, wenn die Mehrheit diese Institutionen auf Dauer für gerechtfertigt hält.

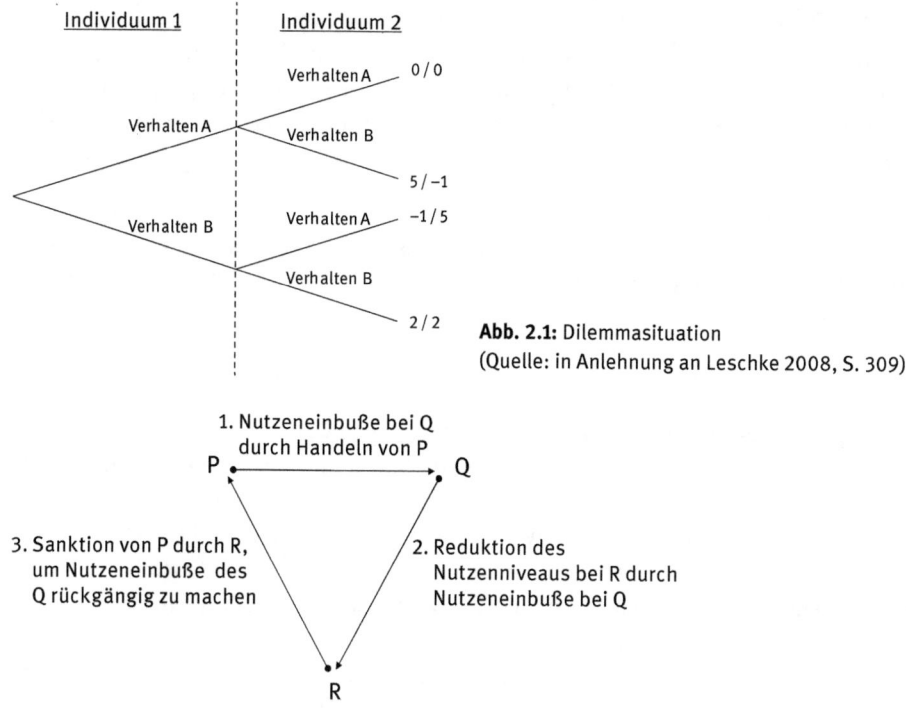

Abb. 2.1: Dilemmasituation
(Quelle: in Anlehnung an Leschke 2008, S. 309)

Abb. 2.2: Interdependente Nutzenfunktion
(Quelle: in Anlehnung an Voigt 2009, S. 197)

Entsprechend der sozialen Nachhaltigkeit bedeutet das, dass eine Norm, die den gesellschaftlichen Zusammenhalt fördert, von der Gesellschaft dann anerkannt wird, wenn ihr Grenznutzen (z. B. die Sicherheit) ihre Grenzkosten (z. B. die Einschränkung der individuellen Handlungsmöglichkeiten) übersteigt. Danach sind Individuen auch dann bereit, ein nicht normenkonformes, die Gemeinschaft schädigendes Verhalten anderer Gesellschaftsmitglieder zu sanktionieren, wenn es sie scheinbar nicht direkt betrifft. Das lässt sich in einem formalen Modell darstellen. (vgl. hierzu *v. Hauff, Schiffer 2010, S. 13*) Ist der Nutzen von Q ein positives Argument der Nutzenfunktion einer dritten Person R und verursacht das normeninkonforme Verhalten der Person P Nutzeneinbußen der Person Q, so kann R einen Anreiz haben das nicht konforme Verhalten von P zu sanktionieren. *(Voigt 2009, S. 196)*

Der Nutzen U_R des Individuums R hängt demnach nicht nur von dem ihm zur Verfügung stehenden Güterbündel p_R ab, das die Lebensqualität von R widerspiegeln soll und deshalb nicht nur monetär zu messen ist. Er hängt auch von dem einer anderen Person Q zur Verfügung stehenden Güterbündel p_Q ab, was sich in Form von interdependenten Nutzenfunktionen widerspiegelt:

$$U_R = f(p_R, p_Q) \, .$$

Bei der Frage, wie eine interdependente Nutzenfunktion mathematisch aussehen kann, lässt sich feststellen, dass der Nutzen von R nicht durch Addition wiedergegeben werden kann, da der Grenznutzen des Individuums R von den Güterbündeln des R und des Q abhängen. Die Darstellung in Form der folgenden Funktion wäre demnach nicht möglich

$$U_R = f(p_R) + f(p_Q) \, ,$$

da in dem Fall $\partial U_R / \partial p_R$ von p_Q und $\partial U_R / \partial p_Q$ von p_R unabhängig sind. Vielmehr ist von einer interdependenten Nutzenfunktion, zum Beispiel in Form einer Cobb-Douglas-Nutzenfunktion auszugehen:

$$U_R = p_R^\alpha p_Q^\beta$$

mit $\alpha, \beta > 0$ als Einflussparameter, die das jeweilige Gewicht der einzelnen Güterbündel für das Individuum R verdeutlichen. Dabei hängt der Grenznutzen von R $\partial U_R / \partial p_R = \alpha p_R^{\alpha-1} p_Q^\beta$ nicht nur vom Güterbündel des Individuums R, sondern auch vom Güterbündel des Individuums Q ab. Im neoklassischen Modell des Homo oeconomicus wird der Parameter β vernachlässigt, mit anderen Worten gleich null gesetzt. Der Nutzen des R wird demnach nicht vom Nutzen des Q oder einer anderen Person beeinflusst. *(Voigt 2009, S. 196 ff.)*

Es geht nun darum, den Beitrag der neuen Institutionenökonomie zur Begründung sozialer Nachhaltigkeit kritisch zu hinterfragen. Einerseits bietet die neue Institutionenökonomie aufgrund ihrer breiten Anwendbarkeit und starken, fächerübergreifenden und integrierenden Ausrichtung eine gute Grundlage zur Begründung gesellschaftlicher Entwicklungen. Andererseits wird kritisch angemerkt, dass sie noch überwiegend auf rigiden Modellprämissen basiert und somit die Schwierigkeit aufweist, relevante Institutionen auszuwählen sowie entsprechend zu gewichten. *(Senge 2006, S. 46)*

Ein weiterer Kritikpunkt ist, dass sich bestehende, d. h. auch ungleiche Verhältnisse in der neuen Institutionenökonomie rechtfertigen lassen, da die Institutionen von den betroffenen Individuen freiwillig geschaffen werden. *(Göbel 2002, S. 343)* So kann sozialer Konsens von den beteiligten Individuen auch auf einer als unbefriedigend empfundenen Basis vereinbart werden, solange kein Akteur einen Anreiz empfindet, seinen Aktionsplan zu ändern, wenn es nicht auch andere tun. Dennoch bietet die neue Institutionenökonomie mit ihrer funktionalistischen Sichtweise, der interdependenten Nutzenfunktion und dem Transaktionskostenansatz wichtige Ansatzpunkte hinsichtlich der sozialen Nachhaltigkeit.

Es gibt jedoch noch Bedarf der weiteren Ausgestaltung, was hier nur exemplarisch aufgezeigt werden kann. So geht beispielsweise Gerechtigkeit im Kontext sozialer Nachhaltigkeit mit gerechter Verteilung von Sozialkapital und den Ressourcen, die sich aus der Zugehörigkeit zu einer Gruppe begründen, einher. Das ist dann möglich, wenn man zwischen den unterschiedlichen Gesellschaftsgruppen eine Verbindung herstellt. *(Stiglitz, Sen, Fitoussi 2009, S. 10)* Dabei kommt dem lebenslangen Lernen eine besondere Bedeutung zu. Weiterhin geht es um das von der UN ausgerufene Bildungskonzept „Bildung für nachhaltige Entwicklung", das zur Bildung und Weiterentwicklung individueller Kompetenzen beitragen soll. *(Michelsen, Fischer 2015)* Die Stärkung individueller Kompetenzen ist notwendig, um dem Ziel sozialer Nachhaltigkeit näherzukommen.

Glücksforschung

In neuerer Zeit wird auch die Glücksforschung in ihrer Relevanz für die nachhaltige Entwicklung genannt. *(Frey 2017)* Dabei werden Wege zur Messung von Glück und Zufriedenheit aufgezeigt, die dazu beitragen können, nachhaltige Entwicklung inhaltlich zu füllen. Das traditionelle Konzept der Bestimmung ökonomischer Präferenzen kann hier nur einen sehr begrenzten Beitrag leisten und nicht-marktliche Güter bleiben unberücksichtigt. Dagegen hat die Glücksforschung einen wichtigen Beitrag dazu geleistet, aufzuzeigen, was das Individuum wirklich zufrieden und glücklich macht. In der Glücksforschung geht es jedoch nicht um kurzfristige Glücksmomente bzw. Glücksgefühle, die auf schönen Erlebnissen beruhen. Es geht vielmehr um Wohlbefinden bzw. Lebenszufriedenheit. Die Relevanz der Glücksforschung für die Nachhaltigkeit erklärt sich daraus, dass die Lebenszufriedenheit – zumindest ab einem bestimmten Niveau – nicht primär von Einkommenszuwächsen abhängt. Es sind vielmehr die soziale Einbindung, Geborgenheit, Freundschaften und funktionierende Ökosysteme, die zu mehr Wohlbefinden im Sinne von Glück beitragen können. Daraus ergibt sich ein Bezug zum Sozialkapital und dessen Relevanz.

Dabei spielt das soziale Wohlbefinden als nicht marktliches Gut eine bedeutende Rolle: Das Individuum fühlt sich in der Regel nicht in der Einsamkeit wohl. Das soziale Wohlbefinden erklärt sich vielmehr aus dem Kontakt zur eigenen Familie, zu Freunden oder zu Nachbarn. Somit ist es notwendig, sich in die Gesellschaft einzuordnen und sich auch für die Gemeinschaft einzubringen. Einer der bedeutendsten Glücksforscher *Richard Layard* erklärt dies treffend und zeigt auf, warum wir die Gemeinschaft brauchen. Nur ein Teil des Lebens funktioniert dementsprechend nach dem Prinzip von *Charles Darwin*:

> Aber der größte und vor allem der beste Teil ist zwischenmenschlicher Austausch, bei dem unter dem Strich mehr steht als Null und der zu unserem Wohlbefinden beiträgt. (Layard 2005, S. 109 ff.)

Die Glücksforschung wurde in den letzten Jahren in verschiedene Forschungsfelder eingeführt. So wurde in diesem Zusammenhang beispielsweise die Wiederbeschäftigung von arbeitslosen Personen untersucht. Dabei kam es zu folgenden Erkenntnissen *(Krause 2013, S. 18)*:

- happiness is mainly a predictor for exit into self-employment,
- only mail unemployed experience an effect of happiness on reemployment, and

- the concept of locus of control and the personality traits of neuroticism and extraversion are main drivers of the baseline effect on regular reemployment and are able to explain the effect on reemployment for mails. The non-linear effects on wages and self-employment are robust to the inclusion of personality traits.

Interessant ist besonders die Bedeutung von Selbstständigkeit für die Selbstzufriedenheit bzw. das Glücksgefühl im Verhältnis zu Menschen die in einem Angestelltenverhältnis tätig sind. Diese Erkenntnis wird auch von Benz und Frey in einer empirischen Studie bestätigt. Sie begründen das damit, dass Selbständige interessantere Tätigkeiten ausüben können und eine größere Unabhängigkeit haben. *(Benz, Frey 2008, S. 445 ff.)* In diesem Zusammenhang kommen sie zu dem Slogan „doing what one likes at the workplace".

Fazit

Unter dem Aspekt der intergenerationellen Gerechtigkeit stellt sich nun die Frage, wie das Sozialkapital erhalten werden kann und wie zukünftige Generationen von seinem heutigen Bestand profitieren können. Dabei ist zu berücksichtigen, dass sich Sozialkapital nicht im Besitz eines Individuums, sondern nur im Besitz eines sozialen Netzes oder der gesamten Gesellschaft befinden kann. Da die Übertragung von Sozialkapital einer Gesellschaft auf die nächste Generation nur sehr begrenzt möglich ist, muss sich jede Generation ihr Sozialkapital weitgehend selbst aufbauen.

Beziehungen der drei Dimensionen zueinander

Die inhaltliche Abgrenzung der drei Dimensionen bzw. der drei Kapitalarten gibt noch keine Auskunft über deren Beziehung zueinander. Weiterhin stellt sich die Frage nach der optimalen Bewirtschaftung der drei Kapitalarten, die zu einem Optimum menschlichen Wohlbefindens führen soll. Daher ist es wichtig, die Komplementarität der Kapitalarten zu analysieren und aufzuzeigen. Im Prinzip geht es darum die drei Dimensionen in ein Gleichgewicht zu bringen. Das lässt sich in der Realität jedoch nur anstreben, nicht vollkommen realisieren. Auffällig ist, dass die Beziehung zwischen ökologischem und ökonomischem Kapital in der Literatur umfassend behandelt wurde, wie im nächsten Abschnitt noch aufgezeigt wird. Dagegen wurde die Bedeutung des sozialen Kapitals für die anderen Kapitalarten in der ökonomischen Literatur lange vernachlässigt.

In der neueren Diskussion wird jedoch die Rolle des sozialen Kapitals zunehmend für die Erhaltung, die Akkumulation und Produktivität anderer Kapitalarten wie „menschengemachtes Kapital" (Sachkapital), Naturkapital und Humankapital aufgezeigt. Das lässt sich im Rahmen der Rechtssicherheit, der Verwirklichung von Chancengleichheit und der Partizipation (Bürgerbeteiligung), die der sozialen Nachhaltigkeit zuzuordnen sind, verdeutlichen. Aber auch die ökologische Nachhaltigkeit kann für die ökonomische Nachhaltigkeit einen wichtigen Beitrag leisten: Saubere

Luft und sauberes Wasser verbessern die menschliche Gesundheit und die Produktivität von Humankapital. Daraus lässt sich ableiten, dass die Synergien aus der Komplementarität von zwei oder mehr Kapitalarten die Lebensqualität erhöhen. Gleichzeitig ist jedoch festzustellen, dass für die meisten Kapitalarten abnehmende Grenzerträge gelten (Gesetz von den abnehmenden Grenzerträgen). Die Zuwächse an Wohlergehen oder Produktivität durch eine zusätzliche Kapitaleinheit nehmen bei zunehmendem Umfang des jeweiligen Kapitals ab. Das gilt unter der Annahme, dass alle anderen Kapitalarten konstant gehalten werden. *(IBRD 2006, S. 23)*

Allgemein kann man feststellen: Die Existenz von Sozialkapital kann positive, aber auch negative Effekte auslösen. Ein negativer Effekt ist beispielsweise die wachsende Macht von Lobbyisten, die auf Kosten sozialer Nachhaltigkeit im Sinne einer gleichgewichtigen politischen Handlungsfähigkeit und ausgewogenen Handlungsergebnissen gehen kann. Positive ökonomische Effekte des Sozialkapitals bieten die Informations- und Kommunikationstechnologien (IKT) einhergehend mit dem Internet, das zu einer bisher nicht gekannten Vernetzung bzw. Bereitstellung von Informationen führte. *(WBGU 2019, S. 224 ff.)* Das hat die Transaktionskosten bei der Beschaffung von Informationen ganz wesentlich verringert. Vom Sozialkapital können aber auch positive Effekte auf das ökologische Kapital ausgehen. Die Intensivierung sozialer Beziehungen kann dazu führen, dass umweltschädliches Verhalten als unsozial empfunden wird, was zu einer Reduzierung der Umweltbelastung beitragen kann. *(vgl. Pearce, Atkinson 1998, S. 260)*

Die Beispiele für eine Komplementarität der verschiedenen Kapitalarten sollten jedoch nicht darüber hinwegtäuschen, dass nachhaltige Entwicklung im Kontext der ökonomischen Diskussion unterschiedlich begründet wird. Allgemein lässt sich feststellen, dass es eine breite theoretische Zuwendung zur nachhaltigen Entwicklung gibt. *(Enders, Remig 2015)* Aus der Perspektive der Nachhaltigkeitsökonomie geht es primär um die gegensätzlichen Positionen schwacher und starker Nachhaltigkeit. Daher werden im folgenden Abschnitt die beiden theoretischen Ansätze zur Begründung nachhaltiger Entwicklung gegeneinander abgegrenzt und analysiert. Dabei geht es um die Frage, ob und in welchem Maße die Erkenntnisse der unterschiedlichen theoretischen Ansätze dem normativen Anspruch des Leitbildes nachhaltiger Entwicklung entsprechen.

2.5 Die neoklassische Position: schwache Nachhaltigkeit

Als Reaktion auf den Bericht des *Club of Rome* fand 1974 das wegweisende "Symposium on the Economics of exhaustible Resources" statt, bei dem die Möglichkeiten des wirtschaftlichen Wachstums mit endlichen Ressourcen diskutiert wurde. So kam es zu der Positionierung der neoklassischen Theorie hinsichtlich nachhaltiger Entwicklung.

Grundverständnis des neoklassischen Nachhaltigkeitsbegriffs

In der Ökonomie ging es also bereits zu Beginn der 1970er-Jahre um die Frage, wie die gegenwärtige Generation im Hinblick auf spätere Generationen wirtschaften solle. Der Bericht des *Club of Rome* zeigte erstmals die Grenzen der menschlichen Handlungsmöglichkeiten durch die begrenzten, nicht-erneuerbaren Ressourcen auf. Im Prinzip war der Bericht „Grenzen des Wachstums" eine Fundamentalkritik an der herrschenden neoklassischen Ökonomik. Das Streben nach permanentem Wachstum durch ökonomische Aktivitäten wurde kritisch hinterfragt und als unvereinbar mit den natürlichen Grenzen ökologischer Systeme und des menschlichen Handelns angesehen.

In der Folge entstanden ressourcenökonomische Modelle, die die Grundlage für den nutzenorientierten Nachhaltigkeitsbegriff des neoklassischen Ansatzes bildeten. Die gegenwärtig vorherrschende Ressourcen- und Umweltökonomie basiert immer noch stark auf diesem Ansatz. Ausgangspunkt ist hier der Mensch und die Befriedigung seiner Bedürfnisse über einen optimalen Konsum. Das entspricht einer anthropozentrischen Sichtweise. Der Ansatz der schwachen Nachhaltigkeit ist der Wohlfahrtsökonomik entlehnt und basiert auf der Pareto Effizienz. „Pareto efficiency is achieved when resources are shared in such a way that no individual can improve their share of resources without impacting negatively on other individuals." *(Skene, Murray 2015, S. 195)*

Das Ökonomiesymposium 1974 übertrug die soziale Wohlfahrtsfunktion auf nicht-erneuerbare Ressourcen, die heutigen und zukünftigen Generationen zur Erreichung eines möglichst nachhaltigen Ertrages (englisch „sustainable yield") zur Verfügung stehen sollen. Für die Ansätze gilt eine spezifizierte soziale Wohlfahrtsfunktion, welche durch

- die Anwendung auf einen intergenerationellen statt eines interpersonellen Kontexts ($j \rightarrow t$),
- den Konsum als Nutzen einer Generation ($U_j \rightarrow C_t = f(K, R)$) und
- einen Abzinsungsterm für die Gewichtung zeitlich versetzter Nutzen ($y \rightarrow e^{-\rho \times t}$) charakterisiert ist:

$$W = \sum_{t=0}^{T} e^{-\rho \times t} \times C_t$$

Diese Formel bildet in der gegenwärtigen ressourcenökonomischen Literatur immer noch die Grundlage intertemporaler Bewertungen.

Technischer Fortschritt

Joseph Stiglitz war auf dem Symposium einer der entscheidenden Ökonomen für die Entwicklung der Nachhaltigkeitsdiskussion. Er weist auf drei Faktoren hin, die in dem Bericht an den *Club of Rome* von *Meadows* nicht berücksichtigt wurden. Er nennt folgende Faktoren, die zu einer Relativierung der von der Endlichkeit der natürlichen

Ressourcen ausgehenden Begrenzung des wirtschaftlichen Wachstums führen, wobei dem technischen Fortschritt eine besondere Bedeutung zukommt:

> There are at least three economic forces offsetting the limitations imposed by natural resources: technical change, the substitution of man-made factors of production (capital) for natural resources, and returns to scale. (Stiglitz 1974, S. 123)

Diese drei Faktoren ermöglichen es nach Auffassung der am Symposium teilnehmenden Ökonomen auch allen zukünftig lebenden Menschen bei gleichbleibendem oder steigendem Pro-Kopf-Konsum ein mindestens gleiches Nutzniveau wie den gegenwärtig lebenden Menschen. In Anlehnung an den Brundtland-Bericht definiert Robert Solow daher Nachhaltigkeit wie folgt:

> I could think of this to say that it is an obligation to conduct ourselves so that we leave to the future the option or capacity to be as well off as we are. (Solow 1993, S. 181)

Diese Formulierung zeigt, dass es kein Gebot gibt, bestimmte Naturbestandteile zu erhalten.

Substituierbarkeit von Naturkapital durch Sachkapital

Diese bis heute dominierende neoklassische Position zur Nachhaltigkeit knüpft an die bereits 1974 entwickelte Position eines im Zeitraum nicht sinkenden Nutzniveaus an. Damit muss der durchschnittliche Nutzen zukünftiger Generationen mindestens dem Durchschnittsnutzen der heute lebenden Generation entsprechen. Dieses Nutzenverständnis wird vielfach kritisch hinterfragt. So stellen beispielsweise *Ott* und *Döring* fest, dass Nutzen eine sehr große Variationsbreite aufweist und insofern einer Konkretisierung bedarf. *(Ott, Döring 2008, S. 102)* Sie reicht von der utilitaristischen Position der „Lust" über die Mikroökonomik als Funktion des Konsums $U(C_t)$ bis zur Ausübung von Fähigkeiten. Im Kontext der schwachen Nachhaltigkeit wird Nutzen jedoch als Funktion des Konsums interpretiert. Dabei wird ein enges Konsumverständnis, d. h. der Konsum von materiellen Gütern, vorausgesetzt und der Konsum von immateriellen Gütern bleibt, wie ein schöner Sonnenuntergang, unberücksichtigt.

Das neoklassische Paradigma hat die optimistische Sichtweise bezüglich des technischen Fortschritts und der höheren Effizienz der eingesetzten Produktionsfaktoren bis in die Gegenwart beibehalten. Ebenso wird an der Position einer Substituierbarkeit der verschiedenen Kapitalformen festgehalten, wodurch dem gesamtwirtschaftlichen Kapitalstock weiterhin die zentrale Bedeutung zukommt. Die Position der Substituierbarkeit wurde von *Robert Solow* bereits 1974 in einem viel zitierten Satz begründet:

> If it is very easy to substitute other factors for natural resources, then there is in principal 'no problem'. The world can, in effect, get along without natural resources, so exhaustion is just an event, not a catastrophe. (Solow 1974a, S. 11)

Die Aggregation verschiedener Kapitalarten weist jedoch eine Reihe von Problemen auf, von denen zumindest zwei genannt werden sollen *(Endres 2013, S. 318)*:

- Sie müssen in ihrer wohlfahrtssichernden Funktion mehr oder weniger gut miteinander substituiert werden können.
- Der „Wechselkurs", mit dem die Einheiten eines Kapitaltyps nachhaltigkeitsäquivalent in Einheiten eines anderen Kapitaltyps umgerechnet werden können, muss bestimmbar sein.

Der Kapitalstock, der nachfolgenden Generationen überlassen wird, setzt sich somit ebenfalls aus akkumuliertem Sachkapital und dem Zustand der Umwelt in Form von Naturkapital zusammen. Beide Kapitalarten sind also auch über die Zeit grundsätzlich substituierbar. Entscheidend hierbei ist, dass für das Individuum bzw. für die aufeinanderfolgenden Generationen zu jedem Zeitpunkt Konsumgüter in gleichem Umfang zur Verfügung gestellt werden können und damit das Nutzenniveau gesichert wird.

Es geht also darum, wie die Sicherung der Bedürfnisbefriedigung künftiger Generationen in der neoklassischen Theorie abgebildet werden kann. Hierzu wurden Begriffe wie intergenerationelle oder intertemporale Gerechtigkeit eingeführt. Solow bezieht sich hierbei auf die Gerechtigkeitstheorie von *Rawls* (wird in Kapitel 5 näher ausgeführt) und wendet sie auf die intergenerationelle Allokation an: Danach darf keine Generation hinsichtlich ihrer Konsummöglichkeiten schlechter als eine folgende Generation gestellt werden. Von der neoklassischen Theorie wird in diesem Kontext die Sicherung eines nicht sinkenden Kapitalstocks pro Kopf als notwendig erachtet. Ist dieser Zustand erreicht, gilt er nach Solow als intertemporal gerecht. *(Solow 1974b, S. 29)*

Während Solow damit eine egalitäre Gerechtigkeitsvorstellung bezüglich der allen Generationen zur Verfügung stehenden Konsummöglichkeiten bezieht, greifen andere Autoren auf eine utilitaristische Sichtweise zurück. Partha Dasgupta *und* Geoffrey Heal ermitteln das optimale Konsumniveau aus dem zeitlich diskontierten Gesamtnutzen aller Generationen. Das Optimum ist erreicht, wenn die Konsummöglichkeiten insgesamt maximal sind *(Dasgupta, Heal 1974)*:

$$\text{Max!}\, W = \sum_{t=0}^{T} e^{-\rho \times t} \times (K_t^{\alpha} \times R_t^{\beta} - \dot{K}_t)\,;\quad \alpha, \beta \in [0\,\%, 100\,\%]\,;\, \alpha + \beta = 100\,\%$$

Der erste Term erlaubt die Diskontierung, wofür zumeist ein zeitlich abnehmender Diskontsatz ρ zugrunde gelegt wird. Der zweite Term umfasst die Konsummöglichkeiten C_t, die sich aus eingesetztem Sachkapital K und Naturkapital R sowie der Bestandsveränderung (Wertverminderung, wie etwa Abschreibungen) zusammensetzen. Die beiden Parameter α und β sind die Koeffizienten der zugrunde gelegten sogenannten „Cobb-Douglas-Produktionsfunktion". Diese verwendete Produktionsfunktion ist in den Wirtschaftswissenschaften sehr verbreitet, um das Verhältnis von zwei Eingangsfaktoren in einem substitutionalen Produktionsprozess festzulegen.

Der Vorteil hierbei ist eine einfache Beschreibung (vollständige Substituierbarkeit mit fester Substitutionsbeziehung) über alle Outputniveaus hinweg.

Diese Klasse von Produktionsfunktionen wird demnach mit „Constant Elasticity of Substitution" (CES) bezeichnet. *Partha Dasgupta* und *Geoffrey Heal* weisen diesbezüglich darauf hin, dass die Verwendung einer CES-Funktion vielmehr der methodischen Einfachheit geschuldet sei und auch andere Zusammenhänge zwischen Sach- und Naturkapital möglich seien. *(Dasgupta, Heal 1974, S. 26) Robert Solow* merkt im Vergleich hierzu an:

> ... I shall carry on the rest of the analysis using the Cobb-Douglas explicitly, especially because that will simplify the treatment of technical progress too. (Solow 1974b, S. 34)

Diese Auffassung über die formalen Beziehungen wurde die Grundlage vieler weiterer neoklassisch orientierter Arbeiten zur nachhaltigen Entwicklung. Die dabei zugrunde liegende Prämisse, dass Naturkapital durch Sachkapital substituiert werden kann, führt zu einer spezifischen Variante der Nachhaltigkeit, die mit dem Begriff „weak sustainability" oder „schwache Nachhaltigkeit" bezeichnet wird. Bei der schwachen Nachhaltigkeit lässt sich der Verbrauch nicht-erneuerbarer Ressourcen stets durch Investitionen in Kapitalgüter kompensieren. Das heißt, die Naturressourcen dürfen ausgebeutet werden, wenn im Gegenzug Sachkapital aufgebaut wird. Nach Neumayer ist daher Sachkapital wichtiger als Naturkapital. *(Neumayer 2013)*

Der Grad der Austauschbeziehungen wird mit der Substitutionselastizität σ angegeben. Dieser Parameter ist bei den Ansätzen einer schwachen Nachhaltigkeit zumeist gleich eins ($\sigma = 1$). Eine Elastizität höher als eins würde die Degradation von R noch mehr rechtfertigen, da für jede Einheit nicht-erneuerbarer natürlicher Ressourcen überproportional mehr künstliches Kapital geschaffen wird. Von zentraler Bedeutung hierbei ist: nach Pearce und Atkinson setzt das Indifferenz zwischen Sachkapital und Naturkapital für zukünftige Generationen voraus. *(Pearce, Atkinson 1993, S. 64)*

Dieser Zusammenhang wurde erstmals von *John Hartwick* aufgezeigt und wurde daher als Hartwick-Regel bekannt. *(Hartwick 1977, S. 972–974)* Sie besagt, dass bei einer Substitutionselastizität von eins, also bei der Verwendung einer Cobb-Douglas-Produktionsfunktion, die abnehmenden natürlichen Ressourcen substituiert werden können, wenn eine hinreichend schnelle Kapitalakkumulation stattfindet und die partielle Produktionselastizität des Sachkapitals im Verhältnis zum Naturkapital größer ist.

Die *International Bank for Reconstruction and Development* (IBRD, dt. „Weltbank") belegt mit einem umfassenderen Ansatz analog zur Kennzahl der Genuine Savings eine Substitutionselastizität nahe eins. Gleiches gilt für eine Substitution von Landfläche. Betrachtet man jedoch andere natürliche Ressourcen, so liegen die Substitutionselastizitäten – wie in der Literatur für die Unternehmensebene mehrfach belegt – zwischen 0,37 und 0,5. *(IBRD 2006, S. 101–112)* Ist die Substitutionselastizität kleiner eins, wird das eintreten, was in dem Bericht „Die Grenzen des Wachstums" bereits prognostiziert wurde: Die Erschöpfung natürlicher Ressourcen führt im Extremfall zu einem Erliegen der Produktion.

Fallbeispiel: Phosphatabbau auf der Insel Nauru

1900 wurden auf der Insel Nauru umfangreiche Phosphatvorkommen gefunden. Sie wurden bis in die Gegenwart sehr intensiv abgebaut und sind heute fast vollständig erschöpft. Zunächst erfolgte der Abbau durch die Kolonialmächte, die die Einnahmen für sich beanspruchten.

Nach der Unabhängigkeit 1968 verblieben die Einnahmen bei dem Inselstaat. Die Regierung von Nauru gründete einen Kapitalfond, der gegenwärtig über 1 Mrd. $ enthält. Das Finanzkapital wurde auf den internationalen Finanzmärkten angelegt. Alle Bewohner der Insel profitieren hiervon. Das zeigt sich an einem relativ hohen Pro-Kopf-Einkommen gemessen an anderen Ländern der Region.

Der Abbau des Naturkapitals führte jedoch dazu, dass 80 % der Landfläche der Insel zerstört wurde. Die Bewohner sind daher nicht mehr in der Lage, sich selbst zu versorgen. Die Lebenslage der Bevölkerung hat sich trotz des gestiegenen Einkommensniveaus verschlechtert. Auf Nauru hat Alkoholismus und Diabetes stark zugenommen, wodurch die Lebenserwartung, zumindest der Männer, gesunken ist.

Das Fallbeispiel zeigt auch, dass bei dem neoklassischen Nachhaltigkeitsansatz die soziale Dimension der Nachhaltigkeit vernachlässigt wurde. *(Gowdy, McDaniel 1999)*

Solow interpretierte Mitte der 1980er-Jahre die Hartwick-Regel, was zu der „constant capital rule" führte. Sie wurde einige Jahre später zum Ausgangspunkt der ökonomischen Interpretation des Nachhaltigkeitsbegriffes. *(Walz 1999, S. 1)* In diesem Kontext positioniert sich Solow klar als Vertreter der schwachen Nachhaltigkeit. Danach gibt es – wie schon erwähnt – nach Solow kein Gebot, bestimmte Naturbestandteile zu erhalten. Bei dieser inhaltlichen Konkretisierung von Nachhaltigkeit ist die Dimension der Gesamtinvestitionen von zentraler Bedeutung. Durch einen konstanten Kapitalstock soll der Durchschnittsnutzen konstant gehalten und der Gegenwartsnutzen maximiert werden. *(v. Hauff, Jörg 2017, S. 158)* In diesem Zusammenhang stellt sich aber auch die Frage, wie zukünftige Kosten von Naturzerstörung, d. h. die Verringerung von Naturkapital heute zu bewerten sind. Dabei stellt sich auch die Frage nach der intertemporalen Gerechtigkeit, bei der es unter anderem darum geht, wie die Umweltverschmutzung und die Nutzung endlicher Ressourcen auf zukünftige Perioden abgebildet werden kann. Weiterhin ist die Höhe der Diskontrate zu bestimmen. Es muss also eine intertemporale Allokation der Ressourcenverwendung durch einen Allokationsansatz über Generationen hinweg stattfinden.

Ist die Diskontrate von dem zu erwartenden Wohlstand der zukünftigen Generationen abhängig und wird dabei

– zunehmender Wohlstand über die Zeit,
– positiver und abnehmender Grenznutzen des Konsums,
– mögliche Entwicklung von Substituten für Ressourcen,
– sowie steigendes Einkommen im Zeitablauf angenommen,

ergibt sich bei intertemporaler Optimierung tendenziell eine Verlagerung des Verbrauchs natürlicher Ressourcen hin zur Gegenwart. Können zukünftige Generationen durch ein steigendes Einkommen ein höheres Konsumniveau realisieren als die heute lebende Generation, so ermöglicht dies – im Rahmen dieser Argumentationslinie – der gegenwärtigen Generation als Kompensation etwas mehr von den endlichen natürlichen Ressourcen zu konsumieren oder in größerem Umfang Schadstoffe zu hinterlassen. (Holstein 2003, S. 52)

Im Extremfall ist die Substitution von Naturkapital durch anthropogenes Sachkapital unbegrenzt möglich. Entsprechend kann wirtschaftliche Entwicklung nach Solow auch ohne natürliche Ressourcen stattfinden. (Solow 1997, S. 267) Die Effizienz der Erhaltung von Naturgütern wird dann in Kosten-Nutzen-Analysen rational bewertet. Danach sind Projekte durchzuführen, wenn der Nutzen die Kosten übersteigt. Die Pareto-Optimalität kann gesichert werden, indem nachteilig betroffene Personen entschädigt werden. Danach müssen Projekte für Umwelt-, Klima- und Naturschutz entsprechend der schwachen Nachhaltigkeit ihre langfristige Effizienz und Überlegenheit gegenüber anderen Investitionen nachweisen. Überträgt man die schwache Nachhaltigkeit auf die reale Entwicklung, so kann man feststellen, dass es sich hierbei nicht nur um einen theoretischen Exkurs handelt, sondern dass es auch heute noch viele Programme und Projekte gibt, die diesem Ansatz entsprechen.

Das Paradigma der schwachen Nachhaltigkeit wurde in vielfältiger Form kritisiert. Da die Kritik aus der Perspektive der Ökologischen Ökonomie in dem folgenden Abschnitt noch ausführlich dargestellt wird, beschränken sich die Ausführungen nun auf einige exemplarische Kritikpunkte. Einer der zentralen Kritikpunkte ist, dass der Nutzen als Funktion von Konsum definiert wird, wobei der Konsum sich in diesem Zusammenhang auf materielle Güter beschränkt. Erweitert man dagegen den Konsumbegriff um immaterielle Güter wie zum Beispiel die Naturerfahrung, oder erweitert man den Konsumbegriff in Richtung nachhaltiger Konsum, ergeben sich daraus große Schwierigkeiten. *(v. Hauff 2020)* Das erklärt sich u. a. daraus, dass der immaterielle Konsum nur unzureichend monetarisiert werden kann. *(Ott, Döring 2008, S. 109)*

Dieser Aspekt gilt auch für die intertemporale Betrachtung: Es kann nicht davon ausgegangen werden, dass zukünftige Generationen, auch unter Berücksichtigung einer immer sachkapitalorientierteren Welt, keine Präferenzen für immaterielle Güter wie den Naturgenuss haben werden. Ferner zeigt Neumayer auf, *„that the combination of the distinctive features of natural capital with risk, uncerenty and ignorance suggest the conclusion that there are good reasons for the non-sustainability of specific forms of natural capital."* (Neumayer 2013, S. 127) Als Beispiele für gefährdetes Naturkapital nennt er die Biodiversität, das globale Klima, die Ozon-Schicht, die Begrenzung der Akkumulation toxischer Schadstoffe, die Gefahr der Überfischung, die Bodenerosion und Bodendegradation und die abnehmende Verfügbarkeit von Trinkwasser. Im Zusammenhang von Unsicherheiten und Risiken diskutiert Randall die Relevanz des Ansatzes von „Safe Minimal Standard of Conservation." Dabei betont er, dass er bewusst ethische oder moralische Argumente vernachlässigt: *„The safe minimum standard of conservation (SMS) is framed as a precautionary constraint to deal with threat-*

ened crises resulting from over-exploitation, excessive pollution and so on the course of business-as-usual." (Randall 2014, S. 161)

In diesem Zusammenhang ist zu erwähnen, dass es Vertreter der schwachen Nachhaltigkeit wie Dasgupta (1995) und Heal (1998) gibt, die auf die vielfältigen Funktionen und Leistungen natürlicher Systeme für Gesellschaften hinweisen bzw. diese berücksichtigen. Dasgupta geht differenziert und sachkundig auf die vielfältigen Funktionen natürlicher Systeme wie Wälder, Böden, Grundwasser, Atmosphäre, Klima und Artenvielfalt ein. Danach geht er jedoch wieder argumentativ zu der Begründung schwacher Nachhaltigkeit im neoklassischen Sinn zurück. Ähnlich verhält es sich bei Heal, der den vielfältigen Nutzen natürlicher Güter betont, um anschließend ebenfalls wieder in die Argumentationslinie schwacher Nachhaltigkeit zurückzukehren.

Abschließend kann zu dem Paradigma schwacher Nachhaltigkeit festgehalten werden, dass die Vertreter zur Lösung von Problemen – analog zu vielen Wachstumstheoretikern – ganz zentral auf den technischen Fortschritt bzw. technische Lösungen abzielen. Eine wichtige Annahme entsprechend der Hartwick-Regel ist, dass es durch technischen Fortschritt zu einer Substitution natürlicher Ressourcen kommt. Daher spricht man in diesem Zusammenhang auch von dem Technikoptimismus. Ob diese Lösungen immer bzw. zum notwendigen Zeitpunkt eintreffen, wird dabei vernachlässigt.

2.6 Die Position der Ökologischen Ökonomie: starke Nachhaltigkeit

Die Ökologische Ökonomie wurde durch Arbeiten von *Nicholas Georgescu-Roegen*, *Kenneth Boulding* und *Karl William Kapp* Mitte der 1970er-Jahre inspiriert und in die ökonomische Diskussion eingeführt *(Georgescu-Roegen 1971, Boulding 1976, Kapp 1979)*. Sie kam dann Mitte der 1980er-Jahre zunächst in den USA unter der Bezeichnung „Ecological Economics" auf. Im Herbst 1987 wurde die *International Society of Ecological Economics* (ISEE) gegründet. Bisher gibt es jedoch noch keine einheitliche Schule bzw. kein geschlossenes Theoriegebäude der Ökologischen Ökonomie. In jüngerer Vergangenheit wird verstärkt die mangelnde wissenschaftliche Fundierung kritisiert. Das betrifft sowohl die empirische als auch die theoretische Fundierung (vgl. u. a. *Anderson, M'Gonigle 2012, S. 37 ff., Spash, 2013, S. 351 ff.*). Zu einer Weiterentwicklung der empirischen Fundierung stellt beispielsweise Spash fest:

> Ecological Economics is, and should be in part, an empirically based subject but the form of that emiricism needs development and should not be restricted to a narrow, docmaticanti-pluralist, priscriptive caricature, nor based upon appeals to the most popular methodology. (Spash 2013, S. 45)

Die Notwendigkeit einer tieferen wissenschaftlichen Fundierung fordert u. a. Perrings:

> My own view is that ecological economics has an obligation to develop the science needed to understand, model and predict the dynamics of coupled ecological-economic systems. Indeed, it is the raison-d'être of the field. (Perrings 2006, S. 19)

Die Diskussion zum gegenwärtigen Stand der theoretischen und empirischen Fundierung der Ökologischen Ökonomie kann hier nicht in ausreichendem Maße aufgezeigt werden. Es ist jedoch festzustellen, dass sie über die Kritik an der schwachen Nachhaltigkeit hinaus in theoretische, analytische und politische Alternativen vorgedrungen ist. Die sozial-ökologische Ökonomie und die Transformation in eine alternative Zukunft bilden heute Kernideen in einem interdisziplinären Ansatz, der Erkenntnisse aus einer Reihe von Disziplinen wie der heterodoxen Ökonomie, der politischen Ökologie, der Soziologie, der Politikwissenschaft, der Sozialpsychologie, der angewandten Philosophie, der Umweltethik und einer Reihe von Naturwissenschaften kombiniert. *(Spash 2017)*

In den folgenden Ausführungen geht es besonders um zentrale Positionen. Dazu lässt sich feststellen, dass es bei Vertretern der Ökologischen Ökonomie zu wichtigen Positionen einen weitgehenden Konsens gibt. Zentrale Kernpunkte werden von Costanza et al. in ihrem grundlegenden Buch zur Ökologischen Ökonomie aufgeführt. *(2002, S. 95)* Dabei gehen sie davon aus, dass die transdisziplinäre Sicht der Welt von grundlegender Bedeutung ist, um die drei interdependenten Ziele der Ökologischen Ökonomie zu erreichen: ökologisch nachhaltige Größenordnung, gerechte Verteilung und effiziente Allokation. Als grundlegende Elemente des Leitbildes der Ökologischen Ökonomie nennen sie:

1. Die Erde ist ein thermodynamisches, d. h. geschlossenes und nicht materiell wachsendes System.
2. Es geht um ein zukünftiges Leitbild eines nachhaltigen Gesellschaftssystems mit einer hohen Lebensqualität für alle Bewohnerinnen und Bewohner (sowohl für Menschen als auch für andere Arten von Lebewesen) innerhalb der oben aufgezeigten Grenzen.
3. Es ist eine Tatsache, dass die Analyse von komplexen Systemen wie der Erde in räumlicher und zeitlicher Größenordnung mit großen Unsicherheiten behaftet ist, die nicht beseitigt werden können. Einige Prozesse sind irreversibel und bedürfen daher eines präventiven Ansatzes bzw. einer präventiven Vorgehensweise.
4. Daraus begründet sich die Notwendigkeit agierender und nicht reagierender Institutionen und Akteure wie Politiker. Dafür müssen einfache, flexible und durchführbare Politikstrategien entwickelt und umgesetzt werden.

Im Mittelpunkt der Ökologischen Ökonomie steht ein umweltpolitisch orientiertes Leitbild nachhaltiger Entwicklung, in dem die Beziehung der beiden Kategorien Ökologie und Ökonomie in den Mittelpunkt gestellt wird. Wie schon in der neoklassischen

Ökonomie, wird die soziale Dimension auch in der Ökologischen Ökonomie bisher weitgehend vernachlässigt. Es gab jedoch relativ früh Vertreter der Ökologischen Ökonomie, die soziale Aspekte mit aufnahmen und es so zur *socio-ecological economics* kam (Jacobs 1996; Cameron1997; Spash 2017).

Die Ökologische Ökonomie geht weit über die herrschenden Ansätze, insbesondere der neoklassischen Orientierung, hinaus. Die Kritik entzündet sich an der neoklassischen Theorie besonders wegen der Einengung auf das einzelne Individuum und dessen Streben nach Gewinn- und Nutzenmaximierung. Hier wird die Kontroverse zu dem Menschenbild des Homo oeconomicus, die bereits in Abschnitt 2.1 aufgezeigt wurde, deutlich. In der Ökologischen Ökonomie wird eine sogenannte „ökozentristische" Sichtweise eingenommen, wonach die ökologischen Systeme und ihr Fortbestehen Ausgangspunkt jeglicher Argumentation sind. In diesem Kontext nennen Daly und Farley drei Strategien: ökonomischer Imperialismus, ökologischer Reduktionismus und Steady-State-Subsystem. „Each strategy may be thought of as beginning with the picture of the economy as a subsystem of the ecosystem." *(Daly, Farley 2011, S. 51).*

Zur Erinnerung: Die neoklassische Umweltökonomie geht davon aus, dass der Selbststeuerungsmechanismus des Marktes im Prinzip funktioniert, wobei ein Korrekturbedarf bei Vorliegen externer Effekte notwendig wird. Diese Korrektur wird durch eine Umweltschutzpolitik in Form von Internalisierungsstrategien geleistet. Dadurch wird die Natur in das Konstrukt von relativen Preisen und Präferenzen, von Kosten und Nutzen integriert. *(Holstein 2003, S. 2 ff.)* Umweltprobleme werden somit als Externalität mit Wachstumsverlust deklariert und entspringen dem Markt- und/oder Politikversagen.

Die Ökologische Ökonomie grenzt sich von der formal eleganten neoklassischen Umweltökonomie ab. Vertretern der Ökologischen Ökonomie geht es dabei nicht nur um die Beseitigung von externen Effekten, was einer reaktiven und nicht vorsorgenden Umweltpolitik entspricht. Ein Grund hierfür ist, dass die Natur keine Preise kennt, und die Auswirkungen menschlichen Handelns oftmals unwägbar sind. Daher ist für die Lösung der ökologischen Krise mehr als nur die Internalisierung der Natur in die Ökonomie nötig. Es muss vielmehr darum gehen, die Ökonomie in die komplexen Zusammenhänge der Natur zurückzuholen, d. h. sie einzubinden. Hier gibt es einen eindeutigen Bezug zur Industrial Ecology bzw. zum deutschen Pendant „Stoffstromwirtschaft" (siehe für eine Übersicht zum Stand der Forschung und Anwendung *v. Hauff, Isenmann, Müller-Christ 2012)*

Dabei geht es vor allem auch um die Berücksichtigung von Irreversibilitäten in Ökosystemen, was in der neoklassischen Umweltökonomie kaum thematisiert wird. Weiterhin erkennt die Ökologische Ökonomie das Problem, dass es zu intergenerationellen Ungleichheiten und damit zu einer nicht dauerhaft aufrechtzuerhaltenden Entwicklung kommen kann. Eine wichtige Kritik der Ökologischen Ökonomie an der neoklassischen Umweltökonomie besteht also darin, dass die neoklassische Theorie mit ihrer einseitigen Betonung der marginalen Gleichgewichtsanalyse nicht in der Lage ist, komplexe Phänomene ganzheitlich zu erfassen, wie es im Prinzip die ökologische Realwelt erfordert.

Ausgangspunkt für einen Gegenentwurf zum neoklassischen Paradigma bilden meist Vorstellungen einer evolutorischen Entwicklung von Wirtschaft und Umwelt. Die Ökologische Ökonomie ist ganz wesentlich durch den Beitrag von *Georgescu-Roegen 1971* „The Entropy Law and the Economic Process" geprägt (siehe für eine Übersicht: *Daly 1995*). Der als „Entropiegesetz" bezeichnete zweite Hauptsatz der Thermodynamik bedeutet bei real ablaufenden Prozessen, dass die in einem Prozess entstandene Wärmeenergie Q nicht mehr vollständig in die vorher aufgebrachte Energie (Brennstoff, mechanische Bewegung) zurückgeführt werden kann. Das heißt, es kann nicht mehr der gleiche Grad an Ordnung hergestellt werden, sondern es gibt tendenziell mehr Unordnung. Die Entropie S ist hierbei die maßgebliche physikalische Größe für die Ordnung beim Temperaturzustand T (im Falle einer Stoffumwandlung):

$$\Delta Q < T \times \Delta S$$

Mithilfe von Energie kann die zunehmende Unordnung wieder auf ein niedrigeres Entropieniveau zurückgeführt werden, was für das System Erde primär durch die solare Einstrahlung möglich ist. Die Sonne gilt hier als erneuerbare Energiequelle, die praktisch unbegrenzt zur Verfügung steht. Die Nutzung fossiler Energieträger vermindert hingegen den Bestand natürlicher Ressourcen und erhöht insgesamt die Entropie der Erde. In einer auf Ressourcen allgemein erweiterten Perspektive stellt Ekins fest:

> Identification of the sustainable use of ressources and ecosystems must be rooted in basic laws of physical science, which hold that indefinite physical expansion of the human economy (in terms of its use of materials and resources) on a finite planet is impossible, and that all use of non-solar forms of energy creates disorder, and potential disruption, in the natural world. (Ekins 2014, S. 63)

In Anlehnung an die Thermodynamik kann somit auch der Wirtschaftsprozess als unwiederbringlicher Verzehr eines endlichen Vorrates an natürlichen Ressourcen begriffen werden. Neben Energie wird auch Materie unwiderruflich in teilweise nicht mehr nutzbare Zustände umgesetzt. Durch eine externe Energiezufuhr wie die Sonneneinstrahlung kann die stetige Wertminderung des globalen Systems „Erde" letztlich kompensiert werden. An der diesbezüglichen Diskussion *(siehe hierzu beispielsweise Ayres 1998)* wird die starke naturwissenschaftliche Argumentationsbasis der Ökologischen Ökonomie deutlich. In diesem Kontext sollte jedoch berücksichtigt werden, dass der Begriff der Entropie, wie ihn Georgescu-Roegen verwendet, teilweise kritisiert wurde. Ein wichtiger Kritikpunkt ist, dass die Übertragung des Entropie-Begriffs von der Physik auf die Ökonomie problematisch ist, da die Geschlossenheit eines Systems in beiden Disziplinen unterschiedlich definiert wird. *(Reich 2010, S. 54)*

Auf der Grundlage der evolutionären und von Unwissenheit und Unsicherheit geprägten Weltsicht der Ökologischen Ökonomie reicht der Preis als Lenkungsfunktion für wirtschaftliche Aktivitäten nicht aus. Vielmehr muss ein Kapitalstock erhalten werden, der sowohl aus natürlichem als auch aus „menschengeschaffenem Kapital" (Sachkapital) besteht. Daraus begründet sich die „starke Nachhaltigkeit" (engl. „strong sustainability"). Die Vertreter der Ökologischen Ökonomie stellen daher die Substituierbarkeit von Natur- durch Sachkapital grundsätzlich infrage. Die Substitutionselastizität ist gleich null ($\sigma = 0$). *Robert Costanza* und andere Autoren definieren in diesem Kontext sehr prägnant ein System dann als „nachhaltig", wenn es überlebt bzw. fortdauert *(Costanza, Patten 1995, S. 1994)*. Hier bietet sich die Resilienzforschung an, bei der es um die Grenzen aber auch um die Anpassung ökologischer Systeme geht *(Wilderer, v. Hauff 2014)*. Ein gewisses „kritisches Kapital" zur Sicherung der Ökosysteme und deren Funktionsfähigkeit darf also nicht unterschritten werden, was bereits von Pearce et al. festgestellt wurde. *(Pearce et al. 1994, S. 468 ff.)*

Die bisherigen Ausführungen verdeutlichen bereits, dass eine unversöhnliche Kontroverse zwischen der neoklassischen Position und der Ökologischen Ökonomie in der Beurteilung von Wirtschaftswachstum besteht. Wirtschaftswachstum ist nach Daly im Kontext ökologischer Grenzen auf lange Sicht nicht möglich. *(Daly 1999)* Im Rahmen der starken Nachhaltigkeit wird daher eine „Steady State Economy" im Hinblick auf den Materialdurchsatz und das Sozialprodukt gefordert. Das ökonomische Subsystem sollte nicht weiterwachsen, sondern sollte in Industrieländern schrumpfen. Dabei gilt jedoch zu berücksichtigen, dass ein steigendes Bruttoinlandsprodukt in diesem Kontext dann möglich ist, wenn es gleichzeitig zu einer Dematerialisierung kommt und dadurch eine wirtschaftliche Stagnation vermieden werden kann. *(Ott, Döring 2008, 145)* Ferner gibt es z. B. den Wohlfahrtssektor, der wesentlich zum Wachstum beiträgt und ökologisch weitgehend unproblematisch ist. Auch die Produktion regenerativer Energie trägt zum Wirtschaftswachstum bei und reduziert im Verhältnis zur Energie, die durch fossile Brennstoffe erzeugt wird, Emissionen. Dennoch: das Wirtschaftssystem ist als Subsystem der umfassenden Biosphäre zuzuordnen. In jedem Fall ist die Ökonomie abhängig von der Ressourcenverfügbarkeit und der Aufnahmefähigkeit natürlicher Senken.

Unter Berücksichtigung der globalen Probleme, wie dem exponentiell steigenden Bevölkerungswachstum, zunehmender Umweltverschmutzung und -zerstörung, anthropogen verursachten Klimawandels, starke Reduktion der Biodiversität und dem stark zunehmenden Verbrauch nicht regenerierbarer Ressourcen, ist eine Verringerung der Inanspruchnahme der Natur im Wirtschaftsprozess erforderlich. Nur so kann die Natur als Gesamtsystem in dem erforderlichen, d. h. für den Menschen existenzsichernden Zustand erhalten bleiben und das nicht exakt zu ermittelnde Risiko vor zu stark belastenden Rückwirkungen auf das Ökosystem reduziert werden. *(Neumayer 2013, S. 104 ff.; Grambow, Korck 2018, S. 55 ff.)*

Die Vertreter der starken Nachhaltigkeit gehen von der Komplementarität von Natur- und Sachkapital aus, soweit die Natur in die Güterproduktion eingeht. Geht man von limitierenden Produktionsfaktoren aus, so besteht bei einem bestimmten Faktorverhältnis eine Substitutionsmöglichkeit. Sie verlangt jedoch nach einer immer größeren Inputmenge des anderen Faktors, je kleiner der Input des ersten Faktors wird.

Danach ist Naturkapital nicht beliebig durch Sachkapital substituierbar. Naturkapital kann bei fortschreitender Naturnutzung zum limitierenden Faktor der Produktion werden. Ergänzend ist hierzu jedoch noch anzufügen, dass die Natur nicht nur einen instrumentellen sondern – wie schon erwähnt wurde – auch einen eudämonistischen Wert (u. a. Ästhetik, Heimat und Erholung) hat. Weitere wichtige Funktionen der Natur sollen hier nicht vertieft werden, da sie in der Literatur ausreichend dokumentiert sind. *(vgl. u. a. Isenmann 2003)*

Eine wesentliche Begründung starker Nachhaltigkeit basiert somit auch auf dem Grundsatz, dass intergenerationelle Gerechtigkeit den Bestand der verschiedenen Kapitalarten voraussetzt. Das gilt besonders für das natürliche Kapital, da es zum Sachkapital häufig in einem komplementären Verhältnis steht. Die Ökologische Ökonomie, insbesondere *Daly* als deren maßgeblichem Mitbegründer und Protagonist, bemüht dafür zahlreiche intuitive Beispiele, etwa: ein Fischerboot ohne Fische in Seen oder Flüssen ist nutzlos. Eine weitere wichtige Begründung für die starke Nachhaltigkeit ist, dass das menschliche Überleben besonders von der Erhaltung sensibler Ökosysteme abhängt. Eine zunehmende Vergrößerung des Ozonlochs kann nur sehr begrenzt durch Sachkapital (Sonnencreme, Bekleidung, medizinische Vor- und Nachsorge) kompensiert werden. Aber auch das Klima und die Biodiversität lassen sich nicht durch Sachkapital substituieren.

Die starke Nachhaltigkeit wurde von Vertretern der Ökologischen Ökonomie durch Operationalisierungskriterien konkretisiert. *Daly* erarbeitete als Pionier recht intuitiv drei Managementregeln *(Daly 1990)*, deren Zusammenhang in Abb. 2.3 dargestellt ist. Diese Auffassung ist seitdem die populäre Grundposition der Ökologischen Ökonomie und fordert, dass durch menschliches Handeln

- **erneuerbare Ressourcen** nur in dem Maße abgebaut werden dürfen, wie sie sich erneuern können *(dies entspricht der klassischen Nachhaltigkeitsregel nach von Carlowitz 1713)*,
- **nicht-erneuerbare Ressourcen** nur dann verbraucht werden dürfen, wenn die Substitutionsmöglichkeiten zur Verminderung zukünftigen Ressourcenabbaus geschaffen werden sowie
- die Grenzen der Aufnahmefähigkeit der Natur als Senke für **Emissionen** beachtet werden.

In Erweiterung zu den Handlungsregeln kann der Leitplankenansatz genannt werden, bei dem es darum geht, Grenzen für ein Handeln, das der ökologischen Nachhaltigkeit nicht gerecht wird, zu bestimmen. Es geht darum die Grenzen der natürlichen Tragfähigkeit nicht zu verletzen. Dieser Ansatz, auch als Ansatz planerischer Leitplanken genannt, wurde erstmals vom Wissenschaftlichen Beirat der Bundesregierung Globale Umweltveränderungen (WBGU) 1995 vorgeschlagen. Beispielhaft für eine Leitplanke ist das 2-Grad-Ziel für die Klimaerwärmung, auf das sich viele Nationen auf dem Klimagipfel in Cancún im Dezember 2010 geeinigt haben, zu nennen *(Michaelis 2013, S. 206)*. Es folgte der Klimagipfel in Paris, der mit dem Ziel 1,5-Grad euphorisch gefei-

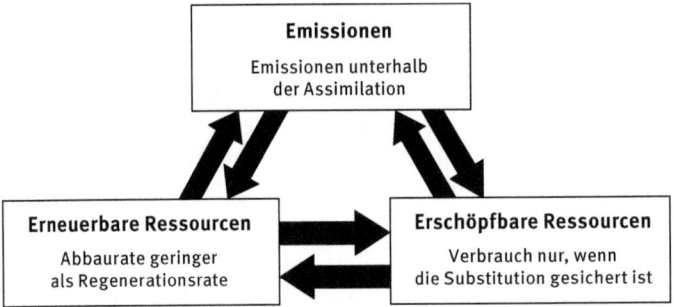

Abb. 2.3: Handlungsregeln für eine nachhaltige Entwicklung
(Quelle: in Anlehnung an Daly 1990, S. 2)

ert wurde. Die unversöhnliche Kontroverse zwischen neoklassischer Umweltökonomie und Ökologischer Ökonomie wird heute teilweise abgeschwächt. Wichtige Argumente hierzu werden im folgenden Abschnitt vorgestellt.

2.7 Auflösung der Nachhaltigkeitsparadigmen starker und schwacher Nachhaltigkeit

Bis heute dominiert in der Realität noch in starkem Maße die schwache Nachhaltigkeit. Das gilt für weite Bereiche der Landwirtschaft, des Industriesektors aber teilweise auch für den Dienstleistungssektor (z. B. Tourismus und Verkehrssektor). Die Beschreibung der Realität wird durch den Konsum gefestigt. Dabei wird in zunehmendem Maße beklagt, dass das herkömmliche Wirtschaften für eine nachhaltige Entwicklung nicht adäquat erscheint, weil sie

- Erkenntnisse anderer Disziplinen weitgehend negiert,
- am Effizienzparadigma (Suche nach Gleichgewichten, z. B. in Form einer „Markträumung") und am quantitativen Wachstum festhält sowie
- räumliche und zeitliche Entwicklungen wie auch den kulturellen und historischen Kontext nicht berücksichtigt. *(Ruth 2006, S. 335 f.)*

Die Uneinigkeit zwischen den Vertretern schwacher und starker Nachhaltigkeit hält bis heute an. Der Kernpunkt der Kontroverse ist: schwache Nachhaltigkeit bedeutet, dass Naturkapital durch Sachkapital substituiert werden kann, solange der gesamte Kapitalbestand für zukünftige Generationen erhalten bleibt. Führt die Substitution zumindest zu einem gleichbleibenden Kapitalbestand, liegt schwache Nachhaltigkeit vor. Zwar erkennen Vertreter der starken Nachhaltigkeit die Notwendigkeit des Verbrauchs von Naturkapital im Rahmen des Wirtschaftsprozesses an. Sie fordern jedoch die Einhaltung von Managementregeln, wie *Herman Daly* sie entwickelt hat. Weiterhin fordern sie jene Ökosysteme konsequent zu schützen, die für das Überleben der Menschheit besonders wichtig sind.

Die Kontroverse zwischen neoklassischer Umweltökonomie und Ökologischer Ökonomik weist eine weitere Polarisierung auf, wenn es um die Frage von ökologischer Tragfähigkeit und wirtschaftlichem Wachstum geht. Die Antipoden sind klar abgegrenzt: Auf der einen Seite gibt es die Position, wonach Wachstum und nachhaltige Entwicklung „Hand in Hand" gehen können. Die andere Position geht davon aus, dass Wirtschaftswachstum zu einer übermäßigen Belastung der Umwelt führt, d. h., einerseits die Natur irreversibel schädigt und andererseits auch dem Wachstum Grenzen gesetzt sind. Das Paradigma starker Nachhaltigkeit geht somit von einem unauflösbaren Zielkonflikt zwischen Wirtschaftswachstum und Umweltqualität aus. Daher werden die neoklassischen Umweltökonomen vielfach als „Wachstumsoptimisten" und die Vertreter der Ökologischen Ökonomie als „Wachstumspessimisten" eingeordnet. *(v. Hauff, Jörg 2017, S. 87)*

Mit der schwachen und starken Nachhaltigkeit bestehen zwei eigenständige Paradigmen, die in der Literatur jedoch teilweise als unzureichend bezeichnet werden. Bei der Diskussion um die Klimaerwärmung wurde beispielsweise klar: *„Whether one believes in one paradigm or the other is ultimately just that: A matter of belief." (Neumayer 1999, S. 41)* Diese Feststellung bezieht sich auf die zugrunde gelegte Prämisse beider Positionen, wonach weder die schwache noch die starke Nachhaltigkeit nicht immer ausreichend empirisch belegt sind. Stattdessen stellen sie zwei extreme Ausgangsbedingungen dar, die scheinbar eher der schlüssigen Begründung und Abgrenzung der jeweiligen Position geschuldet sind: Die Annahme einer vollständigen Substituierbarkeit (schwache Nachhaltigkeit) beruht auf der besseren Modellierbarkeit mit gängigen Produktionsfunktionen. Die Ablehnung jedweder Substituierbarkeit wird von Vertretern einer starken Nachhaltigkeit hingegen teilweise immer noch als notwendig erachtet, um den Kapitalstock natürlicher Ressourcen und die Funktionsfähigkeit der Ökosysteme hinreichend zu schützen (Vgl. hierzu Vertreter der Postwachstumsgesellschaft).

Wird eine Substituierbarkeit angenommen, so ist die Festlegung von Parametern nötig. Diese können den Konflikt noch verschärfen, wenn sie eine starke Abzinsung späterer Generationen impliziert. Beispielsweise wird dem „Copenhagen Consensus" um Björn Lomborg *(Lomborg 2004)* vorgeworfen, der Diskontsatz von 5 % sei zu hoch. Hiernach beträgt der Nutzen einer Generation in 20 Jahren nur noch $1{,}05^{20}$ = 35 % einer heutigen Generation. Es besteht bis in die Gegenwart eine fachliche – zuweilen aber auch emotionale und normative – Kluft zwischen den Anhängern der beiden Positionen *(Illge, Schwarze 2004)*. In der neueren Nachhaltigkeitsdiskussion gibt es mehrere Ansätze, die einen Kompromiss zwischen schwacher und starker Nachhaltigkeit aufzeigen. Toman schlug beispielsweise einen Handlungsspielraum für beide Positionen vor: Wo die zu erwartenden Schadenskosten hoch und die Reversibilität gering ist, sollen absolute Schutzansprüche als „safe minimum standard" gelten. Wo aber ein Schaden gering und reparabel ist, dort sollen trade-offs annehmbar sein. *(Toman*

1994, S. 405–409; Ekins 2014, S. 55 ff.) Im Folgenden werden die „zweistufige Nachhaltigkeitsregel" sowie die „ausgewogene Nachhaltigkeit" als zwei integrierende Konzepte vorgestellt

Zweistufige Nachhaltigkeitsregel

Radke bindet absolute Restriktionen, die eher der Argumentation einer Ökologischen Ökonomik entsprechen, in ein umweltökonomisches Modell ein. Damit führt er die Argumente schwacher und starker Nachhaltigkeit in eine neoklassische Darstellung zusammen (vgl. auch *Neumayer 2013*). Hiernach ist die Kompensation degradierten Naturkapitals, v. a. durch Sachkapital und Bildungskapital, zu rechtfertigen, solange ein festzulegender Wert kritischen Kapitals zur Wahrung der starken Nachhaltigkeit nicht unterschritten wird. *(Radke 1996)* Daher spricht man in diesem Zusammenhang auch von kritischer Nachhaltigkeit.

Die „zweistufige Nachhaltigkeitsregel" besagt, dass nach der Sicherstellung der kritischen Bestände ökologischen Kapitals eine weitere Wohlfahrtssteigerung nach Maßgabe einer schwachen Nachhaltigkeit folgen darf. Neben dem aggregierten Kapitalstock als Maß für schwache Nachhaltigkeit berücksichtigen sie auch nicht monetäre Indikatoren. Damit möchten sie bestimmte, für den Menschen existenziell notwendige Bestandteile oder Eigenschaften der Natur schützen. Es geht also darum, die für das Überleben notwendigen physischen Minimalbedingungen (sogenannte „safe minimum standards") nicht zu verletzen. *(Endres, Radke 1998)*

Die formale Darstellung der Zusammenhänge ist jedoch derart umfangreich, dass hier auf eine weitere Ausführung verzichtet wird. Ohnehin ist fraglich, ob das Modell berechenbar ist, da die allgemeine Anwendungsproblematik sozialer Wohlfahrtsfunktionen hier ebenfalls zutrifft. Auch ist umstritten und riskant, die Minimalanforderungen für das überlebenswichtige Naturkapital bestimmen zu wollen. *(Endres 2013; S. 383)* Weiterhin werden andere Funktionen der Umwelt nicht berücksichtigt. Die Naturauffassung basiert somit auch beim Konzept der zweistufigen Nachhaltigkeit weiterhin auf einem nutzenorientierten Nachhaltigkeitsverständnis, was der schwachen Nachhaltigkeit nahesteht.

Ausgewogene Nachhaltigkeit

Nach der zweistufigen Nachhaltigkeitsregel kam es zu weiteren Differenzierungen. Turner untergliedert die Nachhaltigkeit beispielsweise in vier Paradigmen. Neben den beiden bekannten Formen unterscheidet er noch die Form der „very weak" und „very strong sustainability." *(Turner 1993, S. 11, Bartmann 2001, S. 51)* Diese Differenzierung wird aus wachstumstheoretischer Sicht in der Literatur jedoch vielfach als unnötig angesehen, da die Forderung nach einer sehr schwachen Nachhaltigkeit (Einkommenswachstum nach *Hicks 1946*) und einer sehr starken Nachhaltigkeit (Zurückfahren des Wirtschaftsniveaus) paradigmatisch aufgeladen ist und nur zu einer weiteren Spaltung und nicht zu einer Annäherung oder Überwindung der Positionen führen würde.

Die beiden Paradigmen der schwachen und starken Nachhaltigkeit stehen sich somit weiterhin konträr gegenüber. Es gab jedoch schon relativ früh Versuche, diese konträren Positionen zu überwinden. Aus diesem Grund werden neben den beiden bekannten Paradigmen noch das Paradigma der „ausgewogenen Nachhaltigkeit" vorgestellt. Zu nennen sind u. a. die Beiträge von Lerch und Nutzinger (1998), Steurer *(2001)* und Hedinger *(2007)*. Bei den vermittelnden Beiträgen handelt es sich jedoch nicht um eine einheitliche Position. Grundsätzlich geht es ihnen aber darum, nicht zu einer pauschalen Beurteilung zu kommen, sondern im Einzelfall empirisch zu prüfen, was gegebenenfalls für bzw. auch gegen eine Substitution einzuwenden ist. Die Substitution ist möglich – wie schon erwähnt wurde – solange die Substanz des Naturkapitals nicht existenziell gefährdet ist (Verbrauch des kritischen Naturkapitals). Daher werden Schutzmaßnahmen bei kritischem Naturkapital und lebensunterstützenden Naturdienstlestunten gefordert. Naturkapital und Sachkapital werden also weder rein komplementär noch als vollständig substituierbar betrachtet. *(Müller 2015, S. 53)*

Im Rahmen der ausgewogenen Nachhaltigkeit kam es in jüngster Vergangenheit zu weiteren Differenzierungen. Exemplarisch soll die Anwendung auf die Fischerei bezogen werden. Garmendia et al. kommen hierbei zu der Erkenntnis:

> According to the UN Millennium Ecosystem Assessment (2005), depliton of fish stocks is one of the significant examples of potentially irreversible changes to ecosystems that result from present unsustainable practices in marine ecosystems. The World Summit on Sustainable Development also establishes that fish stocks should be recovered to sustainable levels, 2015 being the deadline for reaching the objective of Maximum Sustainable Yield (MSY). (2010, S. 96)

Eine ganz andere Richtung weist der Beitrag von Davis auf. Bei seiner Suche kommt er zu folgender Anforderung für einen Mittelweg im Sinne der ausgewogenen Nachhaltigkeit:

> The illustrated middle pathway is here to protect the environment by commodifying it, or bringing the externality of the environment and nature into the market. However, there needs to be a movement towards an eco-socio-feminist perspective if we are to gain both social and environment equality, thereby reaching the ultimate goal of sustainability. (Davis 2013, S. 119)

Auffällig ist, dass Davis die ökologische und soziale Dimension zusammenführt, was bisher bei der ausgewogenen Nachhaltigkeit weitgehend vernachlässigt wurde.

Die bisherigen Ausführungen führen zu folgendem Fazit: Die oberste Priorität im Kontext der ausgewogenen Nachhaltigkeit ist eine weltweite Befriedigung von Grundbedürfnissen und die Verbesserung der Lebensqualität gegenwärtig und zukünftig lebender Generationen. Danach steht zunächst der Mensch und nicht die Natur im Mittelpunkt. Die Vertreter einer Nachhaltigkeit ohne explizite Wachstumsgrenzen sind sich darin einig, dass für die geforderte Umwandlung des bisherigen Zielkonfliktes in eine Zielharmonie nicht das Ausmaß, sondern einzig die Art des Wirtschaftswachstums ausschlaggebend ist. Wachstum muss dementsprechend eine umweltschonende Qualität annehmen. In diesem Zusammenhang spricht man auch von qualitativem oder nachhaltigem Wachstum. Auf internationaler Ebene wurden auch die Begriffe Green Growth oder Green Inclusive Growth eingeführt. *(v. Hauff 2020, S. 141 ff.)* Das kann durch eine Verringerung und/oder Veränderung des Material- und Energieeinsatzes, durch Sparsamkeit, Reparaturfähigkeit von Gütern, Recycling, Effizienzverbesserung, Materialsubstitution und Grundstrukturveränderung angestrebt werden. Die Berücksichtigung der Umwelt als zu integrierender Bestandteil der Zielfunktion wirtschaftlichen Handelns entspricht einem „ökologisch erweiterten Anthropozentrismus", der bestimmten politisch betriebenen Umsetzungskonzepten zugrunde liegt. *(Kopfmüller et al. 2001, S. 152; Coenen, Grunwald 2003, S. 62 f.)*

Anthropozentrismus versus Ökozentrismus:
- Die **anthropozentrische Sichtweise** stellt den Menschen in den Mittelpunkt aller Betrachtungen. Dies bedeutet zunächst, dass die Repräsentation von der Realität durch den Menschen selbst vorgenommen wird. Weiterhin setzt der Anthropozentrismus den Menschen als Ausgangspunkt ethischer Argumentationen, wonach Umwelt und Tiere nach ihrem Nutzen für die Menschen beurteilt werden. Die meisten gängigen Entwicklungskonzepte sind anthropozentrisch geprägt.
- Die **ökozentrische Sichtweise** misst den Menschen wie auch allen anderen Lebewesen einen Eigenwert zu, sodass die Wirklichkeit nur aus dem gesamten ökologischen System heraus erklärt und beurteilt werden kann. Somit stellt sich der Ökozentrismus dem Anthropozentrismus entgegen.

Wird eine Harmonisierung von Wachstum und Umweltqualität angestrebt, ist eine Verlangsamung des Wachstums möglich bzw. zu erwarten. Dies erfolgt nicht wegen absoluter Wachstumsgrenzen, sondern da der sowohl ökonomisch als auch ökologisch optimierte Wachstums- bzw. Entwicklungspfad anders verlaufen kann als bisher. Das Nachhaltigkeitskonzept stellt in diesem Kontext an die neue Qualität des Wachstums nicht nur ökologische, sondern auch ethische, soziale und entwicklungspolitische Ansprüche. Diese können als Forderung nach intra- und intergenerationeller Gleichheit bei der Verteilung von Einkommen, Wohlstand sowie Umweltnutzen und -kosten spezifiziert werden. Ziel sollte daher eine „nachhaltige Marktwirtschaft" sein, die an die Soziale Marktwirtschaft anschließt und diese erweitert. *(Vieweg 2017)* In dem folgenden Diagramm werden die wesentlichen Merkmale der schwachen, ausgewogenen und starken Nachhaltigkeit synoptisch gegeneinander abgegrenzt.

Die Relevanz des Paradigmas der „ausgewogenen Nachhaltigkeit" ist jedoch umstritten. Der wesentliche Kritikpunkt ist, dass starke Nachhaltigkeit und Wirtschaftswachstum von einigen Vertretern der Ökologischen Ökonomie nicht mehr in einem grundsätzlichen Gegensatz gesehen werden, worauf das Paradigma der „ausgewogenen Nachhaltigkeit" begründet ist. Bei der Diskussion über die ökologische Nachhaltigkeit geht es also nicht mehr um eine normative Kritik am Wachstumsziel, sondern um folgende Frage: Besteht die Möglichkeit, Wirtschaftswachstum in einer begrenzten Welt durch umweltschonende Innovationen bzw. Technologien zu realisieren? Das Ziel ist daher nicht mehr die Entkopplung von Sozialprodukt und Lebensqualität, sondern von Wirtschaftswachstum und Umweltverbrauch. *(Luks 2005, S. 44 ff.)*

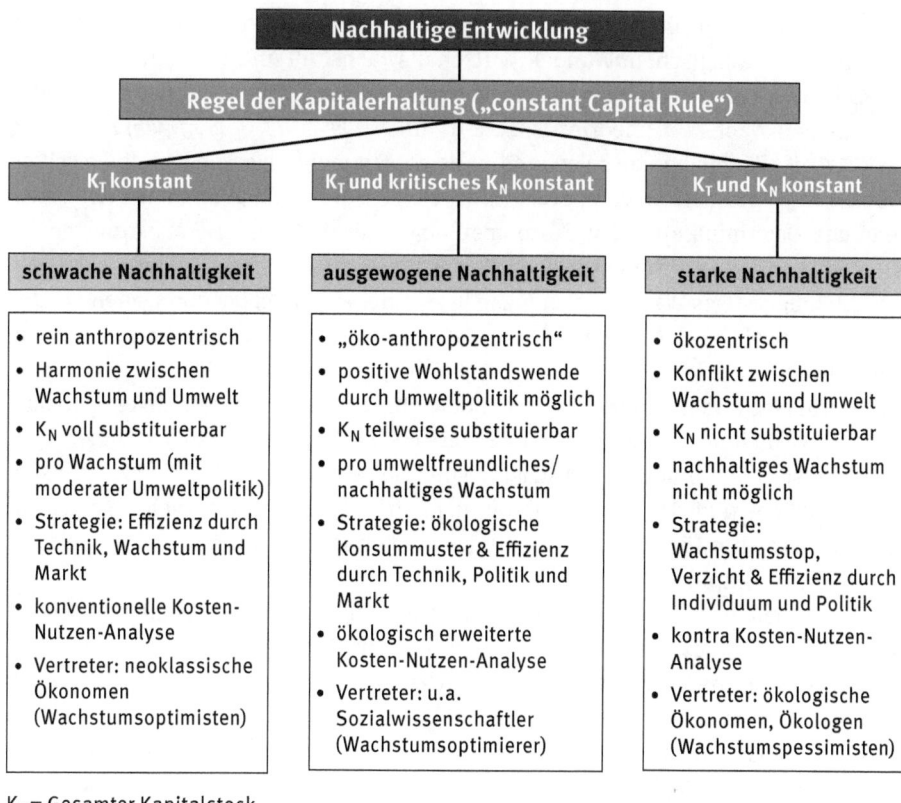

K_T = Gesamter Kapitalstock
K_N = Naturkapital

Abb. 2.4: Strukturelle Darstellung der drei Paradigmen zur nachhaltigen Entwicklung (Quelle: in Anlehnung an Steurer 2001, S. 557)

Endogene Wachstumstheorie

Aus dem vorigen Absatz wird deutlich, dass die Diskussion über die Beziehung von Wachstum und ökologischer Nachhaltigkeit in der Ökologischen Ökonomie eine neue Ausrichtung erfahren hat. In diesem Kontext bedarf es jedoch weiterer Forschungs-anstrengungen, um zu eindeutigen Erkenntnissen hinsichtlich der Beziehung von ökologischer Nachhaltigkeit und Wirtschaftswachstum zu kommen. Ein wichtiger Ansatzpunkt für ein nachhaltiges Wachstum sind u. a. die produktionstechnischen Bedingungen. Sie müssen bei einem steigenden Wachstum zu einem konstanten oder sinkenden Ressourceneinsatz und damit zu einer Verbesserung der Effizienz des Ressourceneinsatzes führen. *(Pittel 2004, S. 539)* Die Effizienzerhöhung wird durch umwelttechnischen Fortschritt und die Akkumulation von Wissen, die die Knappheit natürlicher Ressourcen überkompensieren müssen, möglich. Weiterhin müssen die produktionsbedingten Emissionen gesenkt werden.

Betrachtet man die neuere wachstumstheoretische Diskussion zur Beziehung zwischen technologischem Wandel, Wirtschaftswachstum und Umwelt, so wird diese Beziehung seit einigen Jahren besonders in der „endogenen Wachstumstheorie" bzw. „neuen Wachstumstheorie" diskutiert. *(Michaelis 2003, S. 159ff; von Hauff, Jörg 2017, S. 88ff.)* Für ein besseres Verständnis des Zusammenhangs von technologischem Fortschritt, Wirtschaftswachstum und Umwelt ist es notwendig, zunächst einige wesentliche Determinanten bzw. Zusammenhänge der endogenen Wachstumstheorie aufzuzeigen. Vertreter der endogenen Wachstumstheorie gehen der Frage nach, wie sich ein langfristiges Wachstum endogen begründen lässt. Bei der endogenen Wachstumstheorie geht es also um die Frage: *„Can economic growth be sustained in the long run?"* *(Grossmann, Helpmann 1994, S. 23)* Hierbei erfährt besonders der technische Fortschritt eine andere Einordnung bzw. Bewertung als in der traditionellen neoklassischen Wachstumstheorie. Dort ist der technische Fortschritt exogen vorgegeben. Dagegen ist in der endogenen Wachstumstheorie der technische Fortschritt variabel bzw. gestaltbar und das Humankapital, d. h. qualifizierte Arbeit spielt eine zentrale Rolle. Das kann für den umwelttechnischen Fortschritt bzw. dessen Entwicklung weitreichende Implikationen haben.

In der neuen Wachstumstheorie besteht ein breiter Konsens, wonach der technische Fortschritt bzw. Innovationen besonders im Industriesektor „the engine of growth" sind. Daher stellt sich in einem marktwirtschaftlichen System die Frage, ob Anreize für Innovationen und neue Technologien bestehen. *(Grossmann, Helpmann 1994, S. 24)* Das gilt in besonderem Maße für umwelttechnische Innovationen bzw. neue Umwelttechnologien. Dabei werden unter Umwelttechnik alle Techniken und Dienstleistungen verstanden, die dem Umweltschutz dienen bzw. sich positiv auf die Umwelt auswirken. Zu der Bedeutung von umweltfreundlichen Technologien zur Generierung eines umweltfreundlichen Wachstums gibt es eine intensive Kontroverse. Von Wachstumsbefürwortern wird dieser Effekt tendenziell positiv bewertet, von Wachstumsgegnern wird dieser Effekt dagegen in Frage gestellt. Bevor in Kapitel 3 der Zusammenhang von Technologie und Fortschritt im ökologischen Kontext weiter ausgeführt wird, sollen erst die Leitstrategien für nachhaltige Entwicklung aufgezeigt werden, die eine Orientierung hierzu vermitteln.

Drei Leitstrategien nachhaltiger Entwicklung

Nachhaltige Entwicklung kann durch mehrere Strategien gefördert werden. Dazu bieten sich nach Huber drei komplementäre Leitstrategien an, von denen jede einzelne Strategie ein notwendiges, aber kein hinreichendes Element nachhaltigen Wirtschaftens ist *(Huber 2001, S. 250)*. Es handelt sich also nicht um drei nebeneinander stehende Leitstrategien, sondern um interdependente Strategien, die aufeinander abzustimmen und in einer übergreifenden Nachhaltigkeitsstrategie zusammen zu führen sind.

Effizienz-Strategie

Die Effizienz-Strategie ist auf eine Steigerung der Ressourceneffizienz bzw. Ressourcenproduktivität ausgerichtet. Dabei geht es also sowohl um Energieeffizienz als auch um die Effizienz natürlicher Ressourcen. Die Effizienz-Strategie kann somit zu einer Entlastung des Ressourcenverbrauchs und der Aufnahmekapazität ökologischer Systeme führen. Anders formuliert: das wirtschaftliche Wachstum wäre sowohl vom Ressourcenverbrauch (resource decoupling) als auch vom ökologischen Fußabdruck (impact decoupling) entkoppelt. *(Berg 2020, S. 316)* Es handelt sich um jene Leitstrategie, die am weitesten operationalisiert ist. Die Effizienzstrategie weist im Prinzip aufgrund der ökonomisch-ökologischen Vorteilhaftigkeit hinsichtlich der Steigerung der Ressourcensicherheit und der Entlastung der Aufnahmekapazität in der Wirtschaft eine hohe Bedeutung auf. Die ökonomische Vorteilhaftigkeit der Effizienz-Strategie wirkt sich für Unternehmen in einer Kostenreduktion z. B. durch eine Verringerung des Einsatzes von Energie und sonstigen Produktionsinputs in Form von natürlichen Ressourcen aus. Sie kann so zu einer Sicherung oder zum Ausbau von Arbeitsplätzen beitragen. Die Kostenreduktion kann aber auch für andere Bereiche im Unternehmen verwendet werden: Weiterbildung der Mitarbeiterinnen und Mitarbeiter, Verbesserung der sozialen Rahmenbedingungen im Unternehmen und Auszeichnungen für innovative Mitarbeiter. Die nationale Vorteilhaftigkeit der Effizienz-Strategie lässt sich noch als geopolitische Krisenprävention einordnen: Es sollen militärische Konflikte wegen der wachsenden Ressourcenknappheit (Wasser, seltene Erden und Metalle) vermieden werden. Daher hat die bundesdeutsche Nachhaltigkeitsstrategie von Beginn an die Effizienz-Strategie als eine besonders wichtige Strategie betont. *(v. Hauff, Schulz, Wagner 2018, S. 67)*

Die Effizienz-Strategie entspricht am ehesten dem Business Case eines nachhaltigen Wirtschaftens. An der Effizienz-Strategie wird jedoch zu Recht der damit häufig einhergehende „Technikoptimismus" kritisiert. Um dieses Problem zu überwinden, sind für eine ökologische Nachhaltigkeit absolute Mengen-Reduktionsziele unabdingbar und technischer Fortschritt durch „Lebensstil-Innovationen" zu ergänzen. *(Weller 2014, S. 75 ff.; Eigner, Hristo, Schäfer 2018, S. 253 ff.)* Das bedeutet, dass man nicht nur die Produktionsbedingungen, sondern auch die Konsummuster bzw. -gewohnheiten mit einbeziehen muss. Ein bedeutender Indikator in diesem Zusammenhang ist die Rohstoffproduktivität. Das soll exemplarisch verdeutlicht werden. In dem Zeitraum von 1994 und 2010 ist die Rohstoffproduktivität (unter Einbeziehung der biotischen Rohstoffe in den DMI) um etwa 2 % pro Jahr gestiegen. Dieser Anstieg ist jedoch etwas geringer als der Anstieg des Indikators der deutschen Nachhaltigkeitsstrategie, der sich ausschließlich auf die abiotischen Rohstoffe bezieht (BIP/DMIabiot). Der Anstieg der Rohstoffproduktivität hat sich insgesamt etwas abgeflacht. So betrug er in dem Zeitraum von 2000 bis 2010 nur noch 1,7 % pro Jahr.

Auf der einen Seite deuten die Zahlen der letzten Jahre auf eine weitere Abflachung dieses Basistrends hin. Auf der anderen Seite zeigen Untersuchungen jedoch immer wieder, dass das Potenzial der wirtschaftlich und technisch möglichen Effizienzsteigerungen insbesondere im Verarbeitenden Gewerbe nicht ausgeschöpft werden. Allein die heutigen technologischen Potenziale im Laufe von etwa 10 Jahren zu erschließen, brächte einen Effizienzgewinn von 10 %. Geht man auf dieser Basis davon aus, dass der technische Fortschritt weitergeht wie bisher, ist eine deutlich größere Effizienzsteigerung vorstellbar: Eine Zielmarge von etwa 1 Prozentpunkt über dem langjährigen durchschnittlichen Trend erscheint durchaus realistisch. (Umweltbundesamt 2015, S. 12–13)

Ein weiterer Kritikpunkt ist der Reboundeffekt, wonach das Einsparpotenzial von Effizienzsteigerungen nicht oder nur teilweise realisiert wird. Geht der Verbrauch von Ressourcen über die Effizienzsteigerungen hinaus (Reboundeffekt > 100 %), bezeichnet man diesen Effekt als Backfire. Ein typisches Beispiel für den Reboundeffekt ist die Einsparung von Benzin und Diesel in neueren Automobilgenerationen trotz stärkerer Motoren. Dieser Einspareffekt wurde jedoch durch mehr gefahrene Kilometer kompensiert bzw. überkompensiert. Obwohl heute der Reboundeffekt grundsätzlich anerkannt wird, fand er in der wissenschaftlichen Literatur bisher keine ausreichende Berücksichtigung. Dabei ist jedoch darauf hinzuweisen, dass nicht jeder Reboundeffekt ökologisch schädlich sein muss. So ist davon auszugehen, dass die steigende Nachfrage nach Fahrrädern auch zu einer steigenden Zahl von gefahrenen Kilometern mit Fahrrädern führt, was ökologisch unproblematisch ist. *(v. Weizsäcker 2014, S. 68)*

Konsistenz-Strategie

Es besteht kein Zweifel: Die Konsistenz-Strategie ist nicht annähernd so populär wie die Effizienz-Strategie, was für die nationale Nachhaltigkeitsstrategie eine große Beeinträchtigung darstellt. Das erklärt sich daraus, dass sie sowohl hinsichtlich der Konzipierung als auch Durchsetzung deutlich anspruchsvoller ist. Andere Begrifflichkeiten für die Konsistenz-Strategie in der Literatur sind Ökokonsistenz bzw. Eco-Effectiveness. Ein artverwandter Begriff ist die Ökoeffektivität. Sie werden teilweise mit dem Begriff der ökologischen Transformation zusammengeführt. Es geht bei dieser Strategie also um den ökologischen Strukturwandel, d. h. um die Förderung neuer Technologien, Produkte und Praktiken, die den industriellen Metabolismus weitgehend störungsfrei in die Stoffkreisläufe und Ökosysteme der Natur einfügen. *(Weisz 2007, S. 209ff; Huber 2014, S. 58)* Das betrifft besonders die gesamtwirtschaftliche, aber auch die einzelwirtschaftliche Ebene.

Die Konsistenz-Strategie beinhaltet die Forderung, dass die Stoff- und Energieströme aus menschlichen Aktivitäten mit den Strömen natürlicher Herkunft, d. h. der Ökosysteme, verträglich sein müssen. Die Einwirkungen der Menschen auf die Umwelt sollen also nicht mit den natürlichen Abläufen in Konflikt geraten. Anders formuliert: Im Zentrum der Konsistenz-Strategie steht die Imitation der Natur und ihrer geschlossenen Kreislaufströme. *(Pufé 2017, S. 126)* Die technischen Abläufe müssen daher so organisiert werden, dass es idealtypischerweise in der Technosphäre sowie in der Natur nur weiterverwertbare Produkte gibt. Damit würden keine Abfälle entstehen. Ist dies nicht möglich, sollen naturfremde Stoffe in geschlossenen Kreisläufen wiedergewonnen werden. Ist auch dies nicht möglich, sollen sie nicht weiterverwendet werden (vgl. hierzu auch die Effektivitätsstrategie in Kapitel 4). Es ist also nicht das Ziel, nicht erneuerbare Ressourcen wie Kohle oder Öl zu rationieren (Suffizienz) oder zu rationalisieren (Effizienz), da auf diesem Wege der Substanzverzehr verringert, nicht aber aufgehoben werden kann. Die Konsistenz-Strategie soll den Verbrauch nicht erneuerbarer Ressourcen verringern oder ganz vermeiden (Substitution durch andere Ressourcen), um zu gewährleisten, dass eine wachsende Weltbevölkerung und auch die zukünftigen Generationen überleben können.

Grundsätzlich ist eine empirische Analyse der Umwelteinwirkungen erforderlich, da die Leitregeln in Bezug auf die Wirklichkeit zunächst nur „leere kategorische Imperative" darstellen. In manchen Fällen tritt die paradoxe Situation ein, dass die Verletzung ökologischer Leitplanken zielführender als deren strikte Befolgung sein kann. Dies ist beispielsweise der Fall, wenn ein lokales Ökosystem, z. B. eine Kulturlandschaft, auf bestimmte Immissionen oder Bewirtschaftungsformen angewiesen ist. *(Hukkinen 2001)* Bei der Konsistenz-Strategie muss es also darum gehen, die Produktions- und Konsummuster langfristig umzustellen, was eine besonders engagierte und vorausschauende Innovationspolitik erfordert sowie die Abstimmung und Gestaltung komplexer Innovationssysteme voraussetzt (vergleiche hierzu Kapitel 3). Dementsprechend verlangt die Konsistenz-Strategie nach einem breiten politischen Ansatz, der über die Förderung einzelner Technologien hinausgeht und auch soziale Aspekte wie Akzeptanz berücksichtigt. Daher sind in diesem Zusammenhang häufig auch soziale Innovationen notwendig.

Unternehmen stehen unter Berücksichtigung einer sich verschärfenden Ressourcenknappheit vor großen Herausforderungen. Einerseits müssen sie oft unter wachsender Wettbewerbsintensität auf ihren Märkten erfolgreich sein. Andererseits müssen sie, um erfolgreich zu bleiben, immer mehr in ihre ökologischen und sozialen Ressourcenquellen investieren. Schließlich dürfen sie dabei ihre finanziellen Möglichkeiten nicht überfordern. Das kann zu einem Wandel des Produkt- und Dienstleistungsportfolios führen, was langfristig nur durch Anpassungsstrategien möglich ist. Es geht also im Rahmen eines Nachhaltigkeitsmanagements darum, die aufgezeigten Herausforderungen so zusammenzuführen, dass es zu keiner Überforderung kommt. Gleichzeitig sollen sie aber auch den dringend notwendigen Problemlösungen gerecht werden. Unternehmen müssen auf diese Entwicklung vorbereitet sein, was bei vielen KMU in der Regel noch nicht optimal zu beobachten ist.

Suffizienz-Strategie

Es gibt bis heute eine intensive Kontroverse über die Notwendigkeit der Suffizienz-Strategie. Von den Kritikern wird oft argumentiert, dass die Effizienz-Strategie die Umweltprobleme über den umwelttechnischen Fortschritt lösen wird. Die Befürworter der Suffizienz-Strategie nehmen die entgegengesetzte Position ein, die im Folgenden näher ausgeführt wird. Dabei wird die Position vertreten, die einführend in die drei Strategien schon kurz vorgestellt wurde: Es müssen die drei Strategien zur Bewältigung der Umweltprobleme und der damit verbundenen ökonomischen und sozialen Probleme gemeinsam zur Wirkung gebracht werden. Wird die Suffizienz-Strategie vernachlässigt, besteht die Gefahr, dass die Effizienzgewinne – wie schon erwähnt – kompensiert oder sogar überkompensiert werden. Hierzu ein Beispiel: Ein Umstieg von Konsumenten auf Biofleisch mag für die entsprechenden Konsumenten gesünder sein. Dadurch wird die Menge an Methangas jedoch nicht reduziert. Sie lässt sich nur dadurch reduzieren, dass besonders Menschen in Industrieländern weniger Fleisch essen. In die Suffizienz-Strategie gehen unterschiedliche Komponenten ein, die von den Vertretern dieser Strategie unterschiedlich gewichtet werden.

- **Selbstbeschränkung:** Zu nennen ist zunächst die Selbstbeschränkung, die auf einer freiwilligen Entscheidung basiert. Diese findet in einem marktwirtschaftlichen System kaum Anerkennung, da sie im Prinzip der Konsumentensouveränität entgegensteht. *(v. Hauff, Jörg 2017, S. 40)* Dabei lässt sich feststellen, dass es viele Bereiche des Konsums gibt, bei denen eine Einschränkung für viele Konsumenten die Lebensqualität nicht beeinträchtigt: Konsumgüter werden teilweise ungenutzt entsorgt. Zu nennen ist u. a. der Bereich Kleidung, Nahrung und Medikamente. Für diese Form des Überflusskonsums wurde – wie schon erwähnt – auch der Begriff Konsumismus oder Konsumerismus eingeführt. De Graaf et al. sprechen in diesem Zusammenhang von „Affluenza", der Überflusskrankheit oder der „Zeitkrankheit Konsum". *(de Graaf et al. 2002)*
- **Veränderung der Lebensstile:** Die zweite Komponente zielt auf eine Veränderung der Lebensstile ab, die nicht primär auf einer Einschränkung, d. h. Quantität des Konsums, sondern auf einer qualitativen Veränderung des Konsums basiert. Diese Komponente wird häufig auch im Kontext des nachhaltigen Konsums diskutiert.
- **Strukturwandel des Güterkorbs:** Die dritte Komponente zielt auf einen Strukturwandel des Güterkorbs von materiellen Gütern zu Dienstleistungen und immateriellen Gütern hin.

Die Vielfältigkeit der Suffizienz-Strategie führt oft zu Kontroversen, da sowohl Anforderungen direkt an das Individuum als auch an die staatliche Politik gestellt werden, die für viele als nicht marktkonform empfunden werden. Dies ist der Suffizienz-Strategie abträglich, d. h., sie ist in ihrer Relevanz schwer zu vermitteln. Die Suffizienz-Strategie fordert also ökologie- und sozialverträgliche Obergrenzen für die Ökonomie bzw. das Wirtschaftswachstum ein, um die ökologischen Belastungsgrenzen einhalten zu können. Hierbei geht es um die Auffassung, ein verminderter Ressourcen- und Umweltverbrauch genüge für ein zufriedenstellendes („suffizientes") Leben. Ansatzpunkte hierfür sind entsprechende Überzeugungen der Menschen und eine veränderte Lebensführung, wozu auch ein neues Wirtschaftsparadigma gehört. Obwohl es bereits einige Initiativen gibt, die in die Suffizienz-Strategie eingeordnet werden können, sind es bisher nur eine Minderheit von 5–10 % der Bürger, die zu entsprechenden Verhaltensänderungen bereit sind. *(Linz 2014, S. 46)* Die Suffizienz-Strategie würde an Bedeutung gewinnen, wenn sich die Menschen auf jenen Konsum beschränken würden, der ihr Wohlbefinden tatsächlich steigert.

Anwendung der drei Leitstrategien

Besonders die Befürworter der starken Nachhaltigkeit – etwa Umwelt- und Naturschutzverbände – zweifeln an der hinreichenden Wirksamkeit der Effizienz- und der Konsistenz-Strategie und fordern zusätzlich die Anwendung der Suffizienz-Strategie. Diese Position ist jedoch nicht zielführend, da, wie schon begründet wurde, für eine ökologisch nachhaltige Entwicklung alle drei Strategien zusammengeführt und wirksam werden müssen. Allen Strategien gemeinsam ist die zentrale Rolle von Innovationen, welche sich auf unterschiedliche Bereiche bzw. Nachhaltigkeitsdimensionen beziehen. Folgende Beispiele (in Tab. 2.2 zusammengefasst) zeigen die Relevanz bezüglich der drei Leitstrategien auf:

Tab. 2.2: Beispiele für die drei Leitstrategien einer nachhaltigen Entwicklung (Quelle: eigene Einschätzung und Darstellung)

Innovation	Leitstrategie Effizienz	Konsistenz	Suffizienz
Toyota Prius	+	0	0/–
Alten Kühlschrank gegen neuen austauschen	++	+	0/–
Auf Gefrierschrank verzichten	0	0	++
Grüne Gentechnik: ertragsstärkere Pflanzen	+	?	–
Drehzahlgetriebener Industriemotor	++	0	0
Photovoltaik auf Hausdach	0/–	+	0/+
Brennwertkessel	+	0	0
Telematik	+	0	0
Holzpellets	0	+/–	(+)
Abwasserfreie Toilette	+	++	+

++, +: trägt (sehr) positiv zur Leitstrategie bei
0: kaum Zusammenhang mit Leitstrategie
––, –: trägt (sehr) negativ zur Leitstrategie bei

Der von Toyota und anderen Autoherstellern angebotene Hybrid-Antrieb nutzt Energie besonders im Stadtverkehr etwas effizienter, ohne dass Abstriche an Fahrdynamik oder -komfort hinzunehmen sind. Daher ist die Suffizienz nicht sonderlich betroffen. Es entstehen immer noch Kohlendioxide – teilweise sogar vermehrt durch das höhere Gewicht – und andere Schadstoffe, sodass auch keine Konsistenz vorliegt.

– Ähnliches gilt für einen **drehzahlgeregelten Motor**, der schon seit vielen Jahren für die Industrie als effizientes Aggregat angeboten wird.

– Im privaten Bereich nutzt ein **Brennwertkessel** zusätzlich die Verdampfungswärme des Wassers im Abgasstrom.

– Die Verkehrsbeeinflussung über **Telematik** gilt ebenfalls als Maßnahme für eine Effizienzsteigerung, wenngleich hier die Frage eines Rebound-Effekts (insgesamt mehr Verkehr durch besseren Verkehrsfluss) zu befürchten ist.

– Ein **neuer Kühlschrank** ist in der Regel wesentlich effizienter als ein 15 Jahre älteres Modell. Die Konsistenz-Strategie ist dann positiv zu bewerten, wenn der alte Kühlschrank fachgerecht entsorgt wird und das Arbeitsmedium des neuen Gerätes unbedenklich ist. Auf Komfort wird allerdings in den meisten Fällen nicht verzichtet, sondern auf mehr Nutzraum und mehr Funktionen geachtet, weshalb die Suffizienz hier eher negativ ausfällt.

– Auf einen **Gefrierschrank** völlig zu verzichten, würde hingegen als Handlung im Sinne der Suffizienz-Strategie verstanden.

– **Gentechnisch veränderte Pflanzen** sollen gegenüber konventioneller Ware mehr Ertrag bei weniger Einsatz von Pflanzenschutzmitteln bringen. Ob sie jedoch als konsistent mit natürlichen Strömen gelten, ist stark umstritten. Um Suffizienz geht es hier ohnehin nicht.

– Eine **Photovoltaik-Anlage** gilt allgemein als umweltfreundlich, weil durch ihren Betrieb fossile Energieträger eingespart werden. Sie betrifft die Suffizienz-Strategie allenfalls in den Fällen, wo die Installation einer solchen Anlage mit anderen ökologisch sinnvollen Entscheidungen bezüglich der Lebensführung zusammentrifft. Eine umweltfreundliche Entsorgung vorausgesetzt, könnte sie als konsistent gelten. Allerdings ist die niedrige Effizienz – über den gesamten Lebenszyklus betrachtet – problematisch: Solch eine Anlage muss erst einige Jahre laufen, bis sich die zur Produktion notwendigen Aufwendungen ökobilanziell amortisieren.

– Eine **Holzpellet-Anlage** emittiert netto kaum Kohlendioxide, da das verbrannte Holz im gleichen Umfang nachwachsen kann. Als effizient kann eine solche Anlage nur insofern gelten, als dass das Verbrauchsmaterial preisgünstiger als fossile Energieträger ist. Die technische Energieumwandlung an sich ist jedoch nicht effizienter. Es fallen sogar vermehrt bestimmte Luftemissionen (u. a. Feinstaub) an, was im Sinne einer Konsistenz-Strategie als negativ gelten kann. Suffizient ist die Anlage nur in den Fällen, in denen sie mit einer insgesamt sparsamen und umweltbewussten Lebensführung zusammenfällt.

– Eine **wasserlose Toilette** bietet große Potenziale, da mit den menschlichen Ausscheidungen auch wertvolle Stoffe (u. a. Phosphat) verloren gehen und da der Aufwand heutiger Entsorgungs-, Klär- und Aufbereitungstechniken (additive Umwelttechnik) insgesamt hoch ist. Die Notwendigkeit und Herausforderung bestehen darin, feste und flüssige Bestandteile vor Ort zu separieren. Dadurch würde die gesamte Entsorgungsstruktur mitsamt Toilettenspülung entfallen und es könnten die einzelnen Fraktionen hochwertig weiterverwertet werden.

3 Bedeutung von Innovationen für eine nachhaltige Entwicklung

Innovationen sind sowohl aus der Perspektive des ökonomischen Mainstreams als auch aus jener der nachhaltigen Entwicklung von hoher Relevanz. Dennoch begründet sich die Relevanz von Innovationen aus den beiden Paradigmen ganz unterschiedlich. Innovationen sind aus ökonomischer Perspektive per se erwünscht, wenn sie nachfolgende Bedingung erfüllen: Ist eine Neuerung am Markt erfolgreich, wird sie als Innovation positiv bewertet. Aus der Perspektive nachhaltiger Entwicklung werden Innovationen hingegen nur dann positiv bewertet, wenn alle drei Dimensionen bei der Entstehung und dem Einsatz von Innovationen berücksichtigt werden. Das bedeutet, dass sich Innovationen auch im Kontext nachhaltiger Entwicklung am Markt erfolgreich durchsetzen müssen, aber auch die beiden anderen Dimensionen bei der Entwicklung von Innovationen zu berücksichtigen sind. Daher stellt sich zunächst die Frage, wie die Entstehung von Innovationen in der Ökonomie bisher begründet wird. Einige Begründungszusammenhänge der Innovationsforschung im Rahmen der Wirtschaftswissenschaften sind wichtig, um eine fundierte Weiterentwicklung in Richtung nachhaltige Innovationsforschung leisten zu können. Einen umfassenden Überblick zur Innovationsforschung in den Wirtschaftswissenschaften bieten *u. a.* Welsch *(2005)* und Urmetzer, Pyka *(2017)*.

Innovationen nehmen in der Volkswirtschaftslehre eine herausragende Bedeutung ein. Sie werden häufig als das Ergebnis des technischen Fortschritts bezeichnet, d. h. aus Innovationen geht der technische Fortschritt hervor. Der technische Fortschritt gilt wiederum als Antriebskraft der wirtschaftlichen Entwicklung. Darauf gründet sich in marktwirtschaftlichen Systemen ein Innovationswettbewerb der ganz wesentlich die Dynamik des Wachstums determiniert. Innovationen werden in einem engen Sinne als technische Neuerungen klassifiziert. Ganz allgemein führen sie zu einer Verbesserung des Produktionsergebnisses.

Der Anreiz aus der Sicht des Innovators, sich auf den Innovationswettbewerb einzulassen, liegt in der Erschließung eines neuen Marktsegments. Damit kann er zusätzliche Nachfrage generieren, um die er mit niemandem konkurrieren muss: Er erzielt zumindest temporär einen Monopolgewinn bzw. eine Pionierrente. Positive Innovationsanreize für Investoren ergeben sich aus Kosteneinsparungen und/oder aus neuen Absatzmöglichkeiten. Die Nachfrage z. B. von Prozessinnovationen wird aus der Perspektive wirtschaftlicher Entwicklung daher in der Regel per se positiv bewertet. Der Erfolgsindikator, an dem dann auch die Leistungsfähigkeit von Volkswirtschaften gemessen wird, ist die Anzahl der Patente für einen bestimmten Zeitraum. Dabei bleibt jedoch häufig unberücksichtigt, dass Innovationen auch negative Auswirkungen, etwa auf die Umwelt oder die Gesundheit von Menschen haben können.

Diese Betrachtung bzw. Analyse einzelner Innovationen wird in der wissenschaftlichen Diskussion jedoch zunehmend als unzureichend erachtet, da das Umfeld der

https://doi.org/10.1515/9783110722536-003

Entstehung und Realisierung von Innovationen bislang nicht genügend berücksichtigt worden ist. In der Innovationsforschung rückte man von der linearen Perspektive (demand pull und technology push Hypothese) ab. In der neueren Innovationsforschung, die verstärkt in den 1980er- und 1990er-Jahren aufkam, wird darauf hingewiesen, dass einzelne Innovationen und ihre Entwicklung erst dann wirklich zu verstehen sind, wenn sie als Teil von Innovationssystemen eingeordnet werden. Innovationssysteme können definiert werden als die Elemente und Beziehungen, welche in der Produktion, der Verbreitung und dem Gebrauch von neuem und ökonomisch nützlichem Wissen miteinander interagieren. *(Lundvall 1992)* Aber auch hier stellt sich die Frage, ob Innovationssysteme hinsichtlich ihrer Auswirkungen im Kontext nachhaltiger Entwicklung eher negativ oder positiv zu beurteilen sind.

Im vorangegangenen Kapitel wurde aufgezeigt, dass das Paradigma nachhaltiger Entwicklung spezifische Anforderungen stellt, die auch analog für Innovationen gelten: Innovationen müssen in die drei analytischen Kategorien einer ökologischen, ökonomischen und sozialen Nachhaltigkeit eingebunden sein, was auch die Wirkung von Innovationen einschließen soll (gesamter Lebenszyklus). Betrachtet man jedoch die nachhaltigkeitsbezogene Innovationsforschung, so ist bisher noch ein starker Fokus auf die ökologische Nachhaltigkeit festzustellen. Es geht dabei um den umwelttechnischen Fortschritt bzw. umwelttechnische Innovationen. Dagegen besteht hinsichtlich einer konzeptionellen Verbindung der drei Dimensionen in der Forschung nachhaltiger Innovationen noch weiterer Forschungsbedarf. Daher werden im folgenden Abschnitt 3.1 zunächst wichtige Begründungszusammenhänge für die inhaltliche Abgrenzung, aber auch für die Entstehung und Bedeutung von Innovationen im bisher üblichen ökonomischen Verständnis aufgezeigt. Darauf aufbauend lassen sich die Anforderungen an nachhaltige Innovationen besser abgrenzen und erklären. In Abschnitt 3.2 geht es dann um Innovationen im Kontext ökologischer Nachhaltigkeit. Abschnitt 3.3 stellt die Anforderungen nachhaltiger Entwicklung exemplarisch an der Digitalisierung als einer der großen technologischen Innovationsbereiche vor.

3.1 Die ökonomische Bedeutung von Innovationen

Die Charakterisierung von Innovationen beginnt in der Regel mit der Unterscheidung in Prozess- und Produktinnovationen. Dabei handelt es sich nach dem allgemeinen Verständnis um die objektiv erstmalige Einführung eines neuen Produktionsprozesses bzw. eines neuen Produktes am Markt. Neue, effizientere Produktionsprozesse zeichnen sich dadurch aus, dass eine gegebene Menge an Output mit einem geringeren Input erzeugt werden kann. Bei Produktinnovationen kann man feststellen, dass lange Zeit eine dominierende Fokussierung neuer Güter auf neue materielle Güter stattfand, was jedoch in letzter Zeit verstärkt durch die Einbeziehung von neuen Dienstleistungen ergänzt wurde.

Innovationsarten in Abhängigkeit des Neuigkeitsgrades

Ein wichtiger Aspekt hierbei ist die Konkretisierung des Neuigkeitsgrades. In diesem Zusammenhang werden häufig Basisinnovationen, d. h. Produktionsprozesse bzw. Produkte mit bislang unbekannten Anwendungsbereichen und Zielmärkten von Prozess- und Produktmodifikationen unterschieden. Basisinnovationen werden im Zusammenhang mit dem sogenannten „Kondratieff-Zyklus" diskutiert. Dieser Typ von Zyklus basiert auf den Untersuchungen des Russen *Nikolai Kondratieff* in den 1920er-Jahren. Er fand heraus, dass die Zyklen grundlegender Neuerungen einen Zeitraum von 40 bis 60 Jahre umfassen. Der erste Kondratieff-Zyklus begann im 18. Jahrhundert mit der Erfindung der Dampfmaschine. *(Kondratieff 1926)* Die zugrunde liegende Theorie „der langen Wellen" wurde dann besonders von *Joseph Schumpeter* und *Leo Nefiodow* aufgegriffen. *(Schumpeter 1964, Nefiodow 1990, Nefiodow 1996)* Während *Kondratieff* fünf Zyklen unterschied, war es besonders *Nefiodow*, der den sechsten „Kondratieff Zyklus" inhaltlich bestimmte. Hierzu gibt es jedoch eine Kontroverse, ob „Gesundheit", „Umwelt" oder aber andere grundlegende Innovationen die neuen Kondratieff-Zyklen bilden. Basisinnovationen knüpfen oftmals hieran an. Beispielsweise folgen völlig neue Geschäftsmodelle wie Internet-Auktionshäuser oder technosoziale Konzepte (Web 2.0 bzw. Industrie 4.0) und schließlich die Digitalisierung, die in allen Lebens- und wirtschaftlichen Bereichen vorzufinden ist.

Die Ausschöpfung der wirtschaftlichen Wachstumspotenziale durch Basisinnovationen umfasst in der Regel mehrere Jahrzehnte und führt zu einer dauerhaften Wachstumsdynamik, da bestehende Entwicklungskorridore verlassen und neue geöffnet werden. Bei den nachfolgenden Prozess- und Produktmodifikationen (Verbesserungs- und Folgeinnovationen) geht es um mehr oder weniger umfassende Veränderungen von bereits existierenden Verfahren und Gütern. Hier stellt sich besonders die Frage nach dem Neuigkeitsgrad. Die erfolgreiche Markteinführung einer Innovation führt auch hier zu Monopolgewinnen, die Unternehmen erwirtschaften. Insofern sind innovative Unternehmen auch in der Regel erfolgreiche Unternehmen.

Die früher übliche Begrenzung des Innovationsverständnisses auf technische Neuerungen wird in jüngerer Zeit kritisch hinterfragt. Dabei wurde schon relativ früh darauf hingewiesen, dass Innovationen über Prozess- und Produktinnovationen hinausgehen und auch neue Management- und Organisationsverfahren einschließen. Daher umfasst der Begriff der Innovation in zunehmendem Maße auch nicht-technische Neuerungen, wie Änderungen der Firmenorganisation. *(Corsten et al. 2006, S. 48)* Aber auch Änderungen des Designs von Produkten sind hier zu nennen.

Neben Prozess- und Produktinnovationen werden in der empirischen Innovationsforschung noch organisatorische Innovationen aufgeführt *(Rennings 2005, S. 18)*:

- **Prozessinnovationen** führen zu einer Verringerung des erforderlichen Inputs bei gleichbleibendem Output bzw. zu einem gleichbleibenden Input bei steigendem Output.
- **Produktinnovationen** führen zu einer Verbesserung von Gütern (Dienstleistungen) oder der neuen Entwicklung von Gütern.

– **Organisatorische Innovationen** führen zu einer Optimierung der Ablauf- und Aufbauorganisation eines Unternehmens oder zu neuen Managementformen, wie Total Quality Management oder Umweltmanagementkonzepte wie CSR (Corporate Social Responsibility). „Sozialinnovationen" und „Strukturinnovationen" sind vielfach Synonyme für organisatorische Innovationen.

Bedeutung von Innovationen für die ökonomische Entwicklung

Joseph Schumpeter gilt als der Ökonom, der die Bedeutung von Innovationen für den wirtschaftlichen Entwicklungsprozess erstmals umfassend analysierte. *(Schumpeter 1964)* Die Entwicklung von Marktwirtschaften ist nach *Schumpeter* geprägt von Unsicherheit, Dynamik und Wandel. Wirtschaftliche Entwicklung ist für ihn daher ein „Prozess der schöpferischen Zerstörung": am Markt erfolgreiche Produkte können „aufgegeben" werden, wenn sich Bedürfnisse ändern. Im Anschluss daran hat sich in der Volkswirtschaftslehre für Innovationsprozesse die Differenzierung in drei Phasen herausgebildet:
– **Invention:** Sie ist als Erfindung eines neuen Produktionsprozesses bzw. Produktes zu verstehen.
– **Innovation:** Bei der Innovation im engeren Sinne geht es um die erfolgreiche Markteinführung.
– **Diffusion:** Hierbei geht es um die allgemeine Verbreitung der Innovation im Zeitablauf unter den Anwendern.

In der ökonomischen Innovationsforschung hat sich die Phasendifferenzierung von *Joseph Schumpeter* als **lineares Phasenmodell** des Innovationsprozesses zunächst durchgesetzt. Danach wird besonders in Großunternehmen durch Forschung in der Inventionsphase und der darauffolgenden Entwicklungsphase eine Erfindung generiert, die dann in den Markt eingeführt wird. In der volkswirtschaftlichen Theorie wurden Innovationen lange Zeit jedoch eher peripher behandelt. *(Welsch 2005)* Dabei wurde besonders in der Wachstumstheorie der technische Fortschritt und damit auch Innovationen angebotsbedingt diskutiert, woraus sich die „Technology-Push-Hypothese" ableitet. Das bedeutet, dass der Anstoß für die Entwicklung neuer Güter und Dienstleistungen der Angebotsseite zugeordnet wird.

Der Technology-Push-Hypothese wurde dann von *Jacob Schmookler* bereits 1966 eine sogenannte „Demand-Pull-Hypothese" entgegengestellt, wonach die Marktnachfrage für die Innovationsrichtung entscheidend ist. Dies führte zu einer Kontroverse, die für lange Zeit die Diskussion prägte. Heute besteht jedoch weitgehend Konsens, dass sowohl Marktangebotsfaktoren als auch Marktnachfragefaktoren für Innovationen eine wichtige Rolle spielen. *(Hemmelskamp 1999)* Die evolutorische Ökonomik, die Ende der 1970er-Jahre in der Innovationsforschung an Bedeutung gewann, ist ebenfalls darum bemüht, die angebotsseitigen Technology-Push-Faktoren endogen zu erklären.

In der evolutorischen Ökonomik wird der Marktprozess als dynamischer Innovationswettbewerb aufgefasst. *(Nelson, Winter 1982)* Nach Ansicht dieser Vertreter ist der Innovationsprozess von Unsicherheit geprägt und kann daher als Suchprozess aufgefasst werden. Der ökonomische Selektions- und Diffusionsprozess von Innovationen war durch Pfadabhängigkeiten als wichtigem Einflussfaktor auf den Selektionsprozess verschiedener Technologien mitbestimmt. Wichtige Einflussfaktoren für das Entstehen von Pfadabhängigkeiten sind steigende Adaptions- bzw. dynamische Skalenerträge. Unter steigenden Adaptionserträgen versteht man sich selbst verstärkende Systemeffekte im Diffusionsprozess *(Konrad, Nill 2001)*, d. h. eine beschleunigte Verbreitung der Neuerung im Markt. Pfadabhängigkeiten zeichnen sich durch einen Mangel an Flexibilität aus, indem man nicht bereit ist von den gewohnten Pfaden abzuweichen. Das führte in der Innovationspraxis oftmals zu einer wenig systematischen Gestaltung einzelner Förderprogramme, Institutionen und Instrumente. Diese Defizite in der institutionellen Innovationsstruktur führen in zunehmendem Maße zu Kritik an der Innovationsgestaltung, weshalb in zunehmendem Maße Innovationssysteme angestrebt bzw. initiiert wurden.

Die neuere Innovationsforschung der letzten Jahre führte zu einer weiteren Differenzierung, die hier nur kurz skizziert werden soll. Wichtig hierbei ist, dass diese Erkenntnisse zum Teil auch für die Anforderungen an nachhaltige Innovationen von Relevanz sind. So stellt beispielsweise Rosenberg fest, dass bei dem Zusammenhang von Innovationen und wirtschaftlichem Wachstum oft der Faktor Unsicherheit vernachlässigt wurde. Es handelt sich also nicht um eine lineare Beziehung. Als einen wichtigen Faktor nennt er die finanziellen Risiken der Innovationsforschung, wonach es durchaus dazu kommen kann, dass die Ausgaben nicht zu den gewünschten Forschungserkenntnissen führen. Kommt es jedoch zu einem neuen erfolgreichen Konzept für ein Produkt, stellt sich für ihn u. a. die Frage: *„How well will the new product perform, not only technologically, but in economic terms?"* *(Rosenberg 2004, S. 2)*

Sener und Saridogan gehen daher der Frage nach, welche Effekte eine „Science-Technology- Innovation" Strategie auf die Wettbewerbsfähigkeit and das wirtschaftliche Wachstum eines Landes hat. Im Rahmen ihrer empirischen Untersuchung kommen sie zu der Erkenntnis, dass Länder, die eine auf „science-technology-innovation" basierte Wirtschaftspolitik bzw. Strategien haben, große Wettbewerbsvorteile und eine positive langfristig orientierte Wachstumsentwicklung haben, die zu mehr Wohlstand und Wohlfahrt in den Ländern führen *(Sener, Saridogan 2011, S. 828)*. Dabei kommt es jedoch nicht nur allgemein auf die Förderung von Innovationen an. Analysiert man die Daten bzw. Statistiken zu den Patenten, so gibt es hinsichtlich der Wirkung von Innovationen auf wirtschaftliches Wachstum große Unterschiede zwischen der Quantität und Qualität von Innovationen. *(Hasan, Tucci 2010, S. 1264 ff.)*

Innovationssysteme

Die Darstellung theoretischer Ansätze verdeutlicht, wie die Komplexität von Innovationsprozessen begründet werden kann. Eine wichtige Neuorientierung in der Innovationsforschung erklärt sich daraus, dass der technische Fortschritt in der endogenen Wachstumstheorie als ein Prozess diskutiert wird, der durch Impulse bzw. gezielte Steuerung (z. B. Forschungs- und Entwicklungspolitik) des Staates oder der Unternehmen gefördert werden kann. Der technische Fortschritt ist also nicht mehr eine exogene Größe bzw. eine Residualgröße, sondern er lässt sich vielmehr steuern. In der Folge kam es jedoch zu einer Abkehr von linearen Phasenmodellen des Innovationsprozesses. In neueren Ansätzen geht es daher eher um das Zusammenspiel der Akteure und der Rahmenbedingungen. Darin gründet die Neuorientierung an nationalen und regionalen Innovationssystemen, die besonders evolutorische und institutionen-ökonomische Aspekte berücksichtigen.

Zur Erinnerung: Ein Innovationssystem wird inhaltlich von *Bengt-Åke Lundvall* abgegrenzt als die Elemente und Beziehungen, die in der Produktion, Diffusion und dem Gebrauch von neuem und ökonomisch nützlichem Wissen zusammenwirken. *(Lundvall 1985, Kap. 5.2; Lundvall 1992) Christopher Freeman* bezieht sich in seiner Abgrenzung eines Innovationssystems auf das Netzwerk-Modell, indem er ein Innovationssystem als ein Netzwerk von Institutionen im privaten und öffentlichen Sektor definiert, deren Aktivitäten und Interaktionen zu neuen Technologien führen, diese importieren, modifizieren oder verbreiten. *(Freeman 1987, S. 1 und 31)* Das Netzwerk ist möglichst örtlich zu fokussieren und aktiv zu koordinieren, damit es seine Vorteile – u. a. Austausch nicht kodifizierten Wissens – entfalten kann. In diesem Zusammenhang wird von einigen Autoren darauf hingewiesen, was für Innovationen im Kontext nachhaltiger Entwicklung von Bedeutung ist, dass weder der Markt noch die Hierarchie bzw. Großorganisationen in der Lage sind den optimalen Rahmen bzw. die beste Grundlage für dynamische Innovationsprozesse abzugeben. *(Welsch 2005, S. 53–74)* Im Kontext einer nachhaltigen Entwicklung scheinen Netzwerke eine spezifische Eignung zu haben: sie fördern die Bildung und Entwicklung des sozialen Kapitals als innovationsgenerierenden Faktor.

Im Rahmen der Unterscheidung zwischen nationalen und regionalen Innovationssystemen zeichnen sich zunächst nationale Innovationssysteme durch Merkmale aus, die stark durch das jeweilige Wirtschafts- und Gesellschaftssystem geprägt sind. Dabei gilt jedoch zu berücksichtigen, dass regionalen Innovationssystemen vermehrt Beachtung zukommt. Einer der Hauptvorteile von regionalen Innovationssystemen besteht darin, dass sie neben Unternehmen, die sich mit Innovationen befassen, auch öffentliche Forschungsorganisationen, unternehmerische Aktivitäten und Politik umfassen und die komplexen Wechselwirkungen zwischen diesen Einheiten hervorheben. Daraus leiten Pyka et al. ab:

As a consequence, regional innovation systems behave like complex adaptive systems not accessible with standard econometric approaches, which built on linear input–output relationships in innovation and approximate knowledge in simplified ways, e. g., by research and development (R&D) investment. (Pyka et al. 2018, S. 2)

Seit der Auflösung sozialistisch planwirtschaftlicher Systeme unterscheidet man heute bei der Gruppe der Industrieländer im Wesentlichen zwischen dem marktwirtschaftlichen Typ angelsächsischer Prägung und dem kontinentaleuropäischen Typ der sozialen Marktwirtschaft. Entsprechend gibt es auch unterschiedliche nationale Innovationssysteme, die in drei Subsysteme untergliedert werden:

- das **Produktionssystem**, das unterschiedliche Kategorien von Unternehmen aufweist, die ein unterschiedliches Innovationsverhalten haben;
- das **Bildungs- und Forschungssystem**, das verschiedene Bildungskategorien (berufliche Bildung, Weiterbildung und Hochschulbildung) und Forschungssektoren (Hochschulforschung und außeruniversitäre, d. h. private und öffentliche Forschung) aufweist;
- das **politische System**, das Forschungs- und Entwicklungspolitik bzw. Innovationspolitik fördert.

Nationale Innovationssysteme werden im Anschluss weiter ausdifferenziert: Nationale Innovationssysteme im engeren Sinne zeichnen sich vor allem durch Forschungs- und Entwicklungseinrichtungen des privaten Sektors, Universitäten und Forschungsinstitute aus. Bei Innovationssystemen im weiteren Sinne werden der Produktionssektor, das Marktsystem und das Finanzsystem als Subsysteme des Innovationssystems betrachtet. Dagegen unterscheiden *Kurt Hübner* und *Jan Nill* zwischen dem Wissenssektor, also den Akteuren, Organisationen und Regeln, die für die Produktion von Wissen zuständig sind, und dem Produktivitätsbereich, also den Akteuren, die die Auswahl zwischen alternativen Technologien und die Nutzungsweise von Technologien bestimmen. *(Hübner, Nill 2001)*
In einer Studie hat bereits Nelson die nationalen Innovationssysteme von 15 Ländern analysiert und dabei herausgefunden, dass die Unterschiede zwischen ihnen ganz wesentlich auf die Unterschiede der Hochschulsektoren sowie der Hochschulforschung und -bildung, der Forschung und Entwicklung im Industriesektor, den Finanzinstitutionen, den Managementfähigkeiten und der öffentlichen Infrastruktur wie auch der Fiskal- und Handelspolitiken zurückzuführen sind. *(Nelson 1993)* Besondere Aufmerksamkeit in diesem Zusammenhang fand das institutionelle Umfeld, wie es beispielsweise im Rahmen der Institutionenökonomik von *Douglass North 1992* diskutiert wird und bereits im Kontext der sozialen Nachhaltigkeit vorgestellt wurde. Die modernen Innovationssysteme sind somit in hohem Maße in das Institutionengefüge der Regierung, der Forschung und der Unternehmen eingebunden.

Um nationale Innovationssysteme zu charakterisieren, werden darum die Faktoren, die den Innovationsprozess beeinflussen, analysiert. In diesem Kontext wurden Ansätze entwickelt, die es ermöglichen, Inputs und Outputs nationaler Innovationssysteme mit Indikatoren zu quantifizieren. *(Patel, Pavitt 1994)* Die Einzelindikatoren, die Teilbereiche wie Bildung, Wissenschaft und Forschung, Innovationsfinanzierung und der Produktion von Hochtechnologiegütern umfassen, werden zu Gesamtindikatoren (Composite Indicators) zusammengefasst und zur Messung der Leistungsfähigkeit nationaler Innovationssysteme genutzt. Daraus lassen sich für Deutschland vier wichtige Handlungsfelder identifizieren, die schon einen starken Bezug zu dem Leitbild nachhaltiger Entwicklung aufweisen *(Belitz, Schrooten 2008, S. ff.)*:

– **Investitionen in Bildung fördern:** Dabei geht es sowohl um die Bereitstellung zusätzlicher Mittel als auch um neue bildungspolitische Konzepte, die die Studienbereitschaft und die Studierfähigkeit erhöhen.

– **Teilhabe breiter Bevölkerungsschichten an Innovationsprozessen fördern:** In innovationsgetriebenen Volkswirtschaften reicht es nicht aus, wenn nur eine kleine Elite Innovationsprozesse gestaltet. Nur eine positive Einstellung der Bevölkerungsmehrheit zu Wissenschaft und Technik führen in einem Land zu einem positiven Innovationsklima.

– **Innovationsanreize stärken und Vielfalt des nationalen Innovationssystems sichern:** In der Innovationspolitik sollen durch ordnungspolitische Rahmenbedingungen Anreize für Innovationen erhöht werden. So ist es möglich, Investitionen in diesen Bereich zu lenken. Die Auswahl von Zukunftstechnologien sollte im Wettbewerb erfolgen.

– **Chancen internationaler Integration nutzen:** Die Globalisierung macht es erforderlich, die internationale Kooperation im Wissensbereich zu fördern. Das stärkt die Leistungsfähigkeit nationaler Innovationssysteme. Die Kooperation sollte sowohl zwischen Industrieländern, zwischen Emerging Economies und Industrieländern und zwischen den Emerging Economies erfolgen. Wichtig hierbei ist, dass der Schutz des geistigen Eigentums gesichert ist.

Von den nationalen Innovationssystemen lassen sich – wie schon erwähnt – regionale Innovationssysteme abgrenzen. Hierfür wurden auch Begriffe wie „Cluster" oder „innovative Milieus" eingeführt *(Braczyk et al. 1998)*. Sie sind ganz wesentlich dadurch gekennzeichnet, dass Wissens-Spillover, d. h. wissensbezogene Effekte eines Überspringens häufig räumlich begrenzt sind. Unter Berücksichtigung von Subsystemen der Innovationssysteme ist weiterhin zu berücksichtigen, dass Innovationen durch die sozialen, ökonomischen und kulturellen Bedingungen eines Landes oder einer Region sowohl Einfluss nehmen als auch beeinflusst werden. In diesem Zusammenhang lässt sich jedoch feststellen, dass es hier einen interdependenten Prozess gibt, wonach sowohl die Innovationssysteme durch die institutionellen Arrangements als auch diese durch die Innovationssysteme determiniert werden. *Unruh* spricht hier von einem „techno-institutional Complex." *(Unruh 2000, S. 825)*

Etabliert und stabilisiert sich ein *techno-institutional system*, so lässt sich feststellen, dass es gegenüber Veränderungen in hohem Maße resistent ist. Als typische Beispiele nennt *Unruh* die Produktion von Elektrizität und den Energiemarkt. Das wird im Rahmen der neuen Energiepolitik in Deutschland sehr deutlich. *(Hennicke, Schleicher*

2013, S. 217 ff.) Eine Veränderung der Strukturen war äußerst schwierig, da der Widerstand der elektrizitätserzeugenden Unternehmen besonders hoch ist. Ohne massive staatliche Interventionen hatten regenerative Energieträger daher lange Zeit nur eine geringe Chance der Durchsetzung *(Foxon et al. 2005)*. Zusammenfassend kann man feststellen, dass nationale und regionale Innovationssysteme grundsätzlich eine gute Basis für die Anforderungen nachhaltiger Entwicklung bieten, da es zu einer Ausweitung des Innovationsverständnisses kommt. Im Kontext nachhaltiger Entwicklung ist es jedoch notwendig, die stake Technologiebezogenheit von Innovationen, die auch in nationalen und regionalen Innovationssystemen festzustellen ist, kritisch zu hinterfragen und zu überwinden.

Lundvall hat 1992 bereits darauf hingewiesen, dass *„the most fundamental resource in the modern economy is knowledge and, accordingly, the most important process is learning." (Lundvall 1992, S. 1)* Hier stellt sich auch im Kontext von Innovationen bzw. Innovationssystemen die Frage, ob Wissen mehr zu einer Fortsetzung der Pfadabhängigkeit oder zu einem Transformationsprozess beiträgt. Es kann festgestellt werden, dass Innovationsökonomen, Soziologen, aber auch politische Entscheidungsträger in der Europäischen Union und anderen OECD-Ländern in zunehmendem Maße zu der Auffassung gekommen sind, dass eine Förderung neuer wissenschaftlicher Erkenntnisse nicht unbedingt durch angewandte F&E Maßnahmen des privaten Sektors Innovationen auslösen.

> Instead, innovation and innovative capacity of a political or economic entity has to be regarded from a holistic perspective. One way to describe, comprehend, explain – and possibly shape – the dynamics and the success factors of an entity's (e.g. a nation, region or a sector) innovative capacity is the innovation systems approach. (Urmetzer, Pyka 2017, S. 3 f.)

Von dem Mainstream ökonomisch begründeter Innovation zu nachhaltigen Innovationen

Ein gemeinsamer Ausgangspunkt für Innovationsökonomen des Mainstreams und der Vertreter nachhaltiger Innovationsforschung sind Innovationssysteme. Im Verständnis des Mainstream steht die technologisch ökonomische Dimension im Mittelpunkt. Dabei haben diese Vertreter nach Auffassung der Nachhaltigkeitsökonomen der ethischen Akzeptanz und gesellschaftlichen Erwünschtheit von Innovationen zu wenig Aufmerksamkeit geschenkt. Eine Transformation durch Innovationen in Richtung Nachhaltigkeit erfordern auch die Änderung von Praktiken, Routinen und Gewohnheiten sowohl von Produzenten als auch von Konsumenten. Hier sind oft soziale Innovationen notwendig, die nicht nur über technologische Innovationen, sondern auch über Umweltinnovationen hinausgehen. Daraus begründen sich folgende Forschungsbedarfe:

> In summary, it can be said that research on IS enhances our understanding of conditions and actor configurations conducive to innovation but so far lacks an explicit debate about the nor-

mativity, i.e., desirability and goals of innovation processes. Furthermore, most previous IS approaches that deal with sustainability appear to have neglected its complexity by focusing on solving (only) environmental problems with (only) technological innovations. This gap renders IS frameworks currently insufficient to address wicked problems in the context of sustainability. (Schleile et al. 2017, S. 3)

Die Frage, wie Innovation und Transformation so erfolgen können, dass sie zur Erreichung einer nachhaltigen Entwicklung beitragen, wird von unterschiedlichen Standpunkten diskutiert. Ein wichtiges Anliegen in diesem Kontext ist häufig, die normativen Dimensionen der Innovation in die Diskussion mit einzubeziehen. Hierbei geht es um die Frage, wie Innovationen in bestimmte Richtungen gefördert und gestaltet werden können. In diesem Zusammenhang wird beispielsweise die Unterscheidung in Innovationssystem und Systeminnovation vorgenommen. Während sich das Innovationssystem auf ein komplexes sozioökonomisches und institutionelles Gebilde bezieht, das Innovation bestimmt, geht es bei der Systeminnovation um die Frage, wie sich Systeme ändern sollten. In Bezug auf Nachhaltigkeit gibt es unterschiedliche Vorgehensweisen hinsichtlich der Nachhaltigkeitstransformation: entweder sie konzentriert sich auf sozio-technische Systeme, sozio-ökologische Systeme oder sozio-ökonomische und institutionelle Systeme sowie deren Ebenen, Akteure, Beziehungen und Transformationen.

Die Konsequenzen lassen sich wie folgt abgrenzen: Inkrementelle Systeminnovationen zeichnen sich durch einen langsamen Prozess mit unmerklichen Veränderungen aus. Der Systemübergang ist also durch eine reibungslose Änderung hin zu einer Verbesserung des aktuellen Status gekennzeichnet. Das System wird nicht grundlegend geändert. Die Systemtransformation hingegen ist auf eine grundlegende, zukünftige Veränderung angelegt, die sich wesentlich von der aktuellen Situation unterscheidet. Sie ist somit das einzige der drei Konzepte, das die radikale und nichtlineare Natur der Systemveränderung erfasst. Die Systemtransformation gewinnt an Dynamik, die sich auf große Systemänderungen jenseits einzelner techno-ökonomischer Systeme bezieht. *(Chaminade 2020, S. 3)*

Die Ausweitung über den technischen Fokus hinaus wird jedoch teilweise als ambivalent bewertet. Aus der Perspektive nachhaltiger Entwicklung besteht der Vorteil darin, dass es hierbei zu einer Überwindung der Fixierung der technologiebasierten Innovationsorientierung kommt, wie das im Rahmen der Dreidimensionalität erforderlich ist. Anderseits ist zu bedenken, dass bei einer zu großen Breite des Innovationsverständnisses alle möglichen Veränderungsvorgänge bzw. Neuheiten mit einbezogen werden und damit der Innovationsbegriff an Schärfe verliert. Das gilt auch für nachhaltige Innovationen, bei denen es nicht darum geht, alle möglichen Potenziale nachhaltiger Entwicklung aufzulisten, sondern die konkreten Anforderungen an nachhaltige Innovationen zu bestimmen.

Während technische Innovationen eine eindeutige Dominanz haben und damit die ökonomische Dimension einen hohen Konkretisierungsgrad aufweist, steht die

Forschung bei sozialen Innovationen aus ökonomischer Perspektive noch weitgehend am Anfang. Dabei wird vielfach auch der Zusammenhang zwischen Reformen, sozialen Innovationen und sozialem Wandel hergestellt. Gillwald versteht dabei unter Reformen staatliches Handeln und Eingriffe in das gesamtgesellschaftliche Regel- und Institutionengefüge. In diesem Zusammenhang können Reformen als Teilmenge sozialer Innovationen betrachtet werden. *(Gillwald 2000, S. 7)* Die Schnittmenge technischer und sozialer Innovationen ist, dass beide Ergebnisse menschlichen Gestaltungswillens sind. Dabei gilt jedoch zu berücksichtigen, dass die Stärkung sozialer Innovationen ganz wesentlich durch Regularien gefördert werden. Hier spricht man auch von „non-technological regulatory effects." *(Parasskevopoulou 2012, S. 1058)* Daher sind Innovationen – wenn man sie als Entstehung neuer Prozesse, Produkte und Märkte versteht – nicht nur im wissenschaftlich-technischen, sondern auch im sozialen Kontext möglich. Aus der Perspektive der Nachhaltigkeit müssen somit die beiden anderen Dimensionen, d. h. die soziale und ökologische Dimension mit einbezogen werden. Dabei geht es aber nicht nur um die Richtung von Innovationen, sondern auch um die Frage der sozialen und ökologischen Reichweite von Innovationen. Das Verständnis von Nachhaltigkeit als dreidimensionales Modell erfordert eine geeignete Erfassung sowie eine integrative Bewertung der drei Dimensionen.

Hierbei gibt es jedoch eine Reihe von Schwierigkeiten. Während Kriterien wie Arbeitsqualität und Gesundheitsschutz einzelnen Innovationen zugeordnet werden können, ist dies bei dem Kriterium der Verteilungsgerechtigkeit nur sehr bedingt möglich. Daher ist es notwendig, Handlungsfelder eindeutig zu definieren. Aus den Handlungsfeldern müssen dann Indikatoren abgeleitet werden, die zu einem Indikatorensystem zusammengefügt werden. Bisher werden jedoch oft nur für die einzelnen Dimensionen Handlungsfelder definiert und entsprechende Indikatoren abgeleitet. Dadurch mangelt es dann daran, die Beziehungen der Handlungsfelder der einzelnen Dimensionen zueinander zu analysieren und integrierte bzw. konsistente Indikatorensysteme zu entwickeln. Wie dies mit einer neuen Methode der Systematisierung möglich ist, wird in Kapitel 7 näher erläutert.

Ein weiteres Problem bei der Bewertung nachhaltiger Innovationen besteht darin, dass sie ex ante unter mehr oder weniger hoher Unsicherheit zu bewerten sind. Das ist sowohl bei den Kriterien als auch bei den Bewertungsverfahren zu berücksichtigen. Hier bieten sich Szenariotechniken sowie die Delphi-Methode an. Dabei geht es z. B. um die Frage, welche Technologie als Risikotechnologie einzustufen ist. Ein Konfliktpotenzial kann daraus entstehen, dass nachhaltigkeitsorientierte Technologien nicht die gleiche Wirkungskraft wie Risikotechnologien haben. Eine Lösung besteht darin, die nachhaltigkeitsorientierte Technologie durch Forschungsaktivitäten soweit zu fördern, dass sich ihre Wirkungskraft erhöht und an jene der Risikotechnologie anpasst. Das erfordert dann einen Pfadwechsel. Das Problem der Bewertung nachhaltiger Innovationen besteht darin, dass sie ex ante unter mehr oder weniger hoher Unsicherheit zu bewerten sind. Das ist sowohl bei den Kriterien als auch bei den Bewertungsverfahren zu berücksichtigen.

Bisher fand die ökologische Dimension in der nachhaltigen Innovationsforschung schon eine stärkere wissenschaftliche Zuwendung als die soziale Dimension. Aus diesem Grund liegt in dem folgenden Abschnitt auch der Schwerpunkt auf Innovationen im Kontext der ökologischen Nachhaltigkeit. Es setzt sich jedoch zunehmend die Erkenntnis durch, dass technische Lösungen ohne soziale Innovationen an Grenzen stoßen. *(Schwarz, Birke, Beerheide 2010, S. 165 ff.)* Die Hightech-Strategien, aber auch die Konzepte des „Green New Deal" sowie die ökologische Industriepolitik sind auf technologische Lösungsansätze ausgerichtet, die ohne soziale Innovationen nur schwer umzusetzen sind. Es geht besonders darum, dass umweltfreundliche Technologien und Güter, aber auch umweltfreundliche Politikkonzepte von potenziellen Nachfragern bzw. Wählern – beispielsweise durch Verhaltensänderungen – angenommen werden. Da dieser Zusammenhang noch ein relativ neues Forschungsfeld ist, steht auch die konzeptionelle Verbindung von ökologischer, ökonomischer und sozialer Dimension noch relativ am Anfang nachhaltiger Innovationsforschung.

Fazit: Innovationssysteme weisen im Kontext des Mainstreams einen hohen Grad an Komplexität auf. Im globalen Innovationswettbewerb ist das Management von Intellectual Property Rights *(Stauf 2016, S. 115)*, d. h. der ganzheitliche Schutz immaterieller Ressourcen und die systematische Erfolgssteigerung durch die Nutzung gewerblicher Schutzrechte, von zentraler Bedeutung. *(Stauf et al. 2017, S. 99 ff)* Das erhöht die Komplexität eines Innovationssystems zusätzlich. Bei Innovationssystemen im Rahmen nachhaltiger Entwicklung nimmt der Grad der Komplexität und Unsicherheit zu. Ein weiteres Problem sind Konfliktpotentiale, die zwischen den drei Dimensionen entstehen können. Ein zentraler Indikator für den Erfolg von Innovationssystemen sind Schutzrechte, bspw. Patente. Unter einem Patent versteht man ein hoheitlich erteiltes gewerbliches Schutzrecht für eine Erfindung auf dem Gebiet der Technik. *(Vgl. § 1/Par/g bzw. Art. 52 EPÜ)* Der Erfinder ist berechtigt, die Nutzung durch andere zu untersagen. Es ist jedoch per se nicht gesichert, ob ein Patent den Anforderungen nachhaltiger Entwicklung entspricht. Daher ist die Anzahl von Patenten bei einem nachhaltigen Innovationssystem nicht grundsätzlich ein Erfolgsindikator.

3.2 Innovationen ökologischer Nachhaltigkeit

Umweltinnovationen haben seit Mitte der 1990er-Jahre eine wachsende Aufmerksamkeit und Ausdifferenzierung erfahren. Das gilt sowohl für die Begründung als auch für empirische Analysen von Umweltinnovationen. *(Horbach, Reif 2018; Boons, McMeekin 2019)* Dabei gibt es vielfältige Anreize bzw. „Treiber" für die Weiterentwicklung und den Einsatz von Umweltinnovationen. Unter Umweltinnovationen werden alle Maßnahmen der Akteure (Unternehmen, Politiker, Verbände, Kirchen, private Haushalte) subsumiert, mit denen neue Ideen und Verhaltensweisen, Produkte und Produktionsverfahren entwickelt, angewendet und eingeführt werden. Sie tragen zu einer Entlastung der Umwelt bzw. einer Stärkung der ökologischen Nachhaltigkeit bei. *(FIU 1997)* Eine weitere Definition ist in dem Forschungsbericht des von der EU geförderten Projekts „Measuring Eco-Innovation" (MEI) zu finden.

Eco-Innovation is the production, assimilation or exploitation of a product, production process, service or management or business method that is novel to the organization (…) and which results, throughout its life cycle, in a reduction of environmental risk, pollution and other negative impacts of resources use (including energy use) compared to relevant alternatives. (Kemp, Pearson 2008, S. 7)

Diese Definition ist sehr umfassend und geht weit über technologische Innovationen hinaus. Dennoch stehen, wie schon erwähnt, technologische Umweltinnovationen (eco innovations) oft im Mittelpunkt der Betrachtung bzw. des Interesses, wobei soziale Innovationen wie organisatorische Innovationen oder Forschungskooperationen (Netzwerkbildung) oft miteingeschlossen sind. Sie zielen allgemein auf Umweltentlastungen ab. Dabei lassen sich unterschiedliche Ebenen voneinander abgrenzen:
–   die individuelle Ebene beim Gebrauch von Gütern und der Inanspruchnahme von Dienstleistungen,
–   auf Unternehmensebene besonders durch Produktionsprozesse und Produkte,
–   auf unternehmensübergreifender Ebene z. B. durch Logistik- und Recyclingsysteme, durch Formen der Netzwerkbildung, aber auch auf der Ebene nationalstaatlicher Institutionen, z. B. durch staatliche Anreize in der Technologiepolitik mit der gezielten Förderung technologischer Umweltinnovationen.

In der Forschung geht es ganz wesentlich um die Frage, welches die wichtigen Anreize bzw. „Treiber" für ökologische Innovationen sind. Dabei zeigt sich, dass die Förderung durch die öffentliche Hand von großer Bedeutung ist. Das ist damit zu erklären, dass es sich oft um komplexe technologische Entwicklungen handelt, deren Markterfolg noch nicht gesichert ist. Daher wird die staatliche Förderung als besonders wichtig erachtet. Empirische Untersuchungen zeigen, dass die umweltpolitische Regulierung ganz wesentlich zum Wachstum von Umweltinnovationen beitragen, wofür dem Staat unterschiedliche innovationspolitische Instrumente zur Verfügung stehen. *(SRU 2008, Tz. 63; Jacob 2018, S. 85 ff.)* Hierbei handelt es sich um einen dynamischen Prozess von neuen empirischen Erkenntnissen und einer entsprechenden Weiterentwicklung der Politik- und Forschungsagenda. *(Türkeli, Kemp 2018, S. 12 ff.)*

Es wurde bereits früh erkannt, dass Umweltinnovationen aus der Perspektive des Innovators – zumindest in idealtypischer Weise – das Erzielen von ökonomischen Gewinnen und Umweltentlastungen ermöglichen. *(Porter, van der Linde 1995)* Daraus hat sich schon in den 1990er Jahren ein Markt für Umweltschutztechnik entwickelt, der sich dynamisch weiterentwickelt hat und überdurchschnittliche Wachstumsraten aufweist. In diesem Zusammenhang gibt es jedoch zwei Probleme, die erwähnt werden sollen. *(Hübner, Nill 2001, S. 67 ff.)* Daraus begründet sich u. a. die staatliche Förderpolitik für Umweltinnovationen:

– Umweltinnovationen sind in besonderem Maße mit **positiven externen Effekten** verbunden, was in diesem Kontext tendenziell zu einer Unterversorgung mit Innovationen führt. Das hängt mit den fehlenden Anreizen für den Innovator selbst zusammen, da Dritte von den ökologischen Effekten profitieren.

– Umweltinnovationen sind mit **Widerständen** konfrontiert, die sich aus der Pfadabhängigkeit des bestehenden Entwicklungsmodells ergeben. Aus der Perspektive ökologischer Nachhaltigkeit besteht daher die Gefahr, dass suboptimale Innovationspfade dominieren.

Da die ökologische Nachhaltigkeit bisher von ökonomischen und sozialen Determinanten zumindest teilweise immer noch abhängt, sind diese bei der Umsetzung der Innovationen mit einzubeziehen. *(Horbach 2019)* Zunächst müssen jedoch Innovationen ökologischer Nachhaltigkeit durch konkrete Inhalte und eine spezifische Richtung des Fortschritts determiniert werden. Dabei geht es also um neue oder modifizierte Prozesse, Techniken, Systeme oder Produkte, um Umweltschäden zu vermeiden oder diese zu reduzieren. Daher müssen Umweltinnovationen zu einer Verbesserung der Umweltqualität beitragen, unabhängig davon, ob es sich um technische, organisatorische, ökonomische, rechtliche oder verhaltensorientierte Innovationen handelt und unabhängig davon, welche Motive zu Umweltinnovationen führen. Während sich die folgenden Ausführungen auf wichtige Handlungsfelder ökologisch relevanter Innovationen konzentrieren, werden die Bereiche des Recyclings und der Substitution, die an Bedeutung stark gewinnen, im nächsten Kapitel behandelt. Da sich die Wirkungsgrade von Umweltinnovationen sehr grundsätzlich unterscheiden, wird in der Literatur entsprechend der Differenzierung in schwache und starke Nachhaltigkeit, wie sie bereits in Kapitel zwei ausführlich erläutert wurde, zwischen schwachen und starken Umweltinnovationen unterschieden *(Jänicke 2008, S. 39)*:

Schwache Umweltinnovationen: Es handelt sich um inkrementale oder auch auf bestimmte Bereiche beschränkte Innovationen. Sie begründen sich aus der Marktdynamik und sind oft Nebenprodukte der Umweltpolitik (Katalysatoren, Motoren, die weniger Sprit verbrauchen, stromsparende Haushaltsgeräte). Ihre Wirkung ist häufig punktuell, weshalb sie zur absoluten Umweltentlastung nur relativ wenig beitragen. Häufig werden ihre Effekte durch Rebound-Effekte kompensiert oder sogar überkompensiert.

Starke Umweltinnovationen: Umweltinnovationen haben hinsichtlich ihrer Umweltentlastung dann eine hohe Bedeutung, wenn sie hierzu eine signifikante Leistung erbringen. Ein Beispiel ist die absolute Entkopplung einer ökologischen Belastung von dem wirtschaftlichen Wachstum. Ein aktuelles Beispiel ist der Übergang zu erneuerbarer Energie im Gegensatz zur Verbesserung des Wirkungsgrades von Kraftwerken. Ein anderes Beispiel ist der Übergang von dem fossilen Automobilverkehr zu alternativen Antriebsaggregaten oder zu alternativen Mobilitätskonzepten. Betrachtet man Umweltinnovationen in dem breiteren Nachhaltigkeitskontext, so kann es zu Konflikten kommen: die Elektromobilität führt einerseits zu Umweltentlastungen und andererseits zu einer Verringerung von Arbeitsplätzen. Eine empirische Bewertung der Nachhaltigkeit dieser Innovation würde dann eine normative Gewichtung zwischen verschiedenen Nachhaltigkeitsdimensionen erfordern. *(Horbach 2019)*

Problembereiche und Handlungsfelder ökologischer Nachhaltigkeit

Die folgenden Ausführungen spezifizieren die relevanten Themenfelder ökologischer Innovationen und empirischer Erkenntnisse zur Verbreitung von Umweltinnovationen. Daraus lässt sich dann begründen, welche Maßnahmen erforderlich sind, um die Probleme der einzelnen Themen- bzw. Handlungsfelder zu lösen. Einen Ausgangspunkt hierfür legte der *Sachverständigenrat für Umweltfragen* bereits 1998 mit einer Synopse der zentralen Problembereiche fest. In Tab. 3.1 sind die relevanten Aspekte aufgelistet, die sich nach ihrer betrachteten Umwelteinwirkung und der sie verursachenden Bereiche unterscheiden lassen.

Tab. 3.1: Problembereiche ökologischer Nachhaltigkeit
(Quelle: in Anlehnung an SRU 1998, Tz. 125)

Problemorientiert	Verursacherorientiert
– Treibhauseffekt	– Energie
– Ozonabbau in der Stratosphäre	– Mobilität
– Versauerung (Medien u./o. Ökosysteme)	– Abfall
– Eutrophierung (Medien u./o. Ökosysteme)	– Landwirtschaft
– Toxische Belastung (Medien u./o. Ökosysteme)	– Bausektor
– Verlust der biologischen Vielfalt	– Industrielle Produktion
– Humantoxische Belastung	– Konsum
– Flächenverbrauch	
– Verbrauch von Ressourcen	

Die genannten Problembereiche als Handlungsfelder erfordern langfristige Nachhaltigkeitsziele, die zu einer Entlastung bzw. Verbesserung von ökologischen Bedingungen führen. Während die Abgrenzung und Quantifizierung der Ziele wissenschaftlich begleitet werden kann, müssen die Entscheidungen im politischen Prozess getroffen werden. Für die ökologische Nachhaltigkeit ist hierbei relevant, dass sie auch eine ökonomische und soziale Dimension enthält. Es bleibt festzuhalten, dass Innovationen ökologischer Nachhaltigkeit durch eine spezifische Richtung des Fortschritts und durch entsprechende Maßnahmen geprägt sein müssen.

Konkrete Beispiele von Umweltinnovationen

Innovationen in diesem Sinne sind nur dann zu befürworten, wenn sie zumindest in einem der genannten Handlungsfelder zu einer Verbesserung beitragen. Dabei kann natürlich das Problem auftreten, dass eine Innovation beispielsweise in einem Hand-

Tab. 3.2: Ansätze technologischer Umweltinnovationen nach Anwendungsbereich (Quelle: in Anlehnung an Huber 2007, S. 154)

Ansatz / Bereich	Energie, Fahrzeugantriebe, Heizung	Ressourcen, Rohstoffe, Grundprodukte	Landwirtschaft	Chemie, Chemikalien	Materialverarbeitung, Be- und Aufarbeitung	Endprodukte, Gebäude, Fahrzeuge, Gebrauchsgüter	Emissionen und Abfälle
Kreislaufwirtschaft, Null-Emissionsprozesse, industrielle Symbiose	•	•	•	•	•	•	•
Nachhaltiges Ressourcenmanagement	•	•	•	•	•	•	
Saubere Technologien	•		•	•	•	•	
Substitution von Problemstoffen				•	•	•	
Umweltgerechte Konstruktion und Produktgestaltung				•	•	•	
Bionik				•	•	•	
Nachgeschaltete Reinhalte- u. Sanierungsmaßnahmen							•

lungsfeld zur Senkung von Luftemissionen führt, in einem anderen Handlungsfeld jedoch ein höherer Flächenverbrauch entsteht. Somit werden Innovationen ökologischer Nachhaltigkeit kontextspezifisch beurteilt, da eine Gesamtbilanzierung an methodische Grenzen stößt. *(Rennings 2005, S. 19)*

Produzenten stehen vor vielfältigen Herausforderungen hinsichtlich der Integration von Nachhaltigkeitsanforderungen in die Produktentwicklung. So lässt sich feststellen, dass das Engineering seit den letzten Dekaden einem massiven Wandel unterliegt. Dabei geht es nicht nur um die weltweite Vernetzung von Entwicklung, Produktion und Verkauf. Auch der originäre Funktions- und damit Komplexitätsumfang der Produktion ist sehr stark angestiegen. Technische Produkte sind zunehmend multidisziplinäre Systeme, die nicht nur Komponenten verschiedener Ingenieurdisziplinen enthalten, sondern von mehreren Ingenieurdisziplinen entwickelt werden.

> Eine innovative, multidisziplinäre Systementwicklung erfordert daher ein Überdenken klassischer Methoden, Prozesse, IT- Lösungen und Organisationsformen, wie sie im Engineering bislang bekannt sind. … Das neu propagierte System Lifecycle Management ist beispielsweise ein Konzept, das vorhandene Verfahrensweisen, Lösungen und Werkzeuge so miteinander verknüpft, dass deren gemeinsames Ergebnis in weitaus besserem Maße als bislang zu nachhaltigen Erfolg führt. (Eigner, Schäfer 2014, S. 136)

Betrachtet man sich die Beziehung zwischen Produktion und Umwelt näher, so lassen sich zwei Ebenen der Nachhaltigkeit unterscheiden. Einmal geht es um die durch die Produktion erzeugten Emissionen. Zu nennen sind besonders Abluft und Abwasser aber auch um Erschütterungen, Lärm, Abfälle und Abwärme. Um die Emissionen zu verringern werden technische Lösungen angestrebt, die Kosten verursachen. Für die Umsetzung sind in der Regel staatliche Vorgaben notwendig. Bei der zweiten Ebene geht es um Ressourcen- und Energieeinsparung, die zu einer Entlastung der Umwelt und zu einer Verringerung der Produktionskosten beitragen. Es gibt verschiedene Methoden die lebenszyklusübergreifenden Wechselwirkungen zu analysieren und darauf aufbauend Lösungsansätze zu entwickeln. So werden beispielsweise für den kumulierten Energieaufwand technische Produkt-Service Systeme (PSS) angewandt. *(Aurich et al. 2018, S. 234)* PSS weisen die Besonderheit auf, dass bei der Gestaltung und Realisierung das erweiterte Wertschöpfungsnetzwerk, das aus dem Produktions- und Servicenetzwerk des Herstellers besteht, mit einbezogen wird.

Zwei Fallstudien nachhaltiger Innovationen im Bereich des Unternehmenssektors
Die im „Oslo-Manual" festgelegten Richtlinien sehen im Rahmen der Innovationsforschung die Unterscheidung nach technologischen und nach organisatorischen Neuerungen vor. *(OECD, Eurostat 1997)* Organisatorische Innovationen führen jedoch in der empirischen Innovationsforschung zu erheblichen Erfassungs- und Abgrenzungsproblemen, weswegen heute die Organisationseinheit „Unternehmen" als Referenzgröße gewählt wird. Entsprechend wird die subjektiv erfasste Einführung einer Neuerung beziehungsweise die signifikante Verbesserung in einem Unternehmen als Innovation bezeichnet. Hierzu gibt es verschiedene Beispiele bzw. Konzepte. Ein Ansatz ist, nachhaltige Innovationen und Geschäftsmodelle miteinander zu verbinden. Dabei geht es darum, ein nachhaltiges Geschäftsmodell mit Innovation und Wettbewerbsfähigkeit zu verbinden. Das Konzept lässt sich auch für die Makroebene erweitern: *„A systematic approach to innovation emphasizes the role of actors, networks and institutions; innovation systems are seen as knowledge of technology producing systems." (Boons, Montalvo, Quist, Wagner 2013, S. 4)* Die folgenden Ausführungen konzentrieren sich zunächst auf unternehmensbezogene Umweltmanagementsysteme und anschließend auf das Konzept nachhaltiger Gewerbegebiete.

Betrachtet man organisatorische Innovationen im Kontext der Umweltpolitik, so lässt sich feststellen, dass Umweltmanagementsysteme hierbei seit den 1990er-Jahren eine große Bedeutung erlangt haben (erste Fallstudie). Besonders hervorzuheben sind die Umweltmanagementsysteme „Eco-Management and Audit Scheme" (EMAS) und „ISO 14001". Umweltmanagementsysteme führen in der Regel auch zu organisatorischen Innovationen. Dabei ist jedoch festzustellen, dass organisatorische Umweltinnovationen in der Literatur lange vernachlässigt wurden. Trotz dieses Befundes kann man feststellen, dass sie einen wichtigen Beitrag zur Unterstützung umwelttechnischer Innovationen leisten. Geht man nicht mehr von Umweltmanagementsystemen aus, die auf einzelne Unternehmen ausgerichtet sind, sondern betrachtet Unternehmensagglomerationen wie Gewerbegebiete, so ergibt sich daraus das Konzept nachhaltiger Gewerbegebiete (zweite Fallstudie). Nachhaltige Gewerbegebiete haben in dem Konzept des Eco-Industrial Park einen Vorläufer. Eco-Industrial Parks basieren jedoch nur auf der ökologischen Nachhaltigkeit. *(Wilderer 2002)* Ein nachhaltiges Gewerbegebiet basiert auf dem Leitbild nachhaltiger Entwicklung, das über die ökologische Nachhaltigkeit hinausgeht.

Fallbeispiel 1: Von klassischen Umweltmanagementsystemen zu neueren Ansätzen
Eines der ersten Umweltmanagementsysteme ist das europäische EMAS (Eco-Management and Audit Scheme). EMAS ist ein freiwilliges Instrument des betrieblichen Umweltschutzes, dessen Ausgestaltung erhebliche Freiräume zulässt. Es fördert sowohl organisatorische Innovationen als auch technische Produkt- und Prozessinnovationen direkt oder indirekt. Die umweltökonomische Forschung hat lange vernachlässigt, dass auch freiwillige Instrumente des Umweltschutzes zu Innovationen führen können. Damit wurden Innovationspotenziale und die damit verbundenen Möglichkeiten der Kostensenkung wie auch proaktiver Umweltschutz als strategische Form der Marktdifferenzierung vernachlässigt. In ähnlicher Form stellt sich dies für das Umweltmanagementsystem ISO 14001 dar.

Eine Analyse empirischer Untersuchungen zum Innovationspotenzial von Umweltmanagementsystemen ergibt ein heterogenes Bild: Es gibt Studien, die einen positiven Zusammenhang zwischen Umweltmanagementsystemen und ökologischen Innovationen bezweifeln. So stellen manche Autoren fest, dass es ohne eine gezielte Personal- und Organisationsentwicklung zu keinem selbst gesteuerten Innovationsprozess kommt. *(Jäger et al. 1998)* Dagegen kommen andere Autoren zu der Erkenntnis, dass es zwischen EMAS und dem Innovationspotenzial von Betrieben eine positive Beziehung gibt, da besonders die „capacity to innovate" gestärkt werde. *(Bradford et al. 2000)* Dabei werden besonders die durch das Umweltmanagement ausgelösten organisatorischen Innovationen hervorgehoben. Neuere empirische Untersuchungen zeigen, dass EMAS aber auch ISO 14.000 sich positiv auf technologische Innovationen auswirken. *(Khanna et al 2009; Ziegler, Nogared 2009)*

Zusammenfassend lässt sich feststellen, dass Unternehmen bei einer guten Verzahnung von Umwelt- und Innovationsmanagement ihre Wettbewerbsfähigkeit stärken können. Es geht dann sowohl um die organisatorische Implementierung des Umwelt- und Innovationsmanagements als auch um die praktische Einführung neuer und veränderter Prozesse und Produkte. Dabei ist die organisatorische Durchdringung von EMAS im Betrieb ein wesentlicher Erfolgsfaktor, um Umweltinnovationen anzustoßen. Ähnliches gilt für vergleichbare Standards wie die ISO 14000-Reihe und für „niederschwellige" Ansätze (z. B. „Ökoprofit") mit kleinen und mittleren Unternehmen als Zielgruppe. Die Unterschiede zwischen den Ansätzen liegen im Umfang, in Berichtspflichten und schließlich ihrer Verbreitung. Bezüglich der Wirkungen besteht Skepsis, ob Umweltmanagementsysteme die anfänglich an sie gestellten Erwartungen erfüllen und ob sie die Ressourceneffizienz tatsächlich steigern. Unternehmen des ver-

arbeitenden Gewerbes in Deutschland – ähnliches gilt für die meisten anderen Länder – beurteilen in diesem Zusammenhang EMAS kritischer als ISO 14001. Hier ist der
bislang höhere bürokratische Aufwand, v. a. aufgrund von Berichtspflichten, die bisher eingeschränkte Anwendbarkeit hinsichtlich der Kommunikation und die fehlende
weltweite Verankerung, als spezifische Kritikpunkte an EMAS anzuführen.

Es wird also deutlich, dass Nachhaltigkeitsinnovationen nicht nur die ökologische Dimension, sondern auch die ökonomische und die soziale Dimension mit einbeziehen müssen. Nur so lässt sich das Ziel nachhaltiger Entwicklung in einem umfassenden Verständnis realisieren. Daher geht es nicht nur darum, die Auswirkung einer
Umweltinnovation auf die Wertschöpfung zu analysieren, sondern es sollten hierbei
auch andere ökonomische und soziale Variablen wie die Produktivität, die Beschäftigung oder die Einkommensverteilung näher untersucht werden. Ansätze einer umfassenderen Wahrnehmung ökologisch-ökonomischer Zusammenhänge stehen seit einiger Zeit als Konzepte eines nachhaltigen Wirtschaftens auf Unternehmensebene zur
Verfügung. Besonders zu nennen ist das europäische Konzept Corporate Social Responsibility (CSR). Die obigen Erkenntnisse gelten hier analog: die drei Dimensionen
nachhaltigen Wirtschaftens sind nicht additiv zu verstehen, sondern müssen umfassend und effektiv in die Kerngeschäfte integriert werden. *(Nauta, Merten 2008)*

Weiterentwicklung des Umweltmanagements

Es stellt sich grundsätzlich die Frage, welchen Stellenwert ein ökologie- bzw. nachhaltigkeitsorientiertes Management wie CSR in Unternehmen hat. Hier besteht bei einigen Unternehmen immer noch eine gewisse Skepsis, ob Umweltmanagement und
Ökoeffizienz zum Unternehmenserfolg, insbesondere zu Kosteneinsparungen beitragen. Die Unternehmen verorten die positiven Effekte des Umwelt- und Ressourcen-
schutzes hauptsächlich im Bereich der Imagepflege, gefolgt von Mitarbeitermotiva-
tion, Innovationskraft und Rechtssicherheit. Dabei zeigen neuere Untersuchungen,
dass *Nachhaltigkeits*managementsysteme zu finanziellen Vorteilen führen. *(Barbier
et al. 2016)* Eine Möglichkeit, die Skepsis zu überwinden, ist eine Integration von Um-
welt- und Sozialkriterien in die betrieblichen Kernprozesse. Beispielsweise gehen Umweltmanagementsysteme zunehmend in integrierte Managementsysteme ein, wo sie
mit Qualitätsmanagement und Arbeitsschutz/Sozialmanagement zu einem einheitli-
chen System zusammengeführt werden. *(Funck, Pape 2008; Zink et al. 2008)*

Managementsysteme

Es existieren Managementsysteme für unterschiedliche Anwendungsbereiche. Für die Umsetzung
von Nachhaltigkeit auf der betrieblichen Ebene sind u. a. folgende bedeutend:

- **Qualitätsmanagement** nach der internationalen Normenreihe ISO 9000 oder Ansätze eines
  Total Quality Managements *(siehe Zink 1998)*.
- **Umweltmanagement** wie die ISO 14001 oder das europäische Eco-Management and Audit
  Scheme (EMAS). Ersteres hat sich in der Industrie weltweit durchgesetzt. Letzteres hat sich

> hingegen noch nicht durchgesetzt, weshalb die mittlerweile dritte Fassung diverse Hindernisse ausräumen soll.
> – **Corporate Social Reponibility** ist ein freiwilliges Nachhaltigkeitsmanagement der EU für Unternehmen. Es findet auch global zunehmend Interesse. Eine Weiterentwicklung durch die Einbeziehung der Agenda 2030 wird angestrebt.

Ausgangspunkt der Überlegungen ist, dass Unternehmen, insbesondere Großunternehmen, als „quasi-public Corporation" *(Berle, Means 1932)* bzw. im Deutschen als „quasi-öffentliche Institution" *(Ulrich 1977)* vielfältige Ansprüche interner und externer Gruppen berücksichtigen sollen. Dazu zählen u. a. Mitarbeiter, Führungskräfte und Unternehmenseigner sowie Lieferanten, Kunden, Gewerkschaften, Behörden und Verbände. Die „Stakeholder" sind für die Organisationen von zunehmender Bedeutung, da zwischen ihnen vielfältige Austauschbeziehungen und Abhängigkeiten bestehen. *(Heinrich, Schmidpeter 2018, S. 2)* Über die gegenseitigen Ansprüche werden nicht nur ökonomische, sondern zunehmend ökologische und soziale Forderungen an Unternehmen gestellt. Demnach sollen Unternehmen

– sich für ihre kurz- und langfristige Entwicklung engagieren,
– Mitarbeiter verantwortungsvoll behandeln,
– Arbeitsplätze erhalten bzw. möglichst weitere schaffen,
– Umweltbelange und Verbraucherwünsche so gut wie möglich berücksichtigen,
– sich für die sie umgebende soziale Umwelt engagieren und gesellschaftliche Verantwortung übernehmen sowie
– auch den „Shareholder-Value" zur Erhaltung und Steigerung des Unternehmenswertes berücksichtigen. *(Leisinger 2018)*

Diese Anforderungen gehen in das Nachhaltigkeitsmanagementkonzept *„Corporate Social Responsibility"* ein. Es wurde ganz wesentlich von der Europäischen Kommission als zukunftsorientiertes Konzept für Unternehmen entwickelt, die einen Beitrag zur nachhaltigen Entwicklung leisten wollen. Danach ist CSR ein Konzept, das auf freiwilliger Basis soziale und Umweltbelange in die unternehmerische Tätigkeit und in die Wechselbeziehung mit den Stakeholdern integriert.

Die Begründung für die Wahrnehmung des Konzeptes CSR ist vielfältig. Auf der einen Seite sind es gesellschaftliche Gruppen, die eine rein ökonomische Begründung der Produktion von Gütern und Dienstleistungen zunehmend kritisch hinterfragen. Während die ökologische Dimension, d. h. der verantwortliche Umgang mit natürlichen Ressourcen und die begrenzte Belastbarkeit der Erde bzw. der Erdatmosphäre mit umweltbelastenden Stoffen, in den letzten Jahrzehnten eine zunehmende Beachtung fand, ist die soziale Dimension, d. h. der Umgang mit Arbeitskräften, aber auch die gesellschaftliche Verantwortung von Unternehmen, erst in den letzten Jahren stärker in das Bewusstsein der Öffentlichkeit getreten. Daraus begründet sich auch aus der ökonomischen Perspektive die Relevanz des Konzeptes Corporate Social Responsibility. Erst der Dreiklang, wie er in dem CSR-Konzept gefordert wird, führt zu einer langfristigen Stärkung bzw. Erhaltung der Wettbewerbsfähigkeit von Unternehmen. Dabei geht es nicht nur um die Erwartungen der Stakeholder an das Unternehmen, sondern auch um die Realisierung des Innovationspotenzials einer ökonomisch, ökologisch und sozial orientierten Unternehmenspolitik. Es handelt sich somit nicht nur um ein normatives Konzept, das sich auf der Grundlage wirtschaftsethischer Überlegungen, sondern auch auf einer rational-ökonomischen Ebene begründen lässt. Daher erkennen viele Unternehmer und Manager die Relevanz von CSR an, obwohl sie es häufig noch nicht mit der notwendigen Konsequenz umsetzen.

Eine wichtige Aufgabe steht noch aus: wie schon aufgezeigt wurde hat sich die Völkergemeinschaft, d. h. alle Mitgliedsstaaten der UN, 2015 auf die Agenda 2030 mit den 17 SDGs verständigt. *(v. Hauff et al. 2018)* Dieses anspruchsvolle Reformprogramm, das im Rahmen von nationalen Nachhaltigkeitsstrategien implementiert werden soll, muss CSR weiterentwickeln und konkretisieren. Die Ziele und Unterziele der Agenda 2030 weisen sehr konkrete Forderungen auf, die von der Freiwilligkeit von CSR abweichen. Obwohl besonders große Unternehmen erkennen, dass ein „business as usual" für die Umsetzung der Agenda 2030 nicht ausreicht, mangelt es vielfach noch an konkreten Vorstellungen einer konzeptionellen Weiterentwicklung von CSR und entsprechend auch an konkreten Maßnahmen. In diesem Zusammenhang wird wieder einmal der Unterschied zwischen Leadership und Followership deutlich. Reform- bzw. zukunftsorientierte Führungspersönlichkeiten nehmen die Herausforderung der Agenda 2030 auf. Im Rahmen von Klausuren und Workshops werden die 17 SDGs darauf analysiert, bei welchen Forderungen Stärken oder Schwächen festzustellen sind. Die Erkenntnisse führen zu strategischen Anpassungen und – wenn nötig – zu neuen Richtlinien und Zielsetzungen.

Fallstudie 2: Das Potenzial von Innovationen am Beispiel nachhaltiger Gewerbegebiete

Während auf verschiedenen Ebenen wie Bund, Länder Kommunen, aber auch in Hochschulen und Unternehmen vielfältige Bemühungen hinsichtlich der Verankerung nachhaltigkeitsbezogener Maßnahmen zu beobachten sind, findet in der Nachhaltigkeitsforschung und Praxis die Handlungsebene der Gewerbe- und Industriegebiete bisher noch vergleichsweise wenig Beachtung. Dabei lässt sich feststellen, dass gerade die Ebene der Gewerbe- und Industriegebiete ein hohes Nachhaltigkeitspotenzial bietet. *(Fischer et al. 2015)* Zunächst gilt zu klären, welche Anforderungen die nachhaltige Entwicklung an das Konzept eines nachhaltigen Gewerbegebietes stellt. Ein erster Schritt ist auch in diesem Kontext, die drei Dimensionen nachhaltiger Entwicklung inhaltlich abzugrenzen:

- **Beispiel für ökologische Nachhaltigkeit:** Ein wichtiges Handlungsfeld bei einem Gewerbegebiet ist die Energieversorgung. Bisher kommt es in einem Gewerbegebiet in der Regel durch die einzelnen Unternehmen zu der Nachfrage nach Energie. Ein übergreifendes Energiekonzept für das gesamte Gewerbegebiet ermöglicht jedoch vielfältige Alternative. Entscheiden sich beispielsweise die Unternehmen in einem Gewerbegebiet für ein gemeinsames Energiekonzept, so können regenerative Energieträger (z. B. Photovoltaik auf den Produktionsstätten oder Bürogebäuden) zum Tragen kommen, da hier eine ganz andere Kostenstruktur möglich wird als bei einer einzelwirtschaftlichen Energieversorgung. Kommt es also sowohl zu ökologisch als auch ökonomisch positiven Effekten, spricht man von Ökoeffizienz.

– **Beispiel für ökonomische Nachhaltigkeit:** Ein wichtiges Handlungsfeld im Rahmen von nachhaltigen Gewerbegebieten ist eine effiziente bzw. nachhaltige Verkehrsinfrastruktur bzw. Verkehrsanbindung des Gewerbegebiets. Das gilt sowohl für eine nachhaltige Verkehrsanbindung des Güterverkehrs (Anlieferung und Abtransport von Gütern) als auch für die Verkehrsanbindung der Mitarbeiterinnen und Mitarbeiter des Gewerbegebietes. Dabei geht es primär um die Reduzierung von Fahrten und Fahrzeiten, was sowohl für den Güterverkehr als auch für Arbeitnehmer zu Kosteneinsparungen führt. Dies wirkt sich somit sowohl auf den Ertrag des Unternehmens als auch auf das reale Einkommen der Beschäftigten aus.

– **Beispiel für soziale Nachhaltigkeit:** Entsprechend zur Sozialstruktur einer Gesellschaft stellt sich in diesem Kontext die Frage nach der Sozialstruktur eines Gewerbegebietes. Zunächst scheint ein abgestimmtes Management aller Unternehmen des Gewerbegebietes notwendig zu sein. Daraus begründet sich dann nicht nur ein unternehmensspezifisches, sondern auch ein Gewerbegebiet übergreifendes Identitätsgefühl aller Mitarbeiterinnen und Mitarbeiter. Das ist für den Abstimmungsprozess zwischen den Unternehmen im Gewerbegebiet, aber auch zwischen Gewerbegebiet, Kommune und Bürgerinnen und Bürgern von großer Bedeutung. Als weitere Handlungsfelder sind Humanisierungsmaßnahmen, Fortbildungsmaßnahmen und Freizeitangebote im Gewerbegebiet zu nennen. In diesem Kontext spricht man auch von Auf- und Ausbau immaterieller Ressourcen.
Darüber hinaus gibt es Handlungsfelder, die zu einer Verbesserung der sozialen Lebenslage der Mitarbeiterinnen und Mitarbeiter beitragen können. Ein Handlungsfeld ist beispielsweise die mitarbeiterorientierte Kinderbetreuung. Findet die Kinderbetreuung im Gewerbegebiet statt, erleichtert das in hohem Maße die Vereinbarkeit von Beruf und Familie und trägt gleichzeitig zu einer Entspannung der Eltern bei. Dies erhöht gleichzeitig die Produktivität der betroffenen Eltern. Es ermöglicht auch bisher nicht erwerbstätigen Frauen mit Kindern in das Berufsleben zurückzukehren, was sowohl den betroffenen Frauen als auch – unter Berücksichtigung der demografischen Entwicklung – den Unternehmen in dem Gewerbegebiet nützlich ist. Darüber hinaus reduziert es anfallende Fahrten der Eltern zu außerhalb liegenden Betreuungseinrichtungen bzw. zu privaten Betreuern und führt „als Nebenprodukt" zu erheblichen Einspareffekten bei den Emissionen, die durch den Berufsverkehr verursacht werden.

Fallbeispiel für ein nachhaltiges Gewerbegebiet: Das Industriegebiet „Am Krupp-
wald/An der Knippenburg" in Bottrop/NRW wird hier beispielhaft für das Konzept „nachhaltiges Gewerbegebiet" vorgestellt. Das Industriegebiet besteht seit den
1960er-Jahren, hat eine Fläche von 120 ha und ist voll mit 25 großen Unternehmen sowie vielen kleinen und mittleren Unternehmen besiedelt. Alle großen Unternehmen
haben bereits ein Umweltmanagementsystem eingeführt und/oder nahmen am „Ökoprofit"-System des Landes NRW teil. Trotz der hohen integrierten Umweltstandards
haben sich die Unternehmen der weiterführenden Aufgabe der Entwicklung ihres
Industriegebietes zu einem „nachhaltigen Gewerbegebiets" gestellt. Unter der Beteiligung der Kommune gründete sich eine Interessengemeinschaft aus den 25 größten
Unternehmen vor Ort, die bei regelmäßigen Treffen ihre Nachhaltigkeitsstrategie entwickeln.

Im Rahmen des Forschungsprojektes wurde deutlich, dass
- die bisher verfolgten Ziele vorwiegend produktions- und prozessorientierte Aspekte eines Umweltmanagements (Wasser, Abfall, Energie) umfassen,
- die Gestaltung städtebaulicher Strukturen und der Verkehrsnutzung ebenfalls eine starke Umweltorientierung aufweist,
- originär ökonomische Aspekte bislang nicht eigens formuliert wurden sowie
- eine gewisse, mitarbeiterbezogene Ergänzung durch das soziale Konzept besteht.

Aus diesen Erkenntnissen heraus sind v. a. die ökonomischen Vorteile eines an Nachhaltigkeit orientierten Gewerbepark-Konzeptes weiter zu verdeutlichen. Dabei weist
Lowe schon darauf hin, dass ein Industriepark bzw. Gewerbegebiet als Gemeinschaft
von Produktions- und Dienstleistungsunternehmen durch die Zusammenarbeit eine
bessere Umwelt- und Wirtschaftsleistung bei der Bewirtschaftung von stofflichen Ressourcen, Energie, Wasser und Materialien anstreben *(Lowe 1998)*, was in dem bisherigen Konzept schon relativ weit entwickelt war.

Fazit: Nachhaltige Gewerbegebiete zeichnen sich durch eine freiwillige Kooperation von Unternehmen aus, die bereit sind, die Umsetzung der drei Dimensionen Ökologie, Ökonomie und Soziales gemeinsam anzustreben. Dabei ist die Zusammenarbeit
mit kommunalen Vertretern erwünscht, um gemeinsame Projekte wie die Anbindung
des Gewerbegebietes an den öffentlichen Personennahverkehr, optimal zu gestalten.
Daher ist es notwendig gemeinsam eine Nachhaltigkeitsstrategie für ein Gewerbegebiet anzustreben, in die gemeinsame Anliegen der verschiedenen Unternehmen und
der Kommune einfließen. *(v. Hauff 2020, S. 144)*

3.3 Fallbeispiel Digitalisierung: Anforderungen an eine nachhaltige Digitalisierung

Es gibt einen breiten Konsens, wonach die Digitalisierung heute als wichtigster Innovationsprozess gilt. Da die Digitalisierung in alle Bereiche der Gesellschaft vorgedrungen ist, spricht man auch von der digitalen Transformation, die unser Leben grundsätzlich verändert. Aus ökonomischer Perspektive wird die Wettbewerbsfähigkeit einer Volkswirtschaft nach weit verbreiteter Auffassung durch den Grad bzw. den Fortschritt der Digitalisierung determiniert. *(Bartolomae 2018)* Oder: ein mangelnder Ausbau bzw. Weiterentwicklung der Digitalisierung haben zur Folge, dass eine Volkswirtschaft an Wettbewerbsfähigkeit verliert. Aus ökonomischer Sicht ist weiterhin bedeutend, wie sich die Digitalisierung auf die Produktivität und das wirtschaftliche Wachstum auswirkt. Aus technischer Sicht geht es um Datenkonvertierung. In einem allgemeineren Sinne geht es um die Durchdringung der Gesellschaft und im Spezielleren der Arbeitswelt mit digitaler Technologie. Konkret geht es um die Umwandlung analoger Daten wie Texte, Bilder oder Musik in digitale, mit mathematischen Algorithmen identifizierbare und quantifizierbare Formen, wobei der kleinste Schritt, als Schaltprozess von 0 auf 1, oder zurück von 1 auf 0, als Bit bezeichnet wird. Ein Bit ist sozusagen der Herzschlag der Digitalisierung und die für einen Bit aufzuwendende Energie beträgt ca. $4.6\,\mu J/Bit = 4.6 \times 10^{-6}\,J/Bit$ (J = Energieeinheit Joule). *(Lange, Sartarius, 2018)*

Die aufgezeigte technische Dimension der Digitalisierung ist jedoch nur ein Bereich. Digitalisierung bedeutet weiterhin den Zugang zu und die Verbreitung von digitalen Geräten. Dabei hat ein digitales Gerät eine Computerarchitektur. Sie weist Prozessor, Speicher und Programme auf. Der starke Preisverfall von digitalen Geräten hat weltweit zu einer dynamischen Verbreitung geführt, wobei die Ausstattung und Nutzung besonders zwischen Industrie- und Entwicklungsländern noch sehr ungleich verteilt ist. Aktuelle Trends der Digitalisierung im technisch-ökonomischen Bereich gehen in Richtung Industrie 4.0 und künstliche Intelligenz. Unter Industrie 4.0 wird die vierte industrielle Revolution verstanden. Industrie 4.0 zielt auf industrielle Fertigungsprozesse durch die Vernetzung und den Einsatz neuester IK- Technologien ab, die zu einem Selbststeuerungsprozess führen können. Die Selbststeuerung führt wiederum zu einer Erhöhung der Produktivität und damit zu einem verbesserten Wertschöpfungsfluss. Das Ziel dabei ist die Organisation und Steuerung des gesamten Wertschöpfungsprozesses der Produktion (Smart Factory) und Logistik (Smart Logistic). *(v. Hauff, Reller 2020, S. 6)*

Die stark dominierende Ausrichtung der Digitalisierung auf die technisch-ökonomische Dimension führte zu wachsender Kritik. Dabei wird einerseits vernachlässigt, dass die Digitalisierung ein großes Potential für einen dynamischeren Fortschritt nachhaltiger Entwicklung aufweist. Daher wird gefordert die digitale Transformation und nachhaltige Transformation zusammen zu führen. Der Wissenschaftliche Beirat der Bundesregierung Globale Umweltveränderungen (WBGU) geht weiter indem er fordert:

> Die Digitalisierung wird oft als gewaltiger Umbruch bezeichnet, der auf unsere Gesellschaften zukommt und dem es sich anzupassen gilt. Dieser Lesart setzt der WBGU entgegen, dass die Digitalisierung so gestaltet werden muss, dass sie als Hebel und Unterstützung für die große Transformation zur Nachhaltigkeit dienen und mit ihr synchronisiert werden kann. (WGBU 2019, S. 1)

Hinzu kommt, dass die Digitalisierung auch zu Umweltbelastungen aber auch zu Belastungen für die Gesellschaft führt und daher in diesem Kontext noch nicht mit dem Paradigma nachhaltiger Entwicklung kompatibel ist. Es reicht nicht aus, dass die Digitalisierung zu einzelnen Innovationen führt, die die Transformation zur Nachhaltigkeit positiv beeinflussen.

3.3.1 Einordnung der Digitalisierung in den Kontext nachhaltiger Entwicklung

Betrachtet man die Digitalisierung im Kontext der ökonomischen Dimension nachhaltiger Entwicklung, so lässt sich u. a. aufzeigen, welchen Beitrag sie zur Produktivität und zum wirtschaftlichen Wachstum einer Volkswirtschaft leistet. Die wirtschaftliche Bedeutung der Digitalisierung bzw. digitaler Technologien auf Produktivität und Wachstum gelingt bisher jedoch nur eingeschränkt. Das begründet sich aus methodischen Problemen und der unzureichenden Datenverfügbarkeit. *(WBGU 2019, S. 56)* Es ist auch festzustellen, dass es im Vergleich von Ländern keinen konformen Verlauf gibt, weshalb allgemeine Aussagen zur globalen Entwicklung nicht möglich sind. So gibt es zwischen Industrie- und Entwicklungsländern aber auch zwischen Industrieländern einen unterschiedlichen Verlauf. Es lässt sich jedoch in vielen Ländern feststellen, dass die eigentliche *„digitale Revolution"* noch bevorsteht und somit die Beschleunigung der Produktivität erst zukünftig in vollem Maße einsetzen wird. *(Bersch et al. 2018)* Daher lassen sich im Folgenden nur einige Trends aufzeigen

Die ökonomischen Effekte der Digitalisierung lassen sich in das Paradigma nachhaltiger Entwicklung auf der Grundlage der Agenda 2030 einordnen und bewerten. In den SDGs 4, 5, 9 und 17 und ihren Unterzielen wird direkt auf digitale Technologien verwiesen. „In SDG 9, das sich mit Industrie, Innovation und Infrastruktur beschäftigt, wird beispielsweise gefordert, den Zugang zur Informations- und Kommunikationstechnologie erheblich zu erweitern und in den am wenigsten entwickelten Ländern bis 2020 einen allgemeinen und erschwinglichen Zugang zum Internet herzustellen." *(Spraul, Friedrich 2019, S. 25)* Dem SDG 8: *„Dauerhaftes, breitenwirksames und nachhaltiges Wirtschaftswachstum, produktive Vollbeschäftigung und menschenwürdige Arbeit für alle fördern"* kommt zumindest indirekt eine große Bedeutung zu. *(UN 2015, S. 15)*

Die Forderung der Entkopplung von Wirtschaftswachstum und Umweltzerstörung und die damit einhergehende Dematerialisierung, d. h. die Verringerung des Ressourcenverbrauchs, bietet im Rahmen der Digitalisierung im Prinzip große Potenziale. Das SDG 8 basiert auf dem Bruttoinlandsprodukt (BIP) pro Kopf. Entsprechend der Konkretisierung von SDG 8 geht es der UN inhaltlich darum, durch Diversifizierung, technologische Modernisierung und Innovation eine höhere wirtschaftliche Produktion und damit ein steigendes Wachstum zu erreichen. Um die ökonomischen Effekte zu konkretisieren werden nun die Beziehung zwischen Digitalisierung und Produktivität einerseits und die Beziehung zwischen Digitalisierung und Wachstum andererseits analysiert.

Die Beziehung zwischen Digitalisierung und Produktivität

Produktivität im Kontext digitaler Technologien zielt darauf ab, die Produktion von Gütern und Dienstleistungen präziser und schneller herzustellen. Beispiele hierfür sind Mess- und Steuertechnik, die eine manuelle Messung und Bearbeitung eines Werkstücks erleichtern bzw. substituieren. Der Einsatz von Technologien der Digitalisierung lässt sich aus ökonomischer Perspektive dann begründen, wenn er im Verhältnis zu konventionellen Produktionsmaßnahmen zu einer Steigerung der Produktivität führt. Es besteht ein weiterer Vorteil, indem durch einen flexibleren Produktionsprozess die Herstellung individuellerer Produkte bzw. persönlicher Produktwünsche besser realisiert werden können. Die Digitalisierung entspricht damit einem gesellschaftlichen Trend nach mehr Individualität bei Konsumgütern. *(v. Hauff 2020, S. 13)* Dabei muss jedoch berücksichtigt werden, dass die neuen Techniken bzw. digitalen Medien nur dann optimal eingesetzt werden können, wenn hierfür qualifizierte Arbeitskräfte zur Verfügung stehen. Die positive Entwicklung der Produktivität, die sich aus der Digitalisierung begründet, hängt somit ganz wesentlich von der Verfügbarkeit der erforderlichen Fachkräfte ab. *(Blien et al. 2019)*

Die ersten empirischen Untersuchungen zeigten, dass die fortschreitende Digitalisierung zu keinem Produktivitätswachstum führte. Daraus entwickelte sich das Produktivitätsparadoxon von Solow. *(Solow 1987)* In der sich daraus begründeten Kontroverse ging es besonders um Messprobleme des Verhältnisses von Input- und Output. Neure empirische Untersuchungen der Arbeitsproduktivität, bei denen der Digitalisierungsstand als Variable mit einbezogen wurde zeigen, dass es zu einer positiven Entwicklung der Produktivität kam. In verschiedenen Studien konnte ein signifikanter Zusammenhang zwischen hoch digitalisierten Unternehmen und der Arbeitsproduktivität nachgewiesen werden. *(McKinsey Global Institute 2016)* Betrachtet man die totale Faktorproduktivität, so kann man für stark digitalisierte Wirtschaftssektoren eine positive Entwicklung der Faktorproduktivität und für gering digitalisierte Wirtschaftssektoren ein negatives Produktivitätswachstum feststellen. *(Corrado, Jäger 2014)* Die globalen Erkenntnisse lassen sich auch für Deutschland bestätigen. *(Sachverständigenrat 2015)*

Die Beziehung zwischen Digitalisierung und Wachstum

Der Indikator für das Wirtschaftswachstum (BIP) spiegelt im Rahmen des Mainstreams die Wirtschaftsleistung einer Volkswirtschaft wider. Weiterhin gibt das BIP pro Kopf über den Wohlstand einer Gesellschaft Auskunft. Wie schon erwähnt basiert das SDG 8 auf diesem Indikator. Wirtschaftswachstum lässt sich u. a. durch eine Effizienzsteigerung des Produktionsprozesses, d. h. der Produktionsfaktoren Human- und Sachkapital, begründen. Neben den Produktionsfaktoren Human- und Sachkapital hat der technische Fortschritt für eine positive Entwicklung des Wachstums eine große Bedeutung. Die Entwicklung des technischen Fortschritts begründet sich wiederum ganz wesentlich aus der Dynamik von Innovationen. Die Realisierung von Wachstumspotenzialen durch Basisinnovationen wie die Digitalisierung umfasst meist mehrere Jahrzehnte. Ein wichtiger Indikator für das digitalisierungsbedingte Wachstum ist der Digitalisierungsgrad einer Volkswirtschaft. In diesem Zusammenhang wurde der Networked Readiness Index entwickelt. *(World Economic Forum 2016)*

Obwohl die OECD Länder insgesamt einen relativ hohen Digitalisierungsgrad erreicht haben, sank das Wachstum in vielen OECD Ländern und betrug im Jahr 2016 im Durchschnitt 2,2 Prozent. *(World Bank 2017)* Somit stellt sich die Frage, warum der digitale Fortschritt und die Ausweitung der Digitalisierung zumindest im Trend nicht zu einem steigenden Wachstum führte. Hierzu kommen Ökonomen zu unterschiedlichen Erklärungen. Teilweise wurde dieser Effekt mit einer zeitlichen Verzögerung zwischen Investitionen und dem daraus abgeleiteten messbaren Wirtschaftswachstum begründet. *(v. Hauff 2020, S. 20)* Gordon kritisiert dagegen die neoklassische Wachstumstheorie, wonach technischer Fortschritt zu dauerhaftem Wachstum führe. *(Gordon 2012)* Differenziert man in diesem Kontext das Wachstum nach Wirtschaftssektoren (growth-accounting), so kann man feststellen, dass der Informations- und Kommunikationssektor das größte Wachstum aufweist. Unter den hoch digitalisierten Wirtschaftssektoren weist der Finanz- und Versicherungssektor ein relativ hohes Wachstum auf. Insgesamt lässt sich der Trend feststellen, dass für hoch digitalisierte Wirtschaftssektoren in Deutschland ein relativ hohes Wachstum nachgewiesen werden kann. *(Statistisches Bundesamt 2017)* Dagegen kann für die Digitalisierung auf gesamtwirtschaftlicher Ebene in Deutschland kein signifikanter Anstieg des Wirtschaftswachstums beobachtet werden.

Zusammenfassend lässt sich feststellen, dass für die schwache Entwicklung von Produktivität und Wachstum in entwickelten Volkswirtschaften verschiedene Erklärungen angeführt werden. *(Crafts 2018, Brynjolfsson et al. 2018)* Ein wesentliches Problem ist die statistische Erfassung, da viele digitale Produkte und Dienste kostenlos angeboten werden. Sie werden daher in den gesamtwirtschaftlichen Statistiken nicht direkt erfasst, obwohl sie zum Wohlstand beitragen. *(WBGU 2019, S. 57)* Dies kann das Phänomen jedoch nur teilweise erklären. So hat beispielsweise Gordon schon früher darauf hingewiesen, dass sich in hoch entwickelten Volkswirtschaften allgemein eine Abschwächung von Produktivität und Wachstum abzeichnet. *(Gordon 2012)* Daher gehen Aum et al. davon aus, dass ohne die fortschreitende Digitalisierung, d. h. die hoch produktive Computerindustrie, der Rückgang von Produktivität und Wachstum stärker bzw. negativ ausgefallen wäre. *(Aum et al. 2018)* In diesem Zusammenhang lässt sich feststellen, dass sich auch während der ersten und zweiten industriellen Revolution (Dampfmaschine und Elektrizität) die Produktivitäts- und Wachstumsschübe mit erheblicher Verzögerung einstellten. Das wird damit begründet, dass nicht nur der Einsatz, sondern auch die Anpassung der wirtschaftlichen und gesellschaftlichen Strukturen zur vollen Entwicklung der Potenziale notwendig sind. Die Frage, ob das digitale Zeitalter langfristig ähnliche ökonomische Impulse bringt wie die früheren industriellen Revolutionen, lässt sich gegenwärtig noch nicht abschließend bestimmen. *(Crafts 2018, S. 453)*

Die Digitalisierung leistet im Kontext der ökonomischen Dimension nachhaltiger Entwicklung im Rahmen von SDG 8, gemessen am BIP pro Kopf, einen gewissen Beitrag: das Wachstum beschränkt sich auf stark digitalisierte Wirtschaftssektoren. Die Förderung eines „breitenwirksamen nachhaltigen Wachstums" findet bisher jedoch nicht statt. Versteht man unter einem nachhaltigen Wachstum entsprechend den Anforderungen nachhaltiger Entwicklung jedoch ein *inclusive growth*, leistet die Digitalisierung hierzu nur partiell einen Beitrag. Es zielt darauf ab, die Lebenssituation der gesamten Bevölkerung zu stabilisieren und nach Möglichkeit zu verbessern. Es wird daher eine Teilhabe aller Menschen am wirtschaftlichen Wachstum gefordert. *(v. Hauff 2020, S. 142)* Dadurch lässt sich eine soziale Spaltung der Gesellschaft vermeiden bzw. verringern, was sich wiederum positiv auf die wirtschaftliche Entwicklung einer Volkswirtschaft auswirkt. *(Stiglitz 2012)*

Inclusive growth wurde 2012 im Rahmen der Rio+20 Konferenz zu *inclusive green growth* weiterentwickelt. Die OECD hat inclusive green growth inhaltlich wie folgt konkretisiert:

> There is widespread recognition that gross domestic product (GDP) captures only part of economic welfare and excludes other dimensions which also matter for well-being, such as jobs, skills, and education, health status, environment, and civic participation and social connections. (OECD 2014, S. 80)

Das Konzept wurde damit begründet, dass eine *„equitable green economy"* oder *„inclusive green growth"* dem holistischen Verständnis nachhaltiger Entwicklung entspricht. *(Allen, Clouth 2012, S. 61)* Daher geht es im Folgenden in diesem Kontext Risiken der Digitalisierung aufzuzeigen.

Risiken der Digitalisierung im Kontext nachhaltiger Entwicklung

Die wirtschaftlich technologische Fokussierung der Digitalisierung vernachlässigt ökologische und soziale Risiken, was am Energie- und Ressourcenverbrauch kurz aufgezeigt werden soll. Wie schon erwähnt ist ein Bit der Herzschlag der Digitalisierung und die für einen Bit aufzuwendende Energie beträgt ca. $4.6\,\mu J/Bit = 4.6 \times 10^{-6}\,J/Bit$ (J = Energieeinheit Joule). Das erscheint zunächst eine sehr kleine Energiemenge zu sein. Ausgangspunkt ist jedoch eine weltumspannende Digitalisierung mit der raschen Zunahme von individuell genutzten Einzelgeräten wie iPhones, Tablets, Kameras, MPI-Players oder Smartphones, aber auch von Sensorsystemen, Speichern und Servern die noch weiter zunehmen werden. Sie werden weltweit gebaut und gekauft und verschicken jeden Tag und jede Nacht rund um den Globus digitalisierte Informationen. *(Reller 2020, S. 25)*

Die erforderlichen und noch steigenden Mengen an Energie bei der Herstellung und Nutzung digitaler Technologien können daher zu einer Verschärfung der Klima- und Umweltprobleme führen. So wurde berechnet, dass die digitalen Technologien gegenwärtig für etwa 4 % des weltweiten CO_2-Ausstoßes mit steigender Tendenz verantwortlich sind. *(Randhahn et al, 2020, S. 183)* Geht man gegenwärtig von weltweit etwa 37 Milliarden metrischen Tonnen pro Jahr aus, so entspricht dies 1,48 Milliarden metrische Tonnen CO_2 die durch digitale Technologien verursacht werden. In diesem Zusammenhang spricht man von dem *digitalen Fußabdruck*. Damit leisten sie schon heute weltweit einen höheren Beitrag zu den CO_2 Emissionen als die zivile Luftfahrt. *(Martus 2020, S. 5)* In diesem Zusammenhang gilt oft die Maxime: eine Verlängerung der Nutzungsdauer digitaler Geräte selbst bei abnehmender Effizienz ist im Rahmen der Klimabilanz in der Regel einer Neuanschaffung vorzuziehen.

Die Verlängerung der Nutzungsdauer aller Smartphones in der EU um ein Jahr würde zu einer Einsparung von jährlich 2,1 Millionen Tonnen CO_2 führen. „Um diese Menge CO_2 zu erzeugen, müsste ein Auto mit einem aktuellen Grenzwert von 95 g CO_2 pro Kilometer entsprechenden CO_2 Ausstoß 22,1 Milliarden km zurücklegen." *(Randhahn 2020, S. 189)* Gleichzeitig können digitale Technologien in vielen Bereichen wie z. B. in der Landwirtschaft zu einer Verringerung des Energieverbrauchs und damit der CO_2 Emissionen führen. Ein weiteres Bespiel sind die Effizienzsteigerungen mithilfe eines durchdigitalisierten intelligenten Stromnetzes (Smart Grid). So schätzt die EU, dass der globale CO_2 Ausstoß durch den Einsatz von digitalen Technologien um 15 % gesenkt werden kann. *(Europäische Kommission 2020, S. 1)* Aus diesen wenigen Erkenntnissen ergibt sich für die Digitalisierung aus der Perspektive der ökologischen Nachhaltigkeit ein uneinheitliches Gesamtbild.

Die Digitalisierung ist im Rahmen des *European Green Deal* aber auch in der 2019 von der Bundesregierung verabschiedeten „*Energieeffizienzstrategie*" ein wichtiger Baustein hinsichtlich der Verringerung des Energieverbrauchs. Dabei wird jedoch häufig der Rebound Effekt vernachlässigt. So sind Rebound Effekte dadurch gekennzeichnet, dass neue technische Geräte zwar energieeffizienter als ihre Vorgänger werden, gleichzeitig aber größer und leistungsfähiger sind. Preissenkungen führen zusätzlich zu einer steigenden Nachfrage nach digitalen Geräten, die dann auch zu einer höheren Nutzung führt. In diesem Kontext stellt der Sachverständigenrat für Umweltfragen in Deutschland fest:

Insgesamt deuten die verfügbaren wissenschaftlichen Erkenntnisse darauf hin, dass der langfristige gesamtwirtschaftliche Rebound-Effekt regelmäßig über 50 % liegt und auch Werte von über 100 % erreicht, das heißt. die erzielten Einsparungen zur Hälfte bis vollständig ausgleichen könnte. (SRU 2011, S. 230)

Bisher lässt sich jedoch noch nicht bestimmen, ob in Zukunft eher die Entlastungs- oder die Belastungspotenziale für Umwelt und Klima überwiegen. Gegenwärtig ist davon auszugehen, dass die Belastungspotenziale noch dominieren. Es ist jedoch nicht nur der hohe und steigende Energieverbrauch, der eine nachhaltige Transformation beeinträchtigt. Es geht auch um den ständig steigenden Bedarf an mineralischen Ressourcen. Mit dem Aufkommen der Elektronik und der Halbleitertechnologie hat die wachsende Nutzung vieler metallischer Elemente begonnen. Daher lohnt es sich den Bedarf seltener Erden und Metalle im Rahmen der Digitalisierung näher zu betrachten. Oft handelt es sich um Konfliktmetalle, deren Wertschöpfungsketten oft intransparent sind, da bei ihrer Produktion oft nicht die sozialen Mindeststandards beachtet werden und der Abbau nicht selten zu ökologischen Katastrophen führen. *(Reller 2020, S. 31)* Aber auch hier lassen sich gegenläufige Effekte beobachten. So verspricht die Einführung neuer Halbleitermaterialien wie Siliziumcarbid auch in Zukunft eine Steigerung des Wirkungsgrades. Im Bereich der Mikroelektronik konnten ebenfalls erhebliche Fortschritte erzielt werden. So ist beispielsweise die Leistungsfähigkeit moderner mobiler Geräte bei immer besseren Akkulaufzeiten exponentiell angestiegen. *„Dies wurde nicht zuletzt durch immer energieeffizientere Halbleitertechnologien und Prozessorarchitekturen erreicht." (Randhan 2020, S. 187)*

Gleichzeitig müssen in vielen Fällen die eingesetzten Metalle, Legierungen oder Metallverbindungen einen extrem hohen Reinheitsgrad aufweisen. Daher ist der Energieaufwand für die Bereitstellung solcher Funktionsmaterialien überproportional hoch. Aber auch für die alltäglichen Metalle ist es notwendig ihre Verfügbarkeit zu analysieren bzw. die Unbedenklichkeit für die Nachhaltigkeit vor der breit angelegten Nutzung zu prüfen. Kupfer war, ist und bleibt eines der wichtigsten Metalle. Die Kupferweltproduktion betrug im Jahr 2018 21 Millionen t. *(Reller 2020, S. 30)* Im Zusammenhang mit der digitalen Transformation wird seine Bedeutung noch zunehmen, da für den Transfer der Bits und Bytes, aber auch für die in persönlichen elektronischen Geräten unabkömmliche Energie über Kupferleiter erfolgt.

Die umweltpolitische Bedeutung dieses Metalls lässt sich an einem einfachen Beispiel verdeutlichen *(Reller 2020, S. 30ff.)*: Allein durch die Bereitstellung von Kupfer als Leitermaterial zeigt, dass in naher Zukunft zusätzliche Kupferminen eröffnet werden müssen. Die meist externalisierten Kosten und negativen Effekte die dabei entstehen – für 1 t Rohkupfer werden ca. 80 t Frischwasser gebraucht, 3 t CO_2 emittiert und riesige giftige Halden mit Reststoffen aufgeschüttet – werden oft vernachlässigt. Hinzu kommt der hohe Bedarf an Gold, Silber und Aluminium. Wie viele Millionen Tonnen Kupfer notwendig sein werden, um die Stromleitungen im Rahmen der Digitalisierung bereit zu stellen, kann nur geschätzt werden. Dies gilt auch für andere Metalle.

Fazit: Oft handelt es sich um sogenannte Konfliktmetalle, deren Wertschöpfungsketten meist intransparent sind, indem sie aus Produktionen stammen, die den sozialen Standards der ILO nicht im Geringsten entsprechen und Vielerorts zu ökologischen Katastrophen führen. Die externalisierten Kosten in Form der Umweltschäden müssen häufig von Entwicklungsländern und deren Bevölkerung getragen werden, in denen die Rohstoffe abgebaut werden. Dadurch verschlechtern sich oft die Lebensbedingungen der Bevölkerung. Das gilt besonders für Regionen, in denen die Rohstoffe abgebaut werden. Hinzu kommt, dass nur etwa 20 % des Elektroschrotts ordnungsgemäß recycelt wird. *(World Economic Forum 2019, S. 12)* Ein großer Teil wird in Entwicklungsländer exportiert und dort deponiert oder teilweise von Kindern unter hohen gesundheitlichen Belastungen „recyclet". Hier gibt es noch ein großes Potential für eine ökologische Nachhaltigkeit im Sinne einer industrieökologischen Kreislaufwirtschaft. *(WBGU 2019, S. 160)*

3.3.2 Perspektiven der Digitalisierung zur Förderung nachhaltiger Entwicklung

Die Digitalisierung weist im Rahmen der sozialen und ökologischen Dimension nachhaltiger Entwicklung viele Chancen auf, die hier nur exemplarisch aufgezeigt werden können. *(Für eine umfassende Darstellung vgl. WBGU 2019)* So bietet die Digitalisierung vielfältige Potenziale zur Förderung sozialer Innovationen. Nach Jaeger-Erben et al. geht es in diesem Kontext darum die „imperiale Lebensweise" vieler Menschen im Norden wie den hohen materiellen Besitz, die energieintensiven Produktions- und Konsummuster und den schnellen Durchlauf von Konsumgütern auf Kosten von Natur und Menschen in Entwicklungsländern durch soziale Innovationen zu verringern. Begriffe wie Collaborative Consumption und Sharing Economy, Commoning und Gemeingüter-Ökonomie, Prosuming und Produsing, Upcycling und ReUse führten zu Initiativen und Projekten die auch in Wissenschaft, Politik und den Medien Aufmerksamkeit erfuhren. Sie werden oft als „soziale Innovationen" bezeichnet und als Lösungsansätze für soziale Probleme aus der Gesellschaft heraus eingeordnet. *(Jaeger Erben et al. 2020, S. 124)* Für sozial benachteiligte Gruppen stellt sich die Frage, ob die Digitalisierung für sie neue Chancen eröffnet. Es geht also darum bestehende Barrieren der Digitalisierung für behinderte Gruppen abzubauen bzw. neue Barrieren zu vermeiden die gegebenenfalls neue benachteiligte Gruppen generieren. Beispielhaft zu nennen sind

> Mobilität (bspw. fehlende Aufzüge in U-Bahn-Stationen, Straßenbahnen mit Stufen beim Einstieg), medizinische Beipackzettel oder behördliche Bescheide (bspw. geringe Verständlichkeit mit ggf. negativen Auswirkungen), aber auch in Digitalisierungstechnologien (bspw. Komplexität der Systeme, Preisgestaltung). (Weber, Kubek 2020, S. 100)

Die Digitalisierung bietet aber auch in dem Bereich des Gesundheitswesens schon heute viele Möglichkeiten, die im Folgenden exemplarisch aufgezeigt werden sollen. Für die Zukunft gibt es noch große Potenziale. *(Vgl. hierzu besonders WBGU 2019)* Betrachtet man die Entwicklung in Deutschland, so war die Einführung der elektronischen Gesundheitskarte vom 14. November 2003 der Beginn der digitalen Erneuerung des Gesundheitswesens. Lange Zeit diente der Arztbrief dem gezielten Informationsaustausch zwischen dem behandelnden Arzt und den weiterbehandelnden Ärzten. Der Arztbrief in Papierform ist die gängigste Form der Übermittlung. Der elektronische Arztbrief bzw. elektronische Gesundheitskarte sollen die konventionelle Übermittlung durch Post-, Boten- oder Kurierdienst durch die Nutzung sicherer elektronischer Verfahren ersetzen. Eine wichtige Fortsetzung der digitalen Kommunikation im Gesundheitswesen wurde durch das E-Health Gesetz, das im Jahr 2016 in Kraft trat, geregelt. Ein wesentlicher Bestandteil ist die Videosprechstunde und die elektronische Patientenakte. Im April 2019 wurden die Möglichkeiten der Videosprechstunde ausgeweitet, indem die bisher in Deutschland geltende Einschränkung auf bestimmte Indikationen aufgehoben wurde. *(Dockweiler 2020, S. 110)*

Die Versorgung kann durch die Erfassung von gesundheitsbezogenen Daten besser auf die individuelle Situation der Patienten ausgerichtet werden. Das ermöglicht verbesserte Einblicke in den aktuellen Gesundheitszustand, das Gesundheitsverhalten sowie den Lebenswandel was der ärztlichen Entscheidung dienlich ist und Prognosen für die Krankheitsentwicklung ermöglicht. Ärzte sind durch das digitale Monitoring in der Lage, schneller auf gesundheitliche Veränderungen zu reagieren und Patienten länger in der häuslichen Umgebung zu versorgen. *(Paulus 2015)* Dadurch können auch gegebenenfalls Krankenhausaufenthalte reduziert werden. Durch den regelmäßigen Kontakt zwischen Arzt und Patient zum Beispiel über Videokonsultationen lässt sich die Versorgung erhöhen. In der Notfallmedizin spielt die Telemedizin eine wichtige Rolle um Patienten bereits kurzfristig vor Ort zu versorgen und die Leistungserbringung digital zu koordinieren.

Entsprechend dem SDG 3 sollen Gesundheitsleistungen unabhängig von Ort und gesundheitlichem Zustand allen und jederzeit zugänglich sein. Dies lässt sich über Informations- und Kommunikationstechnologien leichter bewältigen. Dabei bieten sich gerade auch in ländlichen Regionen mit einer geringen Dichte an Fachärzten aber auch an Allgemeinärzten neue Möglichkeiten, wodurch sich auch die Chancengerechtigkeit der Bevölkerung und besonders der kranken Menschen verbessern lässt. *(Dockweiler 2020, S. 114)* Für die Umsetzung der Digitalisierung im Gesundheitswesen sind in der Regel umfangreiche Fortbildungsmaßnahmen notwendig. Hier sollten auch für die Verwaltung des Gesundheitswesens und für den medizinischen Sektor entsprechende Aus- und Fortbildungsmaßnahmen entwickelt und eingeführt werden. Hinzu kommt, dass neue Berufsbilder im Gesundheitswesen aber auch Forschungsfelder entstehen, die heute schon bekannt sind und konzeptionell weiterentwickelt werden sollten. Um E-Health- Anwendungen in der Arztpraxis zu ermöglichen, bedarf es weiterhin einer technologischen Infrastruktur und akzeptierter Kommunikationsstandards. Das setzt ein gemeinsames Wissen und entsprechende Erfahrungswerte voraus.

Die ökologische Dimension nachhaltiger Entwicklung bietet der Digitalisierung ebenfalls eine Vielzahl umweltpolitischer Handlungsfelder. Auffällig ist, dass die

Chancen der Digitalisierung für den Umweltschutz in politischen Programmen und -strategien bisher selten benannt wurden. Betrachtet man die IKT hinsichtlich ihrer Umweltverträglichkeit und Ressourcenschonung, so kann man am Beispiel der Künstlichen Intelligenz (KI) feststellen, dass die Chancen in der Forschung noch nicht umfassend untersucht wurden. Dabei findet in Europa eine breite Diskussion über innovations- und förderpolitische Impulse statt. Daher besteht aus der Sicht der Umwelt die Möglichkeit, die KI der Zukunft sozial-ökologisch mitzugestalten. *„Insgesamt geht es darum, sämtliche Entwicklungen der KI hinsichtlich ihres Beitrages für die globalen Nachhaltigkeitsziele (SDGs) der Agenda 2030 zu hinterfragen."* *(Umweltbundesamt 2019, S. 17)*

Wie schon ausgeführt, gibt es in der industrieökologischen Kreislaufwirtschaft bzw. im Recycling noch große Potenziale. Hierbei geht es um die Einsparung von Ressourcen und um die Vermeidung von Abfällen um dadurch einen geschlossenen Stoffkreislauf zu erhalten. Dieses Verständnis von Kreislaufwirtschaft hat sich im Rahmen der Circular Economy, wie sie auf der EU-Ebene diskutiert wird, weiterentwickelt.

> Der Leitgedanke ist dabei, Rohstoffe so ressourcen-, umwelt- und klimaschonend wie möglich im Wirtschaftskreislauf zu erhalten. Dazu gehört auch, Produkte und Materialien nach ihrer ersten Nutzung weiterhin auf der höchstmöglichen Endstufe zu halten. (Umweltbundesamt 2019, S. 24)

Die Steigerung der Ressourceneffizienz und die Minderung der Materialbedarfe war zunächst u. a. durch die Verringerung von Ausschuss möglich. Im Rahmen der Digitalisierung geht es um Einsparungspotenziale. Untersuchungen weisen bisher jedoch auf ein recht geringes Materialeinsparungspotenzial durch den Einsatz aller technischen Möglichkeit hin. In produzierenden Unternehmen Deutschlands wird das Potenzial auf 3–4 % bei Materialeinsatz bzw.-kosten geschätzt. *(Neligan 2018, S. 104)* Bei Unternehmen mit stark ausgeprägter Digitalisierung werden bis zu 14 % digitale Ansätze für ressourcensparendes Produktdesign oder verbessertes Management von Materialkreisläufen genutzt. *(WBGU 2019, S. 162)* Daher setzt sich das Umweltbundesamt dafür ein, die Möglichkeiten der Digitalisierung in der Kreislaufwirtschaft noch besser zu identifizieren und zu nutzen. *(Umweltbundesamt 2019, S. 26)* Die digitalen Entwicklungen, die bisher nicht im Einklang mit dem erweiterten Verständnis der Kreislaufwirtschaft in Richtung Circular Economy stehen, sollen darauf ausgerichtet werden.

Fazit: Das Kapitel hat verdeutlicht, welche herausragende Bedeutung Innovationen sowohl im ökonomischen Mainstream als auch im Rahmen nachhaltiger Entwicklung haben. Dabei wurden Ansätze für einen Transformationsprozess aufgezeigt. Das folgende Kapitel wendet sich nun im Rahmen von Ökoeffizienz und Ökoeffektivität der Umsetzung nachhaltiger Entwicklung zu. Dabei steht zunächst die Umsetzung ökologischer und ökonomischer Nachhaltigkeit an. Im Rahmen der Ökoeffektivität geht es dann noch um die Einbeziehung der sozialen Dimension.

4 Von der Ökoeffizienz zur Ökoeffektivität

Ökoeffizienz und Ökoeffektivität sind bedeutende Ansätze zur Umsetzung nachhaltiger Entwicklung. Sie zielen ganz allgemein darauf ab, die Tragfähigkeit der Erde zu erhalten und den Verbrauch endlicher natürlicher Ressourcen zu reduzieren. Bis heute steht die Ökoeffizienz im Mittelpunkt, die darauf ausgerichtet ist, industrielle Prozesse so zu optimieren, dass die Verringerung des Ressourcenverbrauchs und der Umweltverschmutzung bei gleichzeitiger Erhöhung der Wirtschaftlichkeit auf der Grundlage des technischen Stands zusammengeführt werden. Es geht also darum die beiden Nachhaltigkeitsdimensionen Ökologie und Ökonomie zu vereinen. Daher wird sie teilweise auch als ökologisch-ökonomische Effizienz bezeichnet.

Die Ökoeffektivität ist ein Konzept das breiter als die Ökoeffizienz angelegt ist. Teilweise werden alternativ auch die Begriffe Ökokonsistenz, wodurch der unmittelbare Bezug zu dem Ansatz der Konsistenz hergestellt wird, oder Ökokompatibilität verwendet. Sie zielt darauf ab, einen Strukturwandel zugunsten der Vereinbarkeit von Natur, menschenwürdiger Arbeit und Technik anzustreben und umzusetzen. Das Konzept zielt u. a. darauf ab, Abfälle zu vermeiden indem u. a. wiederverwertbare Ressourcen durch Recycling aufbereitet werden. Die soziale Dimension nimmt im Rahmen der Ökoeffektivität eine wichtige Funktion ein. Die Optimierung des sozialen Systems soll zur Harmonisierung des vom Menschen geschaffenen technischen Systems und den ökologischen Systemen beitragen. Während also die Ökoeffizienz auf die Optimierung einzelner Produkte bzw. Produktionsprozess im Sinne der ökologischen Nachhaltigkeit ausgerichtet ist, geht es bei der Ökoeffektivität um die nachhaltige Ausrichtung der gesamtwirtschaftlichen Produktion.

4.1 Inhaltliche Abgrenzung der Ökoeffizienz

Im Rahmen der ersten Rio-Konferenz 1992 stellten Unternehmensvertreter die Ökoeffizienz als ihren Beitrag zur nachhaltigen Entwicklung vor. Die Politik hat die Ökoeffizienz gleichermaßen aufgenommen und zu einem zentralen Nachhaltigkeitsansatz erklärt. Die Auffassungen über die Zielbestimmung und die konkrete Umsetzung der Ökoeffizienz gehen jedoch auseinander. Dennoch verfolgen alle Ansätze einen ähnlichen Grundsatz: Die wirtschaftliche Leistungserbringung ist von der Umweltbelastung abzukoppeln. Daher wird auch von der ökologischen Effizienz oder ökologisch-ökonomischen Effizienz gesprochen, die sowohl ökologisch als auch ökonomisch vorteilhaft ist. So soll der Bedarf an natürlichen Ressourcen und Energie gesenkt werden, wodurch auch die Kosten von Unternehmen verringert werden.

Darauf aufbauend bestehen jedoch unterschiedliche Vorstellungen über den letztendlichen Zweck der Ökoeffizienz: Manche Vertreter sehen die Ökoeffizienz als den wesentlichen, wettbewerbskonformen Beitrag der Wirtschaft zur nachhaltigen

https://doi.org/10.1515/9783110722536-004

Entwicklung, andere Vertreter betonen die langfristige Autonomie der volkswirtschaftlichen Versorgung und einige sehen die Ökoeffizienz als Verpflichtung gegenüber der Umwelt. Andere Vertreter sehen in der Ökoeffizienz gar die Chance zu einem grundlegenden Wandel von Wirtschaft und Gesellschaft. Beim handlungsleitenden Konzept der Ökoeffizienz ist zu beachten, dass es in seinen Grundzügen weitgehend ausgereift ist. Daher gibt es auch nur wenig neue Literatur die sich hauptsächlich mit der konkreten Umsetzung befasst. Im Weiteren wird zunächst die Genese der Ökoeffizienz (Abschnitt 4.1) und dann der Ausgangspunkt einer Operationalisierung dargestellt (Abschnitt 4.2). Daraufhin werden die Grenzen der Ökoeffizienz diskutiert (Abschnitt 4.3) und erörtert, in welchen unterschiedlichen Stärkegraden eine Ökoeffizienz zur nachhaltigen Entwicklung betragen kann (Abschnitt 4.4).

Die Ökoeffizienz geht auf *Schaltegger und Sturm 1990* zurück. Dabei wurde von ihnen eine neue „ökologische Rationalität" eingefordert. Das *Business Council for Sustainable Development* (BCSD) erkannte daraufhin das hohe Potenzial der „Eco-Efficiency" und sammelte Erfahrungen zu kostensparenden Maßnahmen durch Abfall- und Emissionssenkungen. Kurz darauf vollzog das BCSD einen Kurswechsel und veröffentlichte seinen Beitrag mit der gleichnamigen Schrift: Kurswechsel – Globale unternehmerische Perspektiven für Entwicklung und Umwelt. *(siehe Schmidheiny 1992)* Danach werden Unternehmen als ökoeffizient bezeichnet,

> die auf dem Weg zu langfristig tragbarem Wachstum Fortschritte machen, indem sie ihre Arbeitsmethoden verbessern, problematische Materialien substituieren, saubere Technologien und Produkte einführen und sich um die effiziente Verwendung und Wiederverwendung von Ressourcen bemühen. (S. 28)

Mit diesem Beitrag zur Rio-Konferenz (UNCED) 1992 formulierte das BCSD die Ökoeffizienz zu einem bedeutenden Ziel. Seit 1995 wird das zentrale Anliegen des BCSD zur weltweiten Verbreitung der Ökoeffizienz im neu gegründeten *World Business Council for Sustainable Development* (WBCSD) fortgesetzt. Dort wurde die Zielvorstellung entwickelt, mithilfe der Ökoeffizienz die „*zunehmende Produktion von nützlichen Gütern und Dienstleistungen bei laufend abnehmendem Verbrauch von natürlichen Ressourcen, also Rohmaterialien und Energie*" *(Bosshardt 1999, S. 21)* zu erreichen. Das Ziel der Ökoeffizienz lässt sich auf „Creating more Value with less Impact" verkürzen. *(WBCSD 2000)*

Die Potenziale und positiven Beispiele sind seit vielen Jahren hinlänglich bekannt *(von Weizsäcker et al. 1995, 2010; Gege 1997; Schrack 2016)*. Die ökologisch-ökonomisch vorteilhafte Zielbeziehung der Ökoeffizienz soll helfen, psychologische und ethische Motive in langfristige und weitreichende Ziele des Wirtschaftens zu integrieren. *(OECD 1995, S. 13–17)* Europa war ein besonderer Kristallisationspunkt der Konzipierung und Umsetzung von Ökoeffizienz. Auch in Deutschland hat die Ökoeffizienz in vielen Unternehmen, bei beratenden Experten und in der Politik einen wichtigen Stellenwert. Effizienz wird im betrieblichen Umweltmanagement hauptsächlich auf den Material- und den Energieeinsatz bezogen, so wie auch auf politischer Ebene die Material- und Energieeffizienz hohe Aufmerksamkeit erhalten (siehe u. a. Abb. 4.1).

Das Argument, Wettbewerbsfähigkeit hänge von Innovationseffekten der Ökoeffizienz ab, ist für das Konzept der Ökoeffizienz eine zentrale Zielbestimmung. Dieser Zusammenhang wurde bereits in Kapitel 3 über den Beitrag von Innovationen zur nachhaltigen Entwicklung diskutiert und er wird ebenso für die Ökoeffizienz konstatiert. Beispielsweise ist die Ökoeffizienz im weiteren Verständnis des WBCSD als innovationsstärkender Ansatz zu verstehen, der wesentlich über die herkömmlichen Unternehmensaktivitäten hinausgeht, um gewohnte Grenzen der Unternehmenspraxis zu überschreiten. Hierzu sind weitreichende Innovationen erforderlich, die sowohl technologische als auch institutionelle Neuerungen in Politik, Lebens- und Konsummustern beinhalten. *(WBCSD 2000, S. 9–12; Birke 2001, S. 252; Pieroborn, Saling 2009)* Die *European Environmental Agency* (EEA) stellt hierzu fest:

> Innovation is the crucial variable within this strategy, i.e. the technological terms of production and consumption processes have to be steered towards enhanced resource productivity through appropriate policy and institutional changes. (Moll, Gee 1999, S. 9)

Teilweise sind die Erwartungen an die Innovationswirkung der Ökoeffizienz jedoch so hoch, indem Unternehmen als Katalysatoren eines „epochalen gesellschaftlichen Wandels" gesehen werden. *(Senge et al. 2001)* Dem sprach zumindest zur Jahrhundertwende die Erkenntnis entgegen, dass die Innovationsorientierung erst bei vier von sieben Vorreitern ein wichtiger Beweggrund zur Ökoeffizienz war. *(Five Winds International 2000, S. 15, 36–39)* Die Ökoeffizienz ist für Unternehmen ein Konzept, mit dem die Wirtschaftlichkeit und die Umweltverträglichkeit ihrer Produkte oder Dienstleistungen beurteilt werden können. Scholz et al. nennt hierfür drei Kriterien die eine erste Orientierung geben *(Scholz et al. 2018, S. 7)*: Produkte sind ökoeffizient wenn sie konkurrenzfähig sind, wenn sie die Bedürfnisse der Konsumenten befriedigen und eine geringere Menge an Ressourcen verbrauchen, als im gleichen Zeitraum reproduziert werden können.

4.2 Messung der Ökoeffizienz

Für die Messung der Ökoeffizienz lassen sich zwei Methoden unterscheiden. *(vgl. Czymmek 2003 und Günther 2005, S. 13)* Die beiden Varianten basieren jedoch auf dem gleichen operationellen Ansatz, wonach das Verhältnis von Wertschöpfung zu Ressourceninanspruchnahme zu steigern ist. *(Schaltegger, Sturm 1990, S. 281)* Demzufolge bezieht die Ökoeffizienz ökonomisches und ökologisches Kapital gemäß untenstehender Gleichung aufeinander: Im Zähler steht eine ökonomisch relevante Größe als „Wertschöpfung", beispielsweise Umsatz minus Vorleistungen. Diese Größe wird auf eine zumeist physikalische Größe als „Schadschöpfung" im Nenner bezogen, zum

Beispiel der Stromverbrauch.

$$\text{Ökoeffizienz} = \frac{\text{Wertschöpfung}}{\text{Schadschöpfung}}$$

Statt des Begriffs „Wertschöpfung" kann auch der Nutzen des entsprechenden Produkts stehen. *(Hauschild 2015, S. 2)* Für die Schadschöpfung kann auch die Ressourcennutzung als Kennzahl im Nenner stehen. *(Westkamp 2017, S. 24)*

Die Schadschöpfung wird nach Schaltegger und Sturm analog zur Wertschöpfung definiert als *„die Summe aller, während eines Produktlebens durch betriebliche Leistungsprozesse direkt und indirekt verursachten und bezüglich ihrer relativen Schädlichkeit gewichteten Umwelteinwirkungen." (Schaltegger, Sturm 1990, S. 280)* Zu nennen sind z. B. der Material- und Energieinput, also alle Entnahmen aus der natürlichen Umwelt und unerwünschte Outputobjekte wie Abfälle und Emissionen. Damit lässt sich die Umweltproduktivität abbilden, die als die ökonomische Effizienz zur Inanspruchnahme der Umwelt gilt.

Günther wendet sich den Unklarheiten der inhaltlichen Abgrenzung von Ökoeffizienz zu und kommt zu dem Ergebnis, dass Ökoeffizienz das Verhältnis der Inputs (Ressourcen) und/oder unerwünschten Outputs (Kondukte) zum erwünschten Output (Produkt) darstellt. Damit kommt Günter zum Kehrwert der Definition von Schaltegger. die Umweltwirkungen werden ins Verhältnis zur wirtschaftlichen Leistung gesetzt. *(Schrack 2016, S. 36)* In Anlehnung daran wird gelegentlich auch eine Intensitätskennzahl, beispielsweise 5 kWh Stromverbrauch pro produziertem Gut, im weitesten Sinne als Ökoeffizienz aufgefasst. *(Günther 2005, S. 21)* Die von Schrack erweiterte Kennzahl stellt sich wie folgt dar *(Schrack 2016, S. 36)*:

$$\text{Ökoeffizienz} = \frac{\text{ökologische Dimension (Input und/oder Output)}}{\text{ökonomische Dimension (Input oder Output)}}$$

oder

Ökoeffizienz

$$= \frac{\text{Input (Ressorucen) und/oder unerwünschter Output (Non-Produkt-Output)}}{\text{wirtschaftlicher Einsatz oder erwünschter Output (Produkt-Output)}}$$

Die ökologischen Dimensionen setzen sich aus Umwelteinwirkungen (Input) und Umweltauswirkungen (Output) auf stofflicher Ebene zusammen. Die ökonomische Dimension wird in Mengen oder Geldeinheiten angegeben. Die wirtschaftliche Leistung lässt sich durch den Absatz oder den Deckungsbeitrag kennzeichnen. Für den wirtschaftlichen Einsatz lassen sich die eingesetzte Arbeit oder die Kosten für Materialien aufführen. Ausgehend von der Operationalisierung als Wert- zur Schadschöpfung existieren verschiedene Zielsetzungen, wie nachfolgend dargestellt wird.

Inhaltliche Konkretisierung der Ökoeffizienz

Es besteht ein weites Spektrum darüber, was unter dem Begriff „Ökoeffizienz" verstanden werden kann und welche Ziele konkret verfolgt werden: Ist es nur der Operator?

Ist es ein betriebliches Instrument zur Messung und Bewertung? Ist es der Kern eines ganzen Konzeptes zur Unternehmensführung? Oder ist es gar als Leitprinzip des Wirtschaftens zu verstehen? *(Five Winds International 2000, S. 25 f.; BMU et al. 2007, S. 12 f.)* Eine differenzierte Definition wurde von Schaltegger u. a. formuliert, die sich an der Verknüpfung von ökonomischer Wertschöpfung und ökologischer Schadschöpfung orientiert.

> Öko-Effizienz ist definiert als das Verhältnis zwischen einer ökonomischen, monetären und einer physikalisch ökologischen Größe. (...) Die ökonomische Größe fließt als Wertschöpfung (sie entspricht auf betriebswirtschaftlicher Ebene dem Umsatz abzüglich Vorleistungen), die ökologische Größe als Schadschöpfung in das Verhältnis ein. Die Schadschöpfung entspricht der Summe aller direkt und indirekt verursachten Umweltbelastungen, die von einem Produkt oder einer Aktivität ausgehen. Ursachen dafür können z. B. in der Produktion, dem Konsum oder der Entsorgung eines Produkts oder in Aktivitäten wie Transportieren, Imprägnieren, Streichen liegen. Die Öko-Effizienz ist somit definiert als das Verhältnis von Wertschöpfung zu ökologischer Schadschöpfung. (Schaltegger u. a. 2002, S. 17)

Ein Konsens besteht bezüglich der Richtung der Erhöhung der Ökoeffizienz: Ökologische Ziele sollen mit ökonomischen Zielen zum beiderseitigen Vorteil zusammengeführt werden, indem mit geringerem Einsatz von Naturkapitel mehr Sachwert geschaffen wird. Die Positionen unterscheiden sich jedoch hinsichtlich der

– Vervielfachung der Ökoeffizienz als Quotient,
– der jeweiligen Veränderungen von Zähler und Nenner sowie
– des beabsichtigen Effektes zur Erreichung einer nachhaltigen Entwicklung.

Volkswirtschaftliche Perspektive

Die nachfolgenden Ausführungen gehen daher weiter auf die regionale und nationalstaatliche Ebene ein, auf der viele volkswirtschaftliche Rahmenbedingungen gesetzt und Ergebnisse der Politik deutlich werden. Auch auf dieser Ebene wird der ökologische Aspekt zumeist in einem Operator zusammengefasst, wonach die Ressourcenproduktivität als eine monetäre Größe im Verhältnis zur eingesetzten physikalischen Menge an Rohstoff oder Energie definiert ist. Ressourcen haben eine Inputorientierung (Ressourcen als Quelle) oder eine Outputorientierung (Senken). Hierbei ist zu beachten, dass die einfließenden Größen gewissermaßen als ökologische Leitindikatoren der Ressourceneffizienz dienen, welche die gesellschaftliche Bedeutung und effiziente Gestaltung externer Effekte nur unvollständig wiedergeben. Mit der vereinfachten Berücksichtigung der Umwelt über die Ressourcen ist zweierlei beabsichtigt: Erstens, das komplexe ökologische Produktionssystem wird auf die repräsentativen Produktionsfaktoren Rohstoffe und Energie verdichtet. Zweitens, aus dem Ressourcenverbrauch resultieren am Ende des Lebensweges auch Emissionen.

Natürliche Ressourcen als Quelle oder Senke
- Eine **Quellenressource** meint hierbei die Entnahme einer Ressource aus der natürlichen Umwelt. Dazu gehört beispielsweise der Abbau von Mineralien oder Erdöl, das Schlagen von Holz oder die Nutzung von Wasservorräten.
- Eine **Senkenressource** meint das Einbringen von Stoffen in die ökologischen Systeme. Dies können zum Beispiel die Umweltmedien Wasser, Boden oder Luft sein, in die Luftschadstoffe eingebracht werden.

In der Volkswirtschaft existieren bereits gängige Produktivitätsmaße. Beispielsweise gibt die Arbeitsproduktivität (BIP pro Erwerbstätigenstunde oder Beschäftigten) die Effizienz der eingesetzten Arbeitskraft wieder und die Kapitalproduktivität (BIP pro durchschnittliches Bruttoanlagevermögen) ist ein Maß für die Rentabilität des eingesetzten Sachkapitals. In Analogie dazu bildet die Ressourcenproduktivität das Verhältnis von Güterproduktion zum Bedarf natürlicher Ressourcen als Quelle oder Senke ab. Für die Güterproduktion wird in der Regel das reale Bruttoinlandsprodukt verwendet.

$$\text{Ressourcenproduktivität} = \frac{\text{Güterproduktion}}{\text{Quell- und Senkenressourcen}} = \frac{Y}{\sum R}$$

Seit 2002 verwendet die *deutsche Bundesregierung* die Ressourcenproduktivität – unterteilt nach Rohstoffen und Energie – als Indikator der nationalen Nachhaltigkeitsstrategie. Als Ziel hat die Regierung die Verdopplung der Ressourcenproduktivität von Primärenergie (bezogen auf 1990) und von Rohstoffen (bezogen auf 1994) bis 2020 festgelegt.

Abb. 4.1 stellt die aktuellen Fortschritte zur Erreichung dieses Ziels in Deutschland dar. Die stetige Zunahme der beiden Produktivitäten ist positiv zu werten. Es bestanden jedoch schon früh Zweifel hinsichtlich der Geschwindigkeit des Trends und der ausreichenden Abnahme des Rohstoffeinsatzes und des Energieverbrauchs. *(Rat für Nachhaltige Entwicklung 2008, S. 4 und 34; Statistisches Bundesamt 2008, S. 4–7)* Deren Niveau nimmt nur langsam ab. Die positive Entwicklung der Energie- und der Rohstoffproduktivität ist hauptsächlich auf das Wirtschaftswachstum (Y) zurückzuführen.

Das erweiterte Verständnis von Ökoeffizienz im Sinne eines ganzheitlichen Ansatzes wird mit der Methode „Advanced Sustainability Analyses" deutlich. Die Messung erfordert neben der Erfassung von Effizienzmerkmalen auch die Berücksichtigung der Dimensionen Legitimität und Effektivität. *(Baumgartner, Biedermann 2009, S. 18)* Dabei stellt sich das Problem der Quantifizierung von Legitimität. Daher empfehlen Baumgartner und Biedermann eine getrennte Erfassung der Legitimität. Legitimität wird in die Kategorien Akzeptanz sowie Einstellung und Werte aufgegliedert. Somit stellen die Kategorien Teilkriterien dar, die über Kennzahlen erfasst und zueinander in Relation gestellt werden. Grundsätzlich geht es bei dieser Methode also um

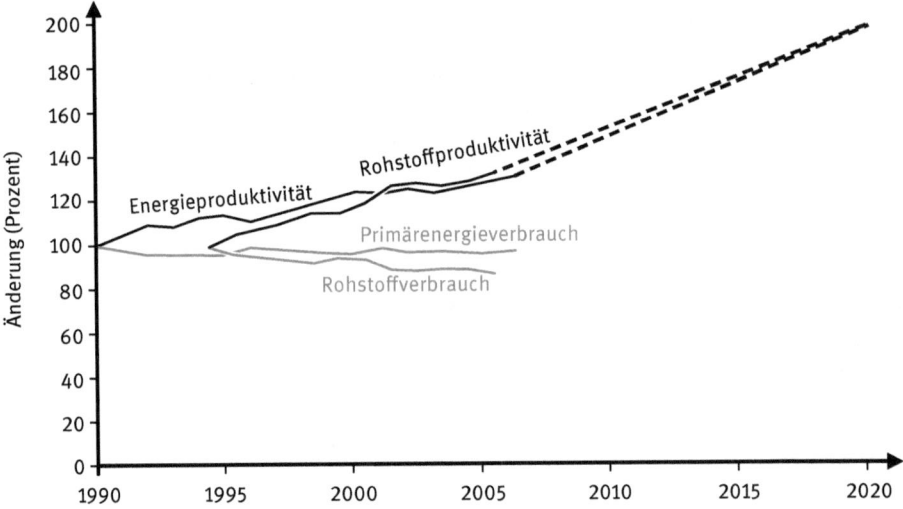

Abb. 4.1: Verlauf der Ressourcenproduktivität in Deutschland
(Quelle: in Anlehnung an Statistisches Bundesamt 2008, S. 4 und 6)

die Aufteilung einer Gesamtgröße in Einzelgrößen. Dadurch kann die Veränderung einer Größe besser erklärt werden. *(Schrack 2016)*

Einzelwirtschaftliche Perspektive

Auf nationaler Ebene werden – wie oben dargestellt – alle in Deutschland aufgetretenen Ressourcenverbräuche addiert. Ähnliches ist für ein Unternehmen, einen Standort, ein Produkt oder einen Prozess möglich. Alle Systemgrenzen haben gemeinsam, dass sie die Inanspruchnahme von Ressourcen zumeist nur beschränkt erfassen, indem sie die für importierte bzw. zugekaufte Waren nötigen Ressourcenverbräuche nicht mitberücksichtigen. Für die Ressourcenproduktivität einer Nation, wie sie im vorangegangenen Abschnitt „Inhaltliche Konkretisierung der Ökoeffizienz" für Deutschland aufgezeigt wurde, bedeutet dies eine gewisse Unschärfe.

Auch Unternehmen fokussieren sich bislang hauptsächlich auf die betrieblichen Ressourcenströme (sogenanntes „Werkstorprinzip"). Dementsprechend sind in betrieblichen Umweltberichten in der Regel lediglich produktionsnotwendige Stoff- und Energieströme zu finden, während die vor- oder nachgelagerten Phasen aus Gründen der Komplexität und Datenverfügbarkeit ausgeblendet werden. Die Ökoeffizienz folgt also mehrheitlich einer engen Auslegung und bindet nur das Verhältnis von Schad- zu Wertschöpfung eines einzelnen Produktionsprozesses oder einer einzelnen Produktlebensphase ab. In diesem Kontext betont beispielsweise das WBCSD die Bedeutung des gesamten Lebenswegs eines Produktes oder einer Dienstleistung, geht aber nur auf die zugrundeliegenden Produktionsprozesse ein. Dieser Lebenszyklus, der alle für das Produkt relevanten Prozesse einbezieht, setzt sich aus der Herstellungsphase, der Verwendungsphase und der Entsorgungsphase zusammen. *(Pastoors 2018, S. 7)* Die Eigenschaften von Ressourcen, Materialien und Produkten als Produktionsfaktoren finden so keine angemessene Berücksichtigung. Zudem werden (geologische) Ressourcen- und Materialvorräte hinsichtlich ökonomischer und ökologischer Aspekte vernachlässigt. *(Reller et al. 2013)*

Unternehmen mit einem fortgeschrittenen Umweltmanagement wenden das Lebenszykluskonzept an, das den gesamten Lebensweg einer physischen Einheit vom Ressourcenabbau bis zur Entsorgung („von der Wiege bis zur Bahre") umfasst. Die Betrachtung beginnt beim Abbau aller benötigten Ressourcen, die später direkt oder indirekt in den Herstellungsprozess des Produktes eingehen. Für diese beiden ersten Phasen müssen die Produktionsfaktoren eines noch nicht fertiggestellten Produktes rechnerisch kumuliert werden, was bereits eine Vielzahl an Vorprodukten, Transportvorgängen und anderes umfasst. In der Herstellungsphase gewinnt das Produkt an materiellen und funktionellen Eigenschaften, die in der Nutzungsphase zur Befriedigung eines Nutzens eingesetzt werden. Beispielsweise wird ein Motor, der in einer Fabrik mithilfe der Produktionsfaktoren Arbeit, Kapital und Ressourcen hergestellt wurde, später als Antriebsaggregat selbst zum Produktionsfaktor. In der Entsorgungsphase bestehen die umweltrelevanten Möglichkeiten, den Lebensweg des Produkts durch Verwendung oder Verwertung zu verlängern oder aber durch Beseitigung (Deponierung) endgültig zu beenden.

Abb. 4.2 gibt den Lebensweg schematisch wieder. An jedem Punkt des Lebensweges wirken Prozesse auf das Produkt ein, insbesondere während der Ressourcenabbau- und Herstellungsphase. Wird nur der direkte prozessbedingte Aufwand an einem Punkt betrachtet, so handelt es sich um die vereinfachte Ökoeffizienz, wie es beim Werkstorprinzip häufig anzutreffen ist. Werden jedoch alle relevanten Prozesse und Stoffströme aller vor- und nachgelagerten Phasen betrachtet, so handelt es sich um eine lebenszyklusweite Ökoeffizienz.

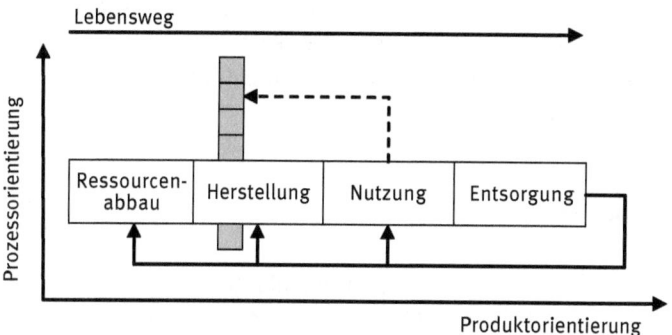

Abb. 4.2: Prozess- und Produktorientierung während des Lebenszyklus (Quelle: eigene Darstellung)

Die Anwendung des Lebenszykluskonzepts auf die Ökoeffizienz-Messung erfasst also die Summe aller auf dem Lebensweg relevanten Prozesse. In der Wirtschaft und in der Politikberatung ist dieser Fokus seit etwa Mitte der 1990er-Jahre zu erkennen, wo „Ökobilanzen" oder ein „Life-Cycle-Assessment" (LCA) erstellt werden. Die ISO-Normen 14040 ff. geben hierzu seit 1997 einen methodischen Rahmen vor. Ein Beispiel für ein betriebliches Instrument zur Entscheidungsfindung über den gesamten Lebensweg liefert die Ökoeffizienz-Analyse.

Ein vereinfachter Anwendungsfall im Konsumgüterbereich ist die zunehmende Ermittlung und Kommunikation des „Carbon Footprint" (CO_2-Fußabdruck). Dahinter stehen Konzepte, welche alle direkt oder indirekt während eines Produktlebens verursachten Treibhausgase angeben. *(Pastoors, Scholz 2018, S. 25)* Beispielsweise haben solche Lebensmittel einen hohen Carbon Footprint, die in der Herstellungsphase (u. a. Erzeugnisse tierischen Ursprungs wie Fleisch, Butter und Käse) oder im Transport (selbstredend: „Flug-Ananas") viele Ressourcen benötigen. Mit der britischen „Publicly Available Specification 2050" besteht ein Vorläufer für einen Standard zum Carbon Footprint.

„Öko-Design" (engl. „Design for Environment") ist ein weiterer lebenszyklusorientierter Ansatz, der bereits in der frühen Phase der Produktgestaltung ansetzt. Die Intention hierbei ist, Produkte von vornherein umweltfreundlich zu gestalten. Dafür wird beispielsweise ein Industriemotor auf möglichst hohe Energieeffizienz während der Nutzungsphase ausgelegt und auch spätere Entsorgungsprobleme (u. a. Schadstoffe, Demontage) werden konstruktiv vermieden. Die Relevanz dieses Ansatzes wird in einer Erhebung zum Umwelt- und Ressourcenschutz im verarbeitenden Gewerbe in Deutschland deutlich: Unternehmen setzen mit großer Mehrheit Maßnahmen im Bereich der Produktgestaltung um. *(Baum et al. 2007, S. 161–164)* Die EU unterstützt das Öko-Design mit der Richtlinie 2005/32/EG als Rahmen für die Gestaltung von Produkten – zunächst im Bereich energiegetriebener Produkte. Die neue Öko-Designe Richtlinie trat im März 2021 in Kraft. Sie zielt darauf ab, dass Ersatzteile sieben Jahre verfügbar sind und Elektrogeräte so hergestellt werden, dass sie repariert werden können. Sie ist eine europarechtliche Richtlinie, die Anforderungen an die umweltgerechte Gestaltung „Energie verbrauchsrelevanter Produkte" im gemeinsamen Binnenmarkt der Europäischen Union festlegt. Sie ersetzte die Richtlinie 2005/32/EG vom 6. Juli 2005.

4.3 Grenzen der Ökoeffizienz

Es konnte gezeigt werden, dass die Ökoeffizienz zur nachhaltigen Entwicklung beitragen kann. Sie muss jedoch nicht zwangsläufig zu einer Entlastung des Energie- und Ressourcenverbrauchs führen. Vielmehr besteht die Gefahr, dass trotz oder gerade wegen Ökoeffizienz-Maßnahmen eine unerwünschte Entwicklung eingeschlagen wird. So gilt festzustellen, dass das einzelwirtschaftlich sinnvolle Konzept der Ökoeffizienz den ökologischen Zielen der Makroebene nur unzureichend gerecht wird. *(Hoffrén, Korhonen 2007)* Im Folgenden werden mögliche negative Effekte der Ökoeffizienz-Maßnahmen aufgeführt. Anschließend folgt eine Diskussion in Bezug auf die drei Leitstrategien einer nachhaltigen Entwicklung und zugehöriger Ziele und Zeithorizonte.

Negative makroökonomische Effekte

William Jevons (1835–1882) konnte bereits Mitte des 19. Jahrhunderts am Beispiel der damals aufkommenden Dampfmaschine nachweisen, dass technischer Fortschritt, der die Effizienz der Ressourcennutzung steigert, insgesamt zu einem höheren Ressourcenverbrauch führt. Das sogenannte „Jevons Paradoxon" ist ebenso auf Ökoeffizienz-Maßnahmen, die einzeln gesehen einen positiven Beitrag zur nachhaltigen Entwicklung leisten, anzuwenden. Übertragen auf die Makroebene kann es zu negativen Effekten kommen. Schrack bezeichnet diese gegenläufigen Effekte als „relative Verbesserung versus absolute Verschlechterung." *(Schrack 2016, S. 43)* Neben dem von Jevons beschriebenen Effekt, der sich hauptsächlich im „Rebound-Effekt" wiederfindet, sind zwei weitere Effekte zu nennen. Jeder dieser Effekte ist auf die gegenwärtige Dynamik und das Wachstumspostulat der Wirtschaft zurückführen *(Sachs 2002, S. 52 f.)*:

– Ein **Rebound-Effekt** ist ein Mengen-Effekt, der häufig infolge eines effizienzsteigernden technischen Fortschritts zu beobachten ist. Dieser impliziert häufig den Anreiz eines zusätzlichen Konsums, der die Produzenten dazu führt, ihre Produktion zu steigern. Dadurch wird der eingesparte Ausstoß bzw. Ressourcenverbrauch kompensiert oder überkompensiert. Beispielsweise stagniert oder erhöht sich der Heizenergieverbrauch trotz effizienterer Heizmethoden aufgrund ständig zunehmender Pro-Kopf-Wohnflächen.

– Ein **Mengen-Effekt** beschreibt die quantitative Zunahme der Nachfrage nach Produkten. Diese Zunahme ist weitgehend unabhängig von der Ökoeffizienz. Beispielsweise hat die Anzahl der Personal Computer, Laptops, Tablets aber auch Handys in den letzten Jahren stark zugenommen, was hauptsächlich auf den technischen Fortschritt verbunden mit sinkenden Preisen zurückzuführen ist. Folge dieser Entwicklung war eine – in absolutem Maßstab – vermehrte Belastung durch Stromverbrauch, Chipherstellung, benötigte Elektrobauteile usw.

– Weiterhin sind **Wachstumseffekte** durch eine allgemeine Expansionstendenz von Konsum und Wirtschaft zu beobachten. So findet das Angebot neuer nicht-substituierender Produkte zusätzliche Absatzmärkte, die vorher nicht bestanden. Das gilt beispielsweise für den Automobil-Boom in Asien oder die massenhafte Markteinführung von Mobiltelefonen als zusätzliches Konsumgut.

Infolge der drei möglichen Effekte ist davon auszugehen, dass der ökonomische und der ökologische Term des Ökoeffizienz-Operators (Wert- bzw. Schadschöpfung) und die makroökonomischen Effekte einer gesteigerten Ökoeffizienz differenzierter betrachtet werden müssen. Oder anders formuliert: die Ökoeffizienz ist aus ökologischer Perspektive zu undifferenziert. Daher ist neben den ersten Erfolgen einer ökologischen Modernisierung ebenfalls ein ökologischer Strukturwandel notwendig. *(Jänicke 2000, S. 293–295)* Allerdings werden diese Effekte in der Literatur bisher nur unvollständig problematisiert und die Effekte einer gesteigerten Ökoeffizienz auf den gesamtwirtschaftlichen Nutzen bleiben zumeist unklar. Von zentraler Bedeutung ist dabei die Frage, welche und wie stark die ökologischen Ressourcen geschont werden. Eine zu starke Ausrichtung auf Ökoeffizienzmaßnahmen kann dazu führen, dass es zu negativen umweltbedingten Entwicklungen kommt. Ein wichtiges Konfliktpotenzial ist auch die Quantität versus Qualität: teilweise wird pauschal die Dematerialisierung gefordert. Dabei sind es nicht immer die großen Mengen, die umweltbelastend sind. Geringe Mengen eines toxischen Stoffes sind oft viel umweltbelastender. *(Schrack 2016, S. 43 ff.)*

Die sogenannte IPAT-Formel von *Paul Ehrlich* und *John Holdren* ist eine gängige Basis für die Analyse der Entwicklung der gesamten Umweltbelastung I (engl. „Impact"). Dieser entspricht dem Produkt aus Bevölkerungszahl P („Population"), Wohlstand A („Affluence") in Form des Bruttoinlandsprodukts pro Einwohner und Technologie T („Technology") in Höhe des Ressourcenverbrauchs pro Bruttoinlandsprodukt: $I = P \times A \times T$. *(Ehrlich, Holdren 1971)* Die Ökoeffizienz wird in dieser Formel durch die Technologie wiedergegeben.

Folgerungen für die drei Leitstrategien

Die negativen Effekte sind ein erhebliches Problem, insbesondere für die zentrale Zielsetzung einer starken Nachhaltigkeit, das Belastungsniveau natürlicher Ressourcen zu vermindern. In Bezug auf die drei Leitstrategien (Effizienz, Konsistenz, Suffizienz) ergeben sich mehrere Herausforderungen für die Gestaltung von Ökoeffizienz-Innovationen.

Herausforderungen für die Effizienz-Strategie

Für die Effizienz-Strategie gilt, dass sie in Gestalt der Ökoeffizienz am weitesten für die Wirtschaft konkretisiert ist. In den vorhergehenden Ausführungen wurde bereits ausführlich dargelegt, dass die Integrierbarkeit in betriebliche Abläufe und die wirtschaftlichen Gewinne starke Motivatoren zur Umsetzung eines Ökoeffizienz-Ansatzes bieten.

Für eine weitere mikro- und makroökonomisch wirksame Umsetzung einer Ökoeffizienz-Strategie bestehen jedoch einige Herausforderungen: Invention und Innovation von technischen und ökonomischen Lösungen sind zu forcieren, Wirtschaftsakteure müssen über ihr bisheriges Verständnis hinaus verstärkt koalieren und die Ökoeffizienz stringent verfolgen. Des Weiteren müssen Limitierungen des technischen Fortschritts durch soziale Innovationen und Reformen der Rahmenbedingungen überwunden werden. (*Birke 2001, S. 250*) In diesem Sinne ist ein umfassender nachhaltigkeitsorientierter Innovationsansatz (siehe Kapitel 3) notwendig, der neben den gängigen ökonomischen Kriterien um die ökologischen Aspekte aber auch die soziale Dimension erweitert wird.

Herausforderungen für die Konsistenz-Strategie

Die Konsistenz-Strategie ist aus zwei Gründen noch nicht ausreichend lösbar oder wird durch Ökoeffizienz-Ansätze verletzt: Erstens sind Basis-Innovationen zum Umgang mit natürlichen und anthropogenen Stoffströmen gegenwärtig noch nicht ausreichend erkennbar. Das bedeutet, dass technische Lösungen für dringende Probleme langfristig noch nicht in ausreichendem Maße verfügbar sind. Zweitens muss die Ökoeffizienz hinsichtlich lokaler Anforderungen differenzierter weiterentwickelt werden, da sie derzeit einer Strategie zur Konsistenz von anthropogenen und natürlichen Strömen entgegensteht.

Auf Letzteres kann aus historischen Erfahrungen über die Notwendigkeit spezifischen Wissens von lokalen Akteuren zum Umgang mit der Natur geschlossen werden. Die Rahmenordnung hat diese Verflechtung des Menschen mit der Natur wahrzunehmen und ein lokales Management der Natur sicherzustellen. Eine undifferenzierte Kennzahl im Sinne der rein operationellen Ökoeffizienz wird dem kaum gerecht. (*Hukkinen 2001*) Dies ist auch dahingehend zu problematisieren, dass der Wertschöpfungsterm häufig nur über Kosten erfasst wird und dass die Schadschöpfung bloß den gewohnten Verfügungsbereich der Akteure umfasst. Die Logik von Ökosystemen und Stoffströmen erfordert aber die Differenzierung nach unterschiedlichen Kapitalstöcken sowie die Berücksichtigung von Biodiversität, Flächenverbrauch und anderen wichtigen Themenfeldern. (*Five Winds International 2001, S. 55 f.*)

Herausforderungen für die Suffizienz-Strategie

Suffizienz ist wie die Effizienz quantitativ an Ressourcen orientiert. Sie zeichnet sich durch die Forderung nach einer absoluten Verminderung des Ressourcenverbrauchs aus. In einem engen Verständnis wird diese Forderung im Rahmen der Suffizienz mit Verzicht assoziiert. Es wurde aber ein alternatives Verständnis entwickelt, das ein Streben nach mehr Lebensqualität durch kulturellen Wandel beinhaltet. (*Linz 2002, S. 13*) So positioniert sich die Suffizienz zunehmend als komplementäre und wohlfahrtsfördernde Strategie und die Kritik, wie sie z. B. vom WBCSD als Beschneidung der Wirtschaft formuliert wird, zurückgewiesen werden kann. (*WBCSD 2000, S. 12*)

Die Suffizienz-Strategie wird – wie schon erläutert – als notwendige Begleitung einer Effizienz-Strategie gewertet, um mögliche ökologisch nachteilige Effekte zu verringern. Konzeptionell ist sie jedoch nur schwer mit gängigen ökonomischen Argumenten zu begründen, da sie gerade eine Abkehr von derzeitigen Denk-, Konsum- und Wirtschaftsmustern fordert und aus einer sozialen bzw. sozialwissenschaftlichen Perspektive formuliert ist. (*Dyllick, Hockerts 2002, S. 135–139*) Es ist auch zu beachten, dass die Suffizienz-Strategie ein vergleichsweise langes Zeitfenster von mehreren Jahrzehnten benötigt, bis sie genügend stark in der Kultur verankert ist.

Formulierung von Zielen

In der bisherigen Diskussion wird offensichtlich, dass jede Strategie umfassend gestaltet werden muss, wenn sie über eine schwache Nachhaltigkeit hinausgehen soll. Bislang wird dies dadurch angestrebt, dass ambitionierte Ökoeffizienz-Ziele wie „Faktor 5" oder „Faktor 10" (im nachfolgenden Abschnitt 4.4 thematisiert) gesetzt werden. Daraus ergeben sich zwangsläufig Suffizienz- und Konsistenzmaßnahmen. Die Abstimmung der drei Leitstrategien und die Einordnung der Ökoeffizienz innerhalb dieser Strategien hat jedoch noch zu keinem Konsens geführt. Huber fordert z. B. für einen langfristigen Strukturwandel der Konsistenz-Strategie Vorrang einzuräumen, wonach sich die Rangfolge Konsistenz vor Effizienz vor Suffizienz ergibt. Damit soll ein Verharren in einem lediglich optimierten Status quo durch schnell wirksame Effizienzgewinne vermieden werden. *(Huber 2001, S. 326)* Das entspricht in einem übertragenen Sinne der Ökoeffektivität, wie sie in diesem Kapitel noch behandelt wird.

Langfristige Potenziale bestehen beispielsweise bei produktbezogenen Veränderungen, insbesondere einer Dematerialisierungsstrategie. *(Ayres, van Leynseele 1997, S. 15)* Das zielt auf eine kontinuierliche Ablösung von herkömmlichen, ressourcengebundenen Produktions- und Konsumweisen hin zu einer sparsamen, bedürfnisorientierten Dienstleistungswirtschaft ab. Die „Dematerialisierung" ist ein wichtiges Element des Faktor 5- und des Faktors 10-Konzeptes. Veränderungen der Rahmenbedingungen, die ein entsprechendes Anreizsystem ermöglichen, sind in einem langen, politischen Prozess zu erarbeiten. Unternehmen bzw. deren Verbände, die im Bereich der Ökoeffizienz fortschrittlich sind, fordern daher geeignete Rahmenbedingungen: Der Schwerpunkt staatlicher Aktivität solle sich von herkömmlichen Regularien trennen und stattdessen ein marktorientiertes Anreizsystem einführen. Dies sei mit niedrigeren Kosten zur Erreichung von Umweltzielen verbunden. Der Staat soll somit die Aufgabe einer konsistenten Ausgestaltung von Rahmenbedingungen, welche die Ökoeffizienz fördern, übernehmen.

Diesem steht jedoch das Bestreben nach zeitnaher Effizienzsteigerung, insbesondere von Produktionsprozessen, entgegen. Es wird also zunächst nach den „niedrig hängenden Früchten" gegriffen, während längerfristige Veränderungsprozesse einer Konsistenz-Strategie nicht mit der nötigen Dringlichkeit verfolgt werden. Die Suffizienz – gewissermaßen das Gegenstück zu einem eher kurzfristigen und technologischen Ansatz – kann sich trotz aller Aufmerksamkeit in der öffentlichen Diskussion noch nicht entsprechend durchsetzen. Dies ist auf die hohen Potenziale für Ökoeffizienz-Maßnahmen, die v. a. Energie und Abfall betreffen, zurückzuführen. *(Baum et al. 2007, S. 149–152)* Experten gingen bereits Ende der 1990er Jahre davon aus, dass in der gesamten Wirtschaft spezifische Energie- und Materialeinsparungen von 10 bis 40 % gewinnbringend erzielt werden können. *(OECD 1998, S. 9 und 23)* Diese Einschätzun-

gen haben gegenwärtig immer noch Bestand, da die Potenziale bislang kaum ausgeschöpft und oftmals unterschätzt wurden.

4.4 Starke und schwache Ökoeffizienz

Die Vorstellung, Ökoeffizienz führe als Beitrag zum umwelttechnischen Fortschritt zu
einer Win-win-Situation, nimmt eine beherrschende Stellung ein. Eine gewisse Übereinstimmung besteht darin, die Ökoeffizienz zu erhöhen, wobei über die einzelnen
Bestandsveränderungen von Ökologie und Ökonomie unterschiedliche Vorstellungen
herrschen. Die Vorschläge zur Steigerung der Ökoeffizienz variieren zwischen einem
Faktor 5 und einem Faktor 50. *(Reijnders 1998, v. Weizsäcker u. a. 2010)*

In der anwendungsorientierten Literatur werden kaum weitergehende Systema-
tisierungen für die Ökoeffizienz vorgenommen. *Czymmek* stellt für den betrieblichen
Kontext verschiedene Kategorien vor. Diese sind, je nach Schwerpunkt, in vier Kategorien eingeteilt: ökonomisch, ökologisch, ökologisch-ökonomisch oder ökologisch-
ökonomisch-sozial. *(Czymmek 2003)* Diese Hierarchie spiegelt sich in den nachfolgenden Abschnitten wider, in denen Varianten mit verschiedenen ökologischen und
ökonomischen Ausprägungen vorgestellt werden. Nur die vierte Kategorie soll in den
Ausführungen zur Ökoeffizienz als zweidimensionaler Ansatz nicht weiterverfolgt
werden.

Im Folgenden soll nach zwei Entwicklungsrichtungen unterschieden werden, die
analog zur Nachhaltigkeit unterschiedliche Wirkungsgrade einer Ökoeffizienz repräsentieren. Hier ist nach zugrunde gelegten Paradigmen, Wachstumsparametern und
betrachteten Zeiträumen zu unterscheiden. Diese Zuordnung von Merkmalen kann
nur als idealtypische Differenzierung verstanden werden, da vielfache Abstufungen
bestehen. Tab. 4.1 fasst die Charakteristika der beiden Entwicklungsrichtungen, unterschieden nach schwacher und starker Ökoeffizienz, zusammen:

- Die **schwache Ökoeffizienz** schöpft bevorzugt offensichtliche und schnell nutzbare Potenziale aus. Dabei gehen die Akteure vorwiegend technisch vor und
  betrachten stärker einzelne betriebliche Aspekte (ihre Produktionsprozesse). Die
  Entwicklung verbessert den Status quo, was auf lange Sicht nur zu einer mäßigen
  und relativen Erhöhung der Ökoeffizienz führt. Dies wird mit dem Begriff „relative
  Entkopplung" gefasst. *(Spangenberg 1995, S. 36 f.)* Schwache Ökoeffizienz-Vari-
  anten enthalten Zielvorgaben für eine stetige Produktivitätssteigerung. Zunächst
  soll gezeigt werden, dass dies für Industriestaaten zwar im Ansatz gelingt, aber
  dennoch Bedarf für stärkere Varianten einer Ökoeffizienz besteht.
- Auf der anderen Seite steht die **starke Ökoeffizienz** für ein weiterreichendes Vorhaben. Dies ist durch eine langfristige und umfassende Umsetzung sowie durch
  eine recht strenge Zielsetzung gekennzeichnet. Das Ziel wird aus den ökologischen Grenzen bzw. Anforderungen abgeleitet. Das Ziel ist, so *Spangenberg*, zumindest eine „absolute Entkopplung" des Wirtschaftswachstums vom Umwelt-

Tab. 4.1: Ausprägungen zur Systematisierung der Ökoeffizienz
(Quelle: eigene Darstellung)

	Schwache Ökoeffizienz	Kriterium	Starke Ökoeffizienz
Mittel	Kurzfristig	**Zeithorizont**	Langfristig
	Prozessorientierung	**Ansatzraum**	Produkt- und Funktions-orient.
	Partikular	**Lebenswegbetrachtung**	Gesamt
	Enge Ökoeffizienz	**Operator**	Weite Ökoeffizienz
	Effizienz-Strategie	**Leitstrategie(n)**	Konsistenz- + Effizienz- + Suffizienz-Strategie
	Technisch	**Disziplin**	Technisch, politisch, sozial
Zielerreichung	Schwach/minimal	**Grad der Ökoeffizienz**	Stark/maximal
	Faktor 2	**Faktor**	Faktor 4 bis 27
Paradigma	Substituierbarkeit	**Trade-offs**	Komplementarität
	Ökonomie	**Primat**	Ökologie

verbrauch, besser noch eine weitergehende „Dematerialisierung". Starke Varianten der Ökoeffizienz sollen daher insbesondere den Imperativ zur Verringerung der gesamtwirtschaftlichen Schadschöpfung erfüllen, wobei die Managementregeln der Ökologischen Ökonomie Ziel- und Entscheidungshilfen geben können.

Die Ökoeffizienz-Ansätze, die in den nachfolgenden Abschnitten vorgestellt werden, bewegen sich innerhalb dieser beiden Entwicklungsrichtungen.

4.4.1 Varianten schwacher Ökoeffizienz

Die schwache Ökoeffizienz zielt darauf ab, die operationelle Ökoeffizienz auf mikroökonomischer Ebene zu erhöhen. Damit wird nach konventioneller Bewertung auch insgesamt eine Erhöhung der Ökoeffizienz angestrebt, wie es in Nordamerika beispielsweise seit längerer Zeit unter dem Thema „smart growth" diskutiert wird. (Moll, Gee 1999, S. 17) Die Befürworter dieser Variante haben eine grundsätzlich optimistische Grundhaltung gegenüber den nachhaltigkeitsbezogenen Effekten der Ökoeffizienz. Sie gehen auch davon aus, dass die Ökoeffizienz für nachhaltige Produktions- und Konsummuster ausreiche. Sie nehmen zahlreiche Potenziale wahr, die über Management-Instrumente zur Schadstoffvermeidung und Abfallverringerung wie bei einem qualitätsorientierten Ansatz ergriffen werden können. Durch Effizienzverbesserungen, Kosteneinsparungen und Wettbewerbsvorteile sollen Unternehmen eine Win-win-Situation, also gesteigerte Wertschöpfung bei gleicher oder verringerter Schadschöpfung, erreichen.

Ebenfalls wird angenommen, dass der technologische Fortschritt über den Markt zu einer stetigen Effizienzsteigerung führe. Weiterhin wird für Entwicklungsländer angenommen, sie würden sich u. a. durch Technologiediffusion auf einem niedrigeren Umweltbelastungsniveau als die bereits industrialisierten Länder einpendeln. Das Ziel der schwachen Ökoeffizienz lässt sich somit als Erhöhung des ökonomisch-ökologischen Verhältnisses verstehen.

$$\text{Ökoeffizienz}_{\text{schwach}} = \frac{\text{Ökonomie}}{\text{Ökologie}} \uparrow$$

Die ökonomischen und die ökologischen Fortschrittskontrollen bilden auf der einzelwirtschaftlichen Ebene ein Problem. Die Wahrnehmung von knappen Ressourcen wie auch vom Zusammenhang zwischen reduziertem Verbrauch und Nachhaltigkeit ist unzureichend. Das heißt, Unternehmen haben sowohl instrumentelle als auch kognitive Defizite, ihr Handeln den Anforderungen einer nachhaltigen Entwicklung hinreichend anzupassen. In diesem Kontext wird auch hinterfragt, inwiefern einzelnen Unternehmen außerhalb ihres direkten Gestaltungsbereiches eine globale Verantwortung aufgebürdet werden soll, wie im Rahmen des geplanten Lieferkettengesetzes deutlich wird.

> **Grenzen des Umweltmanagements**
> U. a. die Automobilunternehmen pflegen ein innerbetriebliches Umweltmanagement, welches die produktionsrelevanten Prozesse und Stoffströme berücksichtigt. Allerdings ist die Effizienzsteigerung eines verbrauchsstarken Fahrzeuges, das hohe Leistungswerte aufweist, durch die gesamtökologischen negativen Effekte fraglich (Rebound Effekt). Hierzu ist ein überbetriebliches Umweltmanagement vonnöten, das die gesamten Folgen eines Produktionsprozesses – jenseits der argumentativ bemühten "Sachzwänge" – über den gesamten Lebensweg berücksichtigt.

Im Weiteren gilt die Erkenntnis, dass immer noch eine Beziehung zwischen Wirtschaftsleistung (BIP) und dem Ressourcenverbrauch besteht. Dafür spricht, dass die Tertiarisierung gemäß der Drei-Sektoren-Hypothese noch keine Abkehr vom Verbrauchsniveau bedeutet: auch der Dienstleistungssektor bringt ein bisweilen hohes Maß an Umweltbelastungen mit sich. Die Kritik an der Effektivität des sektoralen Strukturwandels wird schon länger im Rahmen der Ökologischen Modernisierung diskutiert. (*Jänicke 2008*) Wird die schwache Ökoeffizienz – je nach Entwicklung von BIP und Ressourcenverbrauch – differenziert betrachtet, so kann sie eine relativ geringe Ressourcenproduktivität aufweisen.

Vorrang der Ökonomie bei geringer Ressourcenproduktivität

In den letzten Jahrzehnten kann in Industrieländern eine lediglich relative Erhöhung der Ökoeffizienz beobachtet werden. Insgesamt liegt der Ressourcenverbrauch auf ei-

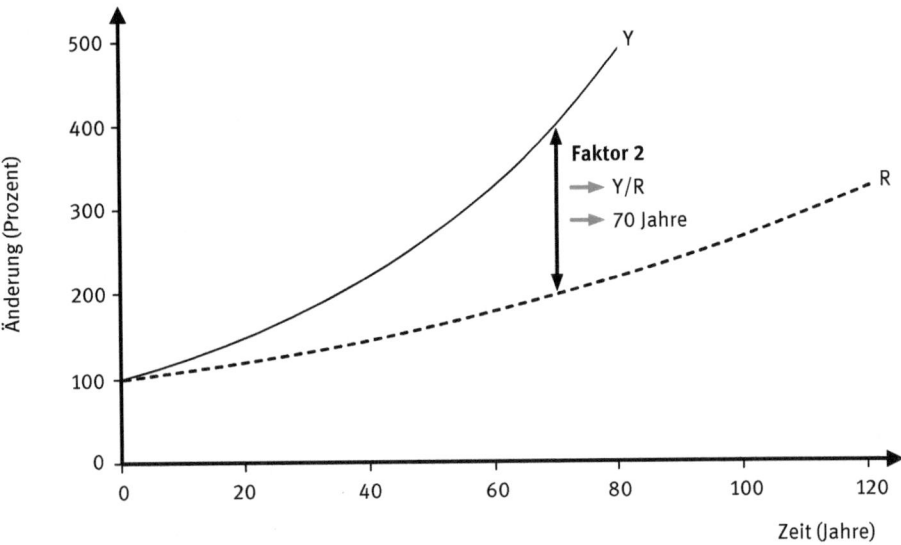

Y: Bruttoinlandsprodukt; Steigerung um 2 % p. a.
Y/R: Ressourcenproduktivität; Steigerung um 1 % p. a.
R: Ressourcenverbrauch (resultierend aus Y und Y/R)

Abb. 4.3: Entwicklung von Wirtschaft und Ressourcenverbrauch beim Vorrang der Ökonomie
(Quelle: in Anlehnung an Moll, Gee 1999, S. 32)

nem hohen Niveau wie im Rahmen der Digitalisierung gezeigt werden konnte. Aber
auch die aufstrebenden Schwellenländer sorgen durch ihren „Nachholbedarf" für einen global zunehmenden Verbrauch. Eine Zielvereinbarung auf die relative Steigerung der Ökoeffizienz würde den steigenden Ressourcenverbrauch daher allenfalls
abmildern.

In Abb. 4.3 sind die Wirtschafts- und die Ressourcenentwicklung im Szenario mit
hauptsächlich ökonomischen Entwicklungszielen dargestellt. Die Erhöhung der Ressourcenproduktivität ist pessimistisch mit 1 % angesetzt. Das Wirtschaftswachstum
wird mit 2 % p. a. angenommen, was gegenwärtig der langfristigen Steigerung in einem Industrieland wie Deutschland entsprechen dürfte. Im gewählten Beispiel einer sehr schwachen Ökoeffizienz mit geringer Zunahme der Ressourcenproduktivität
steigt die wirschaftliche Leistung schneller als die Produktivität. Der absolute Ressourcenverbrauch nimmt infolgedessen weiter zu. Die Ressourcenproduktivität steigt
nur sehr langsam und entspricht erst nach 70 Jahren dem Faktor 2.

Vorrang der Ökonomie bei moderater Ressourcenproduktivität
Dem Verlauf in Abb. 4.4 liegt eine jährliche Steigerung der Ressourcenproduktivität
von 2 % zugrunde, was allgemein in weiten Bereichen gelten kann. Der Ressourcenver-

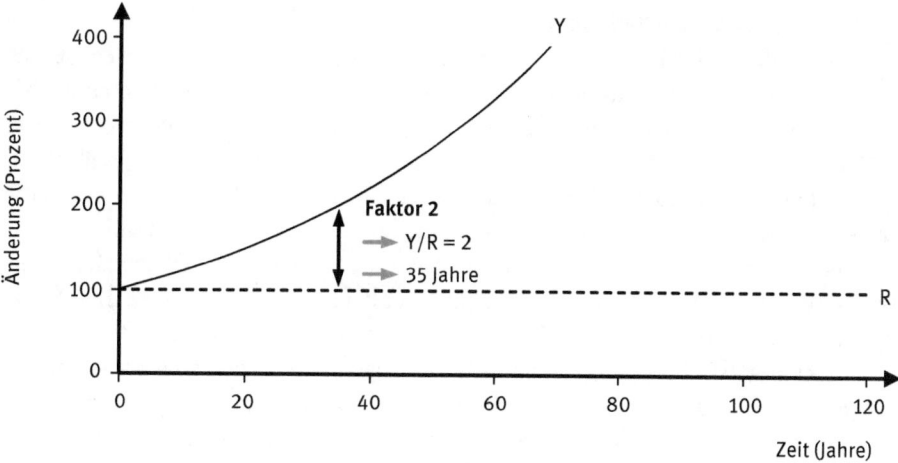

Y: BSP; Steigerung um 2 % p. a.
Y/R: Ressourcenproduktivität; Steigerung um 2 % p. a.
R: Ressourcenverbrauch (resultierend aus Y und Y/R)

Abb. 4.4: Entwicklung von Wirtschaft und Ressourcenverbrauch beim Vorrang der Ökonomie und moderater Ressourcenproduktivität
(Quelle: in Anlehnung an Moll, Gee 1999, S. 32)

brauch würde infolge der vollen Kompensation des Wirtschaftswachstums durch die gesteigerte Ressourcenproduktivität konstant bleiben. Im Vergleich zur vorigen Variante halbiert sich die Zeitdauer zur Erreichung des Faktors 2 auf 35 Jahre. Weiterhin ist ein stagnierender Umweltverbrauch anzunehmen. Daraus folgt, dass eine solche Entkopplungsstrategie bei steigender Ressourceninanspruchnahme noch nicht zu einer ökologisch ausreichenden Entlastung führt. Diese Stagnation ist beispielsweise dann problematisch, wenn knappe Lagerstätten von Mineralölen und -gasen ausgebeutet oder wenn die Assimilationsfähigkeit der Umwelt durch stetige Einwirkungen (z. B. andauernden Stickstoffüberschuss in der Landwirtschaft) oder durch kumulierte Belastungen (z. B. Anreicherung von Schwermetallen) überschritten wird.

4.4.2 Varianten starker Ökoeffizienz

Die Varianten einer starken Ökoeffizienz entsprechen weitgehend den Anforderungen der zweiten Entwicklungsrichtung, wonach die ökologischen Aspekte stärker zu berücksichtigen sind. Bei diesen sind die Zielsetzungen einer Steigerung der Ressourcenproduktivität um den Faktor 4 bzw. Faktor 10 etabliert, worauf die beiden nachfolgenden Abschnitte detaillierter eingehen.

Starke Ökoeffizienz um den Faktor 4

Faktor 4 hat durch den gleichnamigen Bericht an den *Club of Rome* mit dem Leitspruch „doppelter Wohlstand – halbierter Naturverbrauch" sowie seine veranschaulichenden Beispiele dessen, was möglich ist, große Popularität erlangt. *(von Weizsäcker et al. 1995 und die Weiterentwicklung 2010)* Seitdem haben viele politische und gesellschaftliche Akteure das Konzept aufgenommen, sodass sich zahlreiche Ansätze – auch die dargestellte Entwicklung in diesem Abschnitt – auf den Faktor 4 beziehen.

Dieser Ansatz verfolgt primär eine Strategie zur Erhöhung der Ökoeffizienz, verbindliche Zielvorgaben sind zunächst nicht enthalten. Insofern ist hier zu fragen, wie stark die „starke Ökoeffizienz" um den Faktor 4 tatsächlich ist. Als Zeitfenster bis zur Zielerreichung der Einhaltung der natürlichen Belastungsgrenzen ging man Ende des letzten Jahrhunderts von 50 Jahren aus, andere Autoren nennen als Zeitraum 20 bis 30 Jahre. *(so in Hoffrén, Korhonen 2007)* Die Dauer bestimmt sich aus der Zielvorgabe in Höhe von 3 % (konservativer Wert) bzw. 5 % (herausfordernder Wert) weltweiter Effizienzsteigerung pro Jahr. *(von Weizsäcker et al. 1995, S. 284 und 294–297)* Für die beiden Terme im Ökoeffizienz-Operator gilt folgende Beziehung:

$$\text{Ökoeffizienz}_{\text{stark, Faktor 4}} = \frac{\text{Ökonomie} \uparrow}{\text{Ökologie} \downarrow}$$

$$\text{Faktor 4} = \frac{2}{1/2}$$

Wählt man eine jährliche Ressourcenproduktivitätssteigerung von 4 % als Mittel zwischen den moderaten 3 % und den ambitionierten 5 %, so ist nach 35 Jahren der Faktor 4 zu erreichen (siehe Abb. 4.5). Da die Effizienzsteigerung wesentlich über der Rate des Wirtschaftswachstums liegt, wird der absolute Ressourcenverbrauch halbiert.

Starke Ökoeffizienz um den Faktor 10

Die Notwendigkeit eines absoluten Verringerungszieles leitet sich aus der Skepsis am hinreichenden Beitrag eines technischen Fortschritts und des Marktmechanismus ab. Diese sehr vorsorgliche – häufig vielmehr pessimistische – Sichtweise wird von der Unzulänglichkeit der bisherigen Technikorientierung um eine gesteigerte Ökoeffizienz getragen:

> The case studies show that with the use of technology already available, it is possible to head in the direction towards Factor 4 and 10 targets. But it is not possible to reach the targets of Factor 4 in 2030 and Factor 10 in 2050 without considerable changes in individual and social values as well as regulatory regimes. Here, changes in consumer behaviour appear to be very important. (Moll, Gee 1999, S. 13)

Zumeist stellen Nichtregierungsorganisationen und Vertreter der Ökologischen Ökonomie Forderungen nach einer absoluten, d. h. wesentlichen Verringerung der Schadschöpfung auf. Dies beinhaltet meist die Forderung nach einer grundlegenden Neuorientierung der Zielvorgaben und Aktivitäten der Wirtschaft, die etwa in

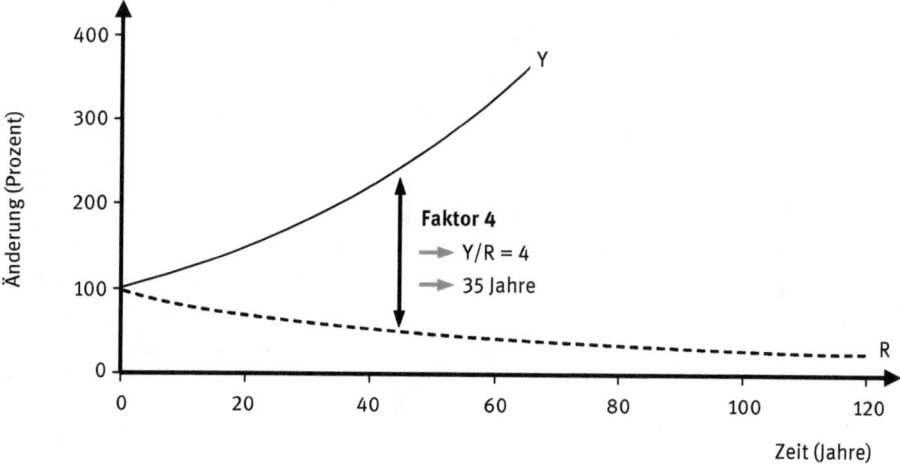

Y: BSP; Steigerung um 2 % p. a.
Y/R: Ressourcenproduktivität; Steigerung um 4 % p. a.
R: Ressourcenverbrauch (resultierend aus Y und Y/R)

Abb. 4.5: Entwicklung von Wirtschaft und Ressourcenverbrauch bei einer Ökoeffizienz von Faktor 4 (Quelle: in Anlehnung an Moll, Gee 1999, S. 32)

einer Begrenzung des derzeitigen Wirtschaftswachstums als rein quantitatives und materielles Konzept einer Wohlfahrt münden. Ein entsprechendes Konzept schlägt *Schmidt-Bleek* mit dem Faktor 10 für die Industrieländer, die den größten Teil der Umweltbelastung verursachen, vor. *(Schmidt-Bleek 1998)* In dieser weitreichenden Zielsetzung ist das Eingeständnis eines weiteren wirtschaftlichen Ausbaus in den Entwicklungsländern bzw. einer weltweit gleichmäßigen Nutzung der natürlichen Ressourcen enthalten. Insgesamt wird global eine Halbierung des Ressourceneinsatzes angestrebt, wofür mindestens eine Generation (etwa 25 Jahre) notwendig ist. *(Moll, Gee 1999, S. 31)* Die Verfechter des Konzepts forderten zwischen 30 und 50 Jahren für die Erreichung von Faktor 10. *(Factor 10 Club 1994)*

$$\text{Faktor 10} = \frac{2}{1/5}$$

Hier spricht man trotz der hohen Umweltentlastungsziele nicht von einer „sehr starken Ökoeffizienz", da hierfür – in Analogie zur sehr starken Nachhaltigkeit – ein weiteres Wirtschaftswachstum unzulässig wäre. Abb. 4.6 stellt die Entwicklung bei fundamentalen Änderungen dar, welche unter den durch Faktor 4 vorgegebenen Parametern nach 60 Jahren zu einer Verzehnfachung der Ökoeffizienz führen würde. In diesem Fall wird der Ressourcenverbrauch auf ein Fünftel des Anfangswertes vermindert. Nach weiteren 60 Jahren läge der Verbrauch natürlicher Ressourcen bei einem Zehntel.

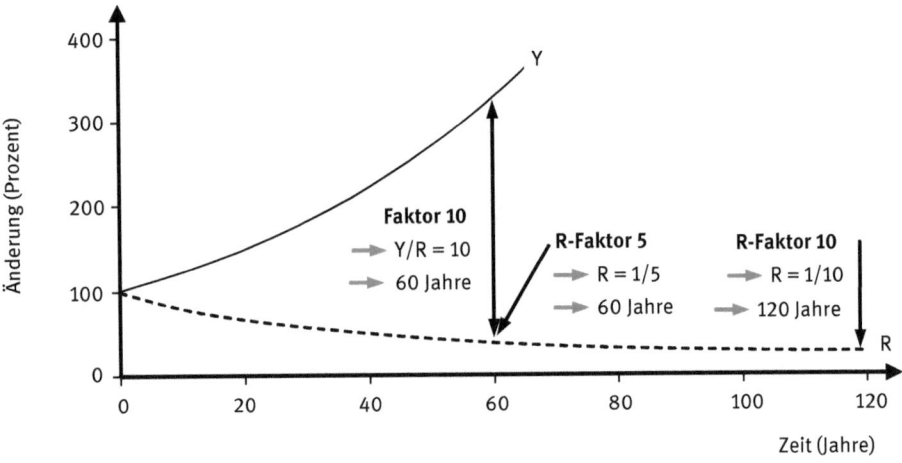

Abb. 4.6: Entwicklung von Wirtschaft und Ressourcenverbrauch in Industrieländern bei einer Ökoeffizienz von Faktor 10
(Quelle: in Anlehnung an Moll, Gee 1999, S. 32)

Maximale Ökoeffizienz

Ambitionierte Forderungen umfassen die Zielsetzung, die Stoffströme in Industrieländern auf ein Zehntel der jetzigen Werte innerhalb eines halben Jahrhunderts zu reduzieren, während den Entwicklungsländern aus Gerechtigkeitsüberlegungen eine Verdopplung gestattet wird. Dann wären bei einem Wirtschafswachstum der Industrieländer von 2 % pro Jahr schon 6,8 % jährliche Ressourcenproduktivitätssteigerung notwendig. Dies entspräche einer um den Faktor 27 gesteigerten Ressourceneffizienz, wie in Abb. 4.7 aufgezeigt. Infolge der sehr starken Anstrengungen findet die Forderung nach einer Suffizienz-Strategie unter diesen Zielvorgaben einen starken Zuspruch. Unter Berücksichtigung des Ressourcenbedarfes im Rahmen der Digitalisierung und anderer neuer Technologien wie der neuen Energieträger aber auch der e-Mobilität erscheint dies jedoch kaum realistisch, wie im Folgenden näher erläutert wird.

Mögliche Kritikpunkte

Die bisher modellhaft aufgezeigte Systematisierung von Varianten der Ökoeffizienz hängt von einigen Prämissen ab. Die Variation einzelner Parameter kann großen Einfluss auf die dargestellten Zusammenhänge haben. Grundsätzlich erfordert die Aggregation oder Selektion von Indikatoren – oftmals nicht genügend gesicherte – Annah-

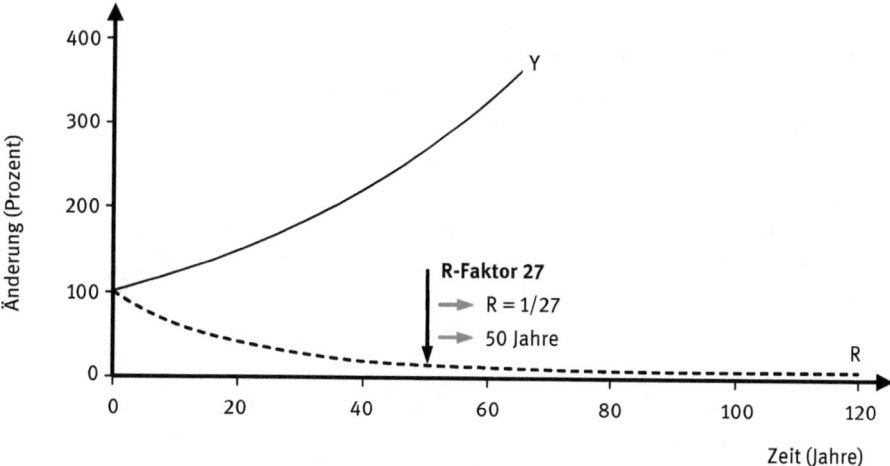

Y: BSP; Steigerung um 2 % p. a. (in Industrieländern)
Y/R: Ressourcenproduktivität; Steigerung um 6,8 % p. a.
R: Ressourcenverbrauch (resultierend aus Y und Y/R)
*:   Faktor der absoluten Reduzierung, gemessen an den Ressourcen

Abb. 4.7: Entwicklung von Wirtschaft und Ressourcenverbrauch in Industrieländern bei maximaler Ökoeffizienz
(Quelle: in Anlehnung an Moll, Gee 1999, S. 32)

men, wozu auch das vielfach ungelöste Problem der Substitutionsbeziehung zwischen Ressourcen zählt. Zu den möglichen Kritikpunkten gehören im Einzelnen:

–   Die Ressourcenproduktivität sowie ihre beiden zugrundeliegenden Größen dürfen grundsätzlich kein Selbstzweck sein. Es kann nur darum gehen, mit ihnen die Entwicklung der Gesellschaft und ihrer Technologien hinsichtlich ökologischer Anforderungen abzubilden.

–   Für den ökonomischen Term einer Ressourcenproduktivität soll das reale BIP verwendet werden, weil nur durch die Bereinigung um Kaufkraftverluste (Inflation) ein vergleichbares Maß für die ökonomische Dimension besteht. In der Literatur wird dies aber häufig nicht problematisiert. Bei der unternehmensbezogenen Ökoeffizienz ist es weitaus auffälliger, dass ökonomische Kennzahlen wie Umsatz oder Gewinn nur in ihrer nominalen Höhe berücksichtigt werden. Dadurch steigt die Ökoeffizienz schneller als bei der Verwendung bereinigter Größen.

–   Es ist unbekannt, wie sich das Wirtschaftswachstum tatsächlich entwickeln wird und ob die fortgeschrittenen Industrieländer das reale BIP weiter steigern können. Es ist stattdessen anzunehmen, dass ökonomische Sättigungseffekte bzw. abnehmende Zuwachsraten eintreten.

–   Die Steigerung des BIPs wird bislang als positiv für die Wohlfahrt angenommen. In der Lebenszufriedenheits- und der Glücksforschung gilt es – wie schon ausgeführt – aber als weitgehend gesichert, dass es Sättigungseffekte gibt. Die Frage ist also, ob es eine obere Grenze für die wohlfahrtsinduzierten Effekte des BIPs geben sollte. Diese Problemlage führt auch zur grundsätzlichen Frage, welches Ziel mit einem gesteigerten BIP erreicht werden soll, wenn es auf die Wohlfahrt einen rückläufigen Einfluss hat.

– Die Ressourcen müssen näher spezifiziert und für den Indikator ggf. ein schlüssiges Aggregationsverfahren gefunden werden. Die „Tonnenideologie", das Gewicht jeglichen Materials zusammenzuzählen, berücksichtigt die jeweiligen Eigenschaften, Probleme, Ressourcenreichweiten (zukünftige Verfügbarkeit) und Ressourcenvorräte nicht. Die Problematik betrifft auch die Frage nach der Substituierbarkeit von Ressourcen, welche für die beiden entgegengesetzten Positionen einer schwachen und starken Nachhaltigkeit zentral ist.[1]

– Letztlich hängt auch das konkret gewählte Ökoeffizienz-Konzept von normativen Festlegungen bzw. der Perspektive ab. Vertreter einer starken Ökoeffizienz sehen die Umweltentlastungseffekte als Hauptziel und die ökonomischen Effekte eher als akzeptanzfördernde „Gratiseffekte". Die meisten deutschen Unternehmen – deren ökologische Betroffenheit ist ohnehin nicht stark ausgeprägt – stellen hingegen die Kosteneinsparungen in den Vordergrund und betrachten Umwelt-/Ressourcenschutz als nachrangiges Ziel.

Tatsächlich kann für die Vereinigten Staaten von Amerika und für die größten europäischen Staaten nachgewiesen werden, dass die energiebezogene Ökoeffizienz seit 1960 gestiegen, der Energieverbrauch insgesamt aber zugenommen hat. Die Effizienzsteigerungen konnten die zusätzliche Umweltbelastung aus der Bevölkerungszunahme, insbesondere in Amerika, nur zum Teil kompensieren. Ähnliche Befunde einer relativen Entkopplung sind im globalen Maßstab für diverse Rohstoffe, Emissionen und Fischbestände festzustellen. *(Holm, Englund 2009)*

Es konnte gezeigt werden, dass die Ökoeffizienz primär mikroökonomisch ausgerichtet ist. Es geht um Einsparpotenziale von Energie und Ressourcen auf Unternehmensebene. Bewertet man die Ökoeffizienz auf der makroökonomischen Ebene werden – wie aufgezeigt wurde – Grenzen bzw. Schwächen der Ökoeffizienz deutlich. Wie einführend in das Kapitel schon erwähnt wurde, ist die Ökoeffektivität breiter angelegt und zielt auf einen Strukturwandel des Wirtschafts- und Gesellschaftssystems ab. Hauschild fordert daher „the need for an absolute perspective." *(Hauschild 2015, S. 4)* Er begründet dies wie folgt und verdeutlicht dabei den Unterschied zwischen Ökoeffizienz und Ökoeffektivität sehr treffend:

---

1 Als Empfehlung: Es ist zumindest nach den beiden Leitindikatoren für Rohstoffe und Energieträger zu unterscheiden. Soll nur ein Leitindikator verwendet werden, so können alternativ die Kohlendioxid-Emissionen die gesamten Bemühungen um Vermeidung, Verminderung und Substitution fossiler Ressourcen und deren Folgen abbilden.

While products or services get more sustainable, the overall consumption and the associated production get less sustainable in terms of total impact on the environment. The question whether a product or a certain way of obtaining a service will ever be sustainable, meaning possible to sustain in the long run without undermining itself, is not addressed. … The question should not be just whether product A is more ecoefficient than product B but also whether any of the products is eco-effective in the sense of fulfilling needs in a manner that is in accordance with the overall conditions that must be met by a sustainable society.

4.5 Inhaltliche Abgrenzung der Ökoeffektivität

Ausgangspunkt der Ökoeffektivität ist die Vorgabe einer konkreten Zielsetzung, die mit bestimmten Maßnahmen bzw. Instrumenten erreicht werden soll. Es geht darum, dass sich das industrielle System so entwickelt, dass es mit dem natürlichen System in einer positiven Wechselwirkung steht. Eine Wirtschaft kann also ökologisch nur dann konsistent sein, wenn z. B. Produktionsprozesse von Unternehmen zu keinen Konflikten zu dem biologischen Kreislauf führt. Hier wird die Nähe zur Konsistenzstrategie, die schon vorgestellt wurde, deutlich. Teilweise werden die Konsistenzstrategie und die Ökoeffektivität sogar identisch gesehen. Im Zusammenhang mit der Ökoeffektivität wird in Technosphäre, die vom Menschen erschaffen wird und in Biosphäre unterschieden. Daraus lässt sich die Kreislaufwirtschaft oder Circular Economy ableiten, die in dem folgenden Unterkapitel 4.6 noch näher erläutert wird. Sie lässt sich in technische und biologische Kreisläufe untergliedern. Eine wichtige Bedingung dabei ist, dass das Designe von Produkten so konzipiert wird, dass keine Abfälle bzw. schädlichen Stoffe entstehen. Das gilt für die drei Phasen: Produktion, Nutzung und Recycling. Industrielle Systeme sind zunächst als isoliert von ökologischen Systemen zu betrachten. *(Braungart, McDonough 2016, S. 106)*

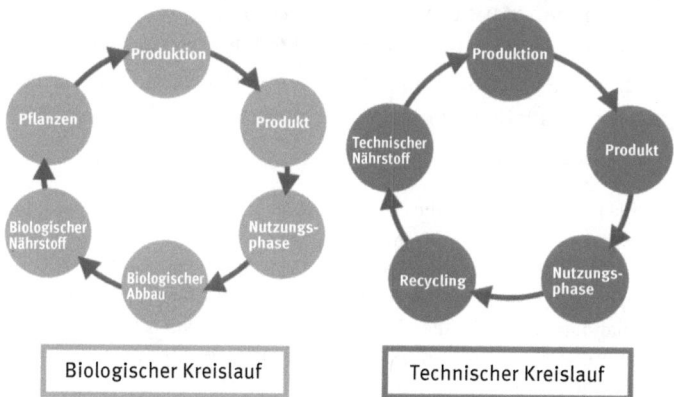

Abb. 4.8: Technischer und biologischer Kreislauf des C2C-Konzepts (Quelle: In Anlehnung an Cradle to Cradle NGO, 2020)

Die Kreisläufe sind nach zwei verschiedenen Materien zu differenzieren: nach der Biomaterie und der Industriematerie. Während die Biomaterie nach dem Gebrauch der Natur als Nährstoff zurückgeführt wird, zirkulieren Güter, die nicht der Natur zurückgeführt werden können, im geschlossenen technischen Kreislauf. In diesem Kontext entstand das Cradle-to-Cradle-Konzept, das darauf basiert, dass die Industriematerien ohne Qualitätsverluste in Kreisläufen zirkulieren. Im Idealfall können die Materialien unendlich oft wiederverwertet werden. Eine wichtige Bedingung ist, dass die Produkte im Sinne der Kreislaufwirtschaft konzipiert werden. Um das Konzept vor Missbrauch von Unternehmen *(Green-Washing)* zu schützen, wurde von der NGO Cradle-to-Cradle Products Innovation Institute die C2C-Zertifizierung erarbeitet. Sie gewährleistet eine einheitliche und transparente Bewertung von Produkten. Die Zertifizierung ermöglicht den Nachfragern bzw. Konsumenten die Produkte entsprechend den vorgegebenen Kriterien zu bewerten. Hierfür wurden 5 Kriterien entwickelt: Material ohne Gesundheitsrisiken (toxikologische Eigenschaften des Materials), Kreislauffähigkeit, erneuerbare Energie, Wasserwirtschaft und soziale Fairness.

Entsprechend der Begrifflichkeit wurde die Ökoeffektivität zunächst auf einen Strukturwandel existierender Systeme industrieller Stoffströme fokussiert. Wie aufgezeigt wurde, soll es im Rahmen des Strukturwandels zu einer ökologischen Modernisierung kommen, bei der durch Innovationen primär die industriellen Materialflüsse mit der Natur harmonisiert werden. *(Huber 2014, S. 55)* Es geht um eine weitgehend störungsfreie Koexistenz von Natur und Industrie. In neuerer Zeit wurde festgestellt, dass die Ökoeffektivität auch ökonomische und soziale Aspekte aufweist. Daher basiert die Ökoeffektivität in einem weiteren Sinne auf den drei Dimensionen nachhaltiger Entwicklung. In Bezug auf die soziale Dimension stellen Moreau et al. fest, dass Institutionen in einer Kreislaufwirtschaft eine große Bedeutung für eine verursachergerechte Zuordnung externer Kosten zukommt, die durch Umweltbeeinträchtigungen entsteht. *(Moreau et al. 2017)* Daher unterscheiden sie in der Kreislaufwirtschaft die biophysikalischen Grenzen von den institutionellen Bedingungen.

Korhonen et al. stellen ebenfalls fest, dass in eine erfolgreiche Kreislaufwirtschaft alle drei Dimensionen nachhaltiger Entwicklung mit einbezogen werden müssen. Die soziale Dimension begründen sie am Beispiel einer Sharing Economy *(Korhonen et al. 2018, S. 39 ff.)*:

> The "sharing economy" may bring significant efficiency improvements in how people live or, for example, organize their travel accommodation (renting apartments vs. hotel rooms) and how people travel (owning a vehicle vs. sharing its use). The idea is to involve as much as it is possible of the existing material capacity in economic systems into efficient use. This is interesting. It is common knowledge in Finland, for example, that the average use rate of cars is less than 10 %. How would a credible business leader of any company justify the purchase of machinery the use rate of which will be less than 10 %?

In der Realität können zwischen den drei Dimensionen Konflikte auftreten, die Prioritäten notwendig machen. Für eine Entscheidung sind Kennzahlen notwendig, die zu

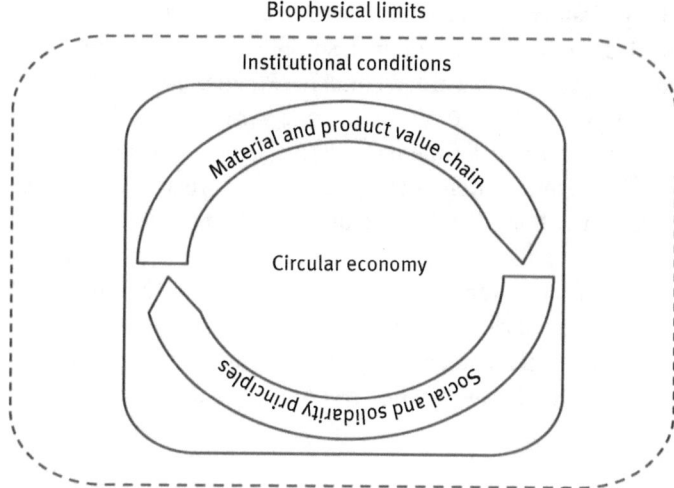

Abb. 4.9: Das Zusammenwirken des institutionellen Rahmens und Sozial- und Solidaritätsprinzipien im Rahmen der Circular Economy
(Quelle: Moreau et al. 2017, S. 503)

einer Begründung der Präferenz führen. Barbiroli hat hierzu die folgende Verlustgleichung aufgestellt und definiert Ökoeffektivität wie folgt *(Barbiroli 2006)*:

$$P = \frac{1}{2}(v - v^*)^2 + \frac{1}{2}(u - u^*)^2$$

Er versteht die Ökoeffektivität (P) als Abweichung eines theoretisch idealen Staates zu dem in der Realität existierenden. Hierzu vergleicht er die Materialproduktivität (u) und den Einsatz von erneuerbaren Energien (v). Die Werte des idealen Staates sind jeweils mit * gekennzeichnet. Mit Hilfe des Faktors kann zusätzlich eine Gewichtung der einzelnen Ressourcen vorgenommen werden. Dadurch lässt sich eine Quantifizierung von Ökoeffektivität vornehmen.

Die Relevanz der Ökoeffektivität am Beispiel Klimawandel und seltene Erden und Metalle

Exemplarisch lässt sich die Relevanz der Ökoeffektivität an den herausragenden Beispielen der steigenden klimaschädlichen Emissionen und dem wachsenden Verbrauch von Ressourcen wie seltene Erden und Metalle verdeutlichen. Diese Herausforderungen lassen sich nicht auf der Grundlage von Ökoeffizienzmaßnahmen, sondern nur im Rahmen einer umfassenden Ökoeffektivitätstrategie bewältigen. Das folgende Schaubild zeigt einige wichtige Trends. Zunächst wird deutlich, dass die globalen Treibhausgasemissionen in den vergangenen 160 Jahren exponentiell zugenommen haben. Berücksichtigt man, dass aktuell 75 % der globalen Energieproduktion noch durch nicht-regenerative Energieträger, sondern durch emissionsintensive fossile

Brennstoffe erfolgt, ist dieser Trend nachvollziehbar. In diesem Zusammenhang stellte Randers bereits 2011 fest, dass die Menschheit doppelt so viel Treibhausgase emittiert, wie von den Ökosystemen aufgenommen werden können. *(Randers 2012, S. 25)*

Die Industrieländer sind bis etwa 1970 für einen ganz wesentlichen Anteil verantwortlich. Seit Beginn der Industrialisierung hat beispielsweise Deutschland etwa 5 % zur Erderwärmung beigetragen. In den letzten Jahrzehnten weisen die Schwellenländer wie China und Indien hohe Wachstumsraten auf. Seit 2005 stößt China in absoluten Zahlen mehr Treibhausgase aus als die USA, was zu großen Kontroversen zwischen den beiden Ländern führte. Derzeit führt China mit 12,7 Milliarden Tonnen CO_2-Äquivalenten die Rangliste der größten Treibhausgasemittenten an *(vgl. Abb. 4.10)*. Dabei ist jedoch zu berücksichtigen, dass die jährlichen Pro-Kopf Emissionen in Schwellen- und Entwicklungsländern deutlich geringer als in Industrieländern

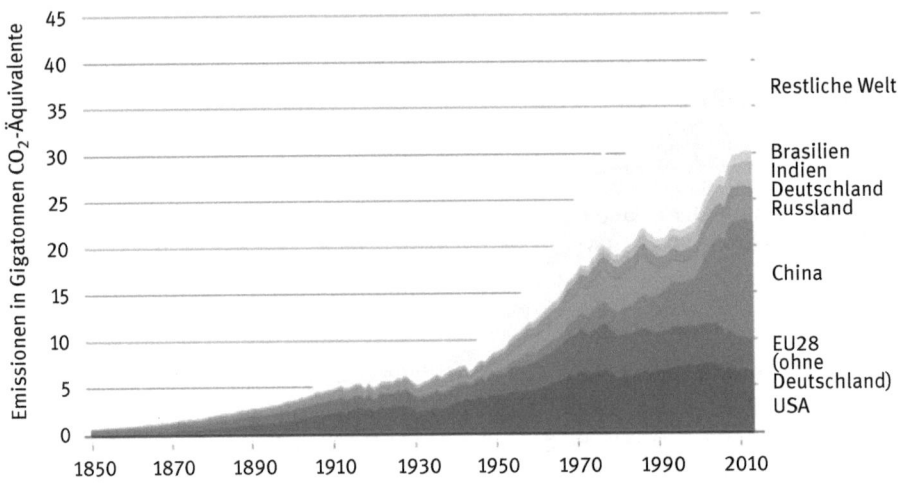

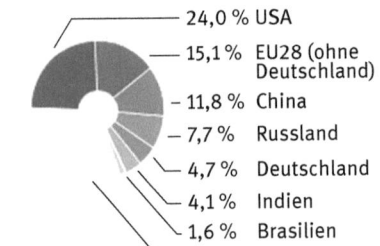

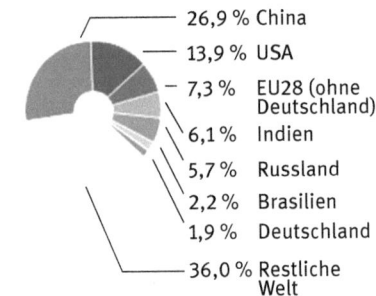

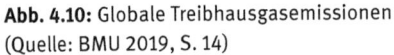

Abb. 4.10: Globale Treibhausgasemissionen
(Quelle: BMU 2019, S. 14)

sind. So sind die Pro-Kopf-CO_2-Emissionen in Deutschland rund 20 Prozent höher als in China, rund fünfmal höher als in Indien und über doppelt so hoch wie im globalen Durchschnitt. *(BMU 2019, S. 14 ff.)*

Für die Entwicklung und Bewertung der Folgen des Klimawandels ist der IPCC von zentraler Bedeutung. Das Umweltprogramm der Vereinten Nationen und die Weltorganisation für Meterologie gründete 1988 den Weltklimarat. Der Weltklimarat (Intergovernmental Panel on Climate Change, IPCC) analysiert unter dem Dach der Vereinten Nationen kontinuierlich die Entwicklung klimaschädlicher Emissionen und dem sich daraus begründeten Fortschritt des Klimawandels. Die Sachstands- und Sonderberichte bilden den Forschungsstand zum Klimawandel ab. Die folgenden Ausführungen konzentrieren sich auf den 2018 vom IPCC vorgelegten und verabschiedeten Sonderbericht „Global Warming of 1.5 °C." In dem Sonderbericht werden die Folgen einer globalen Erwärmung um 1,5 °C bzw. 2 °C gegenüber dem vorindustriellen Niveau analysiert. Dabei beziehen sie sich auf die Beschlüsse des Pariser Abkommens von 2015. Der Weltklimarat geht davon aus, dass etwa 1,0° der globalen Erwärmung durch menschliche Aktivitäten verursacht wurden. Zwischen 2030 und 2052 erreicht die globale Erwärmung – nimmt sie mit der aktuellen Geschwindigkeit weiter zu – 1,5 °C. Die folgenden Ausführungen beschränken sich auf einige Risiken, die damit verbunden sind. Dabei ist zwischen den heutigen Bedingungen (etwa 1°) und einer zu erwartenden Erwärmung um 0,5° auf 1,5° zu unterscheiden, wobei regionale Unterschiede vernachlässigt werden *(IPCC 2019)*:

- ein Anstieg extremer Temperaturen um bis zu 3° ist in vielen Regionen zu erwarten,
- die Anzahl heißer Tage wird zunehmen,
- in manchen Regionen kommt es zu einer Zunahme der Intensität oder Häufigkeit von Dürren,
- Starkniederschläge werden zunehmen,
- der Meeresspiegel wird bis weit über das Jahr 2100 ansteigen (mit einer indikativen Bandbreite von 0,26 bis 0,77 m),
- kleine Inseln, Deltaregionen und Küstenregionen sind besonderen Risiken ausgesetzt,
- der Verlust von Biodiversität und die Beeinträchtigung von Ökosystemen nimmt zu (von 105 000 untersuchten Arten büßen entsprechend der Projektionen 6 % der Insekten, 8 % der Pflanzen und 4 % der Wirbeltiere ein),
- Tundra und boreale Wälder in den hohen Breiten sind durch Schädigung und Verlust aufgrund des Klimawandels besonders gefährdet,
- eine Begrenzung der Erwärmung auf 1,5 °C statt 2 °C verringert die Risiken für marine Biodiversität, Fischerei und Ökosysteme sowie deren Funktionen und Leistungen für den Menschen,
- der Grad der Ozeanversauerung wird im Zusammenhang mit einer globalen Erwärmung um 1,5 °C laut Projektionen die nachteiligen Auswirkungen der Erwärmung verstärken,

– die Risiken für Gesundheit, Lebensgrundlagen, Ernährungssicherheit und Was-
   serversorgung, menschliche Sicherheit und Wirtschaftswachstum werden laut
   Projektionen bei einer weiteren Erwärmung zunehmen,
– der Wasserstress wird in vielen Regionen eintreten oder zunehmen,
– Maßnahmen zur Klimaanpassung bei der Herstellung von Lebensmitteln und bei
   der Vorbeugung vor Überflutung müssen beschleunigt werden.

Die zu erwartenden Folgen einer Temperaturerhöhung von 1,5 °C zeigen deutlich, dass
alle drei Dimensionen nachhaltiger Entwicklung betroffen werden. Dabei ist die Annahme von 1,5 °C eine überaus positive Projektion. Viele Experten erwarten einen höheren Anstieg der Temperatur, wodurch auch die schädlichen Auswirkungen steigen
würden. Somit kann festgestellt werden: je geringer der Temperaturanstieg ist, umso
geringer sind die vielfältigen ökologischen, wirtschaftlichen und sozialen Beeinträchtigungen.

   Neben den steigenden klimaschädlichen Emissionen begründet der wachsende
Verbrauch knapper Ressourcen die Relevanz der Ökoeffektivität. Dabei hat sich jedoch die Diskussion um begrenzte Ressourcen immer stärker von der Knappheit fossiler Brennstoffe zu seltenen Erden und seltenen Metallen verlagert. Unter Seltenen
Erden werden die Elemente Lanthan, die Lanthanoide, also die 14 Elemente die im
Periodensystem auf das Lanthan folgen, sowie Yttrium und Scandium zusammengefasst. *(Marshall; Holdinghausen, 2018, S. 16)* Für die Gruppe der Seltenen Metalle gibt
es international keine einheitliche Abgrenzung bzw. Liste von Metallen, die dieser zugeordnet werden.

   Nach einer häufig zitierten Abgrenzung versteht Skinner unter geochemisch Seltenen Metallen metallische Stoffe, deren Konzentration in der Erdkruste nicht höher
als 0,1 Gewichtsprozent ist. *(Skinner, 1979, S. 4217; Reller, Dießenbacher 2014, S. 105)*
Für Seltene Metalle werden teilweise auch Begriffe wie strategische Metalle, kritische
Metalle, und seltene umweltrelevante Metalle verwendet. Seltene Metalle werden wie
Seltene Erden in der Regel nicht direkt abgebaut. Sie sind somit an die Vorkommen,
den Abbau und die Produktion anderer Metalle, den sogenannten Hauptmetallen, wie
beispielsweise Blei, Kupfer, Nickel oder Zink gekoppelt. Dies wird auch als geologische Vergesellschaftung von Elementen bezeichnet. Steigt die Nachfrage kann sie nur
durch eine Erhöhung des gekoppelten Hauptmetalls erfüllt werden.

   Allgemein kann festgestellt werden: mit der Herstellung von Gütern

> haben Stoffmobilität und Stoffdiversifizierung in der Geo-, Bio- und Technosphäre historische
> Ausmaße angenommen. Das bedeutet, dass die Anzahl der Elemente des Periodensystems, die
> in der Wirtschaft verarbeitet werden, stetig ansteigt. (Reller, Dießenbacher 2014, S. 94)

Seit Beginn dieses Jahrhunderts haben seltene Erden und seltene Metalle eine steigende Nachfrage und damit auch eine zunehmende Relevanz erhalten. In der Öffentlichkeit wurde die hohe Bedeutung dadurch wahrgenommen, dass China 2009 die
Exportquote von Seltenen Erden um fast 50 % verringerte. Das erklärt sich daraus,

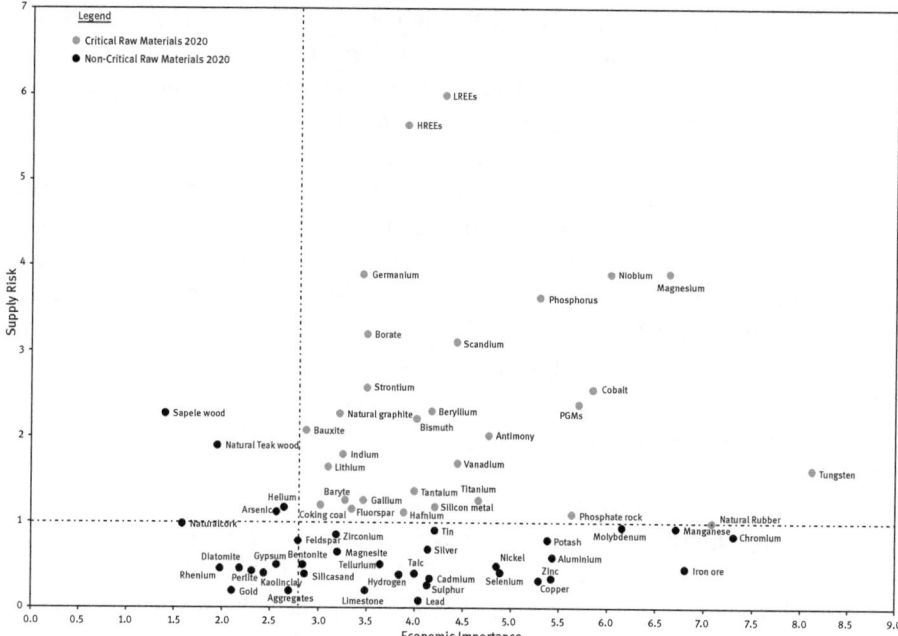

Abb. 4.11: Die wirtschaftliche Bedeutung und das Versorgungsrisiko – Ergebnisse der Kritikalitätsbewertung 2020
(Quelle: European Commission 2020, S. 3)

dass für moderne und zukunftsorientierte Produktionsprozesse aber auch Produkte wie Computer, Mobiltelefone, Displays, Medizintechnik, regenerative Energieträger wie Windkraftanlagen und Solarzellen, Energiesparlampen, Hochleistungsbatterien sowie die für die geförderte Elektromobilität bzw. die Wasserstoffantriebstechnologie Seltene Erden und Metalle benötigt werden.

Diese Technologien werden in Zukunft noch an Bedeutung gewinnen. Daher hat die EU-Kommission bereits im Jahr 2011 insgesamt 14 Metalle als besonders kritische eingestuft. Die erste Liste wurde 2014 und 2017 überarbeitet und 2017 auf 27 kritische Rohstoffe erweitert. Im Jahr 2020 enthielt die Liste 30 kritische Rohstoffe. *(European Commission 2020, S. 2)* Die Ergebnisse der Kritikalitätsbewertung 2020 werden in der Abbildung 4.11 dargestellt. Kritische Rohstoffe (ZRMs) sind durch graue Punkte hervorgehoben und befinden sich innerhalb der Kritikalitätszone (SR ≥ 1 und EI ≥ 2,8) der Grafik. Schwarze Punkte stellen die unkritischen Rohstoffe dar. Die vertikale Achse spiegelt das Versorgungsrisiko und die horizontale Achse die wirtschaftliche Bedeutung wider. Betrachtet man sich das Schaubild, so wird deutlich, dass sich die grauen Punkte durch ein relativ hohes Versorgungsrisiko bei hoher wirtschaftlicher Bedeutung auszeichnen und so eindeutig der Gruppe der kritischen Metalle zuzuordnen sind.

Die OECD prognostiziert, dass sich der globale Materialbedarf von heute 79 Milliarden Tonnen im Jahr 2060 auf 167 Milliarden Tonnen mehr als verdoppeln wird. Der globale Wettbewerb um Ressourcen wird im kommenden Jahrzehnt also intensiver werden. Die Abhängigkeit von kritischen Rohstoffen ersetzt im Prinzip schon die heutige Abhängigkeit von Öl. Die am 11. Dezember 2019 verabschiedete EU-Mitteilung zum Green Deal erkennt den Zugang zu Ressourcen als strategische Sicherheitsfrage an, um das Ziel der Klimaneutralität bis 2050 und die Klimaziele für 2030 zu erreichen. *(European Commission 2020, S. 4)* Berücksichtigt man, dass eine kohlenstoffarme Wirtschaft ein zentrales Ziel der EU und auch von Deutschland ist, erfordert dies den verstärkten Einsatz regenerativer Energieträger, die den CO_2-Fußabdruck des gesamten Energiesystems erheblich reduzieren. Die hierfür erforderlichen Technologien wie Windkraftanlagen, Solar- und Photovoltaikanlagen und Elektrofahrzeuge erhöhen die Nachfrage nach kritischen Metallen. So sind beispielsweise einige Seltene Erden und Seltene Metalle wichtige Bestandteile von Permanentmagneten, die in Hochleistungs-Windkraftanlagen und Elektrofahrzeugen eingesetzt werden. Somit führt die steigende Nachfrage nach Seltenen Erden und Seltenen Metallen für Zukunftstechnologien zu einer komplexen Konfliktsituation. Daher müssen in einer umfassenden Ökoeffektivitätsstrategie bei diesen Technologien deren Wirkungsgrad erhöht und der Einsatz von kritischen Metallen z. B. durch eine Verbesserung der Kreislaufwirtschaft und durch die Substitution kritischer Metalle entlastet werden.

4.6 Circular Economy und Konzepte ihrer Umsetzung

In Abschnitt 4.5 wurden bereits die Grundlagen einer Kreislaufwirtschaft aufgezeigt. Da die Circular Economy jedoch ein zentraler Bestandteil der Ökoeffektivität und damit ein nachhaltiger Umgang mit Rohstoffen ist, soll sie weiter vertieft werden. Dabei ist zu berücksichtigen, dass sie in der Literatur nicht einheitlich abgegrenzt wird. Die Circular Economy hat in der traditionellen Subsistenzwirtschaft der Landwirtschaft ihr historisches Vorbild. Um die Fruchtbarkeit landwirtschaftlicher Nutzflächen zu sichern, wurden organische Abfälle, die im Haushalt, Stall oder bei der Verarbeitung von Ackerfrüchten anfielen, wieder auf die Äcker zurückgeführt. *(Gäth, Meißner 2013, S. 107)* Das Denken und Wirtschaften in Kreisläufen ermöglichte Landwirten lange vor den ersten Überlegungen zu einer Circular Economy eine nachhaltige Bodenbewirtschaftung und Erzeugung von Nahrungsmitteln.

Die folgenden Ausführungen konzentrieren sich nun auf einige wesentliche Merkmale. Zunächst wird die Circular Economy von der Linearwirtschaft oder „Wegwerfwirtschaft" unterschieden, die als vorherrschendes Prinzip der industriellen Produktion und des Konsums besonders in Industrie- aber auch zunehmend in Schwellenländern gilt: ein Großteil der Rohstoffe werden nach der Nutzung der Produkte deponiert, verbrannt und nur ein geringer Anteil wird durch Recycling einer Wiederverwertung zugeführt. Für das Jahr 2005 stellt Haas et al. fest: *„Our estimate shows that while glob-*

ally roughly 4 gigatonnes per year (Gt/yr) of waste materials are recycled, this flow is of moderate size compared to 62 Gt/yr of processed materials and outputs of 41 Gt/yr." (Haas et al. 2015, S. 765) Die Potenziale wurden sowohl in Deutschland als auch in der EU erkannt. So wurde in Deutschland 1994 das Kreislaufwirtschafts- und Abfallgesetz verabschiedet. In der Europäischen Gemeinschaft kam es bereits 1975 zu Richtlinien die auf eine Wiederverwendung bzw. Wiederverwertung von Abfällen ausgerichtet waren, um Rohstoff- und Energiequellen zu erhalten. Schließlich präsentierte die Europäische Kommission den Aktionsplan *„Closing the loop – An EU action plan for the circular economy"* die auf eine Priorisierung der Circular Economy auf EU Ebene ausgerichtet ist.

Das Konzept der Circular Economy geht auf den Wirtschaftswissenschaftler David W. Pearce zurück. Im Gegensatz zur Linearwirtschaft strebt die Circular Economy auf der Grundlage planetarer Grenzen ein regeneratives System an. In diesem wird der Ressourceneinsatz und die Abfallproduktion, Emissionen und der Energieverbrauch durch Verlangsamung, Verringerung und Schließung von Energie- und Materialkreisläufen minimiert. Das wird durch eine langlebige Konstruktion, Instandhaltung bzw. Reparaturfähigkeit, Wiederaufbereitung (Remanufacturing) und Recycling angestrebt. Ein wesentliches Merkmal ist also die Minimierung neuer Materialien bei der Herstellung von Produkten die im Rahmen eines evolutorischen Prozesses angestrebt wird. Dieser Prozess kann in verschiedene Phasen untergliedert werden. *(Reike et al. 2017, S. 3)* Produkte müssen entsprechend so aufgebaut und designiert werden, dass sie mit geringem finanziellem und energetischem Aufwand wiederverwendet, repariert und genutzt werden können.

Somit kann festgestellt werden, dass im Rahmen der Circular Economy die linearen Wertschöpfungsketten, so wie sie heute überwiegend noch bestehen bzw. dominieren, in geschlossene Wertschöpfungsketten umgewandelt werden müssen. Nur so lässt sich der Bestand an natürlichen Ressourcen aufrechterhalten und der Ausstoß natur- und gesundheits-, aber auch klimaschädigender Emissionen minimieren. *(Jaeger-Erben 2019, S. 19)* Circular Economy ist jedoch nicht nur ein gesamtwirtschaftliches Modell, das zur nachhaltigen Entwicklung ganz wesentlich beitragen kann. Es lässt sich auch auf die Unternehmensebene übertragen. So können auch einzelne Unternehmen auf innovativer Kreislaufschließung und Ressourceneffizienz basierende Modelle entwickeln und umsetzen.

Hierzu bietet sich auch die Kooperation von Unternehmen im Rahmen von Industrieparks bzw. Gewerbegebieten an, wie schon ausgeführt wurde. Bisher wurden jedoch die Potenziale von Gewerbegebieten im Rahmen der Circular Economy weitgehend vernachlässigt. Im Vergleich zu unternehmerischen Einzelaktivitäten können in Gewerbe- und Industrieparks durch die räumliche Nähe und das gemeinsame Interesse an einer zukunftsorientierten nachhaltigen Entwicklung unternehmensübergreifende Maßnahmen initiiert und umgesetzt werden. Dabei sind ein kommunikativer Austausch und eine enge Kooperation zwischen den Unternehmen und schließlich die Nutzung der Potenziale der Digitalisierung von großer Bedeutung. *(v. Hauff, Fi-*

scher 2017, S. 228 ff.) Dadurch kann die Wirtschaftsstruktur von innen heraus im Sinne der Circular Economy neu ausgerichtet werden, d. h. lineare Produktions- und Konsumstile ersetzt werden.

Circular Economy wird heute somit als alternatives Produktions- und Konsummodell postuliert. Sie kann als eine Wachstumsstrategie gesehen werden, die die „Entkopplung" des Ressourcenverbrauchs vom Wirtschaftswachstum ermöglicht und damit zu einer nachhaltigen Entwicklung beiträgt. Teilweise wird in diesem Kontext jedoch kritisch festgestellt, dass Circular Economy auf einem „Mythos der Entkopplung" basiert. *(Lazarevic, Valve, 2017)* Der UNEP-Bericht *„Decoupling Natural Resource Use and Environmental Impacts from Economic Growth"* aus dem Jahr 2011 zeigt, dass verwandte Nachhaltigkeitskonzepte und -ansätze wie Industrial Ecology (IE), Öko-Effizienz und Cleaner Production (CP) zu einer relativen, aber nicht absoluten Entkopplung beitragen. Somit kann es auch bei der Circular Economy nur darum gehen, die Entkopplung entsprechend dem Stand der Technik zu optimieren, wobei die innovative Weiterentwicklung von Technologien und zirkulären Produktdesigns von großer Bedeutung sind. Ein Fazit lässt sich wie folgt formulieren:

> Circular economy is an economy constructed from societal production-consumption systems that maximizes the service produced from the linear nature-society-nature material and energy throughput flow. This is done by using cyclical materials flows, renewable energy sources and cascading1-type energy flows. Successful circular economy contributes to all the three dimensions of sustainable development. Circular economy limits the throughput flow to a level that nature tolerates and utilises ecosystem cycles in economic cycles by respecting their natural reproduction rates. (Korhonen et al. 2018, S. 39)

Circular Economy ist ein Prozess, dessen Weiterentwicklung ganz wesentlich von Innovationen getrieben wird. Für die Bewertung der wirtschaftlichen Auswirkungen ist noch einmal die Zielsetzung kurz zu benennen: Circular Economy (CE) Innovationen zielen auf die Maximierung des Outputs des Natur-Gesellschaft-Natur Stoff- und Energiedurchsatzes durch eine Reduzierung des Energie- und Materialeinsatzes, eine Substitution von fossilen Brennstoffen durch erneuerbare Energien und schließlich eine höhere Wiederverwertbarkeit und Lebensdauer von Produkten ab. Neben der Einsparung von Energie und Materialien entstehen auch neue innovative Produktions- und Recyclinganlagen und neue Produkte, die von Unternehmen angeboten werden. Die Einspareffekte als auch die positiven Nachfrageeffekte verbessern die Finanzlage der Unternehmen. Die längere Lebens- bzw. Nutzungsdauer von Gebrauchsgütern führt für Unternehmen zu gegenteiligen Effekten. Aus gesamtwirtschaftlicher Sicht kann festgestellt werden, dass die Verringerung der Nachfrage nach Energie und Materialien sich negativ auf das Wirtschaftswachstum auswirkt, während die Nachfrage nach neuen, innovativen Produkten sich auf die gesamtwirtschaftliche Nachfrage und damit auch auf das Wachstum positiv auswirken.

Zu den Beschäftigungseffekten von CE-Innovationen stellen Horbach und Rammer fest, dass sie aus theoretischer Sicht nicht eindeutig geklärt sind. Prozessorientierte CE-Innovationen können negative Effekte haben, da die Realisierung dieser Innovationen mit einer höheren Arbeitsproduktivität einhergehen können, die zu einem niedrigeren Beschäftigungsniveau führen. Die Arbeitsproduktivität kann steigen, da CE-Prozessinnovationen oft eine Neugestaltung des gesamten Produktionsprozesses von der Materialauswahl bis zum endgültigen Design der Produkte aufweisen. Andererseits kann die Realisierung von CE-Innovationen auch positive Beschäftigungseffekte aufgrund der erhöhten Produktnachfrage und der zusätzlichen Investitionen für die Einführung von CE-Maßnahmen haben, die mehr spezialisierte und hochqualifizierte Mitarbeiter erfordern. Empirische Untersuchungen zeigen, dass Unternehmen, die in den Jahren von 2012 bis 2016 CE-Innovationen einführten im Verhältnis zu anderen Unternehmen eine deutlich bessere Umsatz- und Beschäftigungsentwicklung aufweisen. *(Horbach, Rammer 2019, S. 4 ff.)*

In der neueren Literatur werden einerseits Grenzen der Circular Economy aufgezeigt aber auch Erweiterungen eingefordert. Neben dem schon ausgeführten Rebound Effekt bzw. dem Jevens Paradoxon und dem vorgestellten Mythos der Entkopplung sollen exemplarisch noch die thermodynamischen Grenzen aufgezeigt werden. Georgescu-Roegen wies darauf hin, dass aufgrund des zweiten Hauptsatzes der Thermodynamik der Entropie, Recycling immer Energie benötigt und immer unvollständig sein wird indem Abfälle und Nebenprodukte erzeugt werden (steigende Entropie, abnehmende Energie). Daher ist festzustellen, dass vergeudete Materialien im Ökosystem verloren gehen und es unmöglich ist, sie wiederzugewinnen. *(Zu weiteren Grenzen der Circular Economy vgl. Korhonen et al. 2018, Jaeger-Erben 2019, S. 37 ff.)*

Für eine Erweiterung lässt sich exemplarisch die Forderung aufführen: Von der Circular Economy zur Circular Society. Sie basiert auf der Erkenntnis, dass in dem ökonomisch-ökologisch begründeten Ansatz bisher die soziale bzw. gesellschaftliche Dimension wie Partizipation, soziale Gerechtigkeit, Überwachung und Lebensqualität vernachlässigt werden. Damit wird das Konzept der Circular Economy noch nicht den Anforderungen nachhaltiger Entwicklung in einem umfänglichen Sinne gerecht. Entsprechend werden Veränderungen nicht nur in der Wirtschaft und der Ökologie eingefordert, sondern in dem umfassenden Kontext nachhaltiger Entwicklung. Dabei geht es um die hinreichend bekannte Forderung, dass Wirtschaften vor allem den Menschen dienen soll und nicht der Mensch der Wirtschaft zu dienen hat. Entsprechend kommt zu der Bio- und Technosphäre noch die Sozialsphäre.

> Die Idee – oder auch Utopie – Circular Society hat zum Ziel, ein partizipatives, gemeinschaftlich-solidarisches und zirkuläres Konsum- und Produktionssystem zu etablieren, das jedoch nicht nur den Materialverbrauch und die damit einhergehenden Emissionen drastisch reduzieren kann, sondern für viele Bürger in den Industrienationen auch einen großen materiellen Verlust bedeuten kann: an Komfort, Status durch materiellen Besitz sowie an den heutzutage schier unendlich erscheinenden Konsumoptionen. (Jaeger-Erben 2019, S. 50)

4.7 Ausgewählte Ansätze zur Umsetzung der Circular Economy

Es gibt unterschiedliche Denkschulen der Circular Economy. *(Zu einem Überblick vgl. Jaeger-Erben 2019, S. 22 ff.)* Die folgenden Ausführungen konzentrieren sich auf die Blue Economy und den Cradle-to-Cradle Ansatz. Der Ansatz der Blue Economy orientiert sich an der Green Economy die auf der Konferenz Rio+20 zum Leitprinzip ernannt wurde. Die „*Small Island Developing Nations (SIDS)*" haben die Green Economy in Blue Economy umbenannt um die Bedeutung der Ozeane für ihre weitere Existenz zu betonen. Gunter Pauli, der belgische Unternehmer, hat in seinem Buch den Begriff der Blue Economy übernommen. Er hat jedoch darunter etwas anderes verstanden. Er stellte das Konzept einer Green Economy in Frage und argumentiert, dass eine grüne Wirtschaft Investitionen der Industrie erfordere und zusätzliche Kosten für die Verbraucher verursache. Diese sind vor allem in Zeiten des wirtschaftlichen Abschwungs nicht wünschenswert. Seine kritische Sicht zur Green Economy erklärt sich aus folgendem Ereignis:

Pauli errichtete 1992 die erste Seifenfabrik, die keine CO_2-Emissionen verursachte. Für die Produktion wurde Palmöl verwendet. Das Palmöl stammte von einer Palmölplantage, die nach der Abholzung von Regenwald angepflanzt wurde. Dadurch wurde Pauli bewusst, dass „grün" nicht gleich „nachhaltig" bedeuten muss. Daraus begründete er: Wirtschaft muss grundsätzlich neu gedacht werden. Daraufhin entstand das „Zero Emission Research and Initiative (ZERI)"-Netzwerk, in dem sich Unternehmer und Wissenschaftler weltweit vernetzten. Der Begriff „Blue Economy" wurde 2004 von Pauli mit folgender Bedeutung eingeführt: Blau wie unser Planet, an dessen regionalen Ökosystemen sich eine nachhaltige Wirtschaft orientieren soll.

Die p2p Foundation geht von der Annahme aus, dass die Blue Economy kreativ mit dem arbeitet, was vorhanden ist, und darauf abzielt, einen Wechsel von Knappheit zu Überfluss umzuwandeln. *(Skene, Murray 2015, S. 207)* Nach Pauli ist das Upsizing, also der Aufbau von industriellen Kooperationen, innerhalb derer Inputs und Outputs zirkulieren, zentrales Element der Blue Economy. *(Pauli 2010, S. 18)* Entsprechend zielt sein Konzept auf eine emissions- und abfalllose Produktion ab (zero emissions and zero wast economy). Dieses Ziel soll nicht durch eine Verringerung, sondern durch eine Optimierung von Ressourcen erreicht werden. Dabei soll es zwischen dem menschlichen Wirtschaften und der Natur zu einer Koevolution kommen, wobei eine ständige Anpassung an die Veränderungen der Natur notwendig ist. Das Konzept von Pauli wurde von Barghorn in zehn Prinzipien zusammengefasst, die den Kern der Blue Economy bilden. *(Barghorn 2019)* Sie ermöglichen die Überprüfung der Entwicklung zu einer Blue Economy. Zu der Frage der Kosten der Blue Economy stellen Skene und Murray jedoch kritisch fest:

The Blue Economy claims: Nature uses physics and biochemestry to build harmoniously functioning whole systems, cascading abundandly transforming effortlesly and cycling efficiently without wast or ennergy loss. This forms the basis for the conclusions that the blue economy will be cheap, because it uss a little energy. This is fundamentaly flawed. (Skene, Murray 2015, S. 208)

Das Konzept Cradle to Cradle (C2C) geht auf Braungart und McDonough zurück. Sie stellen das Konzept in ihrem Buch von 2002 „Cradle to Cradle: Remaking the Way We Make Things" vor. Zuvor hat jedoch Stahel bereits 1976 die Idee im Rahmen der „economy in loops" entwickelt und in seinem *„Product Life Institut, Geneve"* umgesetzt. *(Stahel 1976)* Braungart und McDonough lösen in ihrem Ansatz das plakative Paradigma „von der Wiege zur Bahre" durch das Paradigma „von der Wiege zur Wiege" ab. Ausgangspunkt ist, dass für die Produktion von Gütern der Natur biologische Ressourcen oder technische Ressourcen entnommen bzw. genutzt werden. Das Konzept zielt darauf ab – wie einführend in die Ökoeffektivität bereits aufgezeigt wurde – Produkte oder Materialien in zwei geschlossene Kreisläufe zu integrieren. Nach der Terminologie von Braungart und McDonough sollen sie entweder als „technische Nährstoffe" in technischen Kreisläufen mit gleichwertiger Materialqualität in unendlichen Lebenszyklen einsetzbar werden. Oder sie sollen als „biologische Nährstoffe" in biologischen Kreisläufen eingesetzt werden, wenn sie in ihrer Wirkung unbedenklich und für die Biosphäre nützlich sind. Dabei ist zu berücksichtigen, dass biologische Nährstoffe oft auch in technischen Kreisläufen eingesetzt werden.

In diesem Kontext kann zwischen Verbrauchsgütern und Gebrauchsgütern unterschieden werden. Im Prinzip zeichnen sich Gebrauchsgüter idealtypisch dadurch aus, dass sie als biologische Nährstoffe langfristig ohne Gefahr in das offene Beziehungsnetz aus natürlichen Organismen und Prozessen zurückgeführt werden können. Gebrauchsgüter können in geschlossenen technischen Kreisläufen zirkulieren. Dadurch kann ihr Wert erhalten oder gesteigert werden und es lässt sich verhindern, dass sie in die Umwelt gelangen und diese schädigen. *(Braungart 2014, S. 147)* Gebrauchsgüter vergleicht Braungart mit einem Dienstleistungskonzept, bei dem die Produzenten im Besitz des Materials bleiben. Kunden können wie in einem „Öko-Leasing" am Ende der Nutzung von Produkten die Materialien wieder dem Produzenten zurückgeben und tragen somit keine Verantwortung für die Wiederverwertung. Produzenten profitieren von dem Konzept, indem sie das Eigentum an hochwertigen Materialien behalten. Das setzt ein Produktdesigne voraus, bei dem das Material seinen Wert erhält und auch entsprechend wiederverwertet werden kann.

Eine weitere Anforderung des Cradle-to-Cradle Konzepts ist – wie schon erwähnt – die Nutzung von Solarenergie, die sie als einzig dauerhafte und nutzbare Energiequelle bezeichnen. Sie ist ein „effektives System", das uneingeschränkt und ohne Belastungen von der nächsten Generation genutzt werden kann. Dabei geht es nicht um Sonnenenergie im engeren Sinne. Sonnenenergie im weiteren Sinne bedeutet, dass durch Thermik entstehende Wind- und Wasserkräfte sowie die Nutzung von Biomasse zur Energiegewinnung genutzt werden können. Weiterhin ist die Energiegewinnung durch kleine Windkraftanlagen zur Versorgung von Haushalten in räumlicher Nähe eine Möglichkeit des Konzeptes. Ein Potenzial sehen die Autoren auch in

„intelligenten" Haushaltsgeräten, die mit Energienetzen verbunden sind. *(Braungart, McDonough 2016, S. 168 ff.)* Eine weitere Option des Konzeptes ist die Nutzung von Abwärme, die bei der Produktion in Unternehmen und Haushalten entsteht. Daher gibt es bei dem gesamten Lebenszyklus eines C2C Produktes oder Systems keine mengenmäßige Beschränkung hinsichtlich der Nutzung von Energie. Die Voraussetzung ist die ausschließliche Nutzung von solaren Energiequellen.

Das Prinzip „Förderung der Vielfalt" spiegelt die Komplexität ökologischer Systeme wider und kann einen „gesunden Überfluss" generieren. Neben der ökologischen Vielfalt wird dabei auch die kulturelle bzw. gesellschaftliche Vielfalt berücksichtigt. Die Industrie kann durch die Imitation der Effektivität natürlicher Systeme einen wichtigen Beitrag leisten. Entsprechend müssen die Versorgungsketten, die Herstellungsprozesse und die Materialstromsysteme so „designt" werden, dass sie positive Synergieeffekte hinsichtlich ökonomischer, ökologischer und sozialer Ziele beitragen. Güter und Dienstleistungen sollen so entworfen werden, dass sie innerhalb von naturnahen Produktionssystemen „effektiv pendeln" und am Ende des Lebenszyklus entweder zu hochwertigen Materialien für neue Güter oder zu Nährstoffen für die Ökosysteme werden. Die Vielfalt lässt sich durch die Nutzung lokal verfügbarer Materialien und Energiequellen fördern.

In einigen Branchen gibt es erste Umsetzungen des Cradle-to-Cradle Ansatzes. So werden bereits heute mineralische Bauabfälle zu 86 % in Stoffkreisläufe zurückgeführt. Bisher besitzen die recycelten Stoffe jedoch nicht die gleiche Qualität des Ausgangsproduktes. *(Umweltbundesamt 2019)* Auch in der Textilindustrie gibt es neben vielen nicht nachhaltig hergestellten Textilien erste Beispiel für die Umsetzung des C2C Ansatzes. So können T-Shirts, die mit Biobaumwolle hergestellt wurden, am Ende der Nutzung kompostiert werden. Es gibt jedoch noch große Potenziale. So gibt es beispielsweise vielfältige Alternativen zu Plastikprodukten, zumal hinreichend bekannt ist, dass diese in hohem Maße nicht befriedigend in Stoffkreisläufe zurückgeführt werden und die Umwelt – und hier besonders die Meere – in hohem Maße verschmutzen. Hierzu einige wenige Entwicklungstendenzen: Die Kunststoffproduktion nahm 1950 ihren Anfang und wächst seither kontinuierlich weiter.

Im Jahr 2018 wurden weltweit 359 Millionen Tonnen Kunststoff produziert. Auch in Deutschland handelt es sich aus wirtschaftlicher Sicht um eine relevante Branche: der kunststoffverarbeitenden Industrie sind etwa 3000 Betriebe mit einem Umsatz von 65 Milliarden Euro zuzurechnen. Die Betriebe beschäftigen 419.000 Mitarbeiter. Die Kehrseite der Medaille ist: im Jahr 2019 entstanden in Deutschland 6,3 Millionen Tonnen Kunststoffmüll. Etwa 50 % sind Verpackungsabfälle, die in dem Zeitraum von 1995 bis 2019 um 105 % gestiegen sind. Die Recyclingquote soll von gegenwärtig 36 % bis 2022 auf 63 % steigen. Dabei ist festzustellen, dass die Recyclingnachfrage in den vergangenen Jahren eingebrochen ist, da die kunststoffverarbeitende Industrie Neuware, die deutlich verbilligt wurde, bevorzugte. Deutschland exportiert jährlich etwa 1 Million t Plastikmüll überwiegend in Entwicklungsländer, wo er häufig nicht sachgerecht entsorgt wird. 53 % des gesammelten Kunststoffs werden energetisch verwertet, d. h. verbrannt.

Dieses Beispiel zeigt, dass es vielfach noch am „Cradle-to-Cradle Design" von Produkten mangelt. Analysiert man die teilweise geringe Recyclingquote, so sind beispielsweise die energetischen Kosten des Recyclings zu hoch oder die zu erzielenden Marktpreise für recycelte Materialien noch zu niedrig. Daher gibt es sowohl auf der Seite der Forschung als auch auf jener der Umsetzung noch in großes Potenzial. Abschließend lässt sich jedoch positiv feststellen, dass es seit 2012 einen deutschen Verein *Cradle to Cradle e. V.* gibt, der seit 2014 jährlich den internationalen „Cradle to Cradle Congress" ausrichtet. Darüber hinaus existieren inzwischen zahlreiche Regionalgruppen, die bestrebt sind eine Verbreitung und Implementierung des Prinzips zu fördern. Das Cradle to Cradle Certified™-Zertifikat ist ein unabhängiges Zertifikat des *Cradle to Cradle Products Innovation Institute aus San Francisco (USA)*. Es beurteilt die Sicherheit eines Produkts für Mensch und Umwelt und das Design für künftige Lebenszyklen. Für die Implementierung des Programms werden Unternehmen durch Cradle to Cradle-Richtlinien in verschiedenen Kategorien unterstützt. Sie konzentrieren sich auf die Verwendung sicherer und gesunder Materialien und Rohstoffe, dem sorgfältigen Umgang mit Wasser und Energie, der Rohstoffwiederverwendung und sozialer Verantwortung.

Der Bottom-up-Ansatz von Cradle-to-Cradle, der an das Design von Produktion und Konsum von Produkten anknüpft, ist von dem Top-Down-Ansatz des Planetary-Boundary-Ansatzes abzugrenzen. Dieser Ansatz wird u. a. von Rockström et al. vertreten. Sie stellen fest, dass die Menschheit entsprechend der Position von Geologen und Umweltchemikern das Zeitalter des Holozäns verlassen haben und in jenes des Anthropozän eingetreten sind. Das Holozän war eine geologische Epoche, die sich durch eine Stabilität von Temperatur und Klimabedingungen auszeichnete und die ökologische Grundlage für die Entwicklung der menschlichen Zivilitation war. Die dramatische Veränderung der menschlichen Lebensweise stellen diesen stabilen Zustand des Erdsystems in zunehmendem Maße in Frage: die Menschheit ist in das Zeitalter des Anthropozän eingetreten.

Exkurs zum Anthropozän

Es war Paul Crutzen, der im Jahr 2000 vorgeschlagen hat, die heutige Epoche als Anthropozän zu benennen. *(Crutzen et al. 2000, S. 17)* Er begründete das damit, dass in den letzten 60 Jahren tiefgreifende Veränderungen im Sinne einer wachsenden ökologischen Belastung auf unserem Planeten stattgefunden haben, die in engem Zusammenhang mit den Veränderungen der globalen Wirtschaftsprozesse stehen. Er datiert den Anfang des Anthropozän jedoch bereits auf das Ende des 18. Jahrhunderts und begründet dies mit der industriellen Revolution, die zu einer Intensivierung menschlicher Eingriffe in die Natur führte. 2009 wurde eine Arbeitsgruppe Anthropozän (AWG für Anthoprocene Working Group) gegründet. Den Auftrag dieser Arbeitsgruppe beschreibt Ellis wie folgt:

> Sie sollte nur eine einzige Aufgabe haben: zu überprüfen, ob es Gründe gebe, ein neues Intervall geologischer Zeit auf der Grundlage weitreichender Auswirkungen anthropogener Einflüsse auf stratigraphisch signifikante Parameter zu etablieren. Mit anderen Worten, sollte diese Arbeitsgruppe prüfen, ob man die Periode des Quartärs in der geologischen Zeitskala durch die Einführung der Untergrenze einer möglichen anthropozänen Epoche weiter unterteilen könne, idealerweise durch einen neuen GSSP (Global Stratotype Section and Point). (Ellis 2020, S. 69)

Die eigentlich schwierige Frage war also nicht, ob sich die Menschheit bereits im Zeitalter des Anthropozän befindet, da es hierzu im Prinzip einen breiten Konsens gab, sondern wann und auf welcher Grundlage das Anthropozän in die geologische Zeitskala eingeführt werden sollte bzw. könnte. Crutzen beklagte mehrfach, dass das Thema noch viel zu wenig Beachtung findet und kaum diskutiert wird. Obwohl der Umgang mit dem Anthropozän sowohl eine globale Verantwortung erfordert, ist doch zu berücksichtigen, dass es Unterschiede zwischen Ländern und Kommunen gibt, aber auch zwischen sozialen Gruppen.

Die vom Menschen verursachten Einflüsse, die zu einem steigenden ökologischen Belastungsniveau führen, erfordern somit auf naturwissenschaftlicher Basis die Festlegung von Belastungsgrenzen bzw. planetarische Grenzen, die den menschlichen Einfluss auf die Umwelt limitieren. Diese Grenzen definieren nach Rockström et al. den sicheren Betriebsraum für die Menschheit in Bezug auf das Erdsystem und sind mit den biophysikalischen Subsystemen oder Prozessen des Planeten verbunden. Obwohl die komplexen Systeme der Erde manchmal reibungslos auf veränderte Belastungen reagieren, scheint dies eher die Ausnahme als die Regel zu sein. Es sind daher Schwellenwerte festzulegen, die durch einen kritischen Wert für eine oder mehrere Kontrollvariablen, wie z. B. die Kohlendioxidkonzentration, definiert werden. Hierbei handelt es sich um Prozesse bei denen sich die die Kontrollvariablen ändern können bzw. sollten.

Rockström et al. definieren *„earth-system processes"* an konkreten Beispielen: Klimawandel, Verlustrate der biologischen Vielfalt (terrestrisch und marin), Störung des Stickstoff- und Phosphorkreislaufs, Abbau der Ozonschicht in der Stratosphäre, Versauerung der Ozeane, globale Süßwassernutzung, Änderung der Landnutzung, chemische Verschmutzung und atmosphärische Aerosolbelastung. *(Rockström et al. 2009, S. 472)* Sie kommen zu der Erkenntnis, dass sie bei drei *earth system processes* die Überschreitung von Grenzen hinsichtlich der sieben quantifizierten Grenzen belegen können: Klimawandel, Verlust an Biodiversität und Störung des Stickstoff- und Phosphorkreislaufs. Sie räumen jedoch ein, dass es noch große Wissensdefizite gibt, da viele Grenzen miteinander verbunden sind. So hat z. B. die Überschreitung einer Grenze Rückwirkungen auf andere, über deren Auswirkungen noch keine ausreichenden Erkenntnisse vorliegen.

Diese Grenzen sind von der heutigen aber auch von zukünftigen Generationen zu respektieren um die planetarischen Systeme zu erhalten. Über die Indikatoren und die Festlegung konkreter Grenzen, die für die einzelnen planetaren Systeme vorgeschlagen wurden, aber auch zu dem Gesamtkonzept mit absoluten Grenzen für eine nachhaltige Entwicklung, kam es sowohl von Regierungen als auch von der Wirtschaft zu kontroversen Diskussionen. (*Hauschild 2015, S. 5*) Die Planetary Boundery Methodik bietet die Möglichkeit Schwellenwerte zu definieren, die nicht überschritten werden dürfen um eine nachhaltige Entwicklung zu gewährleisten. Sie sind auch im Kontext der Ökoeffektivität bzw. der Circular Economy von großer Bedeutung.

4.8 Die Relevanz einer nachhaltigen Ressourcenstrategie

In der Diskussion um Ökoeffizienz und Ökoeffektivität wird die Relevanz und Ausgestaltung einer nachhaltigen Ressourcenstrategie vielfach vernachlässigt. Dabei ist davon auszugehen, dass bei allen Fortschritten hinsichtlich der Umsetzung der Ökoeffektivität bzw. der Circular Economy in Zukunft immer mehr Ressourcen benötigt und abgebaut werden. Auch in diesem Kontext gilt die Grundregel, dass der Ressourcenabbau und die Ressourcenverwendung nur innerhalb der Tragfähigkeit ökologischer Systeme stattfinden soll. Kommt es beispielsweise bei dem Abbau von Ressourcen, der überwiegend in Entwicklungsländern stattfindet, zu gravierenden und auch irreversiblen Umweltschädigungen und starken Belastungen der umliegenden Bevölkerung, widerspricht das den Anforderungen nachhaltiger Entwicklung. Konkret geht es dabei beispielsweise um die Beteiligung der Bevölkerung an den Gewinnen aus dem Abbau der Ressourcen und um die Renaturierung einer Region nach dem Ressourcenabbau.

Weiterhin soll es zu keinen negativen Auswirkungen auf die Gesundheit der Bewohner dieser Region sowie der Arbeitskräfte kommen. In der umweltökonomischen Diskussion ordnet man diese Beeinträchtigungen unter der Kategorie negative externe Effekte ein, die es dann im Rahmen von Internalisierungsstrategien zu beseitigen gilt, was häufig nur unzureichend erfolgt. Daher sollte die Vermeidung von Schädigungen immer Priorität haben. Käme es beispielsweise zu einem umweltgerechten Abbau von Ressourcen wie seltenen Erden und Metallen, wobei gleichzeitig der Energieaufwand stark steigt und es durch die steigende Energieproduktion auch zu steigenden Emissionen kommt, wäre das im Sinne nachhaltiger Entwicklung nur eine Second-Best-Lösung.

Aus den Ausführungen wird deutlich, dass eine nachhaltige Entwicklung ein ganzheitliches Verständnis wie im Kontext der Ökoeffektivität erfordert, in das ökologische, ökonomische und soziale Aspekte eingehen, die dann zu einer Ressourcenstrategie zusammengefügt werden können. (*Achzet et al. 2010, S. 1913*) Im Kontext einer nachhaltigen Ressourcenstrategie geht es auch um die Steigerung der ressourceneffektiven Nutzung. Hierfür gibt es verschiedene Ansätze. So kann beispielsweise der Lebenszyklus eines Produktes ressourceneffektiver gestaltet werden. Das kann bei

Tab. 4.2: Möglichkeiten zur Ressourceneffektivitätssteigerung (Quelle: in Anlehnung an Hennicke, P. et al. (2010))

Ansatzpunkt Produktionslebenszyklus	Ansatzpunkt Wertschöpfungskette	Ansatzpunkt Veränderung in den Köpfen
– Ressourceneffektive Produktgestaltung: Produktdesign und Produkt-Dienstleistungs-Systeme – Rohstoff- und Werkstoffauswahl/neue Werkstoffe und nachwachsende Rohstoffe – Ressourceneffektivitätsoptimierte Produktionssysteme/Querschnittstechnologien – Weiter-/Wieder-/nutzung in Kaskadennutzungssystemen/Recycling	– Ressourceneffektivitätsorientierte Gestaltung der Wertschöpfungskette – Ressourceneffektivitätsoptimierte Infrastruktur	– Veränderung der Produktionsmuster – Ressourceneffektivitätsorientierte ganzheitliche Managementsysteme (inkl. Informationssysteme) – Forschung und Entwicklung/Wissenstransfer/Lernprozesse – Veränderung der Konsummuster

dem Design des Produkts beginnen und sich über den Konsum bis zum Lebensende durch Kreislaufführung bzw. Recycling fortsetzen. Die Tabelle 4.2 vermittelt einen Überblick über die Kernstrategien der Ressourceneffektivität. Während die Konzepte des Produktlebenszyklus und der Wertschöpfungskette in der Literatur zunehmend Beachtung finden, wird der Ansatzpunkt "Veränderung in den Köpfen" noch stark vernachlässigt, obwohl er im Kontext sozialer Innovationen von herausragender Bedeutung ist.

In einer Ressourcenstrategie müssen die Wechselwirkungen zwischen den Akteuren, aber auch nicht vorhersehbare Ereignisse, d. h. Unsicherheiten mitberücksichtigt werden. Entsprechend muss es zu einer ständigen Anpassung der Ressourcenstrategie an veränderte Rahmenbedingungen kommen. Dabei gilt zu berücksichtigen, dass jede Strategie auf Zielen basiert. Ein wesentliches Ziel einer nachhaltigen Ressourcenstrategie ist die Verbesserung der Lebensqualität der heute lebenden und der zukünftigen Generationen. Dabei geht es sowohl um die Lebensqualität in den Ressourcen importierenden, aber auch den Ressourcen exportierenden Ländern. Die Verbesserung der Lebensqualität zielt dabei nicht nur auf eine Verbesserung der materiellen Lebenssituation durch eine Steigerung der Einkommen ab. Es geht auch um immaterielle Güter, wie eine Verbesserung der Umweltsituation, der Gesundheit, eine Verwirklichung von Menschenrechten, aber auch eine Stärkung von Chancengleichheit.

Neben ökonomischen Zielen wie der Versorgungssicherheit der nationalen Wirtschaft sollte auch das Ziel der Verteilungsgerechtigkeit in eine nachhaltige Ressourcenstrategie eingehen. Ein wesentlicher Aspekt hierbei ist ein fairer Welthandel, der auf Transparenz beruht. *(Christmann 2008, v. Hauff, Claus 2017)* Fairer Handel bedeutet in diesem Zusammenhang, dass die rohstoffreichen Länder, bei denen es sich oft um Entwicklungsländer handelt und im speziellen die Bevölkerung dieser Länder an den Gewinnen aus dem Rohstoffabbau und dem Ressourcenexport beteiligt werden. Weiterhin gilt zu berücksichtigen, dass der Abbau und die Aufbereitung von Ressourcen häufig mit einem hohen Naturverbrauch im Sinne einer Flächennutzung und/oder Material- und Energieeinsatz einhergehen. Diese führen zu Schadstoffimmissionen in Wasser, Luft und Boden. So entstehen beispielsweise bei der Primärproduktion von 1 t Platin etwa 13.945 t CO_2 und für die Herstellung von 1 t Indium etwa 142 t CO_2. Daher sollte das bisher dominierende ökonomische Ziel bei der Ressourcengewinnung durch das Ziel einer nachhaltigen Ressourcenstrategie erweitert werden.

Ein integrierter Ansatz für eine nachhaltige Ressourcenstrategie, der alle wichtigen Anforderungen nachhaltiger Entwicklung zusammenführt, bietet das Konzept der Stoffgeschichte. Es wurde am Wissenschaftszentrum Umwelt an der Universität Augsburg entwickelt und betrachtet einen Stoff in Form eines Alltagsproduktes oder eine Technologie von der Entstehung bis zum Lebensende. Damit geht das Konzept über den bisher üblichen Lebenszyklusansatz hinaus. Das Konzept der Stoffgeschichte gibt Handlungsoptionen entlang des Lebenszyklus einzelner Ressourcen. *(Marschall, Schmidt, Soentgen 2013, S. 195)* Dabei werden folgende Handlungsebenen berücksichtigt:

- die Förderung von Rohstoffen,
- die Aufbereitung, Vergütung und Affirmation,
- die Komponenten- und Konsumgüterproduktion,
- der Konsum und
- die Wiederverwertung in verschiedenen Stufen oder
- das tatsächliche End-of-Life mit den Optionen Deponierung und Dissipation.

Das Ziel der Stoffgeschichte ist die Aufklärung über die Stoffe und deren Wirkungsformen, um dazu beizutragen, einen wirtschaftlich effizienten und verantwortungsvollen Umgang mit allen Ressourcen realisieren zu können. Hennicke stellt hierzu jedoch fest, dass langlebige Produkte nur dann von Vorteil sind, wenn sie in der Nutzungsphase keine hohen Energie-, Wasser- oder Materialverbräuche haben und eine Kompatibilität mit Werkstoffkreisläufen gewährleistet ist. *(Hennicke et al. 2010, S. 29)* In diesem Zusammenhang wurde der Begriff der Produktverantwortung eingeführt. Sie muss zu einem wesentlichen Bestandteil nachhaltiger Rohstoffwirtschaft beitragen. Als konkretes Beispiel für Produktverantwortung lassen sich die verschiedenen Formen der Sharing Economy nennen. Es ist zu erwarten, dass die Dissipation, d. h. der Verlust wertvoller Rohstoffe durch einen stärkeren Einsatz von seltenen und strategischen Metallen in Technologien zunehmen wird. Die Metalle werden dabei in der Biosphäre verteilt und gelten als verloren. Ein typisches Beispiel hierfür ist der Abgaskatalysator, in dem Platin in feinen Partikeln freigesetzt wird. Es gibt aber auch eine Vielzahl von Konsumprodukten, wie Zahnpasta oder Sonnencreme, in denen Nanopartikel aus Titandioxid oder Zinkoxid durch die Nutzung verloren gehen.

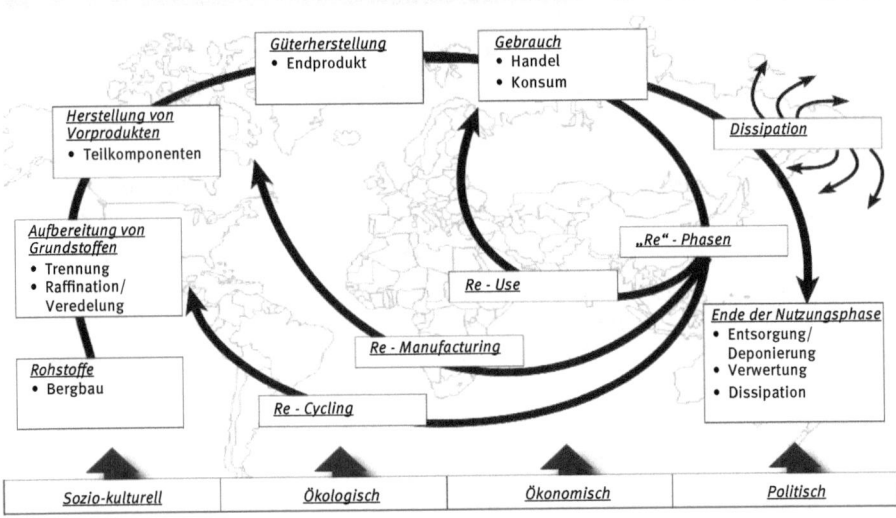

Abb. 4.12: Schematische Darstellung einer Wertstoffkette und deren Auswirkungen in Raum und Zeit (Quelle: Reller, Dießenbacher 2014)

Ein weiteres Problem ergibt sich daraus, dass vielfach eine Rückgewinnung seltener Metalle, wie Indium, PGM und Tantal aus der geringen Konzentration in Elektronikgeräten bisher nur schwer zu recyceln ist. Daher müssen Recyclingverfahren in Zukunft weiterentwickelt und deren ökonomische Rentabilität gefördert werden. Die Dimension dieses Problems lässt sich an einem einfachen Beispiel verdeutlichen: Im Jahr 2008 wurden insgesamt 1,3 Milliarden Mobiltelefone verkauft. Durch eine unzureichende Sammlung und die angewandten Recyclingverfahren gingen 31 t Gold, 235 t Silber, 12 t Palladium, 2,4 t Indium sowie 4.900 t Kobalt verloren. *(Wägner, Lang 2010, S. 8)*

Abschließend sollen die Rohstoffstrategie Deutschlands und der EU kurz skizziert werden. In Deutschland wurde die erstmals im Jahr 2010 vom Bundesministerium für Wirtschaft und Technologie (BMWi) veröffentlichte Rohstoffstrategie in den vergangenen Jahren weiterentwickelt, da die neuen Technologien wie E-Mobilität, Energiewende/ Klimaschutz und Digitalisierung einen veränderten Rohstoffbedarf erfordern. Die Bundesregierung legte ihre neue Rohstoffstrategie am 15. Januar 2020 vor. Das Ziel der Rohstoffstrategie ist, die Unternehmen hinsichtlich einer sicheren, verantwortungsvollen und nachhaltigen Rohstoffversorgung zu unterstützen. Hierzu wurden 17 Maßnahmen entwickelt. Die Mehrzahl der Maßnahmen zielt auf eine Rohstoffversorgung bzw. Rohstoffsicherung der deutschen Wirtschaft ab. Einige Maßnahmen zielen jedoch auf eine Stärkung nachhaltiger Entwicklung ab, wie im Folgenden exemplarisch aufgezeigt wird. So fordert die Maßnahme 1 eine verantwortungsvolle Rohstoffgewinnung. Die Bundesregierung setzt sich, im Sinne nachhaltiger Entwicklung, entsprechend dafür ein, hohe Standards im Bergbau europaweit und international umzusetzen. Die internationalen Bemühungen stehen hier jedoch noch relativ am Anfang.

Die Maßnahme 8 zielt auf eine Stärkung der internationalen Rohstoffpolitik ab. Dabei geht es u. a. um ein neues vom BMWi gefördertes Kompetenzzentrum für Bergbau und Rohstoffe in Ghana. Eine nachhaltige Rohstoffwirtschaft in Entwicklungs- und Schwellenländern wird in Maßnahme 11 angestrebt. Hier ist das Bundesministerium für wirtschaftliche Zusammenarbeit und Entwicklung (BMZ) für den Ausbau und die Weiterentwicklung einer Strategie zu *„Climate Smart Mining"* zuständig. Im Rahmen der Maßnahme 12 wird die Stärkung einer Kreislaufwirtschaft, Rückgewinnung und Wiederverwendung durch konkrete F&E-Projekte gefördert. Ob und wann die Maßnahmen, die zu einer nachhaltigen Rohstoffstrategie beitragen sollen, umgesetzt werden, ist noch nicht abzusehen.

Im Jahr 2008 verabschiedete die Europäische Kommission die europäische Rohstoffinitiative (Raw Materials Initiative). Sie wurde 2011 in einen „Fahrplan für ein ressourcenschonendes Europa" weiterentwickelt. In der aktualisierten Rohstoffinitiative geht es neben nicht-energetischen mineralischen Rohstoffen auch um Energierohstoffmärkte, Landwirtschaft und Lebensmittelsicherheit. Ende 2019 wurde der European Green Deal (EGD), in dem die Entkopplung des Wirtschaftswachstums von der Ressourcennutzung als zentrales Ziel enthalten ist, verabschiedet. Im Rahmen der geplanten Umsetzung wurde 2020 schließlich ein neuer Aktionsplan für Kreislaufwirtschaft und für ein sauberes und wettbewerbsfähiges Europa verabschiedet. Dabei sollen dem verminderten Einsatz und die Wiederverwendung von Werkstoffen gegenüber dem Recycling Vorrang gegeben werden. Damit soll eine „Politik der nachhaltigen Produkte" umgesetzt werden. In diesem Kontext werden alle Mitgliedsstaaten aufgefordert, eine nationale Rohstoffstrategie vorzulegen. Abschließend kann hierzu festgestellt werden: sowohl in der EU- als auch in der deutschen Rohstoffstrategie sind die ökologische und soziale Nachhaltigkeitsdimension enthalten. Es ist jedoch noch eine große Herausforderung die deutsche und europäische Rohstoffstrategie im Kontext nachhaltiger Entwicklung konsequent und konsistent umzusetzen.

5 Intra- und intergenerationelle Gerechtigkeit

Die Verwirklichung intra- und intergenerationeller Gerechtigkeit ist ein wesentlicher Anspruch des Leitbildes nachhaltiger Entwicklung. Die Relevanz von Gerechtigkeit ist heute kaum zu bestreiten, wenn man die konkrete Situation global aber auch national hinsichtlich der intra- und intergenerationellen Gerechtigkeit analysiert. Hierzu lässt sich jedoch feststellen, dass die Verteilungsfrage und damit das Thema der Gerechtigkeit die Menschheit seit vielen Jahrhunderten beschäftigt. So legte bereits der griechische Philosoph Platon den Rahmen für Gerechtigkeit wie folgt fest: „Nachdem der Gesetzgeber [die Grenzen der Armut] als Maß hingestellt hat, mag er erlauben, seinen Besitz auf das Zwei-, Drei-, ja Vierfache hiervon auszudehnen. Wenn aber jemand noch mehr Besitz hat, so soll er den Überschuss [...] an den Schatz des Staates und seiner Schutzgötter abgeben." (*Platon 1862*)

Im Kontext nachhaltiger Entwicklung gibt es verschiedene Zugänge zur Gerechtigkeit. Gerechtigkeit lässt sich aus jeder Nachhaltigkeitsdimension ableiten. Im Rahmen der ökonomischen Dimension geht es primär um die Einkommens- und Vermögensgerechtigkeit. In der ökologischen Dimension wird besonders die Klimagerechtigkeit diskutiert und in der sozialen Dimension geht es um die Chancengerechtigkeit. Da die drei Gerechtigkeitsdimensionen jedoch vernetzt sind, werden die folgenden Ausführungen sich allgemein auf intra- und intergenerationelle Gerechtigkeit beziehen.

Hinsichtlich der intragenerationellen Gerechtigkeit lässt sich feststellen, dass in den letzten beiden Dekaden in den meisten Ländern weltweit die Einkommens- und Vermögensdisparitäten zugenommen haben. Die wachsende nationale, aber auch globale Einkommensdisparität wird jedoch seit einigen Jahren in zunehmendem Maße nicht nur im Kontext nachhaltiger Entwicklung kritisch reflektiert. Dabei geht es auch um die Relation von Wachstum und Einkommensdisparität, wie beispielsweise aus den Veröffentlichungen neuerer OECD-Studien deutlich wird: „Mehr Ungleichheit trotz Wachstum?" (*OECD 2008*) „Divided We Stand: Why Inequality Keeps Rising" (*OECD 2011*) bzw. OECD Factbook (*OECD 2016*). In diesen Publikationen fordert die OECD mit Nachdruck, die Einkommensdisparitäten zu verringern, um damit soziale Spannungen zu vermeiden. In diesem Kontext stellt beispielweise auch Stiglitz fest, dass Wachstum oftmals mit einer Zunahme der Armut und teilweise sogar mit Einkommenseinbußen der Mittelschicht verbunden war und belegt dies an den USA und auch für Lateinamerika. (*Stiglitz 2008, S. 225*)

Im Zusammenhang mit der weltweiten Einkommens- und Vermögensungleichverteilung findet auch das Buch des französischen Ökonom Piketty „Capital in the Twenty-First Century" (*2016*) besondere Aufmerksamkeit. Er kommt zu dem Fazit: Die Reichen werden reicher und die Armen bleiben arm und belegt dies durch umfangreiche empirische Analysen. Nach Piketty ist der gesellschaftliche Reichtum zu Beginn des 21. Jahrhunderts sogar ähnlich verteilt wie einhundert oder sogar zweihundert Jahre zuvor. Im Kontext nachhaltiger Entwicklung geht es jedoch nicht nur

https://doi.org/10.1515/9783110722536-005

um die materielle Verteilung von Einkommen und Vermögen, sondern z. B. auch um Gerechtigkeit im Bildungs- und Gesundheitssektor, also um Chancengerechtigkeit. Hierzu noch ein aktuelles Beispiel: Fratzscher zeigt auf, wie durch die Corona Pandemie sich die sozialökonomischen Ungleichheiten, d. h. nicht nur die Einkommensungleichheit, verschärfen. *(Fratzscher 2020, S. 122 ff.)* Somit ist festzustellen, dass die Einkommens- aber auch Vermögensdisparitäten tendenziell zunehmen, was der intragenerationellen Gerechtigkeit widerspricht.

Die intergenerationelle Gerechtigkeit bezieht sich neben dem allgemeinen Wohlstand besonders auf die Umweltbelastung. In Anlehnung an den Brundtland-Bericht soll die heutige Generation auch im Hinblick auf den Zustand der Natur ihre Bedürfnisse so befriedigen, dass zukünftige Generationen keine Einschränkungen hinsichtlich ihrer ökologisch orientierten Bedürfnisse hinnehmen müssen. Auch hier lässt sich feststellen, dass die ökologischen Systeme heute schon teilweise eine Übernutzung aufweisen, die diesen Grundsatz in Frage stellt: z. B. wachsende Luftbelastung, die teilweise zu gesundheitlichen Beeinträchtigungen führt oder der Klimawandel bzw. der teilweise dramatische Rückgang der Biodiversität, mit allen Gefahren und Kosten, die sie verursachen. Insofern ist auch die intergenerationelle Gerechtigkeit gegenwärtig nicht gewährleistet.

Wendet man sich nun den Gerechtigkeitstheorien zu, so ist festzustellen, dass es differierende bzw. konkurrierende Gerechtigkeitsvorstellungen gibt (beispielsweise *Robert Solow* versus *Partha Dasgupta/Geoffrey Heal*, wie bereits in Abschnitt 2.5 aufgezeigt wurde). Zu den unterschiedlichen Gerechtigkeitstheorien wurde bisher nur teilweise erläutert, wie Gerechtigkeit zwischen den Generationen (intergenerationelle Gerechtigkeit) ausgeführt werden soll. Hier stellt sich die Frage, wie ein Gemeinwesen so organisiert werden kann, dass der materielle und immaterielle Wohlstand heutiger Generationen nicht auf Kosten zukünftiger Generationen erzeugt wird. *(Diefenbacher 2001, S. 19)*

Ein weiterer wichtiger Aspekt ist, dass die vorherrschende politische Positionierung, nachhaltige Entwicklung aus der Perspektive eines aufgeklärten Anthropozentrismus zu betrachten, bestimmte Gerechtigkeitsansätze einschließt und andere ausklammert. Die Begründung und der Anspruch auf Gerechtigkeit ziehen sich also von den normativen Ebenen durch alle Konkretisierungsebenen bis hin zur tatsächlich operativen Entscheidung. Daher ist nicht nur ein nachhaltigkeitsorientiertes Verständnis von Gerechtigkeit, sondern auch deren konsistente Umsetzung in Strategien, Strukturen, Instrumenten und Verhaltensweisen anzustreben und zu erreichen. Im folgenden Abschnitt 5.1 werden Gerechtigkeitsansätze vorgestellt, die in den letzten beiden Jahrhunderten von Bedeutung waren und heute gewissermaßen den Fundus vieler Nachhaltigkeitsdiskussionen bilden. Der Abschnitt 5.2 wendet sich neueren gerechtigkeitstheoretischen Ansätzen zu, die sich besonders den Anforderungen nachhaltiger Entwicklung zuwenden.

5.1 Theoretische Ansätze der Gerechtigkeit

In den nachfolgenden Abschnitten werden verschiedene Gerechtigkeitsansätze dargestellt und dabei diskutiert, ob und in welchem Maße sie einen Bezug zum Leitbild nachhaltiger Entwicklung, d. h. zur intra- und intergenerationellen Gerechtigkeit haben. Für die Konkretisierung zwischen Personen (intragenerationelle Gerechtigkeit) ist die Diskussion fortgeschritten. Die Gerechtigkeit zwischen den Generationen (intergenerationelle Gerechtigkeit) ist – wie oben schon erwähnt – bisher nur unzureichend für den Fall konkurrierender Nutzungsansprüche spezifiziert. Die Problematik erwächst aus den Unwägbarkeiten von Prognosen und aus den kaum bestimmbaren zukünftigen Präferenzen, was ethische Konflikte über die Zulässigkeit heutiger Entscheidungen in Vorwegnahme kommender Generationen betrifft. Eine heutige Ressourcenentnahme könnte beispielsweise sowohl als Raub der Möglichkeiten künftiger Generationen als auch als nötiger Aufbau von Kapazitäten zur Befriedigung menschlicher Bedürfnisse aufgefasst werden.

5.1.1 Utilitarismus

Die neuere Diskussion über Gerechtigkeit geht häufig von der Theorie des Utilitarismus aus *(Höffe 2013; Gloy 2017, S. 128 ff.)*. Das erklärt sich daraus, dass sich viele neuere gerechtigkeitstheoretische Ansätze auf den Utilitarismus beziehen. Der klassische Utilitarismus geht auf *Jeremy Bentham* (1748–1832) zurück. Im Mittelpunkt des klassischen Utilitarismus steht das „größte Glück der größten Zahl". Es geht also ursprünglich um die Maximierung des Glücks. Dies wird erreicht durch die Maximierung der materiellen und immateriellen Bedürfnisse des Einzelnen auf der Grundlage rationalen Handelns. *(Bentham 1992)*

Der Utilitarismus neoklassischer Prägung kann als individuelle Nutzenmaximierung definiert werden. Die Mehrung des individuellen Nutzens U_j soll zur gesamten

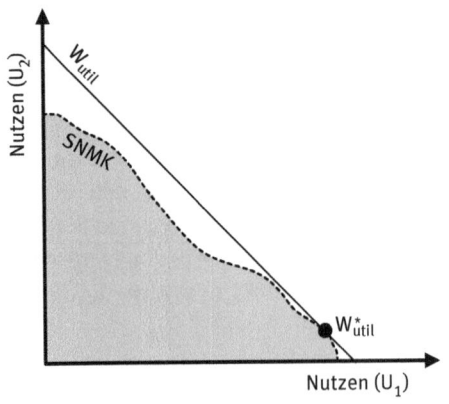

Abb. 5.1: Utilitaristisches Optimum zweier Einzelnutzen
(Quelle: eigene Darstellung)

Wohlfahrt W als Summe aller Einzelnutzen beitragen:

$$\text{Max!} \, W = \sum_{j=1}^{n} U_j$$

In der Gegenüberstellung von zwei gleich gewichteten individuellen Nutzen bedeutet dies, dass kein Individuum einen Vorrang hat und dass es nur auf den quantitativ bemessenen Vorteil für die gesamte Gesellschaft ankommt. Das Optimum liegt am Schnittpunkt von W und der Situationsnutzenmöglichkeitskurve (SNMK) als äußere Grenze der gesellschaftlichen Produktionsmöglichkeiten in der gegebenen budgetären und technologischen Situation (siehe für eine Herleitung: *Kleine 2009, S. 28–34*). Die optimale Lösung W_{util}^{*} kann zu einer stark ungleichen Verteilung führen, solange der Gesamtnutzen maximal ist. Ein wesentliches Merkmal des Utilitarismus neoklassischer Prägung ist daher, dass Güter anhand ihres Nutzens bewertet werden, den sie für die individuelle Bedürfnisbefriedigung leisten. Güter, die von gewinnmaximierenden Unternehmen produziert werden, sind alle nach dem Kriterium der Nützlichkeit zu bewerten. In der neoklassischen Ökonomie wird also die subjektive Nutzenwahrnehmung zur Bewertung herangezogen, wobei man von der Annahme identischer Präferenzen, Verhaltensformen und Situationen ausgeht. Dabei wird der Nutzen häufig in Geld gemessen, was im täglichen Leben für wirtschaftliche aber auch politische Entscheidungen oft hilfreich sein mag. „Diese enge Sichtweise greift aber zu kurz, denn es geht nicht nur um die individuelle Maximierung des finanziellen Nutzens, sondern Glück und Lebenszufriedenheit werden durch viele Dinge bestimmt. Sie sind zum einen nicht wirklich messbar und legen zum anderen einen hohen Wert auf Glück und Lebenszufriedenheit anderer Menschen und der Gemeinschaft." *(Fratzscher 2020, S. 81)*

Im Kontext nachhaltiger Entwicklung ist davon auszugehen, dass die Vertreter der Neoklassik den Utilitarismus primär als Leitlinie zur Eigennutzmaximierung verstehen und nicht als Ansatz zur Maximierung des Gemeinwohls. Schon *Gunnar Myrdal* weist darauf hin, dass die neoklassische Ökonomie nicht der eigentlichen Vorstellung des Utilitarismus einer Maximierung der Glückssumme aller nachkommt, sondern dazu tendiert, die Interessen der noch nicht geborenen Generation „unter den Tisch fallen zu lassen." *(Myrdal 1976, S. 31)* Dieser Ansatz ist daher aus der Perspektive nachhaltiger Entwicklung als unzureichend zu betrachten, da sowohl die intergenerationelle Gerechtigkeit als auch die Verteilungsfrage vernachlässigt werden und schließlich die Aggregation von individuellem Nutzen nur unter realitätsfernen Annahmen möglich ist. Hervorzuheben ist zwar die positive Wertbesetzung der Maximierung von Bedürfnisbefriedigung. Sie kann jedoch im Sinne nachhaltiger Entwicklung nicht als wünschenswert betrachtet werden, wenn jedes Individuum ausschließlich kurzfristige und eigennützige Ziele verfolgt.

Die Nachteile offenbaren sich dadurch, dass das Ergebnis eigennützigen Handelns nicht für alle heute lebenden Mitmenschen und schon gar nicht für die zukünftigen gut sein muss. Das gilt besonders – wie schon im Zusammenhang starker

Nachhaltigkeit gezeigt wurde – für die ökologische Dimension nachhaltiger Entwicklung. Weiterhin ist zu berücksichtigen, dass die Lebensqualität bzw. Wohlfahrt einer Gesellschaft auch Aspekte beinhaltet, die nicht unter dem Nutzenbegriff zu erfassen sind. Das wurde bereits im Zusammenhang mit der sozialen Dimension nachhaltiger Entwicklung deutlich. Schließlich ist zu berücksichtigen, dass gesellschaftliche Entscheidungsprozesse einen eigenen Wert haben.

5.1.2 Vertragstheoretischer Ansatz nach John Rawls: Gerechtigkeit als Fairness

Eine besondere Aufmerksamkeit in der Diskussion zur Gerechtigkeit findet die Gerechtigkeitstheorie von *John Rawls*, die auf die Theorie des Gesellschaftsvertrages von *John Locke*, *Jean-Jacques Rousseau* und *Immanuel Kant* zurück geht. Der Hauptgedanke der „Theory of Justice" (im Original: *Rawls 1971)* ist:

> Gerechtigkeit als Fairneß, eine Gerechtigkeitstheorie, die die herkömmliche Vorstellung vom Gesellschaftsvertrag verallgemeinert und auf eine höhere Abstraktionsebene hebt (Rawls 1979, S. 19).

Existenz und Wahrung von Grundfreiheiten

Danach besitzt jeder Mensch eine aus der Gerechtigkeit entspringende Unverletzlichkeit, die auch im Namen des Wohles der ganzen Gesellschaft nicht aufgehoben werden kann. Daher ist es notwendig, dass in einer gerechten Gesellschaft alle Menschen gleiche Bürgerrechte bzw. gesellschaftliche Grundgüter haben. Sie sollen allen Mitgliedern der Gesellschaft in gleicher Weise zur Verfügung stehen. Sie tragen einerseits zum Zusammenhalt der Gesellschaftsmitglieder bei und sind für die Chancen zur Lebensgestaltung von zentraler Bedeutung. Weiterhin sind Grundsätze nötig, um über gesellschaftliche Regelungen der Güterverteilung entscheiden zu können und eine Einigung darüber zu erzielen. Hierbei handelt es sich um die Grundsätze der sozialen Gerechtigkeit:

> Sie ermöglichen die Zuweisung von Rechten und Pflichten in den grundlegenden Institutionen der Gesellschaft, und sie legen die richtige Verteilung der Früchte und der Lasten der gesellschaftlichen Zusammenarbeit fest

Dabei geht *John Rawls* zunächst davon aus, dass sich die Menschen über die Grundregeln ihres gesellschaftlichen Zusammenschlusses im Prinzip nicht einig sind. Aber sie sehen die Notwendigkeit, bestimmte Grundsätze für die Festsetzung der Grundfreiheiten – bestehend aus Grundrechten und -pflichten – anzuerkennen. Nach *Rawls* sind es diejenigen Grundsätze, die freie und vernünftige Menschen in ihrem eigenen Interesse in einer anfänglichen Situation der Gleichheit zur Bestimmung der Grundverhältnisse ihrer Verbindung annehmen würden.

Ihnen haben sich alle weiteren Vereinbarungen anzupassen; sie bestimmen die möglichen Arten der gesellschaftlichen Zusammenarbeit und der Regierung. Diese Betrachtungsweise der Gerechtigkeitsgrundsätze nenne ich Theorie der Gerechtigkeit der Fairneß. (Rawls 1979, S. 28)

Es handelt sich bei *Rawls* somit um eine egalitaristische Gerechtigkeitskonzeption. *(Blasche 2003, S. 20)* Hierbei ist jedoch zu berücksichtigen, dass er die Gegenstände der Gerechtigkeit in Binnen-, lokale und globale Konzeptionen kategorisiert. *(Rawls 2003).* Im Kontext der globalen Gerechtigkeit bekräftigt er die Prinzipien des Völkerrechts wie Freiheit, Gerechtigkeit und Unabhängigkeit, Recht auf Selbstverteidigung, den Grundsatz der Nichteinmischung, Einhaltungspflicht der eingegangenen Verträge und Abmachungen. Im ökonomischen Kontext fordert *Rawls* beispielsweise faire Normen im Handel und erkennt das Prinzip der Hilfsleistungen auf internationaler Ebene im Rahmen humanitärer Hilfe zur Lebenserhaltung an. *(Rawls 2002)*

Vernunftgeleiteter Prozess

Die Gerechtigkeitstheorie von *John Rawls* geht also von der Vorstellung aus, dass Gerechtigkeit das Ergebnis einer durch Vernunft geleiteten impliziten vertragsrechtlichen Vereinbarung unter gleichen Individuen ist. Dieses Gleichheitspostulat geht von einem vertragsrechtlichen Gerechtigkeitsverständnis aus, wonach eine gerechte Regel für alle gleichermaßen gerecht sein muss. Daher lässt sich unter rational handelnden Individuen eine Zustimmung im Konsens erzielen. In dieser Situation können sich alle Individuen auf Regeln einigen, die als „gerechte Regeln" feststehen. Die sich daraus begründende Grundstruktur einer Gesellschaft werden durch gerechte Institutionen hergestellt und überwacht. Vor der Entstehung der Strukturen bzw. der Bestimmung gerechter Institutionen, d. h. vor der Bildung einer Gesellschaft, besteht nach Rawls entsprechend seinem vertragstheoretischen Verständnis ein allgemeiner Urzustand. Bei einem hypothetischen Urzustand sind Freiheit und Gleichheit der angemessene Ausgangszustand für die Konzeption der Gerechtigkeit als Fairness. Diese Gleichheit entsteht durch einen „Schleier des Nichtwissens":

> Zu den wesentlichen Eigenschaften dieser Situation gehört, dass niemand seine Stellung in der Gesellschaft kennt, seine Klasse oder seinen Status, ebenso wenig sein Los bei der Verteilung natürlicher Gaben wie Intelligenz oder Körperkraft. Ich nehme sogar an, dass die Beteiligten ihre Vorstellung vom Guten und ihre besonderen psychologischen Neigungen nicht kennen. (Rawls 1979, S. 29)

In diesem „Naturzustand" wird somit ein hypothetischer Gesellschaftsvertrag geschlossen. Danach kann man sich also hypothetisch die vollständige Symmetrie aller Beziehungen vorstellen, wonach allgemein akzeptierte gerechte Vereinbarungen getroffen werden können. Es herrscht eine faire Kooperation zwischen freien und gleichen Individuen. Die Individuen wählen Vertreter, die sich auf zukünftige Regeln des Zusammenlebens im Urzustand einigen sollen. Die Vertreter oder Repräsentanten einigen sich untereinander auf grundlegende Regeln des Zusammenlebens sowie auf die zunächst gleiche Verteilung der zur Verfügung stehenden Grundgüter. Da im Urzustand kein „Schlaraffenland vorherrscht, versucht jedes Individuum persönlich das Beste bei den Gesellschaftsvertragsverhandlungen auszuhandeln." *(Kubon-Gilke, Bender 2013, S. 16)* Gleicht man dies mit der vorherrschenden Situation in Europa ab, so wird Gerechtigkeit auf der Grundlage von Leistung und Bedürfnissen und weniger auf der Basis von Gleichheit und Ansprüchen definiert. *(Fratzscher 2020, S. 62)*

Rawls übt aus seiner Position Kritik am Utilitarismus, wobei auch er eine nutzenbezogene Betrachtungsweise wählt. Er definiert Nutzen jedoch als die Aussicht auf den Zugang zu einer Reihe von Grundgütern. Er versteht darunter nicht die Mehrung der Nutzensumme, sondern legt die Verteilung des Nutzens nach Gerechtigkeitskriterien als Ziel fest. Gesellschaftliche Grundgüter sind Rechte, Freiheiten und Chancen sowie Einkommen und Vermögen. *(Rawls 1979, S. 112)* Dagegen sind Gesundheit, Handlungsfähigkeit etc. „natürliche Grundgüter". Deren Verteilung ist nach *Rawls* nicht Gegenstand von Gerechtigkeitsüberlegungen. Dagegen ist die Selbstachtung vielleicht das wichtigste Grundgut, auf das sich eine Theorie der Gerechtigkeit als Fairness konzentrieren muss. Darin wird die Forderung nach einer egalitären Verteilung der Grundgüter deutlich.

Bestimmung der erwünschten Nutzenverteilung

Die Gerechtigkeitsvorstellung nach *John Rawls* findet sich in der Wohlfahrtsökonomik mit der „Maximin-Regel" operationalisiert und betrachtet den individuellen Nutzen innerhalb einer Generation. Die Wohlfahrt aller wird hiernach aus dem Nutzen des am schlechtesten gestellten Individuums j bestimmt:

$$W = \text{Min}(U_j)$$

Interpersonelle Abwägungen gemäß dieser Regel sind für die Gemeinschaft solange „nutzlos", wie sie nicht den niedrigsten Einzelnutzen erhöhen. Das bedingt gewissermaßen eine Komplementarität, lässt Substitutionen also nur sehr begrenzt zu.

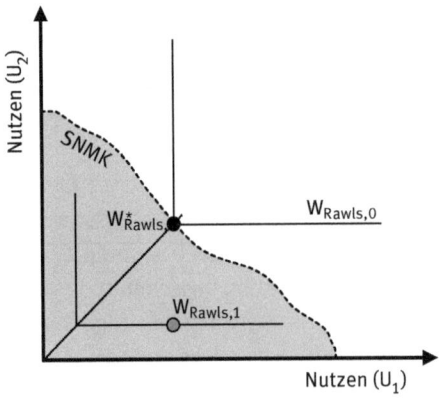

Abb. 5.2: Rawls Optimum zweier Einzelnutzen (Quelle: eigene Darstellung)

In der Gegenüberstellung der beiden Einzelnutzen bedeutet dies, dass dem optimalen Punkt $W^*_{Rawls,0}$ eine egalitäre Verteilung (Diagonale durch den Ursprung) zugrunde liegen muss. Alle Abweichungen davon führen zu einem niedrigeren Gesamtnutzen, beispielsweise ist der disoptimale $W_{Rawls,1}$ viel geringer als das Niveau $W_{Rawls,0}$.

Es stellt sich nun die Frage, wie *Rawls* die intergenerationelle Gerechtigkeit betrachtet. Hierbei bezieht er sich auf Kant, der es für anstößig hielt, dass die früheren Generationen die Last für spätere Generationen tragen sollen, indem diese das Glück haben, dann „in das fertige Haus einziehen zu können". Hierzu stellt *Rawls* fest: „*Solche Gefühle sind zwar völlig natürlich, aber fehl am Platze. Denn die Beziehungen zwischen den Generationen ist zwar eine besondere, schafft aber keine unüberwindliche Schwierigkeit.*" *(Rawls 1979, S. 322)* Die Interessen zukünftiger Generationen als ein konstitutives Element nachhaltiger Entwicklung sind vertragstheoretisch dadurch abgedeckt, dass für Individuen verschiedener Generationen ebenso wie für Individuen der heutigen Generation Verpflichtungen gegeneinander definiert werden. Sie ergeben sich aus der Situation des „Urzustandes" und einem erweiterten Schleier des Nichtwissens. Daraus leiten sich zwei Grundsätze ab:

> Einmal die Gleichheit der Grundrechte und -pflichten; zum anderen den Grundsatz, dass soziale und wirtschaftliche Ungleichheiten, etwa verschiedener Reichtum oder verschiedene Macht, nur dann gerecht sind, wenn sich aus ihnen Vorteile für jedermann ergeben, insbesondere für die schwächsten Mitglieder der Gesellschaft. (Rawls 1979, S. 31)

Danach können Ungleichheiten also gerecht sein, was in dem Prinzip der „verhältnismäßigen Ungleichbehandlung" konkretisiert wird. Das *Rawlssche* Gerechtigkeitsverständnis fand mit dem Ansatz von *Robert Solow* (siehe Abschnitt 2.5) eine wichtige Anwendung auf intergenerationelle Betrachtungen, wenngleich dies das ursprüngliche Verständnis nur verkürzt wiedergibt. *(Rawls 1971, S. 284–293; Rawls 1979, S. 319–326)*

Umweltbezogene Erweiterung des Rawlsschen Konzepts

Das Gerechtigkeitskonzept von *John Rawls* gerät im Zusammenhang mit dem Leitbild nachhaltiger Entwicklung an seine Grenzen. Das gilt besonders für den mangelnden Bezug zur Umwelt. Dabei gibt es in der Literatur verschiedene Richtungen, die Theorie der Gerechtigkeit von Rawls in Bezug auf den Umgang mit der Umwelt zu erweitern. *(vgl. hierzu u. a. Pearce 1987, Buchholz 1997)* Acker-Widmaier stellt hierzu fest: „Mit einer Theorie des Guten, die über die schwache Theorie des Guten von J. Rawls hinausgeht, lässt sich zeigen, dass Natur nicht nur als Bedingung der Möglichkeit eines guten Lebens von Bedeutung für den Menschen ist, sondern darüber hinaus in ihrer ästhetischen und in ihrer produktiven Dimension eine ausgezeichnete Möglichkeit eines guten Lebens ist." *(1999, S. 193)*

Holstein vertritt die Position, dass das Gerechtigkeitskonzept von *Rawls* durchaus in der Lage ist, Gerechtigkeitskriterien für die Verteilung der menschlichen Nutzungsrechte der Natur als ein nutzbares Gut aufzustellen. Das gilt besonders, wenn die Nutzungsrechte monetär bewertet werden. Es scheitert jedoch, wenn über die Verfahrensgerechtigkeit hinaus ein extern definiertes, nicht verhandelbares Schutzziel angenommen wird. Gerechtigkeit hängt dann nicht nur daran, Naturverbrauch zu verteilen, sondern auch zukunftsgerecht zu strukturieren und auf einem Niveau einzudämmen, das mit der langfristigen Selbstreproduktion der Natur verträglich ist (vgl. die Handlungsregeln für ökologische Nachhaltigkeit). Konkrete Regeln zum Umgang mit der natürlichen Umwelt sind somit aus der Gerechtigkeitstheorie von *Rawls* nicht zu gewinnen.

Kritik an vertragstheoretischen Ansätzen:
Verfahrensgerechtigkeit und Grundfreiheiten

Eine systematische Schwäche vertragstheoretischer Ansätze besteht darin, dass sie nur auf die Fixierung einer reinen Verfahrensgerechtigkeit abstellen. Die Gesellschaft besteht dabei aus rational handelnden Individuen. Grenzen werden also sichtbar, wenn in einem System keine entsprechenden politischen, wirtschaftlichen und/oder juristischen Institutionen existieren, die die Verfahrensgerechtigkeit umsetzen (Vgl. hierzu die Diskussion zum Homo oeconomicus). Daher setzt *Amartya Sen* den Grundgütern nach *Rawls* sogenannte „Grundfreiheiten" entgegen. Er begründet ausführlich, dass für seine Bewertung

> …der angemessene Bereich weder der Nutzen ist, wie Wohlfahrtstheoretiker behaupten, noch die Grundgüter, wie Rawls es fordert, sondern die Grundrechte, die freiheitlichen Möglichkeiten, ein mit Gründen schätzenswertes Leben zu wählen. Wenn es das Ziel ist, sich primär mit den wirklichen Chancen zu beschäftigen, die ein Individuum hat, um die von ihm gewählten Zwecke zu verfolgen, wie Rawls ausdrücklich empfiehlt, dann wird man nicht nur die Grundgüter berücksichtigen, über die jemand verfügt, man wird auch über die relevanten persönlichen Charakteristika nachdenken müssen, die eine Umwandlung von Grundgütern in die Fähigkeit der Menschen ermögliche, seine Zwecke zu verfolgen. (Sen 2000, S. 94)

Dies verdeutlicht er an einem Beispiel: Ein behinderter Mensch kann einen größeren Korb an Grundgütern haben und hat dennoch eine geringere Chance, ein normales Leben zu führen als ein nicht behinderter Mensch mit einem kleineren Korb an Grundgütern. Nach Sen geben „Funktionen" die verschiedenen Dinge wieder, die ein Mensch gerne tun würde oder der er/die sie gerne sein mag. Erstrebenswerte Funktionen haben eine große Bandbreite. Dazu können gehören: eine ausreichende Ernährung, die Vermeidung von Krankheiten, vielschichtige bzw. anspruchsvolle Tätigkeiten bzw. persönliche Zustände oder auch der Wunsch am Gemeinschaftsleben teilzuhaben und Selbstachtung zu besitzen. Die Funktionen sollen jedoch nicht einzeln gesehen werden, sondern es geht um die Möglichkeit, diese Funktionen miteinander zu verbinden. Die Funktionen und die Zusammenführung der Funktionen unterscheiden sich jedoch zwischen den Menschen. Sie dürfen nicht statisch gesehen werden und sie müssen immer auch im Zusammenhang mit dem Zusammenleben von Gemeinschaften gesehen werden. Daher ist – ganz im Sinne von Sen – festzustellen, dass der

Mensch nicht nur nach materiellem Nutzen strebt und diesen versucht zu maximieren.

Daraus leitet *Amartya Sen* den für ihn zentralen Ansatz der Verwirklichungschancen (Capability Ansatz) ab, den er erstmals 1980 mit dem Konzept der menschlichen Befähigungen beschreibt. *(Sen 1980)* Für ihn sind Verwirklichungschancen Ausdrucksformen der Freiheit. Dabei geht es um Freiheit, die es ermöglicht, unterschiedliche Lebensstile zu realisieren. Unter Freiheit versteht er also die tatsächlichen Chancen, die es dem Menschen erlauben, das zu tun, was er mit einer entsprechenden Begründung schätzt bzw. wünscht. *(Sen 2010, S. 231)* Die „capability perspective" hat somit den zentralen Fokus auf die Ungleichheit bzw. Ungleichverteilung von Verwirklichungschancen. Erst die Analyse der Ungleichheit bzw. Ungleichverteilung macht es möglich, Maßnahmen und Konzepte zur Verringerung zu entwickeln und umzusetzen.

Ungleichheit lässt sich dann aus der Einschränkung der ökonomischen, politischen und sozialen Freiheit des einzelnen Individuums ableiten. Sen gibt auch hierzu ein Beispiel: Ein wohlhabender Mensch, der fastet, unterscheidet sich von einem bedürftigen Menschen, der hungert. Der bedürftige Mensch ist gezwungen zu hungern, während der Wohlhabende eine andere „Menge an Verwirklichungschancen" hat. Eine besondere Kategorie für ihn sind die „substanziellen Freiheiten". Hierunter subsumiert er

> die Möglichkeit, Hunger, Unterernährung, heilbare Krankheiten und vorzeitigen Tod zu vermeiden, wie auch jene Freiheiten, die darin bestehen, lesen und schreiben zu können, am politischen Geschehen zu partizipieren, seine Meinung unzensiert zu äußern usw. (Sen 2000, S. 191)

Diese Freiheiten lassen sich auch als elementare und erlernbare Fähigkeiten klassifizieren.

Bei dieser Sichtweise steht also nicht die Verteilung von Gütern im Vordergrund, sondern die Nutzung der Güter durch die Aktivierung bzw. Befähigung der Betroffenen und die Transformation der Güterverfügbarkeit in neue Lebenschancen. Möglichkeiten und Lebenschancen müssen nicht nur gerecht verteilt, sondern auch weiterentwickelt werden. Der Gerechtigkeitsbegriff von *Sen* ergänzt somit die institutionelle Sichtweise von *Rawls* um den sozialen Kontext. In jüngerer Vergangenheit wendet sich Sen in diesem Kontext explizit auch der „Idee der Nachhaltigkeit" zu. Er bezieht sich hierbei auf die im Brundtland-Bericht vorgenommene Abgrenzung von Gerechtigkeit, die stark auf die Bedürfnisbefriedigung der heutigen und zukünftigen Generationen abzielt. Dabei geht es ihm besonders um die interpersonale Gerechtigkeit. Er stellt fest, dass die Abgrenzung im Brundtland-Bericht inhaltlich nicht ausreicht. Im Sinne des Capability-Ansatzes kommt er zu der Schlussfolgerung:

> There are important grounds for favouring a freedom-oriented view, focusing on crucial freedoms that people have reason to value. Human freedoms include the fulfillment of needs, but also the liberty to define and pursue our own goals, objectives and commitments, no matter how they link with our own particular needs. … A fuller concept of sustainability has to aim at sustaining human freedom, rather than only at our ability to fulfill our felt needs. (Sen 2013, S. 6)

Für ihn besteht ein wesentlicher Gegensatz zwischen „freedom-based perspectives" und „need-based perspectives". Diesen Gegensatz verdeutlicht er besonders mit der in der Nachhaltigkeitsdiskussion zunehmend aufkommenden Forderung nach einem nachhaltigen Konsum. Daraus begründet er die Forderung, dass die „need-based perspectives" nicht in dem Konsumverständnis westlicher Konsummuster verharren sollten, sondern sich an den Anforderungen nachhaltigen Konsums orientieren, die einen eindeutig ökologischen Bezug haben. Die Dimension der ökologischen Nachhaltigkeit wird von Senn jedoch nicht weiter berücksichtigt, wodurch sein Beitrag zu einer Gerechtigkeitstheorie nachhaltiger Entwicklung begrenzt bleibt.

5.1.3 Liberaler Gerechtigkeitsansatz und Garantie von Rechten

Hiervon abzugrenzen ist der liberale Gerechtigkeitsansatz. Dieser Ansatz geht besonders in der angelsächsischen Welt auf den Philosophen Robert Nozick und seinen Klassiker „Anarchy, State and Utopia" zurück. Er geht von einem weitgehend interventionsfreien und ideal funktionierenden Marktsystem aus und beurteilt Staatseingriffe zur Realisierung sozialer Gerechtigkeit kritisch. Sein Ansatz ist als Antwort bzw. Gegenposition zur Gerechtigkeitstheorie von Rawls zu verstehen. Der liberale Gerechtigkeitsansatz weist mit den Wirtschaftswissenschaftlern *Friedrich von Hayek* und *Milton Friedman* namhafte Vertreter auf. *(von Hayek 1972, S. 7–38; Friedman 1962)* Sie betonen die Eigenverantwortung des Individuums und lehnen ebenfalls einen stark intervenierenden Staat ab. Der neoliberale Gerechtigkeitsansatz ist auf der mikroökonomischen Ebene angesiedelt und blendet somit die Gerechtigkeit als eigenständiges gesellschaftliches Ziel aus. Gerechtigkeit ist bei einem Maximum an individueller Freiheit realisiert. Somit wird das Ich in den Mittelpunkt der Betrachtung gestellt. Dem Ich wird eine eindeutige Präferenz vor der Gemeinschaft gegeben. „Im Zweifelsfall erhält es Priorität, auch auf Kosten der Gemeinschaft". *(Gloy 2017, S. 145)* Nachhaltige Entwicklung als Konzept der Makroebene kann hier somit weder definiert noch überprüft werden. Durch die Garantie von Rechten ist nicht klar, ob diese ausreichen, der Bevölkerung ein menschenwürdiges Leben und damit soziale Nachhaltigkeit zu sichern.

Weiterhin ist nicht geklärt, ob die Handlungsfreiheit der jetzigen Generation und zukünftiger Generationen als konstitutive Merkmale nachhaltiger Entwicklung gesichert ist. *(Merkel, Krück 2004, S. 37 ff.)* Daher stellt *Spangenberg* die Frage, ob dieses Gerechtigkeitspostulat unabhängig von seinen Folgen und ohne soziale Verantwortung für das Ganze gelten kann. Die Gefahr einer darwinistischen Auslese ist hierbei unübersehbar. *(Spangenberg 2005, S. 35)* Daraus begründet sich die Kritik, wonach der liberale Gerechtigkeitsansatz mit dem Leitbild nachhaltiger Entwicklung nicht vereinbar ist. Für den liberalen Gerechtigkeitsansatz existiert im Gegensatz zum utilitaristischen und zum Rawlsschen Ansatz auch keine Operationalisierungsregel, in die sich die Forderung einfach fassen lässt.

5.2 Neuere theoretische Ansätze

Die oben aufgeführten Ansätze wurden in der Vergangenheit ausführlich diskutiert und sind in wirtschaftstheoretische Diskussionen und Konzepte eingegangen. Es existieren aber auch neuere Ansätze, die gerade vor dem Hintergrund der Diskussionen zur nachhaltigen Entwicklung entstanden sind. Vier Ansätze sollen vorgestellt werden. Es handelt sich erstens um Ausführungen zu „Bürgerrechten und Partnerschaftsprinzip" und zweitens um den „Planetary Trust". Der Dritte Ansatz einer „integrierten Nachhaltigkeit" legt die Grundlagen für umfassende und auch konkrete Nachhaltigkeitsforderungen. Der vierte Ansatz, das Konzept der Weltbank, ist ein Beispiel mit einem hohen Konkretisierungsgrad von Gerechtigkeit.

5.2.1 Bürgerrechte und Partnerschaftsprinzip

Thomas Meyer und andere Autoren führen die gerechtigkeitstheoretische Diskussion von *Amartya Sen* weiter. Zunächst teilt *er* seine Position der Verwirklichungschancen, spitzt jedoch dessen Position weiter zu. Dabei betont *Meyer* die Bedeutung von Bürgerrechten als Rechte von Gleichen. Daraus leitet er die Notwendigkeit ab, die sozialen und ökonomischen Voraussetzungen des Handelns so zu gestalten, dass eine Realisierung der sozialen und ökonomischen Rechte für den Einzelnen möglich wird. In diesem Zusammenhang geht es für ihn darum, dass die politischen und ökonomischen Grundrechte „die Risikostruktur der gesellschaftlichen Verhältnisse" schließen. *(Meyer 2004, S. 7)* Die Risikostrukturen sind für ihn der Marktkapitalismus, negative Effekte der Globalisierung, Geschlechterdiskriminierung, Diskriminierung anderer Kulturen und natur- und lebensweltgefährdender Industrialismus.

John Peet und *Hartmut Bossel* fordern in diesem Kontext ein „Partnerschaftsprinzip". Damit zielen sie auf die Bewältigung der Herausforderungen ab, die besonders bei *Rawls* ausgeblendet werden, bei *Sen* nur anklingen und bei *Meyer* herausgearbeitet werden. *Peet* und *Bossel* verstehen ihren Ansatz besonders als Abgrenzung von der als sozial und besonders ökologisch unzureichend empfundenen Gerechtigkeitstheorie der Fairness von *Rawls*. Dabei gehen sie von folgenden Fragen aus *(Peet, Bossel 2000, S. 222)*:

- *„How can we live within the rules and boundaries of the biophysical environment?"*
- *„How can we run our societies in such a way as to provide sufficiency, security, and good lives to all people?"*

Die beiden Fragen zielen auf eine Erweiterung des Planetary Boundery Ansatzes um die soziale Dimension. Die Autoren formulieren drei Ziele und leiten hierzu entsprechende Indikatoren zur Überprüfung des Zielerreichungsgrades ab:

- Die **natürliche Umwelt** verlangt eine Anerkennung der eigenen Identität der biologischen Artenvielfalt und der Ökosysteme. Sie verfügen heute und in Zukunft über ein Existenzrecht. Dies steht der Auffassung, wonach die Natur die Funktion einer Quelle von Ressourcen hat, entgegen. Es handelt sich vielmehr um ein lebendes System, von dem die menschliche Existenz abhängt.

- Das **Recht auf gleichwertige Behandlung** aller Menschen muss von allen Menschen respektiert werden, unabhängig von Merkmalen wie Geschlecht, sozialer Zugehörigkeit und materieller Ausstattung.
- Für die Zukunft gilt, das **Existenzrecht und das Recht auf langfristige Entwicklung** zukünftiger Generationen und Ökosysteme zu respektieren.

Sowohl *Meyer* und besonders *Peet* und *Bossel* werden im Verhältnis zu den relativ abstrakten Gerechtigkeitstheorien von *Rawls* und *Sen* in ihren Ansätzen zu einer intra- und intergenerationellen Gerechtigkeit sehr viel anwendungsbezogener. Dieser Anwendungsbezug erfährt bei *Edith Brown-Weiss* eine Weiterführung, wie nachfolgend dargestellt wird.

5.2.2 Planetary Trust

Brown-Weiss geht in ihrem Ansatz ebenfalls von einer gleichrangigen Berücksichtigung des intra- und intergenerationellen Gerechtigkeitspostulats aus, in dem auch die ökologische Dimension explizit berücksichtigt wird. *(Brown-Weiss 1989)* Sie setzt einen „Planetary Trust", dem alle Menschen als Gattungswesen angehören und der sie zu Solidarität und verantwortlichem Handeln in räumlicher und zeitlicher Hinsicht verpflichtet, zum Ausgangspunkt ihrer Argumentation. Entsprechend ist jede Generation zugleich Nutznießer und Treuhänder des gemeinsamen Erbes. Jede Generation genießt kollektive Rechte und unterliegt kollektiven Pflichten.

Die kollektiven Rechte und Pflichten werden durch drei Handlungsregeln analog zu den ökologischen Handlungsregeln nachhaltiger Entwicklung operationalisiert *(Brown-Weiss 1989, S. 40 ff.)*:

- **Conservation of Options** verlangt die natürliche und kulturelle Vielfalt so weit zu erhalten, dass die Wahlmöglichkeiten nachfolgender Generationen bei der Realisierung ihrer Präferenzen und Lösung ihrer Probleme nicht unangemessen eingeschränkt werden. „*We cannot guarantee that they will be happy, but we can offer them a robust planet with which to try."*
- **Conservation of Quality**, wonach jede Generation den übernommenen Bestand an natürlichen und kulturellen Ressourcen in keinem schlechteren Zustand weitergeben soll, als sie ihn empfangen hat. Das Prinzip der Erhaltung der Qualität bedeutet nicht, dass die Umwelt unverändert bleiben muss. Dies wäre unvereinbar mit dem Prinzip der Erhaltung des Zugangs der vorgeburtlichen Generation zu den Vorteilen des planetarischen Erbes. Die Erhaltung der Umweltqualität und die wirtschaftliche Entwicklung müssen Hand in Hand gehen, um den nachhal-

tigen Nutzen des Planeten für die gegenwärtigen und zukünftigen Generationen zu sichern.

- **Conservation of Access** verlangt, dass jede Generation ihren Mitgliedern einen gerechten Zugang zu dem gemeinsamen Erbe verschafft und diesen auch für zukünftige Generationen sichert. Das bedeutet, dass sie diese Ressourcen nutzen können, um ihr eigenes wirtschaftliches und soziales Wohlergehen zu verbessern, vorausgesetzt, dass sie ihre Pflichten entsprechend dem Gerechtigkeitsprinzip gegenüber künftigen Generationen respektieren und den Zugang anderer Mitglieder ihrer Generation zu denselben Ressourcen nicht unangemessen beeinträchtigen. Dies bietet ein Prinzip der Gerechtigkeit zwischen den Generationen und zwischen Mitgliedern derselben Generation.

In dem Grundsatz der Zugangssicherung fließen viele Aspekte nachhaltiger Entwicklung zusammen (Chancen-, Verteilungs- und Ergebnisgerechtigkeit, Geschlechter- und Generationengerechtigkeit etc.). Die Umwelt spielt eine wichtige Rolle, kann aber, wie in dem ausgeführten Nachhaltigkeitskonzept nicht getrennt von oder als a priori dominant gegenüber der sozialen und ökonomischen Dimension zur Lebensqualität betrachtet werden. Die bisher vorgestellten neueren Gerechtigkeitsansätze sind nicht vollständig, sondern stellen nur eine Auswahl dar. Sie zeichnen sich durch ihre allgemeine Begründungsstruktur für eine intra- und intergenerationelle Gerechtigkeit aus. Darüber hinaus existieren weitere Ansätze, die sich auch mit einer Konkretisierung in der Politik beschäftigen. Von diesen werden zwei exemplarisch kurz vorgestellt.

5.2.3 Integriertes Nachhaltigkeitsverständnis der Helmholtz-Gemeinschaft Deutscher Forschungszentren

Die Helmholtz-Gemeinschaft Deutscher Forschungszentren (HGF) beschäftigte sich mit der Erstellung eines integrativen Konzepts einer nachhaltigen Entwicklung mit „konstitutiven Elementen" und Regeln. Dieses Konzept basiert auf einem disziplinenübergreifenden Ansatz und versucht damit eine umfassende Berücksichtigung unterschiedlicher Sichtweisen. Als Ergebnis der Untersuchung sollen drei generelle, aufeinander aufbauende Ziele die Grundlage einer gerechten Entwicklung bilden *(Kopfmüller et al. 2001)*:

- Die **menschliche Existenz** ist zu sichern. Dies beinhaltet die Sicherung der grundlegenden Aspekte menschlichen Daseins wie Gesundheit, Grundversorgung, selbstständiger Existenzsicherung sowie gerechter Verteilung der Umweltnutzungsmöglichkeiten und Ausgleich extremer Einkommens-/Vermögensunterschiede.
- Das **gesellschaftliche Produktivpotenzial** ist zu erhalten. Damit ist eine entsprechende Behandlung aller bekannten Kapitalarten (Natur- Sach-, Human-

und Wissenskapital) gemeint, wofür beispielsweise die ökologischen Handlungs-regeln heranzuziehen sind.

- **Entwicklungs- und Handlungsmöglichkeiten** sind zu bewahren. Hierzu sind Chancengleichheit (bezüglich Bildung, Beruf, Information), Partizipation, Kultur (u. a. Erbe und Vielfalt der Kultur, Kulturfunktion der Natur) sowie soziale Res-sourcen zu beachten.

Bereits die Forderung zur Sicherung der menschlichen Existenz ist vielfach defizitär, betrachtet man besonders die Lage in Entwicklungsländern. Auch die zweite Regel kann – so zeigt die Diskussion um starke versus schwache Nachhaltigkeit – noch nicht als erfüllt angesehen werden. Das dritte Oberziel erfährt erst mit den neueren Diskus-sionen um Nachhaltigkeit und Gerechtigkeit *(siehe die vorangegangenen Ansätze von Meyer, Peet und Bossel sowie Brown-Weiss)* eine zunehmende Beachtung.

Die Oberziele bilden den Rahmen für eine Konkretisierung, die als „Nachhaltig-keitsdefizite" für Deutschland erarbeitet wurden.

5.2.4 Konzepte der Weltbank für Chancengerechtigkeit und Entwicklung

Einen ebenfalls starken Konkretisierungsgrad von Gerechtigkeit bietet der Weltent-wicklungsbericht aus dem Jahr 2006. *(IBRD 2006)* Ausgangspunkt des Gerechtigkeits-verständnisses dieses Berichtes ist die Chancengleichheit und die Verhinderung ab-soluter Deprivation, d. h. die „Abscheu vor extremer Armut". Dabei wird an konkreten Beispielen aufgezeigt, wie es trotz Chancengleichheit zu Ungleichheitsfallen kommen kann. Somit wird deutlich, dass Chancengleichheit eine wichtige, aber nicht ausrei-chende Bedingung für mehr Gerechtigkeit ist (vgl. hierzu auch den Gerechtigkeitsan-satz von *Sen*). So stellt schon der ehemalige amerikanische Präsident *Franklin Roose-velt* fest: *„Wir wissen, dass es eine Gleichheit der individuellen Fähigkeiten nie gegeben hat und nie geben wird, aber wir sind fest davon überzeugt, dass die Gleichheit der Chan-cen angestrebt werden muss." (zitiert nach IBRD 2006, S. 88)*

In dem Bericht werden sehr konkrete Bereiche für länderinterne Ungleichheiten und Ungleichheiten im globalen Kontext aufgezeigt, die sowohl in Industrie- als auch Entwicklungsländern häufig existieren:

- ungleiche Gesundheitsversorgung,
- ungleiche Bildungschancen,
- Ungleichheiten in den Einkommen und
- Ungleichverteilung von Einfluss und Macht.

Neben der Begründung von Ungleichheiten bietet der Bericht auch eine überzeugende Begründung warum der Abbau von Ungleichheiten sowohl auf nationaler Ebene als auch im globalen Kontext, d. h. mehr Gerechtigkeit zu mehr Wohlergehen der Mensch-heit insgesamt beitragen kann. Gerechtigkeit ist somit eine wichtige Bedingung bzw.

Voraussetzung für Entwicklung. Das gilt auch für die wirtschaftliche Entwicklung einer Nation. Die Verringerung von Ungleichheiten bzw. die Förderung von mehr Gerechtigkeit erfordert jedoch zunächst die Schaffung ausgewogener wirtschaftlicher und politischer Rahmenbedingungen. Wichtig hierbei ist, Chancenungleichheiten innerhalb und zwischen den Ländern abzubauen.

> Diese Ungleichheiten führen, wenn sie sich auf Dauer durch ineinandergreifende wirtschaftliche, politische und soziokulturelle Mechanismen fortsetzen, in die Ungleichheitsfalle. Die Menschen der unterschiedlichsten Gruppen und Länder sehen sich sehr ungleichen Rahmenbedingungen gegenüber, sowohl was ihre Möglichkeiten betrifft, sich mit materiellen und immateriellen Gütern auszustatten und ein besseres Leben anzustreben, als auch im Hinblick auf ihre Chancen, mit diesen Gütern durch marktbezogene und nicht marktbezogene Prozesse einen Nutzen zu erzielen. Da die Unterschiede zwischen den Ländern oft größer sind als innerhalb der Länder, ist es von besonderer Wichtigkeit, dass die nationalen politischen Handlungskonzepte eine Angleichung der internationalen Unterschiede – vor allem durch den Wachstumsprozess – unterstützen oder mit diesem Ziel zumindest vereinbar sind. (IBRD 2006, S. 153)

Obwohl der Weltbankbericht eine klare und differenzierte Konkretisierung vornimmt, die gerade für die Entwicklungszusammenarbeit relevant ist, beschränken sich die Ausführungen auf die intragenerationelle Gerechtigkeit und vernachlässigen somit die Gerechtigkeit zwischen der heutigen und zukünftigen Generationen. Weiterhin wird die ökologische Dimension von der Gerechtigkeit ausgenommen. Insofern fehlen wichtige Aspekte des Leitbildes nachhaltiger Entwicklung.

Fazit zu diesem Kapitel: In den verschiedenen Gerechtigkeitstheorien bzw. -ansätzen, die in diesem Kapitel vorgestellt wurden, kommen die drei Nachhaltigkeitsdimensionen mit unterschiedlicher Ausprägung und Gewichtung nur teilweise zur Geltung. Eine zentrale Frage, die in diesem Kontext bisher unzureichend erläutert wurde, ist, wie die drei Dimensionen im Rahmen von Gerechtigkeit zusammengeführt werden können. Man kann feststellen, dass die intertemporale Gerechtigkeit im Zusammenhang mit nachhaltiger Entwicklung bisher noch unzureichend berücksichtigt bzw. diskutiert wurde. So stellen beispielsweise Golub u. a. fest, dass die intergenerationelle Gerechtigkeit explizit nur auf zukünftige Generationen ausgerichtet ist. *„We content … that intergenerational equity can also reflect a concern for past generations." (Golub u. a. 2013, S. 269 ff.)* So gab es auch in der Vergangenheit Generationen, die unter Ungleichheit lebten (restorative justice) und diese Ungleichheit in der Vergangenheit nicht endete. Sie kommen daher zu der Frage, welche Rolle die Ungleichheiten in der Vergangenheit in unserem Verständnis zur intergenerationellen Gerechtigkeit spielt und welche Rolle diese Erkenntnis in unserem Denken zu Nachhaltigkeit einnimmt. Eine weitere Frage die noch beantwortet werden muss ist: gibt es aus der Perspektive der Gerechtigkeit Planetary Bounderies, der sich die Weltgemeinschaft im Rahmen nachhaltiger Entwicklung verpflichten sollte. Das Übereinkommen von Paris, d. h. die Vereinbarung von 195 Vertragsparteien zur Klimarahmenkonvention der Vereinten Nationen, bietet hierzu einen Ansatz.

6 Systematisierung der Nachhaltigkeitsdimensionen

Kapitel 2 hat sich der historischen Entwicklung und der inhaltlichen Konkretisierung nachhaltiger Entwicklung zugewandt. Dabei wurden auch inhaltlich die Anforderungen an die drei Dimensionen Ökonomie, Ökologie und Soziales dargestellt und begründet. Weiterhin konnte exemplarisch aufgezeigt werden, welche Beziehungen zwischen den Nachhaltigkeitsdimensionen bestehen. Vor dem Hintergrund dieser Ausführungen stellt sich nun die Frage, wie sich die relevanten Handlungsfelder nachhaltiger Entwicklung ableiten und im Rahmen eines Konzepts der Umsetzung nachhaltiger Entwicklung systematisch einordnen bzw. zuordnen lassen. Dabei geht es um das methodische Vorgehen, das für die Umsetzung nachhaltiger Entwicklung von Bedeutung ist. Es begann mit dem Drei-Säulen-Modell. Die Differenzierung nach dem Drei-Säulen-Modell bietet einen ersten analytischen Ausgangspunkt, der zu dem Integrierten Nachhaltigkeitsdreieck weiterentwickelt wurde. Das Integrierende Nachhaltigkeitsdreieck bietet ein methodisches Grundverständnis für den integrativen Charakter nahhaltiger Entwicklung und ist somit eine wichtige Grundlage für die Zusammenführung der drei Nachhaltigkeitsdimensionen und der Entwicklung von Nachhaltigkeitsstrategien.

Abschnitt 6.1 stellt rückblickend dar, welche Aufmerksamkeit das Drei-Säulen-Modell zunächst erfahren hat. In Abschnitt 6.2 werden dann verschiedene Konzeptionen für die Zusammenstellung der drei Säulen bzw. Dimensionen vorgestellt. In Abschnitt 6.3 wird schließlich das Integrierende Nachhaltigkeitsdreieck als Methode der Vernetzung der drei Dimensionen vorgestellt. Der Fortschritt dieser Methode ist, dass die Nachhaltigkeitsdimensionen aus der Isolation gelöst und in einem Zusammenhang dargestellt werden. Der letzte Abschnitt befasst sich mit Anwendungsmöglichkeiten des Integrierenden Nachhaltigkeitsdreiecks für eine Systematisierung und Umsetzung nachhaltiger Entwicklung.

6.1 Verwendung der drei Säulen in Wissenschaft und Politik

Ökologie, Ökonomie und Soziales werden in der Literatur schon seit geraumer Zeit als drei Dimensionen eines umfassenden Entwicklungsprozesses benannt. Sie wurden jedoch meist getrennt voneinander analysiert. Mitte der 1980er-Jahre wurde deren Vereinbarkeit bzw. Zusammenführung zunächst im Bereich der technologischen Entwicklung gefordert. *(Dierkes 1985, S. 41f.)* Es wurde aber bald erkannt, dass für die Zusammenführung die Einbindung verschiedener Disziplinen, d. h. eine interdisziplinäre Herangehensweise erforderlich ist. Die Auflösung fachlicher Grenzen und die durchgreifende Beschäftigung mit einer nachhaltigen Entwicklung wird teilweise auch als „Transdisziplinarität" verstanden *(Mittelstraß 1992)*. Hier hat die Gewin-

https://doi.org/10.1515/9783110722536-006

nung von Zielwissen durch partizipative Einbindung gesellschaftlicher Gruppen und Experten eine zentrale Rolle, um die primäre Einflussnahme durch Wissenschaftler zu verhindern und die Erarbeitung von Handlungsoptionen für eine nachhaltige Entwicklung vielmehr auf eine solide Grundlage zu stellen. *(Burger 2005)* Hierbei geht es also darum, die Lücke zwischen Forschung und Umsetzung zu schließen.

Eine Integration verschiedener Disziplinen bedeutet jedoch aufgrund ihrer geringen Durchlässigkeit eine Herausforderung, da jede der drei Nachhaltigkeitssäulen auf unterschiedlichen Denkschulen, Sprachgebräuchen und Zielen basiert. *(Bleischwitz 1998, S. 89–94)* Ebenso sind spezifische zeitliche, logische und verlaufsbezogene Eigenschaften sowie eigene Formen der Ein- und Auswirkungen zu berücksichtigen. *(Spangenberg 1998, S. 310–313)* Dieses Charakteristikum der nachhaltigen Entwicklung als weitgefasstes Leitbild macht die Notwendigkeit geeigneter Konzepte deutlich, die dem Anspruch der nachhaltigen Entwicklung gerecht werden, ohne sich aber in der Vielfalt der Ansprüche zu verlieren.

Bereits die Diskussion der Auswirkungen der Kohlendioxid-Emissionen macht die Komplexität deutlich. Der Indikator Kohlendioxid bildet wegen der Einwirkungen auf das globale Klima zunächst eine ökologische Problemstellung ab. Die langfristigen Umweltschäden haben aber auch ökonomische und soziale Auswirkungen, etwa auf das Gesundheitsniveau der heutigen und der nachfolgenden Generationen. Weiterhin kommt es durch die Klimaveränderungen zu einer Zunahme von Unwettern mit wirtschaftlichen Schäden, für deren Verminderung investitions- und produktionsrelevante Strukturveränderungen sowie geänderte Konsum- und Verhaltensmuster der Bürger erforderlich sind. So ist die Frage zu stellen: Wie kann das Umweltproblem der Kohlendioxid-Emissionen verdeutlicht und angegangen werden, wenn es – wie fast alle nachhaltigkeitsrelevanten Themen – sowohl ökonomisch, ökologisch als auch sozial relevante Aspekte aufweist?

Anwendung des Drei-Säulen-Modells

Die Weltgemeinschaft bezog sich auf dem Erdgipfel in Rio de Janeiro noch nicht auf das Drei-Säulen-Modell. Dennoch lässt die Gliederung der Agenda 21 *(UNCED 1992)* die Berücksichtigung aller drei Nachhaltigkeitsdimensionen mit einer ökologischen Ausrichtung erkennen: Die Kapitel 2–8 befassen sich mit den sozialen und wirtschaftlichen Aspekten, die Kapitel 9–22 zeigen den Zusammenhang von Umweltressourcen und deren Erhaltung und geeigneten Bewirtschaftungsformen auf. Anschließend werden die bedeutendsten gesellschaftlichen Gruppen (Kapitel 23–32) eingebunden sowie „Mittel zur Umsetzung" nachhaltiger Entwicklung aufgezeigt (Kapitel 33–40).

Nach der Konferenz von Rio de Janeiro setzte sich in der Diskussion das Drei-Säulen-Modell durch *(Kopfmüller et al. 2001, S. 47)*, sodass viele der zeitlich folgenden Arbeiten bzw. Veröffentlichungen die drei Dimensionen aufgenommen haben:

- Die *Conference on Sustainable Development* (CSD) erarbeitete auf der Grundlage der Agenda 21 ein **Indikatorensystem**, in dem zunächst 134 und später knapp

200 Indikatoren der Ökologie, der Ökonomie oder dem Sozialen zugeordnet waren. *(UNCSD 1996; UNCSD 2001)*

- Auch in weiteren wichtigen **Katalogen von Indikatoren** ist die Aufteilung nach den drei Säulen üblich. *(u. a. Teichert et al. 2002; Agenda-Transfer 2003)* Teilweise kam die institutionelle Dimension, welche die Umsetzung in Institutionen (Organisationen, Normen, Strukturen) betrachtet, als vierte Kategorie hinzu.
- **Deutsche Industrieverbände**, insbesondere der Chemischen Industrie, brachten ab Mitte der 1990er-Jahre das Konzept dreier gleichrangiger Säulen mit der nachhaltigen Entwicklung als „Dach" in den deutschen Diskussionsprozess ein. Demnach gilt es, die Ziele der drei Säulen miteinander abzuwägen. *(Brand, Jochum 2000, S. 157 ff.)*
- Die drei Dimensionen gingen in den politischen Beratungsprozess der **Enquete-Kommissionen** „Schutz des Menschen und der Umwelt ein." *(u. a. Enquete-Kommission 1994, S. 64–54; Enquete-Kommission 1998, S. 31–54)* Die gleichberechtigte Berücksichtigung der drei Nachhaltigkeitsdimensionen wird dort als ein partizipativer Prozess der Suche und des Abwägens zwischen den Nachhaltigkeitszielen verstanden. *(Voss 1997, S. 23–25)*
- **Grundlegende Zielsetzungen** der Weltgemeinschaft und der *Europäischen Union* (EU) basieren ebenfalls ausdrücklich auf den drei Nachhaltigkeitsdimensionen. *(WSSD 2002, S. 2; Europäischer Rat 2001, S. 1; Europäische Kommission 2003, S. 2; Europäischer Vertrag von Maastricht, Art. B-1; Europäischer Vetrag von Amsterdam, Art. 2)*
- **Erste nationale Nachhaltigkeitsstrategien** basieren bereits auf dem Drei-Säulen-Modell. *(Bregha et al. 2004, S. 8–10; Europäische Kommission 2004, S. 14)*
- In **Unternehmen** wurde das Drei-Säulen-Modell erstmals durch *Elkington 1994* als „Triple Bottom Line" eingebracht und vermehrt konstitutiver Bestandteil eines Nachhaltigkeitsmanagements (gute Übersicht über betriebliche Instrumente: *BMU et al. 2007*) bzw. einer „Corporate Sustainability." *(siehe u. a. Schaltegger, Burritt 2005)* Die Verknüpfung von bislang getrennten Managementsystemen geht verstärkt als Konzept eines „integrierten Managementsystems" in die Diskussion ein. *(siehe besonders Zink et al. 2008)*

Das Drei-Säulen-Modell war der Ansatz der am häufigsten von Politik und auch von vielen Unternehmen verwendet wurde. Es wurde jedoch auch kritisch festgestellt, dass die drei Säulen alleine keine hinreichende Definition begründen können. *(Tremmel 2003, S. 151)* Das Drei-Säulen-Modell ist in der Wissenschaft, besonders bei Vertretern einer starken Nachhaltigkeit, umstritten. Werden die drei Säulen ohne theoretische Formulierung für eine Zielformulierung verwendet, so entstehen häufig „Wunschzettel" mit beliebig zusammengestellten Anliegen für eine weitere Entwicklung. Daher sollte besonders die von der starken Nachhaltigkeit ausgelöste Diskussion um Mindestbedingungen weiter ausgestaltet werden.

Kritik am Drei-Säulen-Modell

Zum Drei-Säulen-Modell ist kritisch anzumerken, dass mögliche Konflikte zwischen den Ansprüchen kaum aufgelöst werden können. Bestehen beispielsweise Zielkonflikte zwischen dem Schutz der Umwelt und einer betrieblichen Produktionsausweitung, ist die Analyse von Trade-offs erforderlich. Diese Problematik wird oftmals dadurch umgangen, dass sie rhetorisch oder definitorisch von vornherein ausgeschlossen wird. Daher ist häufig das Bekenntnis zu vernehmen, man wolle nur Lösungen zum Vorteil aller erreichen. Das Konzept der Ökoeffizienz, wie es in Kapitel 4 vorgestellt wurde, folgt bekanntlich der Idee von „Win-Win-Situationen" ohne die aufgezeigten Konfliktpotenziale ausreichend zu berücksichtigen.

Kritiker sehen in dieser ungenügend ausdifferenzierten Vorstellung den Grund dafür, dass die drei Säulen unverbunden neben einander stehen und dass selbst Forschungsvorhaben in der zusammenhanglosen Auflistung von Zielen für jede Säule münden. Damit ist das Ziel einer Einheit, wie sie der *Sachverständigenrat für Umweltfragen* seit Langem fordert, bis heute oft nicht ausreichend zu erkennen. *(SRU 1994, Tz. 2)* Gerade ökologische Ziele, so die Position der starken Nachhaltigkeit, würden durch die praktizierte Konzeption dreier Säulen nivelliert und damit nicht in ausreichendem Maße verfolgt. Aus der essenziellen Bedeutung und Bedrohung natürlicher Lebensgrundlagen folgern die Kritiker, dass keine Gleichrangigkeit der drei Säulen bestehen dürfe. *(SRU 2002, Tz. 1–4; vgl. auch Winter 2007)* Außerdem wurde angeführt, dass der Agenda 21-Prozess durch eine allgemeine gesellschaftspolitische Formulierung aufgeweicht würde, was auch die intergenerationelle Gerechtigkeit vernachlässige. *(Tremmel 2003, S. 150 f.)*

Die Vertreter einer starken Nachhaltigkeit fordern stattdessen die Verankerung ökologischer Ziele auf der theoretischen und normativen Ebene. Die Leitstrategien der nachhaltigen Entwicklung sollen die Ziele dann in die Anwendungsebene hinein übersetzen. Auf dieser Grundlage akzeptieren Kritiker die drei Nachhaltigkeitsdimensionen als mögliche Handlungsfelder einer Umsetzung. *(Ott, Döring 2007)* Die „normativ funktionale Konzeption" von Nachhaltigkeit ist ein weiterer Ansatz, der sich von den drei Nachhaltigkeitsdimensionen löst. Mithilfe einer sogenannten Cross-Impact-Analyse und Experteneinschätzungen werden die prioritären Stellhebel für Nachhaltigkeit im Wirkungsgeflecht gesucht. Konkret sind dies Bildung, Innovationsfähigkeit und Stabilität des demokratischen Systems. Diese Aspekte haben einen starken Einfluss auf das Gesamtsystem und sind daher schwer von anderen zu beeinflussen. *(Renn et al. 2007, S. 136–167)*

Die Kritik hat bisher aber noch nicht endgültig dazu geführt, das Drei-Säulen-Modell in der breiten Anwendung aufzugeben und zu ökologisch dominierten Nachhaltigkeitsprozessen zurückzukehren, wie sie in Deutschland bis Anfang der 2000er-Jahre in Form von Umweltplänen oder -strategien üblich waren. *(Nordbeck 2001)* Umweltorientierte regionale Ansätze waren in Deutschland beispielsweise die „Bayern-Agenda" *(StMLU 1997)*, der „Umweltplan Baden-Württemberg" *(MUV 2000)* oder das „Ressort-Programm Umwelt" *(Ministerium für Umwelt Saarland 2004)*. Eine ökologische Durchdringung der verschiedenen Politikbereiche (in der EU durch den Cardiff-Prozess vorgegeben: *Europäischer Rat 1998*) ist vielmehr einer Erweiterung hin zu den drei Nachhaltigkeitsdimensionen gewichen. So galt die erste europäische Nachhaltigkeitsstrategie *(Europäischer Rat 2001)* noch als ökologisches Korrektiv der ökonomisch-sozial ausgerichteten „Lissabon-Strategie", wonach Europa zum *„wettbewerbsfähigsten und dynamischsten Wirtschaftsraum der Welt"* werden sollte. Die fortgeschriebene europäische Nachhaltigkeitsstrategie sieht dagegen die *„Förderung einer integrierten Betrachtung wirtschaftlicher, sozialer und ökologischer Belange, so dass sie miteinander im Einklang stehen und sich gegenseitig verstärken ... "* vor. *(Rat der Europäischen Union 2006b, Tz. 6.)* Auch die *deutsche Bundesregierung* formulierte schon relativ früh ihre Konzeption einer nachhaltigen Entwicklung im Sinne der drei Nachhaltigkeitsdimension aus:

> Nachhaltigkeit [ist] konzeptionell weder ein von drei unverbundenen, nebeneinander stehenden Säulen getragenes ‚Dach', noch die Schnittmenge abgrenzbarer Dimensionen, etwa im Sinn eines ‚kleinsten gemeinsamen Nenners'. Nachhaltigkeit ist ein ganzheitlicher, integrativer Ansatz; Wechselbeziehungen und Wechselwirkungen müssen ermittelt, dargestellt und beachtet werden, um langfristig tragfähige Lösungen für die bestehenden Probleme zu identifizieren. Umweltschutz, wirtschaftliche Leistungsfähigkeit und soziale Verantwortung sind so zusammenzuführen, dass Entscheidungen unter allen drei Gesichtspunkten dauerhaft tragfähig sind – in globaler Betrachtung. Die Erhaltung der Tragfähigkeit der Erde bildet die absolute äußere Grenze; in diesem Rahmen ist die Verwirklichung der verschiedenen politischen Ziele zu optimieren. (Deutsche Bundesregierung 2008, S. 21)

6.2 Bisherige Ansätze zur Darstellung der drei Nachhaltigkeitssäulen

Die folgenden Ausführungen konzentrieren sich auf die grafische Darstellung von Nachhaltigkeitskonzepten, wie sie in Abschnitt 6.1 kurz erläutert wurden. Das Drei-Säulen-Modell zeigt das zugrunde gelegte Verständnis von den möglichen Beziehungen zwischen den Dimensionen. Die Frage der Repräsentation ist für die weitere Diskussion des Drei-Säulen-Modells und einer möglichen Weiterentwicklung relevant, weshalb im Weiteren mehrere Darstellungsweisen und die jeweils mit ihnen verbundenen Vorstellungen aufgezeigt werden. Zunächst werden das klassische drei Säulen-Modell und das ebenfalls verbreitete Schnittmengen-Modell erläutert. Darauf folgt das aktuell am weitesten verbreitete Nachhaltigkeitsdreieck. Auf dieser Konzeption basieren mehrere Weiterentwicklungen und die in Abschnitt 6.3 vorgestellte Methode des „Integrierenden Nachhaltigkeitsdreiecks".

Klassisches Drei-Säulen-Model
Teilweise wird noch das Modell mit parallel nebeneinanderstehenden Säulen und der nachhaltigen Entwicklung als deren Dach verwendet (siehe Abb. 6.1). Die drei Dimen-

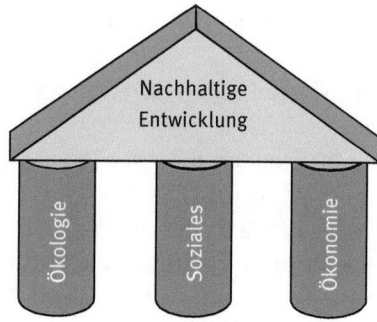

Abb. 6.1: Darstellung der nachhaltigen Entwicklung als nicht haltbares Säulen-Konzept (Quelle: eigene Darstellung)

sionen sollen gleichrangig umgesetzt werden, sodass bei der Umsetzung zwischen den Zielen der drei Säulen abzuwägen ist.

Die Unzulänglichkeit dieser Säulen-Konzeption erschließt sich intuitiv, wenn man das Konstrukt aus der Perspektive der Statik betrachtet: Die mittlere Säule oder ggf. eine der Säulen am Rand kann entfernt werden, ohne dass das Konstrukt einstürzt. Es wäre auch denkbar, die beiden Säulen am Rand zu entfernen, sodass das Dach nur noch von der mittleren Säule getragen wird.

Dieses Problem gilt auch, wenn alle drei Säulen gleichrangig umgesetzt werden: Eine Säule trägt nicht mehr, wenn sie eine gewisse kritische Größe unterschreitet, also zu dünn wird. Die Berücksichtigung einer solchen Säule – meistens der ökologischen – hat somit nur eine symbolische Bedeutung. Aus diesen grafischen Konstellationen ist zu folgern, dass keine klaren Austauschbeziehungen oder Abhängigkeiten zwischen den Säulen bestehen. Die Bezeichnung „Drei-Säulen-Modell" wird synonym für viele andere Konzeptionen auf Basis der drei Nachhaltigkeitsdimensionen verwendet, obwohl diese keine Säulen mehr repräsentieren.

Sinnvoller ist daher eine räumlich versetzte Anordnung (siehe Abb. 6.2), die von oben gesehen einem Dreieck entspricht. Dadurch ist ein Zusammenhang zwischen den drei Säulen möglich. Wird eine Säule entfernt oder bricht unter der Last zusammen, so ist im engeren Sinne keine nachhaltige Entwicklung möglich. Das heißt jedoch nicht, dass alle Säulen stets exakt gleich erfüllt werden müssen. In früheren Nachhaltigkeitsdreiecken findet sich diese Forderung nach einer gleichberechtigten Berücksichtigung durch die drei gleich langen Seiten wieder. Dieses Verständnis einer

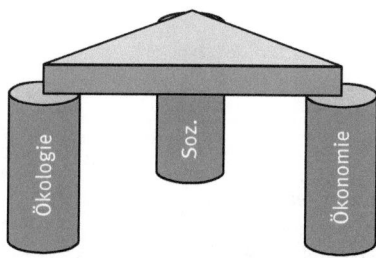

Abb. 6.2: Darstellung der nachhaltigen Entwicklung als haltbares Säulen-Konzept (Quelle: eigene Darstellung)

prinzipiellen Gleichwertigkeit würde zu einer Relativierung (einem „Weichwaschen")
führen.

Die gleichberechtigte Berücksichtigung bedeutet vielmehr, dass alle Anliegen zunächst mit gleichem Recht eingebracht werden können. Im Verlauf des wissenschaftlichen, gesellschaftlichen oder auch politischen Diskussion können aber auch Prioritäten und besondere Schutzrechte, beispielsweise zur Erhaltung ökologisch bedeutsa-
mer Lebensgrundlagen, festgelegt werden. Wichtig ist an dieser Stelle lediglich, dass
sich diese Einsicht im gemeinsamen Such- und Erkenntnisprozess entwickeln muss
und nicht von vornherein vorgegeben sein darf.

Das Schnittmengen-Modell

Das Schnittmengen-Modell geht u. a. auf *Barbier 1987* zurück. Es legte mehrere Bereiche als Kombinationen von übereinander liegenden Kreisen fest (siehe Abb. 6.3):

a: ökologisch-ökonomisch
b: sozial-ökologisch
c: sozial-ökonomisch
d: sozial-ökologisch-ökonomisch

Die Säulen werden also in mehrere Kombinationen unterschieden, was häufig auf die
dreifache Schnittmenge in der Menge beschränkt bleibt. (*OECD 2000, S. 109 f.*)

Das Schnittmengen-Modell verdeutlicht, dass Mehrfachzuordnungen zwischen
den Säulen bestehen können. Aber es begrenzt die nachhaltige Entwicklung thema-
tisch stark auf die Schnittmengen, während die überschneidungsfreien Flächen in der
Nachhaltigkeitsdiskussion zurückgestellt werden. Beispielsweise ordnet die OECD die
wesentlichen Herausforderungen nur in die Schnittmenge zwischen jeweils zwei Säulen ein.

Eine noch engere Fassung als ökologisch-ökonomisch-soziale Schnittmenge ist
für das zu Recht kritisierte „Wunschdenken" charakteristisch, alles wäre problem-
los miteinander vereinbar. Die ineinander übergehenden Kreise verdeutlichen aber,

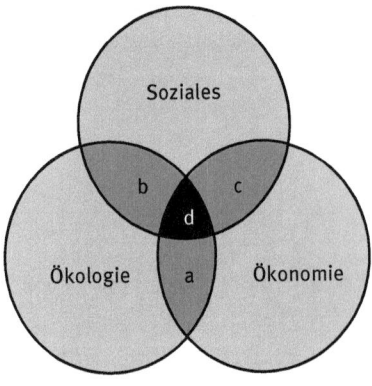

Abb. 6.3: Schnittmengen-Modell der drei Säulen einer
nachhaltigen Entwicklung
(Quelle: eigene Darstellung)

dass die Nachhaltigkeitsdimensionen nicht als starre Säulen isoliert voneinander bestehen, sondern aufeinander einwirkende Bereiche bzw. Dimensionen darstellen. Das Schnittmengen-Modell zeigt, dass der Begriff „Säule" verkürzt ist und im engen Sinne nur auf das vorher dargestellte Säulen-Modell anzuwenden ist. Daher wird in den folgenden Ausführungen nicht mehr von Säulen, sondern von Dimensionen gesprochen. Zwischen diesen lassen sich Elemente anordnen, was im Zusammenhang mit dem Nachhaltigkeitsdreieck in mehreren Varianten aufgezeigt wird.

Nachhaltigkeitsdreiecke

Das Nachhaltigkeitsdreieck wird in Anlehnung an die Zielvereinbarung des Stabilitäts- und Wachstumsgesetzes der Bundesrepublik Deutschland von 1967 auch als „Magisches Dreieck" oder als „magic Triangle" bezeichnet. *(Dierkes 1985, S. 44; Radke 1996, S. 2; Simonis 1998, S. 467)* Es ist gleichseitig angelegt, das heißt, alle Seiten des Dreiecks sind gleich lang. Diese geometrische Sonderform spiegelt die gleichberechtigte Bedeutung jeder Dimension wider. Ein Nachhaltigkeitsdreieck ermöglicht die Beziehungen zwischen den drei Dimensionen (hier Ecken) darzustellen. Die Literatur bezieht sich hier in der Regel auf Unternehmen oder Handlungsfelder. In der Diskussion um eine angemessene Perspektive für die Wirtschaft fokussieren einige Autoren ausschließlich auf die Effizienz, während andere Autoren eine umfassendere Betrachtung aller drei Nachhaltigkeitsziele mit „effektiven" Beiträgen zur nachhaltigen Entwicklung fordern.

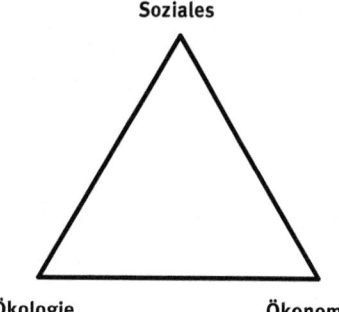

Abb. 6.4: Das Nachhaltigkeitsdreieck (Quelle: eigene Darstellung)

Das Fraktal-Diagramm

William McDonough und *Michael Braungart* stellen eine Möglichkeit vor, auch das Innere des Dreiecks zu nutzen. In Anlehnung an die Arbeiten des Mathematikers *Sierpinski* zerlegen sie das Nachhaltigkeitsdreieck zwei Mal, wobei die Mitte des jeweils entstehenden kleineren Dreiecks frei bleibt (siehe Abb. 6.5). Die Felder des sogenann-

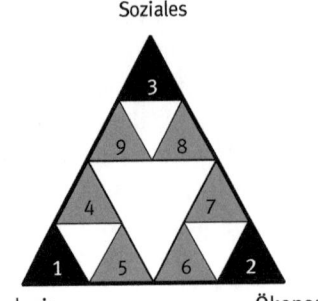

Soziales

Ökologie   Ökonomie

Abb. 6.5: Fraktal-Diagramm
(Quelle: eigene Darstellung nach McDonough, Braungart 2002)

ten „Fraktal-Dreiecks" werden dann gemäß ihrer Nähe zu den drei Ecken bzw. Nachhaltigkeitsdimensionen benannt. So ergeben sich neun Felder:

1: Ökologie-Ökologie
2: Ökonomie-Ökonomie
3: Soziales-Soziales
4: Ökologie-Soziales
5: Ökologie-Ökonomie
6: Ökonomie-Ökologie
7: Ökonomie-Soziales
8: Soziales-Ökonomie
9: Soziales-Ökologie

Beispielsweise wird für Feld 1 (steht für Ökologie-Ökologie) abgefragt, ob ein funk-
tionsfähiges Ökosystem geschaffen wird. In Feld 5 ist eine ökologisch effektive Ressourcennutzung eingetragen, Feld 6 hingegen steht für den wirtschaftlich effizienten
Einsatz von Ressourcen.

McDonough und *Braungart* zielen mit dem Fraktal-Dreieck darauf ab, alle Felder
positiv zu beeinflussen. Einen Ausgleich von Ökologie, Ökonomie und Sozialem im
Sinne einer substituierbaren Beziehung lehnen sie hingegen ab, da sie vom Paradigma einer starken Nachhaltigkeit ausgehen. Dies ist ein Grund dafür, warum sie das
jeweils mittlere Dreieck leer lassen. *(McDonough, Braungart 2002, S. 150)* Damit klam-
mert der Ansatz die sozial-ökologisch-ökonomische Beziehung per Definition aus, wodurch der Anschluss an bestehende Forderungen zur Berücksichtigung dieser Beziehung nicht gegeben ist.

6.3 Anwendung: Das Integrierende Nachhaltigkeitsdreieck

Der vorige Abschnitt hat die methodische Hinführung zu dem Drei-Säulen-Modell aufgezeigt. Die bisherigen Ansätze befriedigen jedoch nicht: Die Anordnung als drei iso-
lierte Säulen kann – wie schon erwähnt – die Notwendigkeit einer Zusammenführung

kaum erfüllen. Das Schnittmengen-Modell stellt die Kombination bzw. Überschneidung zwischen zwei oder drei Säulen besonders heraus, kennt aber keine tiefere Differenzierung als die überschnittenen Flächen und vernachlässigt die überschneidungsfreien Bereiche. Der Ansatz, die Seiten des Nachhaltigkeitsdreiecks zu verwenden, ermöglicht eine punktuelle Verortung zwischen zwei, aber nicht zwischen drei Dimensionen. Das Fraktal-Diagramm bezieht zwar alle drei Dimensionen gleichzeitig ein, schließt jedoch u. a. eine ökologisch-ökonomisch-sozial geprägte Kategorie aus.

Der erste Abschnitt 6.3.1 stellt auf der Grundlage des Nachhaltigkeitsdreiecks eine Methode für die Analyse und Umsetzung der nachhaltigen Entwicklung vor. Der nächste Abschnitt 6.3.2 zeigt die Bedeutung und Zuordnung zu einzelnen Feldern auf, die sich aus der Systematik ergeben. Abschnitt 6.3.3 enthält schließlich Berechnungsverfahren für eine elektronische Umsetzung der Methodik.

6.3.1 Methode des Integrierenden Nachhaltigkeitsdreiecks

Im Folgenden wird die Konzeption des „Integrierenden Nachhaltigkeitsdreiecks" eingeführt, die Bestandteile der früheren Modelle und besonders der Varianten des Nachhaltigkeitsdreiecks berücksichtigt und weiterentwickelt. Mit der Methode wird das Innere des Dreiecks als Kontinuum der drei Dimensionen vollständig ausfüllt. Es führt die drei Dimensionen zusammen, um der zunehmenden Anforderung nach Integration gerecht zu werden. Dabei soll die Methode die Betrachtung bestimmter „Mischungsverhältnisse" ermöglichen, wonach die betrachteten Elemente einer nachhaltigen Entwicklung unterschiedlich stark den drei Dimensionen zugeordnet werden können.

Es entstehen Felder, an denen sich die unterschiedlichen Aspekte einer nachhaltigen Entwicklung festmachen lassen. Die Herausforderung besteht darin, eine formale Struktur zu finden, die weitergehende Operationalisierungen zulässt. Hierfür ist es angebracht, andere Wissenschaftsdisziplinen, in denen ähnliche Fragestellungen aufkommen, zu betrachten. Beispielsweise befassen sich die Ingenieurwissenschaf-

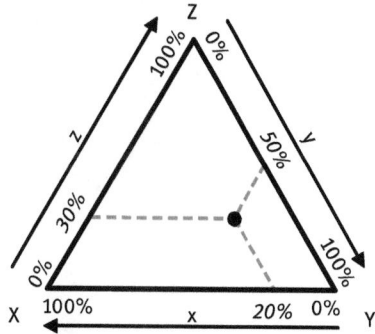

Abb. 6.6: Mischung von drei Komponenten im Gibbschen Dreieck
(Quelle: eigene Darstellung)

ten oder die Bodenkunde mit der Frage: *Wie kann ein Material, das aus mehreren Bestandteilen besteht, einfach beschrieben werden?*

Das „Gibbsche Dreieck", auch unter den Bezeichnungen „Konzentrationsdreieck" oder „Dreiecksdiagramm" bekannt, ist hierfür eine gängige Darstellungsmethode. Dazu ist in Abb. 6.6 exemplarisch die Zusammenstellung XYZ – die zu 20 % aus X, zu 50 % aus Y und zu 30 % aus Z besteht – dargestellt. Zusammen ergeben die drei Komponenten 100 % und beschreiben somit ein Ganzes. Dies lässt sich weitestgehend auf die drei Nachhaltigkeitsdimensionen übertragen, was mit dem Integrierenden Nachhaltigkeitsdreieck deutlich wird (IND, Abb. 6.7).

Die Überschneidungen verlaufen hier nicht kontinuierlich wie in den ursprünglich technisch-naturwissenschaftlichen Fragestellungen eines Gibbschen Dreiecks, sondern sind abgestuft. Der gewählte Detaillierungsgrad ist ein Kompromiss zwischen

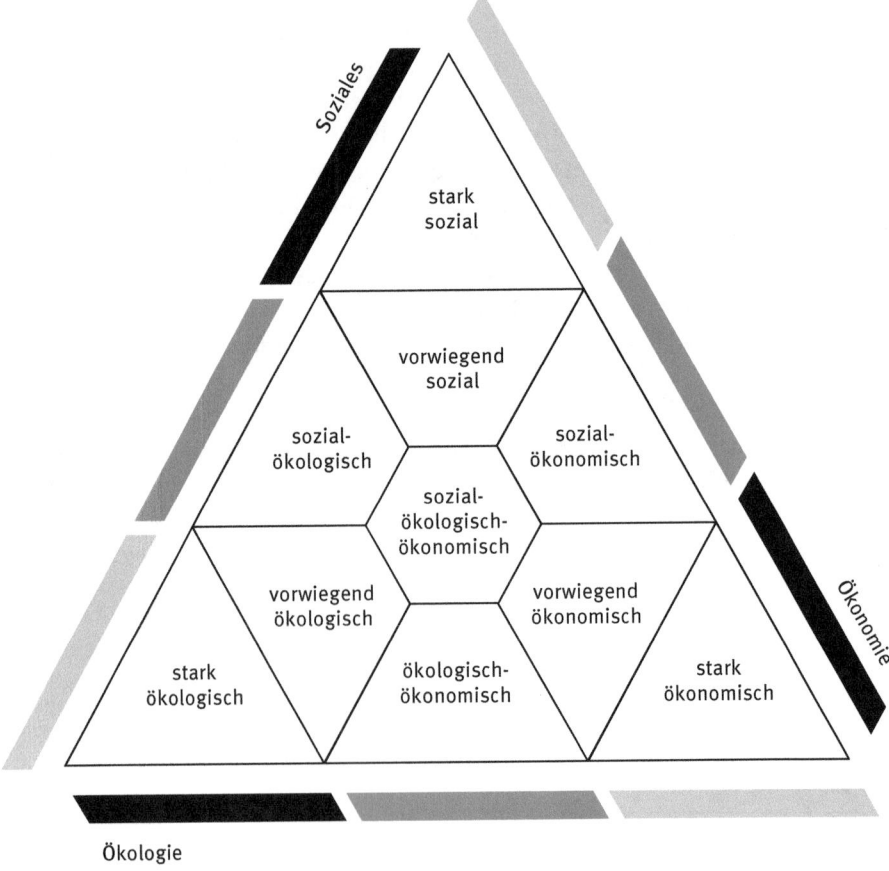

Abb. 6.7: Das Integrierende Nachhaltigkeitsdreieck
(Quelle: eigene Darstellung, erstmals veröffentlicht in von Hauff, Kleine 2005)

den Anforderungen einer größtmöglichen Zusammenführung und einer analytischen Differenzierung nach den drei Nachhaltigkeitsdimensionen. Die im Integrierenden Nachhaltigkeitsdreieck entstehenden Felder lassen in besonderer Weise den Anschluss an die Diskussionen einer nachhaltigen Entwicklung aus Kapitel 2 und der Beziehungen im Nachhaltigkeitsdreieck zu. Beispielsweise kann die „Ökoeffizienz" große Teile des ökologisch-ökonomischen Feldes abdecken, was die Kommunizierbarkeit und somit die Akzeptanz der Analyse verbessert.

6.3.2 Felder des Integrierenden Nachhaltigkeitsdreiecks

Durch die Aufteilung des Integrierenden Nachhaltigkeitsdreiecks ergeben sich verschiedene Möglichkeiten. Daher erläutert dieser Abschnitt die Bedeutung der einzelnen Felder und wie diese Elemente zugeordnet werden sollen. Für Aggregationen weicht die Detaillierungstiefe später von der Feldebene ab.

Interpretation der einzelnen Felder

Das Integrierende Nachhaltigkeitsdreieck bzw. dessen Felder lassen eine Interpretation in Anlehnung an die drei Nachhaltigkeitsdimensionen zu. Jede Ecke im Dreieck steht demnach für eines der ursprünglichen Ziele: ökologische, ökonomische oder soziale Nachhaltigkeit. Diese gilt es nun, mittels der Übergänge weiter abzustufen. Je weiter ein Feld von einem Eckpunkt entfernt ist, desto weniger ist es der jeweiligen Dimension zuzuordnen. Die Entfernung bemisst sich parallel zur Seite, die einer Ecke gegenüberliegt. Drei Grade der Zuordnung lassen sich für jede der drei Dimensionen unterscheiden, hier in Bezug auf die Ökologie dargestellt (siehe Abb. 6.8):

- In der **starken Zuordnung** (a) wird das Feld überwiegend von einer einzigen Dimension bestimmt. Dies entspricht am meisten dem herkömmlichen Drei-Säulen-Modell mit isolierten Kategorien. Das Feld unten links ist stark ökologisch orientiert, die anderen beiden Dimensionen haben hier kaum eine Bedeutung.
- Bei der **teilweisen Zuordnung** (b) wird das Feld durch mehrere Dimensionen zu etwa gleich großen Teilen beeinflusst. Im abgebildeten Beispiel trifft dies auf das sozial-ökologische, das vorwiegend ökologische und das ökologisch-ökonomische Feld gleichermaßen zu: sie alle sind etwa zur Hälfte durch die ökologische Dimension geprägt, der Rest ist sozial und/oder ökonomisch relevant.
- Die geringste Beeinflussung durch eine Dimension herrscht schließlich bei der **schwachen Zuordnung** (c). Alle hervorgehobenen Felder sind hauptsächlich durch Ökonomie und/oder Soziales geprägt. Die betreffenden Felder sind im Fall der „schwach ökologischen" Zuordnungen relativ weit von der Ecke „Ökologie" entfernt.

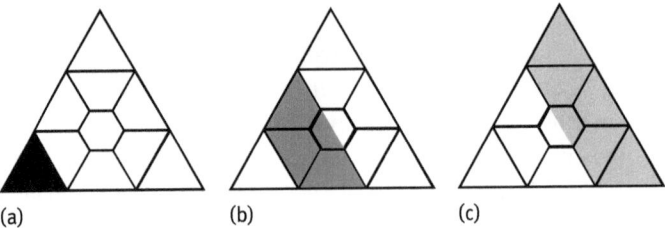

Abb. 6.8: Grade der Zuordnung

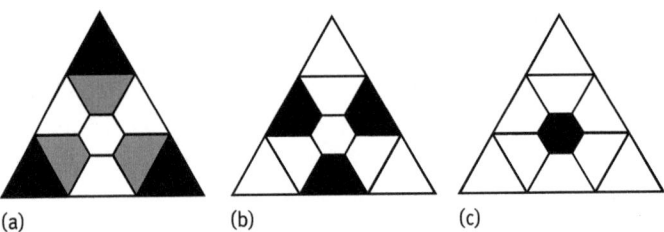

Abb. 6.9: Weitere Muster

In Anlehnung an das Schnittmengenmodell lassen sich weitere Muster erkennen (siehe Abb. 6.9). Diese repräsentieren unterschiedliche Zusammenhänge als Überschneidungen der Dimensionen:

–   Die Felder **nahe einer Ecke** (a) stehen für eine weitgehend eigenständige Nachhaltigkeitsforderung der jeweiligen Nachhaltigkeitsdimension. Die Eck-Felder alleine entsprechen also eher der konventionellen Vorstellung dreier isolierter Säulen, für die ganz spezifische Ziele formuliert werden.
    Beispielsweise wäre die Einrichtung einer Naturschutzkernzone links unten einzutragen, da es sich um ein klar umweltbezogenes Ziel handelt.

–   **Zwischen zwei Ecken** (b) stehen Felder, welche die Schnittstellen zwischen den Nachhaltigkeitssäulen und den jeweiligen Zielen besonders aufzeigen. Hierzu gehört beispielsweise die Ökoeffizienz als Verbindungsglied von Ökologie und Ökonomie.

–   Schließlich hängt das **zentrale Feld** (c) mit allen Feldern zu etwa gleichen Anteilen zusammen. Das heißt, hier führen die Dimensionen zu einem Feld, in dem alle Dimensionen ähnlich stark einfließen.

Anleitung zur Systematisierung

Die Zuordnung von konkreten Inhalten in das Integrierende Nachhaltigkeitsdreieck ist ein zentraler und gleichsam herausfordernder Schritt. Es besteht die Notwendigkeit einer genügend klaren Unterscheidung der Felder. Einen ersten Anhaltspunkt kann hierfür die Frage „Wer benennt den Indikator?" oder eine gängige Einordnung in einem Indikatorenkatalog geben.

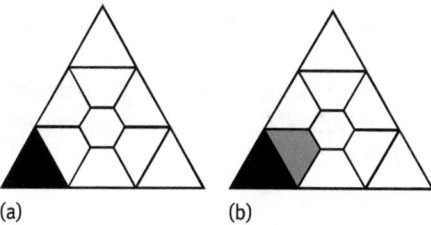

(a)   (b)   **Abb. 6.10:** Primäre und sekundäre Zuordnung

Für eine genauere Zuordnung ist dann das folgende zweistufige Vorgehen zu empfehlen (siehe Abb. 6.10):

– Zuerst ist die **primäre Zuordnung** (a) nach dem unmittelbaren Erklärungsbeitrag zu treffen. Beispielsweise bildet der Indikator „Kohlendioxid-Emissionen" zunächst nur die rein ökologische Einwirkung ab, was an sich noch frei von ökonomischen und sozialen Bezügen ist.

– Zweitens ist die **sekundäre Zuordnung** (b), die auf die indirekten und mittelbaren Effekte abzielt, festzulegen. So können etwa die Konsequenzen der steigenden Kohlendioxid-Konzentrationen sowie die damit einhergehenden Bewertungen und Begründungen mit ökonomischen und sozialen Fragestellungen verbunden sein. Ein Handlungsfeld „Klimaschutz" mit umfassenden Maßnahmen in Gesellschaft und Wirtschaft wäre daher weiter in der Mitte einzuordnen. Der Indikator „Kohlendioxid-Emissionen" sollte aber weiterhin bei der Ökologie verbleiben, da es sich per Definition immer noch um ökologisch wirksame Gase handelt. Werden hingegen die CO_2-Emissionen der Industrie eingeordnet, so besteht auch eine gewisse Relevanz zur ökonomischen Dimension.

Die beiden Zuordnungskriterien sollen zur Objektivierung beitragen, da eine Beschäftigung mit der nachhaltigen Entwicklung häufig zu vagen bzw. subjektiven Einschätzungen führt. Es ist also das Ziel, die Komplexität durch die Zuordnung auf eine überschaubare Struktur auf Grundlage des Drei-Säulen-Modells zurückzuführen.

6.3.3 Positionsberechnung für eine Darstellung

Im vorigen Abschnitt stand die Zuordnung in die voneinander abgegrenzten Felder im Vordergrund. Soll das Integrierende Nachhaltigkeitsdreieck darüber hinaus als ein elektronisch berechnetes und gezeichnetes Diagramm verwendet werden, so sind Berechnungsvorschriften für die Position nötig. Die Umsetzung in gängigen Anwendungsprogrammen (z. B. Microsoft-Excel) ist durch eine vergleichsweise einfache Programmierung möglich. Ausgangspunkt der nachfolgend vorgestellten Berechnungsschritte sind die Achsenabschnitte x^*, y^* und z^*, die addiert 100 % ergeben. Der hier vorgeschlagene Berechnungsansatz für eine Übertragung in ein orthogonales $\bar{x}$-$\bar{y}$-Koordinatensystem setzt am zentralen Feld an. Dort, wo das Verhältnis von Ökologie, Ökonomie und Sozialem mit jeweils 33,3 % gleich groß ist, sollen die Koordinaten $\tilde{x}$ und $\tilde{y}$ ihren Ursprung haben ($\tilde{x} = 0$, $\tilde{y} = 0$).

Der horizontale Achsenwert $\tilde{x}$ ermittelt sich dann aus dem Verhältnis der normierten Anteile von Ökologie zu Ökonomie, das noch mithilfe des Strahlensatzes proportional um den Beitrag des Sozialen vermindert oder erhöht wird:

$$\tilde{x} = \frac{y - x}{y + x} \times \frac{k}{2} \times (100\,\% - z)$$

mit $z = 100\,\% - x - y$ folgt:

$$\Rightarrow \quad \tilde{x} = \frac{y - x}{y + x} \times \frac{k}{2} \times (y + x)$$

$$\Leftrightarrow \quad \tilde{x} = (y - x) \times \frac{k}{2}$$

x^*, y^* und z^* bilden die ökologische, ökonomische bzw. soziale Komponente als normierten Anteil. Der Parameter k steht für die Seitenlänge des Dreiecks. Durch die Ersetzung von z wird das Problem umgangen, dass $\tilde{x}$ aufgrund einer Division durch null nicht berechenbar ist, falls an einer Stelle $x = y$ ist.

Der vertikale Achsenwert $\tilde{y}$ ergibt sich aus dem Anteil von z, der über 33,3 % hinausgeht, bezogen auf die Höhe des Dreiecks. Die Höhe entspricht nach den Regeln der

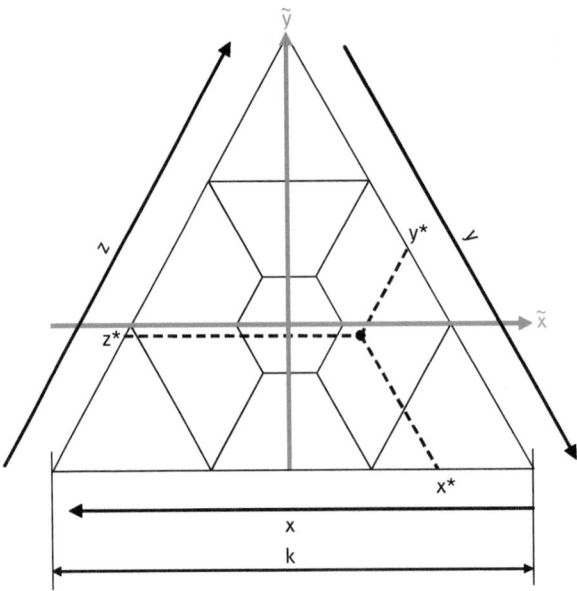

Abb. 6.11: Orthogonales Koordinatensystem im IND
(Quelle: eigene Darstellung)

Geometrie $\sqrt{\frac{1}{2}} \times k$. Als Berechnungsvorschrift gilt dann für den vertikalen Achsenwert:

$$\tilde{y} = (z - 33{,}3\,\%) \times \sqrt{\frac{1}{2}} \times k$$

mit $z = 100\,\% - x - y$ folgt:

$$\Rightarrow \quad \tilde{y} = (66{,}7\% - x - y) \times \sqrt{\frac{1}{2}} \times k$$

Für das Beispiel aus Abb. 6.6 ergeben sich somit bei einer Kantenlänge von $k = 6\,\text{cm}$ folgende Parameter aus $x = 20\,\%$, $y = 50\,\%$ und $z = 30\,\%$:

$$\Rightarrow \quad \tilde{x} = 0{,}9\,\text{cm}$$

$$\Rightarrow \quad \tilde{y} = -0{,}14\,\text{cm}$$

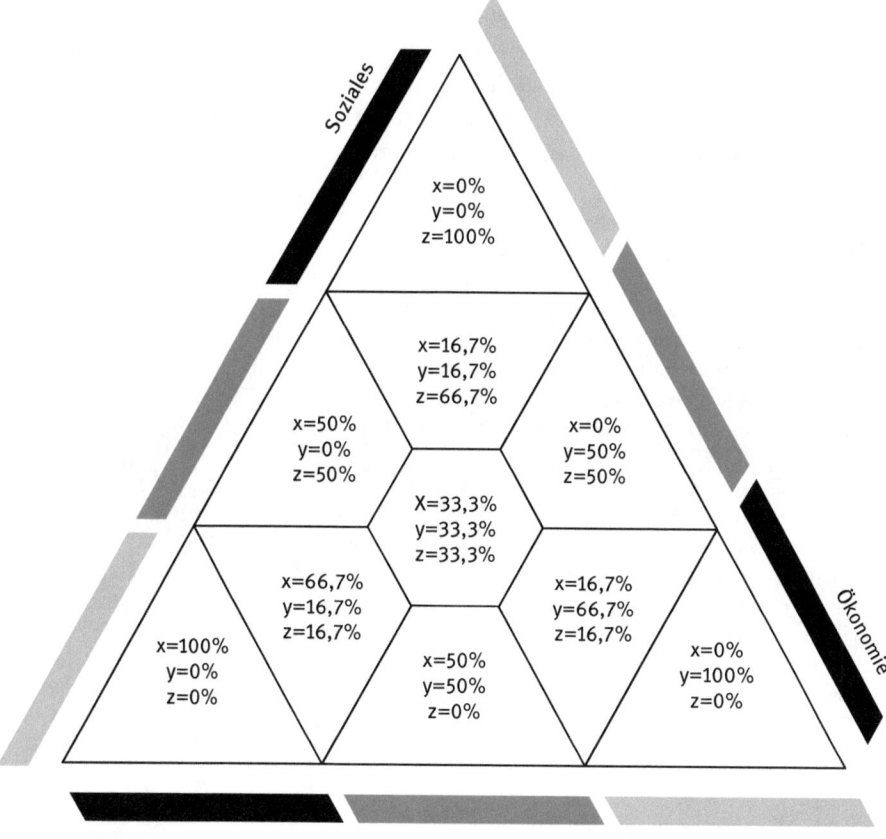

Abb. 6.12: Idealtypische Koordinaten der Felder des Integrierenden Nachhaltigkeitsdreiecks (Quelle: eigene Darstellung)

In einer vereinfachten Operationalisierung bildet jedes Feld des Integrierenden Nachhaltigkeitsdreiecks einen bestimmten Koordinatensatz ab. Die Koordinaten folgen hier nicht exakt der Berechnung gemäß Abb. 6.11 bzw. den weiter oben aufgeführten Berechnungsvorschriften, sondern den in Abb. 6.12 festgelegten Werten. Dieses abweichende Vorgehen wird dann benötigt, wenn die Felder aggregiert werden, was u. a. Gegenstand des nachfolgenden Abschnitts ist.

6.4 Anwendungsmöglichkeiten im Integrierenden Nachhaltigkeitsdreieck

Das Integrierende Nachhaltigkeitsdreieck ist eine Methode zur systematischen Zusammenführung und Darstellung der drei Dimensionen. Die berücksichtigten Elemente können beispielsweise Handlungsfelder und Indikatoren sein, mit deren Hilfe eine nachhaltige Entwicklung realisiert werden soll. Nachfolgend sind mehrere Schritte aufgeführt, die bei der Umsetzung einer nachhaltigen Entwicklung auf Basis dieser Systematisierungsmethode hilfreich sind. Dies führt bis zu einem Aggregationsansatz, mit dessen Hilfe sich Einzelbewertungen innerhalb des Integrierenden Nachhaltigkeitsdreiecks bis zu einer Gesamtbewertung verdichten lassen.

Erfahrungen zur Systematisierung
Die Methode des Integrierenden Nachhaltigkeitsdreiecks wird von den meisten Rezipienten positiv aufgenommen. Es besteht jedoch noch häufig ein intuitives (Miss-)Verständnis, die Mitte des Dreiecks als Handlungsziel anzustreben. Manche betonen, das zentrale Feld würde Beziehungen zu allen Nachhaltigkeitsdimensionen aufzeigen und sei damit zu präferieren. Dahinter steht die Annahme, die Mitte sei stets als Ausgleich von Ökologie, Ökonomie und Sozialem die ideale Situation (win-win-win). Wahrscheinlich wird hier die Idee der gemeinsamen Schnittmenge dominant, wodurch die unterschiedlichen Erklärungsbeiträge der drei Nachhaltigkeitsdimensionen vernachlässigt werden.
Ähnlich verhält es sich auch mit den Feldern zwischen zwei Dimensionen (v. a. Ökoeffizienz), um die Beziehung zwischen zwei Bereichen aufzuzeigen. Die Felder in den Ecken werden hingegen gemieden, obwohl diese ihre Berechtigung für effektive Ziele haben.
Eine weitere spontane Kritik am Integrierenden Nachhaltigkeitsdreieck, oft von Vertretern einer starken Nachhaltigkeit vorgetragen, zielt auf die gleichberechtigte Berücksichtigung der drei Dimensionen ab. Die Kritik hierbei ist, die ökologische Dimension würde zu sehr vernachlässigt. Hierauf wird mit den Möglichkeiten einer Maximin-Regel sowie der Entwicklungsvorgaben bezüglich des ökologischen Kapitals und einer Mindestgröße kritischen Kapitals erwidert *(von Hauff, Kleine 2009)*.

Ablauf zur Erstellung einer Gesamtstrategie
Nachhaltigkeitsstrategien sollen nachhaltige Entwicklung auf der Grundlage von Zielen, Indikatoren und Handlungsvorgaben umsetzen. Kennzeichnend für eine Nachhaltigkeitsstrategie ist der „weiche Ansatz" über gemeinsame Zielfindungsprozesse,

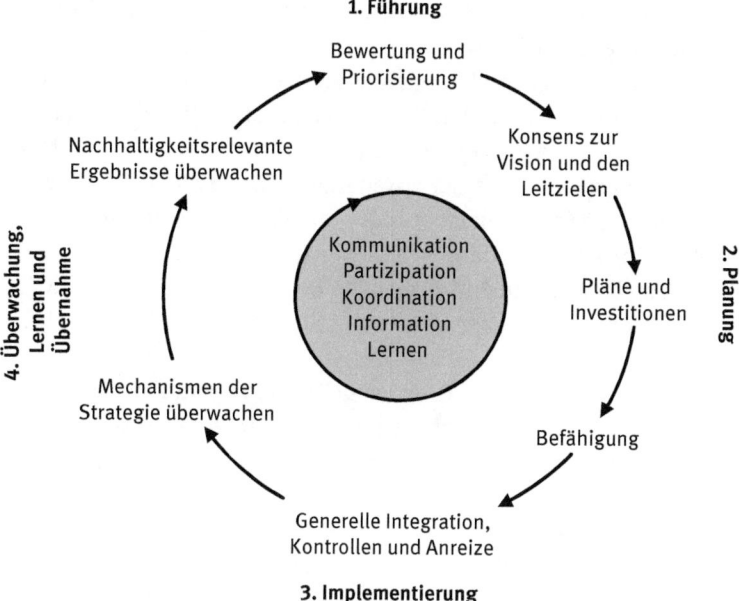

Abb. 6.13: Kontinuierlicher Verbesserungsprozess einer Nachhaltigkeitsstrategie (Quelle: in Anlehnung an Dalal-Clayton, Bass 2002, S. 75 und Bregha et al. 2004, S. 5)

die als Richtlinie des Handelns in Politik und Gesellschaft dienen sollen, jedoch ohne die Verbindlichkeit üblicher Bestimmungen wie Gesetzen oder Vorschriften. Im Vordergrund befinden sich Prozesse des Lernens und der kontinuierlichen Verbesserung *(Dalal-Clayton, Bass 2002, S. 74–77)*, wie in Abb. 6.13 dargestellt.

Bei der fortlaufenden Verbesserung stehen die Aspekte der Führung sowie des Planungs- und Implementierungsprozesses einer Nachhaltigkeitsstrategie im Mittelpunkt. Durch Kontrolle und Monitoring soll es schließlich zu Veränderungen kommen, die in den nächsten Zyklus einer Nachhaltigkeitsstrategie einfließen. Die Elemente in der Mitte des Schaubildes sollen diese Entwicklung stützen, was sowohl die besondere Bedeutung von einem Such- und Lernprozess herausstellt als auch die Notwendigkeit neuer Beteiligungs-, Kommunikations- und Führungsformen aufzeigt. Ein bedeutender Ausgangspunkt des gesamten Prozesses ist das Verständnis eines erweiterten Anthropozentrismus, wonach der Mensch im Zentrum steht, aber auch die lebensnotwendigen und -bereichernden Funktionen der Natur einbezogen werden.

Der Prozess einer Nachhaltigkeitsstrategie wird durch eine systematische Vorgehensweise unter Verwendung des Integrierenden Nachhaltigkeitsdreiecks oder anderer Instrumente unterstützt. Dies betrifft v. a. die Zusammenstellung von relevanten Handlungsfeldern und Indikatoren oder auch die Analyse wichtiger Anspruchsgruppen. Eine analytisch getriebene Systematisierung geht von einer Vision, dem Leitbild nachhaltige Entwicklung, im entsprechenden Kontext aus. Diese Vorgehensweise kann in Anlehnung an den kontinuierlichen Verbesserungsprozess *(Dalal-Clayton, Bass 2002, S. 74–77)* wie folgt ablaufen:

– Zunächst ist die zugrunde liegende Rationalität klar zu benennen. In der politischen Nachhaltigkeitsdiskussion und in Nachhaltigkeitsstrategien dominiert bekanntlich der erweiterte Anthropozentrismus. Diese Sichtweise stellt den Menschen ins Zentrum und schließt in einer erweiterten Fassung die lebensnotwendigen und -bereichernden Funktionen der Natur mit ein. *(Kopfmüller et al. 2001, S. 159–163)* Ist diese Grundlage geklärt, ist eine Konkretisierung nötig.

– Eine Vision stellt den übergreifenden Leitsatz dar. Bei der nachhaltigen Entwicklung umfasst dies das Bekenntnis zur intra- und intergenerationellen Gerechtigkeit.

– Dann ist die Vision in zusammenhängende Bereiche (Cluster) aufzuteilen, die eine verständliche und schlüssige Grobstruktur vorgeben. Beispielsweise kann die ökologische Dimension im Cluster „natürliche Lebensgrundlagen" zusammengefasst werden.

– Die Cluster sind daraufhin in die wesentlichen Handlungsfelder aufzugliedern, etwa nach den Umweltmedien Wasser, Luft und Boden. Dabei kann ein Handlungsfeld mehrere Problemstellungen integrieren, vorzugsweise mit bedürfnisorientierten Abgrenzungen wie „Mobilität" oder „Siedlungsentwicklung". Damit können die Forderungen zur integrierten Konzeption der nachhaltigen Entwicklung mit dem Drei-Dimensionen-Modell umgesetzt werden.

– Indikatoren machen die Handlungsfelder schließlich plan-, kontrollier- und kommunizierbar. Die Indikatoren sind daher essenzieller Bestandteil einer Strategie. Wegen des großen Spektrums möglicher Indikatoren ist die Auswahl signifikanter und verfügbarer Indikatoren wichtig. Das Integrierende Nachhaltigkeitsdreieck ist besonders für die Formulierung der Indikatoren hilfreich. Zum Beispiel kann der Index „Luftqualität" die Entwicklung der lokal und regional bedeutsamen Schadstoffemissionen abbilden.

– Schließlich geben Ziel- und Zeitvorgabe für Indikatoren einen konkreten Orientierungsrahmen vor. Sie sollen den Entwicklungspfad beeinflussen, wobei auch die relevanten Akteure ihren Beitrag zur Erfüllung des Ziels benennen können. Beispielsweise setzt das Vorhaben, die Luftemission von 1990 bis 2030 um 70 % zu verringern, einen Präferenz- und Kontrollrahmen für die Umweltgesetzgebung, für betriebliche Investitionen und für die Produktgestaltung.

Neben dem oben aufgezeigten, eher analytischen Vorgehen („top-down") bietet sich auch der synthetische Ablauf („bottom-up") zur Bestimmung relevanter Elemente einer Nachhaltigkeitsstrategie oder eine Kombination der beiden Ablaufrichtungen an. Die analytische Ableitung ermöglicht eine kohärente Struktur, die vom obersten Leitbild ausgeht. Das synthetische Vorgehen bindet den bestehenden Kontext ein, sodass die spezifische Situation berücksichtigt wird. Auch die Auswahl und der Umfang der berücksichtigten Elemente, insbesondere der Indikatoren, hängt von der Zielsetzung

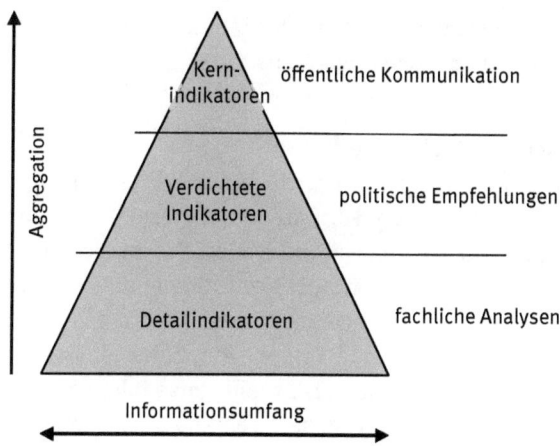

Abb. 6.14: Kontextabhängige Betrachtungs- und Aggregationsebenen
(Quelle: in Anlehnung an Braat 1991, S. 59)

ab. Je nach Darstellungsebene sind unterschiedliche Betrachtungen angemessen (siehe auch Abb. 6.14).

– Sollen wenige aussagekräftige Indikatoren (etwa für eine spätere Bewertung) zusammengestellt werden, so ist eine Auswahl von Indikatoren mit geringen Korrelationen zu empfehlen. Ein statistisches Verfahren wie eine Faktoren-Analyse könnte dieses Vorgehen unterstützen, um das Messmodell auf weniger Faktoren (Schlüsselindikatoren) zu reduzieren. Für das Integrierende Nachhaltigkeitsdreieck bedeutet dies, dass die Indikatoren untereinander abzustimmen sind und beispielsweise für jedes Feld nur ein Indikator zugelassen sein soll.

– Soll eine Situation fachlich differenziert mit einem breiten Spektrum an Indikatoren beschrieben werden, so sind Überschneidungen unvermeidlich und durchaus gewollt.

 Beispielsweise können mehrere Indikatoren im ökologischen Bereich des Integrierenden Nachhaltigkeitsdreiecks die Zustandsentwicklung der Umweltmedien Luft, Wasser und Boden beschreiben. Für Deutschland würden die Indikatoren eine wesentliche Verbesserung des Umweltzustandes gegenüber den 1960er-/1970er-Jahren aufzeigen. Bei der Darstellung im Integrierenden Nachhaltigkeitsdreieck sind Überschneidungen zu erwarten, da beispielsweise die in die Luft emittierten Schadstoffe als Immissionen in Boden und Wasser eingehen.

– Steht die Kommunikation im Vordergrund, so sind für die Indikatoren eventuell andere Kriterien relevant. So orientiert sich die Auswahl daran, was allgemein verständlich und zielführend ist. Demnach könnten die drei Schlüsselindikatoren CO_2 – BIP – Bevölkerung für eine breite Kommunikation genügen.

Die gewählte Betrachtungsebene wirkt sich auch auf die Darstellungsweise bzw. Aggregationstiefe im Integrierenden Nachhaltigkeitsdreieck aus.

Darstellung von positiven und negativen Beziehungen

Im Interessengeflecht der Anspruchsgruppen existieren vielfältige Vorstellungen zu den Prämissen, Vorgehensweisen und Zielsetzungen. Gerade hier besteht in vielen Diskussionen ein erhebliches Verbesserungspotenzial. Infolgedessen kann jede Umsetzung eines Nachhaltigkeitskonzeptes die Realität nur unvollständig abbilden. In der Vergangenheit waren zwei besonders unbefriedigende Situationen zu beachten: Ein einzelnes Interesse setzte sich als beherrschende Vorgabe durch. Beispielsweise stehen in vielen Diskussionen ökologische Argumente, Arbeitsplätze oder sonstige „Sachzwänge" im Vordergrund. Ein anderes Extrem ist, dass alle Ansprüche ohne Berücksichtigung des Gesamtziels oder der Prioritäten aufgenommen werden, um keine Konflikte zu erzeugen.

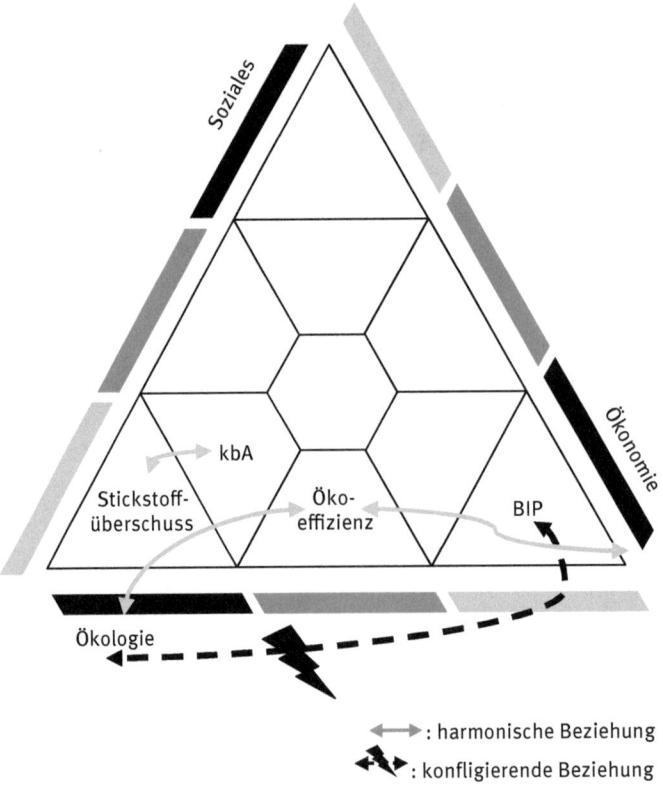

Abb. 6.15: Beziehungsstrukturen im IND
(Quelle: eigene Darstellung)

Mögliche Zielkonflikte dürfen aber nicht ausgeblendet werden, sondern müssen vielmehr eine zentrale Rolle im Such- und Lernprozess einer nachhaltigen Entwicklung haben. Ziel dieses Abschnitts ist es daher, Möglichkeiten zur Visualisierung der Beziehungen im Integrierenden Nachhaltigkeitsdreieck vorzustellen. Dies kann die grundsätzliche Problematik der unbekannten Zielbeziehungen zwar nicht lösen, aber entschärfen und in geordnete Bahnen lenken. Qualitativ sind drei grundlegende Beziehungsarten zu unterscheiden (siehe Abb. 6.15):

– Die **harmonische Beziehung** ist durch eine wechselseitige Verstärkung gekennzeichnet. Damit können herausragende Schlüsselindikatoren wie auch Redundanzen identifiziert werden. Beispielsweise stellen Ökoeffizienz-Indikatoren Winwin-Situationen dar, da sie gleichzeitig auf wirtschaftliche Einsparungen sowie ökologische Ressourcenschonung abzielen. Gewissermaßen redundant wäre hingegen der ökologische Landbau zum Stickstoff-Überschuss, da die Düngung bei kontrolliert biologischem Anbau (kbA) stark reglementiert ist.

– **Konfligierende Beziehungen** sind in Diskussionen zur nachhaltigen Entwicklung unvermeidlich. Oftmals stehen sich die Positionen der verschiedenen Anspruchsgruppen unversöhnlich gegenüber. Beispielsweise ist die Kritik an dem Indikator Bruttoinlandsprodukt, d. h. der sozial und ökologisch schädliche Effekte ungenügend berücksichtigt, bisher noch nicht aufgelöst worden.

– Es können auch weitgehend **neutrale Beziehungen** zwischen zwei Zielen bestehen. Diese Beziehungen werden wegen der erforderlichen Konzentration auf die positiven und negativen Beziehungsstrukturen und zur Wahrung der Übersicht nicht dargestellt.

7 Umsetzung nachhaltiger Entwicklung durch Nachhaltigkeitsstrategien

Die kurze Einführung in die Umsetzung nachhaltiger Entwicklung durch Nachhaltigkeitsstrategien in Abschnitt 1.7 wird in diesem Kapitel ausführlich behandelt. Nachhaltigkeitsstrategien waren im Rahmen des Nachhaltigkeitsprozesses von Beginn an gefordert. So wird bereits im Brundtland-Bericht festgestellt: *„Die Welt muss bald Strategien entwerfen, die den Ländern erlauben, aus ihren gegenwärtigen, oft destruktiven Wachstums- und Entwicklungsprozessen zu nachhaltigen Entwicklungswegen überzuwechseln." (Hauff 1987, S. 52)* Allgemein geht es bei einer Nachhaltigkeitsstrategie um ein methodisches Vorgehen, wobei die Festlegung von Zielen und Instrumenten zur Umsetzung von zentraler Bedeutung ist. Im weitesten Sinne ist sie als integrierter und prozessorientierter Ansatz zu verstehen.

Die Umsetzung kann grundsätzlich auf internationaler, nationaler, regionaler und lokaler Ebene der Politik erfolgen. Nachhaltigkeitsstrategien wurden erstmals auf der Konferenz in Rio de Janeiro 1992 genannt. Danach haben Industrieländer mehrheitlich als auch einige Entwicklungsländer erste Ansätze einer Nachhaltigkeitsstrategie eingeführt. 1997 versammelten sich Vertreter der Staatengemeinschaft um Rechenschaft über den Stand der Umsetzung abzulegen. Das Ergebnis wurde als unbefriedigend empfunden, weshalb sich alle Regierungen verpflichteten bis zum Weltgipfel 2002 in Johannesburg nationale Nachhaltigkeitsstrategien vorzulegen. Die Bundesregierung Deutschland legte entsprechend dem Abkommen im Jahr 2002 ihre erste nationale Nachhaltigkeitsstrategie vor.

Die folgenden Abschnitte entsprechen weitgehend der Chronologie des Prozesses internationaler Vereinbarungen zu Nachhaltigkeitsstrategien. In Abschnitt 7.1 wird die nationale Nachhaltigkeitsstrategie Deutschlands von 2002 vorgestellt, die sich an den Zielen und Maßnahmen der Agenda 21 und dem Bericht der Enquete-Kommission „Schutz des Menschen und der Umwelt" des deutschen Bundestages aus dem Jahr 1995 orientierte. Der Rückgriff auf die erste nationale Nachhaltigkeitsstrategie begründet sich daraus, dass die Neuorientierung bzw. die Weiterentwicklung der Nachhaltigkeitsstrategie 2016 besser nachvollzogen werden kann. Die Neuorientierung der nationalen Nachhaltigkeitsstrategie fand im Rahmen der Agenda 2030 statt, die von der internationalen Staatengemeinschaft 2015 verabschiedet wurde.

Die Agenda 2030 mit den 17 Nachhaltigkeitszielen wird in Abschnitt 7.2 vorgestellt. Die Neuauflage der nationalen Nachhaltigkeitsstrategie Deutschlands von 2016 wird in Abschnitt 7.3 erläutert. Der Abschnitt 7.4 wendet sich dann einer Bewertung der nationalen Nachhaltigkeitsstrategie von 2016 zu. Die Europäische Kommission hat für die EU eine Europäische Nachhaltigkeitsstrategie entwickelt, die in dem Abschnitt 7.5 vorgestellt wird. In Abschnitt 7.6 werden schließlich Hemmnisse bei der Umsetzung nachhaltiger Entwicklung diskutiert, wodurch deutlich wird, dass es sich hierbei um einen relativ „trägen und mit Hemmnissen beladenen Prozess" handelt. Betrachtet

https://doi.org/10.1515/9783110722536-007

man sich die dringlichen Probleme nachhaltiger Entwicklung wie Klimawandel, Verlust an Biodiversität, Ungleichheit von Einkommen und Vermögen und Armut und deren Lösung, so wird die Forderung nach mehr Dynamik im Prozess der nachhaltigen Entwicklung verständlich.

7.1 Die Deutsche Nachhaltigkeitsstrategie 2002

Die Ausführungen zur Deutschen Nachhaltigkeitsstrategie beschränken sich auf einige wichtige Strukturmerkmale. Sie ist in sieben Kapitel untergliedert (Kapitel A bis F). In Kapitel A wird die „Idee zur Strategie" behandelt. Sie war darauf ausgerichtet wesentliche Forderungen nachhaltiger Entwicklung umzusetzen, wie sie in der Agenda 21 als dem globalen Aktionsprogramm für das 21. Jahrhundert vorgegeben wurden. Dabei wurden Prioritäten gesetzt, sowie Ziele und Maßnahmen festgelegt. Die Relevanz für die Politik wird wie folgt beschrieben:

> Weit über die ökologische Herausforderung hinaus dient die Strategie als Handlungsanleitung für eine umfassende zukunftsfähige Politik, um der Generationen übergreifenden Verantwortung für eine ökonomisch, ökologisch und sozial tragfähige Entwicklung gerecht zu werden. (Bundesregierung 2002, S. 6)

Die Bundesregierung hat nachhaltige Entwicklung zur Querschnittsaufgabe deklariert und zum Grundprinzip ihrer Politik gemacht, was ein sehr hoher Anspruch ist: der Nachhaltigkeitsstrategie wird somit für die Politikgestaltung schon in der ersten Nachhaltigkeitsstrategie eine große Bedeutung beigemessen. Weiterhin wird festgestellt, dass Deutschland untrennbar mit dem Rest der Welt verbunden ist. Danach kann es auf Dauer keine lokalen oder nationalen Inseln des Wohlstands und der Sicherheit mehr geben.

Das Kapitel B wendet sich dem Leitbild nachhaltiger Entwicklung zu. Der Aufbau dieses Kapitels orientiert sich jedoch nicht an den drei Nachhaltigkeitsdimensionen. Die Handlungsfelder werden in vier Koordinaten untergliedert. Es sind dies die Generationengerechtigkeit, die Lebensqualität, der soziale Zusammenhalt und die internationale Verantwortung. In dem Unterkapitel fünf werden noch die Managementregeln der Nachhaltigkeit aufgeführt. Hierbei wird gefordert, dass jede Generation ihre Aufgaben selbst zu lösen hat. Entsprechend darf eine Generation nicht den kommenden Generationen ihre unbewältigten Aufgaben aufbürden. Jede Generation muss Vorsorge für die absehbaren zukünftigen Belastungen treffen. Das gilt sowohl für den Erhalt der natürlichen Lebensgrundlagen, für die wirtschaftliche Entwicklung, als auch für den sozialen Zusammenhalt und den demographischen Wandel. Die fünf Unterkapitel werden noch in weitere konkrete Aufgabenfelder untergliedert.

Kapitel C wendet sich der Strategie als gesellschaftlichem Prozess zu. Die Ausgangsthese ist: Nachhaltigkeit kann nicht einfach vom Staat verordnet werden. Die Umsetzung nachhaltiger Entwicklung kann nur dann Erfolg haben, wenn alle Akteure aus Wirtschaft und Gesellschaft, wenn Bürgerinnen und Bürger diese Aufgabe zu ihrem eigenen Anliegen machen. Wichtige gesellschaftliche Fragen wie Lebensqualität heutiger und zukünftiger Generationen können nur im Dialog zwischen Staat und Bürgern und den Akteuren von Wirtschaft und Gesellschaft gemeinsam gelöst werden. Es geht also u. a. darum, wie die Bundesregierung den Nachhaltigkeitsprozess organisiert, wie der Dialog mit der Öffentlichkeit gestaltet wird und wie der Rat für nachhaltige Entwicklung zusammengesetzt wird. Es ist auch zu klären, welche Rolle in dem Prozess der Deutsche Bundestag, die Länder und Kommunen, aber auch die Verbände der Wirtschaft, der Gewerkschaften, der Kirchen, aber auch die Forschung spielen sollte. Schließlich geht es auch um Bündnisse, Partnerschaften und Kooperationen, ohne die eine Umsetzung nachhaltiger Entwicklung kaum möglich ist. Daher ging die Erarbeitung der Strategie „einher mit einem breit angelegten Dialog, in dem Bürger und Bürgerinnen sowie die gesellschaftlichen Gruppen ihre Vorschläge und Anregungen einbringen konnten. Zwei Dialogphasen gingen der Fertigstellung der Strategie im April 2002 voraus." *(Bundesregierung 2002, S. 24)*

In Kapitel D werden die Ziele der deutschen Nachhaltigkeitsstrategie durch 21 Schlüsselindikatoren näher spezifiziert. Sie folgen ebenfalls den vier Koordinaten. Die Bundesregierung plante damit in regelmäßigen Abständen die Entwicklung bzw. Fortschritte der Nachhaltigkeitsstrategie aufzuzeigen und gemessen daran den weiteren Handlungsbedarf zu bestimmen. *„Die Indikatoren sind somit elementarer Bestandteil eines Managementkonzeptes zur Umsetzung und kontinuierlichen Weiterentwicklung der Nachhaltigkeitsstrategie. Sie dienen insbesondere auch der Erfolgskontrolle."* *(Bundesregierung 2002, S. 38)* Dabei wurde die Zahl der Indikatoren bewusst klein gehalten um einen guten und raschen Überblick zu der Entwicklung zu erhalten. Das Ziel war somit einen umfassenden und keinen detaillierten Überblick zu vermitteln. Weiterhin sollte damit vermieden werden, die Indikatoren einzeln zu betrachten. Dadurch sollten die Beziehungsstrukturen zwischen den Indikatoren besser analysieren und aufgezeigt werden. So wird festgestellt, dass beispielsweise die positive Entwicklung eines Indikators sich auf andere Indikatoren auch negativ auswirken kann. So wird auf das Problem von Zielkonflikten eingegangen, die jede Strategie mit sich bringt. Daher muss es bei der Nachhaltigkeitsstrategie darum gehen, die Ziele auszubalancieren und sie soweit wie möglich miteinander in Einklang zu bringen. Ein Beispiel ist Wirtschaftswachstum mit Klimaschutzzielen zu vereinbaren.

Kapitel E wendet sich den Schwerpunkten nachhaltiger Entwicklung in Deutschland zu. Dabei werden auch die damit verbundenen Maßnahmen und Aktivitäten der Bundesregierung aufgezeigt. *„Für diese Schwerpunkte werden die Grundsätze der nachhaltigen Entwicklung konkret gemacht und damit für das Handeln der Bundesregierung wie auch der anderen Akteure der Nachhaltigkeit relevant."* *(Bundesregierung 2002, S. 61)* Dabei handelt es sich um die folgenden sieben Schwerpunkte:
- Energie effizient nutzen – Klima wirksam schützen (Drehbuch für eine zukunftsfähige Energiepolitik)
- Mobilität sichern – Umwelt schonen (Fahrplan für neue Wege)

- Gesund produzieren – gesund ernähren (Verbraucher als Motor für Strukturwandel)
- Demographischen Wandel gestalten (Neuer Übergang in den dritten Lebensabschnitt)
- Alte Strukturen verändern – neue Ideen entwickeln (Bildungsoffensive und Hochschulreform)
- Innovative Unternehmen – erfolgreiche Wirtschaft (Innovation als Motor für Nachhaltigkeit – Nachhaltigkeit als Motor für Innovation)
- Flächeninanspruchnahme vermindern (Nachhaltige Siedlungsentwicklung fördern)

Das Kapitel F geht von der Erkenntnis aus, dass Nachhaltigkeit „nicht an den Staatsgrenzen endet." Globalisierung zeichnet sich dadurch aus, dass Investitionen, aber auch die Produktions- und Konsumweise Auswirkungen jenseits der Staatsgrenze haben. Die Auswirkungen lassen sich durch den Indikator des „ökologischen Fußabdrucks" messen, indem der Naturverbrauch der Menschen in Flächenbedarf pro Einwohner berechnet wird. Mit diesem Indikator lassen sich die Lebensstile verschiedener Gesellschaften vergleichen. Dabei wird deutlich, dass der globale ökologische Fußabdruck die geforderte Leitplanke deutlich überschritten hat, wobei die Industrieländer ganz wesentlich dazu beigetragen haben.

Das internationale Handeln zur Verbesserung der weltweiten Lebensverhältnisse sollte sich an den im September 2000 verabschiedeten Richtlinien des Millenniumgipfels orientieren. Konkret geht es um die Millennium Development Goals. Danach sollten bis zum Jahr 2015 u. a. die weltweite Armut und Unterernährung halbiert, die Kindersterblichkeit um zwei Drittel reduziert und mehr Gleichberechtigung zwischen Mann und Frau hergestellt werden. Weiterhin sollte jedes Land bis 2015 die nationale Nachhaltigkeitsstrategie umsetzen. Damit sollte der damalige Trend des Verlusts natürlicher Ressourcen, die für das Überleben notwendig sind, bis zum Jahr 2015 umgekehrt werden. *(Eine ausführliche Darstellung der Ziele und Unterziele vgl. v. Hauff et al. 2018, S. 59 ff.)*

Die Nationale Nachhaltigkeitsstrategie 2002 führte zu einer Vielzahl von Kommentaren bzw. Stellungnahmen. Insgesamt wurde die Strategie jedoch positiv und als sehr ambitioniert beurteilt. Einige ausgewählte Stellungnahmen lassen sich in jene untergliedern, die auf den Entwurf der Strategie aus dem Jahr 2001 eingingen und jene Kommentare, die sich auf die veröffentlichte Strategie und deren Umsetzung bezogen. Der Rat für nachhaltige Entwicklung, der eine beratende Funktion für die Regierung einnimmt, bezog sich mit seiner Stellungnahme auf den Entwurf der Nachhaltigkeitsstrategie. Daher kam dieser Stellungnahme vor der Verabschiedung eine große Bedeutung zu. Neben einer grundsätzlich positiven Bewertung wurde kritisch angemerkt, dass es sich um eine nach innen gerichtete Nachhaltigkeitsstrategie handelt. Daraus begründet sich im Rahmen einer zunehmenden Globalisierung die Empfehlung, die Einrichtung einer UN-Weltkommission Globalisierung und Nachhaltigkeit anzustreben.

Der Rat für nachhaltige Entwicklung hielt es auch für wichtig, Kosten und Nutzen von Maßnahmen zur nachhaltigen Entwicklung bzw. die Kosten bei Unterlassung bestimmter Maßnahmen aufzuzeigen. Dies sei ein wichtiger Beitrag – so das Beratungsgremium – zu mehr Transparenz. Schließlich wurde noch die allgemeine Empfehlung gegeben, potenzielle Zielkonflikte zumindest exemplarisch zu benennen. *(Rat für nachhaltige Entwicklung 2002)* Eine weitere Empfehlung richtete sich darauf, die Dialog-Angebote auf nationaler Ebene auszubauen und zu stärken. Daher wurden in einigen Stellungnahmen die beiden Dialogphasen mit der Beteiligung von Bürgern, Verbänden, Bundesländern und Kommunen vor der Verabschiedung der Strategie positiv bewertet. Kritisch wurde jedoch festgestellt, dass sich an den Dialogen – in Anlehnung der Empfehlung des Rates für Nachhaltigkeit – nur ein kleiner Teil der Gesellschaft beteiligen bzw. die Nachhaltigkeitsstrategie wahrnehmen würden. Aus einer Befragung des Umweltbundesamtes geht hervor, dass der Begriff Nachhaltigkeit etwas mehr als einem Drittel der Bevölkerung gut bekannt ist. In dem Zeitraum von 2012 bis 2015 kommt der Begriff zwischen 45 und 47 Prozent der Befragten bekannt vor. Daher ist davon auszugehen, dass einem großen Teil der Bevölkerung die nationale Nachhaltigkeitsstrategie nicht bekannt ist, was der Forderung eines Dialogs mit der Bevölkerung nicht entspricht (vgl. Abb. 7.1).

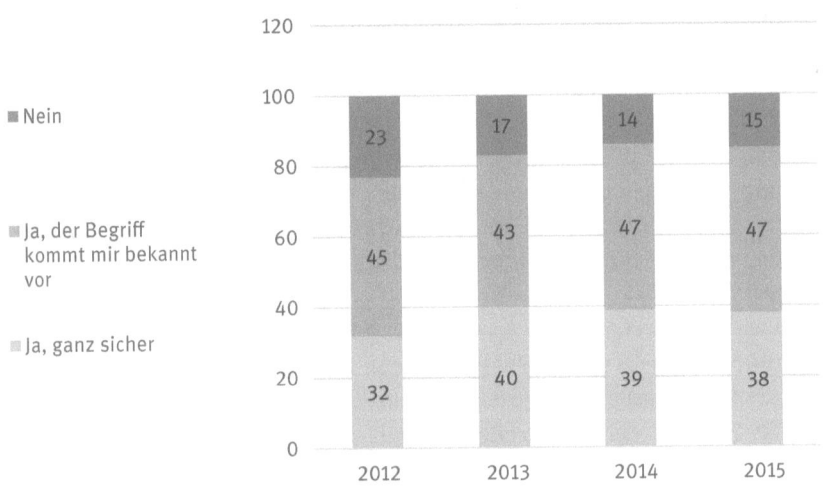

Abb. 7.1: Die Bekanntheit des Begriffs Nachhaltigkeit stagniert (Quelle: GFK 2015)

Eine weitere Kritik richtete sich darauf, dass die Festlegung von Prioritäten und Maßnahmen die Gefahr aufweist, dass bereits eingeleitete Pfade der Politik fortgesetzt werden und dadurch der angestrebte nachhaltige Modernisierungs- bzw. Transformationsprozess verhindert wird. *(Lindemann, Jänicke 2008)* Das Ziel „wirtschaftlicher Erfolg", gemessen am Bruttoinlandsprodukt, als wichtiger Beitrag zu nachhaltiger Entwicklung ist kritisch zu hinterfragen. Dabei geht es nicht um die grundsätzliche Bedeutung von wirtschaftlichem Erfolg, sondern um den hierfür gewählten Indikator, der in vielen Publikationen als nicht-nachhaltig bewertet wird, da er sowohl ökologische als auch soziale Aspekte nicht berücksichtigt. Aber auch die Forderung nach Innovationen, so wie sie formuliert wurde, weisen keinen Bezug zu nachhaltiger Entwicklung auf, obwohl es auch zum Zeitpunkt der Veröffentlichung der Nachhaltigkeitsstrategie eine umfangreiche Forschung zu dem Thema nachhaltiger Innovationen gab.

Schließlich soll noch eine grundsätzliche und weitreichende Kritik aufgezeigt werden. Für Diefenbacher ist die gewählte Zusammenstellung der Indikatoren nicht systematisch. Er kritisiert, dass dabei wichtige Bereiche nachhaltiger Entwicklung unberücksichtigt bleiben. Diese Unzulänglichkeit begründet er mit der Untergliederung von Nachhaltigkeit in die zuvor genannten vier Koordinaten. Er stellt fest:

> Beim Vergleich mit anderen Indikatorensystemen der Nachhaltigkeit wird deutlich, dass die Nachhaltigkeitsstrategie der Bundesregierung auf einige Themenfelder sehr intensiv eingeht, auf andere Teilziele, die in der wissenschaftlichen Diskussion als wesentlich erachtet werden, hingegen gar nicht. (Diefenbacher 2009, S. 687)

Daher wurde von einer Expertengruppe zwischen 2002 und 2004 ein alternatives Indikatorensystem ausgearbeitet und getestet. Die OECD stellt zur deutschen Nachhaltigkeitsstrategie 2002 resümierend fest, dass sie im internationalen Vergleich als Positivbeispiel gilt. Hierfür werden drei Gründe genannt: es gibt 21 überprüfbare Ziele, die Institutionalisierung eines „Green Cabinet" und ein funktionierendes Monitoringsystem. *(OECD 2006)* Abschließend lässt sich feststellen, dass die Mehrzahl der Stellungnahmen zu der ersten Nachhaltigkeitsstrategie Deutschlands einerseits eine positive Beurteilung enthielten und andererseits in wichtigen Punkten ein Potenzial der Verbesserung bzw. Weiterentwicklung aufzeigten.

7.2 Die Agenda 2030

Die Initiierung der Agenda 2030 sollte weltweit die nachhaltige Entwicklung fördern und international zu einer gewissen Vereinheitlichung führen. Daher fand vom 25. bis 27. September 2015 in New York der UN-Sondergipfel unter dem Titel *„Tranforming our world: the 2030 Agenda for Sustainable Development"* statt. Auf diesem Gipfel wurde die Agenda 2030 von der Völkergemeinschaft verabschiedet. Die Regierungen vereinbarten, dass die Agenda grundlegende Veränderungen in Politik und Gesellschaft anstoßen sollten. Die Regierungen konkretisierten in der Präambel ihr Vorhaben:

> Wenn wir unsere Ambitionen in allen Bereichen der Agenda verwirklichen können, wird sich das Leben aller Menschen grundlegend verbessern und eine Transformation der Welt zum Besseren stattfinden. (UN 2015, S. 3)

Insofern ist es das Nachfolgedokument zu der Millenniumdeklaration, die im Jahr 2000 verabschiedet wurde. Daher wird die Agenda 2030 als eine Zusammenführung von zwei zuvor getrennter UN-Verhandlungsprozesse, d. h. des 1992 begründeten Rio-Prozesses auf der Grundlage der Agenda 21 und des Prozesses der Millenniumdeklaration mit der Umsetzung der Millenniumsziele, eingeordnet. Sie gilt hinsichtlich der nachhaltigen Entwicklung als Meilenstein in der jüngeren Geschichte der Vereinten Nationen. Die Millenniumsziele (Millennium Development Goals), die bis 2015 umgesetzt werden sollten, wurden häufig dafür kritisiert, dass sie zu stark auf die soziale Dimension ausgerichtet wurden. Daher entsprachen sie nicht der geforderten Balance nachhaltiger Entwicklung. Außerdem zeichnete es sich schon relativ früh ab, dass die Realisierung bis 2015 nicht gelingen würde. Die Agenda 2030 mit den 17 Sustainable Development Goals (SDG), die überwiegend auf das Jahr 2030 ausgerichtet sind, ist für alle Länder, d. h. für Entwicklungs- und Industrieländer verpflichtend. Sie soll somit weltweit zu einer Transformation aller nationalen Volkswirtschaften zu einer nachhaltigen Entwicklung vorantreiben. *(BMUB 2017)* Damit wird auch deutlich, dass die Vertreter der internationalen Staatengemeinschaft erkannt haben, dass die globalen Herausforderungen einer nachhaltigen Entwicklung sich nur gemeinsam lösen lassen. Eine interessante und bedeutende Erkenntnis ist, dass dies einen darauf angepassten Politikstil erfordert, der sich in der Mehrzahl der Länder noch nicht etabliert hat.

Die übergeordnete Zielsetzung wird in der Präambel wie folgt formuliert:

> Diese Agenda ist ein Aktionsplan für die Menschen, den Planeten und den Wohlstand. Sie will außerdem den universellen Frieden in größerer Freiheit festigen. Wir sind uns dessen bewusst, dass die Beseitigung der Armut in allen ihren Formen und Dimensionen, einschließlich der extremen Armut, die größte globale Herausforderung und eine unabdingbare Voraussetzung für eine nachhaltige Entwicklung ist.

Im Mittelpunkt der Agenda 2030 stehen die 17 Sustainable Development Goals, die mit 169 Unterzielen weiter ausdifferenziert werden. Sie sollen mit geeigneten Maßnahmen bis 2030 umgesetzt werden. Die Komplexität der Agenda wird dann deutlich, wenn aufgezeigt wird, dass die SDGs in vielfältiger Weise vernetzt sind. Den SDGs werden fünf Kernbotschaften handlungsleitend vorangestellt. *(BMZ, 2017; UN, 2015, S. 2)* Die englischen Begrifflichkeiten führen zu den 5 Ps:

– Menschen (*People*)
– Planet (*Planet*)
– Wohlstand (*Prosperity*)
– Frieden (*Peace*)
– Partnerschaft (*Partnership*)

Menschen: Armut und Hunger sollen in all ihren Formen und Dimensionen beseitigt werden. Nur so lässt sich sicherstellen, dass alle Menschen ihr Potenzial in Würde und Gleichheit und in einer gesunden Umwelt voll entfalten können. *(UN 2015, S. 2)*

Planet: Der Planet Erde soll vor Schädigungen geschützt werden. Dies soll durch nachhaltigen Konsum und Produktion, aber auch durch die nachhaltige Bewirtschaftung natürlicher Ressourcen angestrebt werden. Weiterhin werden umgehende Maßnahmen gegen den Klimawandel gefordert, damit die Erde die Bedürfnisse der heutigen und der kommenden Generationen decken kann.

Wohlstand: Es soll allen Menschen ermöglicht werden ein von Wohlstand geprägtes und erfülltes Leben wahrnehmen zu können. Der wirtschaftliche, soziale und technische Fortschritt soll sich in Harmonie mit der Natur vollziehen. Die Kluft zwischen Arm und Reich soll gemindert bzw. geschlossen werden.

Frieden: Friedliche, gerechte und inklusive Gesellschaften, die frei von Furcht und Gewalt sind, sollen gefördert werden. Frieden ist eine der wichtigsten Anforderungen nachhaltiger Entwicklung. Daher: „Ohne Frieden kann es keine nachhaltige Entwicklung geben und ohne nachhaltige Entwicklung keinen Frieden."

Partnerschaft: Die für die Umsetzung der Agenda benötigten Mittel sollen durch eine mit „neuem Leben gefüllte Partnerschaft für nachhaltige Entwicklung" mobilisiert werden. Sie soll verstärkt auf globaler Solidarität begründet und auf die Bedürfnisse der Ärmsten und Schwächsten ausgerichtet sein. Daran sollen sich alle Länder, Stakeholder und Menschen beteiligen. Die Ziele lassen sich somit nur durch eine globale Partnerschaft realisieren.

Die folgende Abbildung zeigt graphisch die Verknüpfung der 5 Ps.

Abb. 7.2: Die 5 Ps der nachhaltigen Entwicklung
(Quelle: Eigene Darstellung in Anlehnung an BMZ 2017)

Die fünf Ziele sind den Sustainable Development Goals handlungsleitend übergeordnet. Sie werden in jedem der 17 Ziele berücksichtigt. Die Kernbotschaften werden noch durch die fünf Prinzipien ergänzt. Die Universalität zeigt an, dass die Agenda 2030 für alle Länder gilt. Die Unteilbarkeit fordert, dass nicht nur einzelne Ziele ausgewählt, sondern die Agenda in ihrer Gesamtheit umgesetzt werden soll. Die Agenda ist erst dann realisiert, wenn auch die Ärmsten eine Verbesserung ihrer Lebensbedingungen erfahren. Der Slogan lautet daher: *„leave no one behind."* Im Rahmen der Rechenschaftspflicht soll eine regelmäßige, transparente und internationale Berichterstattung stattfinden. Die Partnerschaftlichkeit zielt auf die Umsetzung und Verantwortung aller ab: Länder, Städte und Gemeinden, Wirtschaft und Wissenschaft.

Die SDGs zielen entsprechend der Kernbotschaften und Prinzipien auf eine globale nachhaltige Entwicklung ab. Dabei soll es für alle Gesellschaften zu einer gewinnbringenden Zusammenarbeit kommen. Die SDGs wurden im Rahmen zwischenstaatlicher Verhandlungen und auf der Grundlage von Vorschlägen *Offener Arbeitsgruppen* der UN vereinbart. Wie das Prinzip der Unteilbarkeit schon anzeigt, bedingen sich die Ziele, sind unteilbar miteinander verbunden, global ausgerichtet und universell anwendbar. Zu berücksichtigen sind die unterschiedlichen Realitäten und Entwicklungsstufen einzelner Länder und nationale Prioritäten. Jede Regierung hat individuell zu entscheiden, wie die globalen Zielvorgaben in nationalen Planungsprozessen eingehen und umgesetzt werden sollen. Das bietet den Regierungen relativ große Spielräume, wodurch jedoch das globale Verständnis zu nachhaltiger Entwicklung nicht beeinträchtigt wird. Abbildung 7.3 gibt eine Übersicht zu den 17 SDGs.

Die Kritik an den Millennium Development Goals war, dass die soziale Dimension ein Übergewicht hatte. Daher stellt sich nun die Frage, ob die SDGs im Rahmen der Dreidimensionalität ein ausgewogenes Verhältnis aufweisen. Eine erste Überprüfung ist möglich, wenn die einzelnen SDGs in das Integrierende Nachhaltigkeitsdreieck eingeordnet werden. Es bleibt dem Leser überlassen, die Zuordnung und Ausgewogenheit zu überprüfen.

Während die einzelnen Ziele im Rahmen der Deutschen Nachhaltigkeitsstrategie konkretisiert werden (vgl. 7.3), beschränken sich die folgenden Ausführungen auf eine erste Beurteilung. Die Darstellung der Agenda 2030 und die Auflistung der einzelnen Ziele vermittelt ein erstes Grundverständnis. Für eine Beurteilung und die Implementierung einer nationalen Nachhaltigkeitsstrategie reicht dies jedoch nicht aus. Die Studie *„Die Agenda 2030 – Globale Zukunftsziele für nachhaltige Entwicklung"* bietet eine umfassende und differenzierte Analyse und Stellungnahme zu den einzelnen SDGs. *(Martens, Obenland 2016)*

Neuere Untersuchungen lassen sich besonders nach den folgenden Themenschwerpunkten untergliedern *(v. Hauff et al. 2018, S. 48)*:

- Entwicklung der Ziele in verschiedenen Regionen,
- Relevanz der Ziele und die Dringlichkeit ihrer Implementierung,
- Zielbeziehungen der Ziele und Unterziele,
- Widersprüche zwischen Zielen und Zielbündeln,
- ungenaue Zielformulierungen.

Sustainable Development Goals

Ziel 1   Armut in allen ihren Formen und überall beenden

Ziel 2   Den Hunger beenden, Ernährungssicherheit und eine bessere Ernährung erreichen und eine nachhaltige Landwirtschaft fördern

Ziel 3   Ein gesundes Leben für alle Menschen jeden Alters gewährleisten und ihr Wohlergehen fördern

Ziel 4   Inklusive, gleichberechtigte und hochwertige Bildung gewährleisten und Möglichkeiten lebenslangen Lernens für alle fördern

Ziel 5   Geschlechtergleichstellung erreichen und alle Frauen und Mädchen zur Selbstbestimmung befähigen

Ziel 6   Verfügbarkeit und nachhaltige Bewirtschaftung von Wasser und Sanitärversorgung für alle gewährleisten

Ziel 7   Zugang zu bezahlbarer, verlässlicher, nachhaltiger und moderner Energie für alle sichern

Ziel 8   Dauerhaftes, breitenwirksames und nachhaltiges Wirtschaftswachstum, produktive Vollbeschäftigung und menschenwürdige Arbeit für alle fördern

Ziel 9   Eine widerstandsfähige Infrastruktur aufbauen, breitenwirksame und nachhaltige Industrialisierung fördern und Innovationen unterstützen

Ziel 10   Ungleichheit in und zwischen Ländern verringern

Ziel 11   Städte und Siedlungen inklusiv, sicher, widerstandsfähig und nachhaltig gestalten

Ziel 12   Nachhaltige Konsum- und Produktionsmuster sicherstellen

Ziel 13   Umgehend Maßnahmen zur Bekämpfung des Klimawandels und seiner Auswirkungen ergreifen*

Ziel 14   Ozeane, Meere und Meeresressourcen im Sinne nachhaltiger Entwicklung erhalten und nachhaltig nutzen

Ziel 15   Landökosysteme schützen, wiederherstellen und ihre nachhaltige Nutzung fördern, Wälder nachhaltig bewirtschaften, Wüstenbildung bekämpfen, Bodendegradation beenden und umkehren und dem Verlust der biologischen Vielfalt ein Ende setzen

Ziel 16   Friedliche und inklusive Gesellschaften für eine nachhaltige Entwicklung fördern, allen Menschen Zugang zur Justiz ermöglichen und leistungsfähige, rechenschaftspflichtige und inklusive Institutionen auf allen Ebenen aufbauen

Ziel 17   Umsetzungsmittel stärken und die Globale Partnerschaft für nachhaltige Entwicklung mit neuem Leben erfüllen

---

In Anerkennung dessen, dass das Rahmenübereinkommen der Vereinten Nationen über Klimaänderungen das zentrale internationale zwischenstaatliche Forum für Verhandlungen über die globale Antwort auf den Klimawandel ist.

Abb. 7.3: Die 17 SDGs der Vereinten Nationen
(Quelle: UN 2015, S. 15)

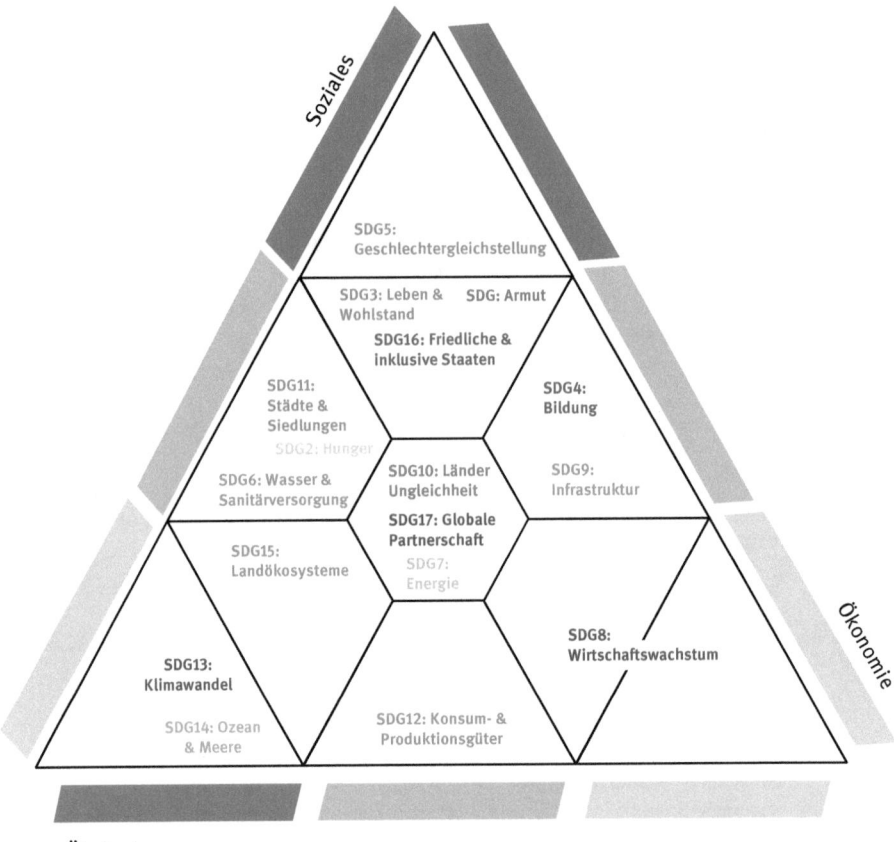

Ökologie

Abb. 7.4: Einordnung der SDGs in das Integrierende Nachhaltigkeitsdreieck
(Quelle: Eigene Darstellung)

Die Agenda 2030 mit den 17 SDGs wurde 2015 von allen Ländern in gleichem Wortlaut angenommen, obwohl sie sich durch unterschiedliche ökologische, ökonomische und soziale Rahmenbedingungen und Probleme auszeichnen. Es bestand Konsens, dass zwischen den SDGs und den Unterzielen Interdependenzen bestehen. Diese können nur dann positiv genutzt werden, wenn die Ziele insgesamt angestrebt werden. Das gilt besonders für die Ebene der Unterziele. *(Le Blanc 2015, Pradhan et al. 2017)* Die Beziehungen der Ziele zueinander ist für die Ausarbeitung bzw. Gestaltung einer nationalen Nachhaltigkeitsstrategie von großer Bedeutung. Die Zielbeziehungen sollen durch zwei Beispiele kurz aufgezeigt werden. Eine umfassende und differenzierte Analyse der Zielbeziehungen zeigt die Studie „A Guide to SDG Interactions: From Science to Implementation" auf. *(International Council for Science 2017)*

- SDG 2 *„Den Hunger beenden, Ernährungssicherheit und eine bessere Ernährung erreichen und eine nachhaltige Landwirtschaft fördern"* hat einen direkten Bezug zur ökologischen Dimension und der Resilienz der Agrarwirtshaft, aber auch zu dem SDG 6 „Verfügbarkeit und nachhaltige Bewirtschaftung von Wasser und Sanitärversorgung für alle gewährleisten". Die Landwirtschaft weist in den meisten Entwicklungsländern den höchsten Wasserbedarf auf. Der wachsende Industriesektor hat ebenfalls einen hohen Wasserbedarf, weshalb es oft zu Konkurrenzsituationen und Wasserstress kommt. *(v. Hauff, Mistri 2016)* Schließlich ist die enge Beziehung zwischen Hunger einerseits und Gesundheit aber auch Bildung andererseits zu erwähnen.

–   Von großer Bedeutung ist die Beziehung der vier Ziele SDG 12 (Konsum und Produktion), SDG 13 (Klimawandel), SDG 14 (Ozeane) und SDG 15 (Landökosysteme und Biodiversität). Sie zielen gemeinsam auf den Schutz des Erdsystems ab. *(Scholz, 2017, S. 28)* Der Schutz ist für die Menschheit von existenzieller Bedeutung. Alle vier Ziele müssen hierzu beitragen.

Betrachtet man die Priorität der Ziele so kommt dem Klimaschutz weltweit eine hohe Relevanz zu. Dabei wird jedoch die ebenfalls herausragende Bedeutung der Biodiversität vernachlässigt. Wichtig ist auch hier die Beziehung der beiden Problemfelder, was in jüngerer Vergangenheit noch mit dem Problemfeld der Pandemien unter dem Begriff der Tripple Krise diskutiert wird. *(Settele 2020)*

Die Studie *„Thinking Beyond Sectors for Sustainable Development"* wendet sich zunächst der Analyse des Status der einzelnen Ziele zu. *(Waage, Yap 2015)* Bezug nehmend auf die Millennium Development Goals analysieren die Verfasser, welche Fortschritte in den vergangenen 15 Jahren erzielt wurden und wie die aktuellen Debatten die globalen Entwicklungsprozesse die nächsten 15 Jahre prägen werden. Folgende Fragen, die sich auf die Ziele „Biodiversity and Ecosystems" beziehen, werden dabei analysiert:

–   Wie hat sich die Zielsetzung in diesem Sektor historisch entwickelt?
–   Welche Fortschritte wurden in diesem Sektor durch die Millenniumsziele und andere Prozesse erreicht?
–   Was ist die aktuelle Debatte über zukünftige Zielsetzungen?

Die Planetary Bounderies sind für Steffen et al. als „guiding human development and a changing world" für nachhaltige Entwicklung von zentraler Bedeutung. Daher geht es in ihrer Untersuchung um die Frage, welche Einflussfaktoren der planetary boundaries in bestimmten 17 SDGs zumindest indirekt enthalten sind. Dabei geht es um Klimawandel, Veränderung der Biosphärenintegrität (genetische Vielfalt), stratosphärischer Ozonabbau, Ozeanversauerung, biogeochemische Flüsse (Abfluss von Süßwassersystemen in den Ozean), Veränderung von Landsystemen (Waldfläche in % der ursprünglichen Waldfläche), Süßwassernutzung (maximale Menge an konsumiertem Trinkwasser) und atmosphärische Aerosolbelastung. *(Steffern et al. 2017)* Sie begründen die Relevanz damit, dass eine erfolgreiche Umsetzung nachhaltiger Entwicklung ein stabiles und funktionierendes Erdsystem voraussetzt. Die Voraussetzung hierfür ist eine ständige Aktualisierung: *„This update of the PB (Planetary Boundaries) framework is one step on a longer term evolution of scientific knowledge to inform and support global sustainability goals and pathways."* (Steffen et al., 2017, S. 9)

Wie schon erwähnt lassen sich bei einzelnen Zielen bzw. Zielbündeln Widersprüche oder Zielkonflikte feststellen. Eine umfassende Analyse hierzu zeigen Loewe und Ripin. (2015) Die folgenden Ausführungen beschränken sich exemplarisch auf SDG 8: *„Dauerhaftes, breitenwirksames und nachhaltiges Wirtschaftswachstum, produktive Vollbeschäftigung und menschenwürdige Arbeit für alle fördern."* (UN, 2015b, S. 15) Es besteht international ein breiter Konsens, dass der Indikator Bruttoinlandsprodukt nicht den Anforderungen nachhaltiger Entwicklung entspricht. Es werden weder Umwelt- noch Verteilungseffekte als konstitutive Merkmale berücksichtigt. Dabei wird ein *„sustained, inclusive and sustainable economic growth"* gefordert. Daher gab es Überlegungen den Indikator BIP durch einen nachhaltigkeitsorientierten Indikator wie den *„Inclusive Weath Index"* zu ergänzen. (Loewe et al. 2015, S. 52) Ein Widerspruch besteht auch zwischen SDG 8 und 13: Ein dauerhaftes und breitenwirksames Wachstum ist mit dem Ziel *„Umgehende Maßnahmen zur Bekämpfung des Klimawandels und dessen Auswirkungen ergreifen"* nicht kompatibel, da die Tendenz besteht, dass ein steigendes Wachstum den Klimawandel verschärft. Schließlich ist noch darauf hinzuweisen, dass bei SDG 7 „Energie" ein klarer Bezug zu Klimawandel in dem Sinne fehlt, dass sich diese beiden Ziele ergänzen sollten. (Scholz 2017, S. 28)

7.3 Die Deutsche Nachhaltigkeitsstrategie – Neuauflage 2016

Die Deutsche Nachhaltigkeitsstrategie 2016 wurde von der Bundesregierung im Januar 2017 vorgelegt. Mit dieser Strategie hat die Bundesregierung die Übertragung der 17 SDGs auf den nationalen Kontext vollzogen. Die SDGs sind durch 63 Unterziele und die zugeordneten Indikatoren weiter untergliedert. Die nationale Nachhaltigkeitsstrategie wurde erstmals im Koalitionsvertrag der 18. Legislaturperiode verankert *(Bundesregierung 2016, S. 24)*:

„Für uns ist die Förderung einer nachhaltigen Entwicklung grundlegendes Ziel und Maßstab des Regierungshandelns."

Die Neuauflage der Nachhaltigkeitsstrategie orientiert sich, wie das für alle nationalen Nachhaltigkeitsstrategien vorgesehen war, an den Sustainable Development Goals der Vereinten Nationen. Zunächst werden die Ziele aus der Sicht der Bundesregierung einleitend dargestellt. Dabei werden wesentliche Inhalte und Prioritäten erläutert. Anschließend werden die relevanten Nachhaltigkeitsindikatoren, die Ziele und die damit einhergehenden Maßnahmen betrachtet. Viele der Zielformulierungen haben eine Ähnlichkeit mit jenen in der Agenda 2030 der UN. Die folgende Tabelle gibt einen Überblick zu den SDGs und ihren Unterzielen wie sie in der Deutschen Nachhaltigkeitsstrategie aufgeführt werden. Eine ausführliche Darstellung der Ziele, der bisherigen Maßnahmen und der geplanten Maßnahmen ist zu finden bei v. Hauff et al. (2018):

Tab. 7.1: Überblick über die 17 SDGs, die Indikatoren sowie Indikatorziele der Deutschen Nachhaltigkeitsstrategie 2016
(Quelle: in Anlehnung an Bundesregierung, 2016, S. 245–248)

Indikatorenbereiche	Indikatoren	Ziele
SDG 1: Armut in jeder Form begrenzen		
Armut Armut begrenzen	Materielle Deprivation	Anteil der Personen, die materiell depriviert sind, bis 2030 deutlich unter EU-28 Wert halten
	Erhebliche materielle Deprivation	Anteil der Personen, die erheblich materiell depriviert sind, bis 2030 deutlich unter EU-28 Wert halten
SDG 2: Den Hunger beenden, Ernährungssicherheit und eine bessere Ernährung erreichen und eine nachhaltige Landwirtschaft fördern		
Landbewirtschaftung In unseren Kulturlandschaften umweltverträglich produzieren	Stickstoffüberschuss	Verringerung der Stickstoffüberschüsse der Gesamtbilanz für Deutschland auf 70 Kilogramm je Hektar landwirtschaftlich genutzter Fläche im Jahresmittel 2028–2032.
	Ökologischer Landbau	Erhöhung des Anteils des ökologischen Landbaus an der landwirtschaftlich genutzten Fläche auf 20 % in den nächsten Jahren
SDG 3: Ein gesundes Leben für alle Menschen jeden Alters gewährleisten und ihr Wohlergehen fördern		
Gesundheit und Ernährung Länger gesund leben	Vorzeitige Sterblichkeit (Todesfälle pro 100.000 Einwohner unter 70 Jahren) Frauen	Senkung auf 100 je 100.000 Einwohner (Frauen) bis 2030
	Vorzeitige Sterblichkeit (Todesfälle pro 100.000 Einwohner unter 70 Jahren) Männer	Rückgang auf 190 je 100.000 Einwohner (Männer) bis 2030
	Raucherquote von Jugendlichen (12 bis 17 Jahre)	Senkung auf 7 % bis 2030
	Raucherquote von Erwachsenen (ab 15 Jahre)	Senkung auf 19 % bis 2030
	Adipositasquote von Jugendlichen (11–17 Jahre)	Anstieg dauerhaft stoppen
	Adipositasquote von Erwachsenen (ab 18 Jahre)	Anstieg dauerhaft stoppen

Tab. 7.1: (Fortsetzung)

Indikatorenbereiche	Indikatoren	Ziele
Luftbelastung Gesunde Umwelt erhalten	Emissionen von Luftschadstoffen (Index der nationalen Emissionen der Luftschadstoffe SO_2, NO_X, NH_3, NMVOC und $PM_{2,5}$)	Reduktion der Emissionen des Jahres 2005 auf 55 Prozent (ungewichtetes Mittel der fünf Schadstoffe) bis 2030.
	Anteil der Bevölkerung mit erhöhter PM_{10}-Exposition in Deutschland	Erreichung des Feinstaub WHO-Richtwerts 20 Mikrogramm/Kubikmeter für PM_{10} im Jahresmittel möglichst flächendeckend bis 2030.

SDG 4: Inklusive, gerechte und hochwertige Bildung gewährleisten und Möglichkeiten des lebenslangen Lernens für alle fördern

Bildung Bildung und Qualifikation kontinuierlich verbessern	Frühe Schulabgänger (18- bis 24-Jährige ohne Abschluss)	Verringerung des Anteils auf unter 10 % bis 2020
	30- bis 34-Jährige mit tertiärem oder postsekundärem Abschluss	Steigerung des Anteils auf 42 % bis 2020
Perspektiven für Familien Vereinbarkeit von Familie und Beruf verbessern	Ganztagsbetreuung für Kinder (0- bis 2-Jährige)	Anstieg auf 35 % bis 2030.
	Ganztagsbetreuung für Kinder (3- bis 5-Jährige)	Anstieg auf 60 % bis 2020 und 70 Prozent bis 2030

SDG 5: Geschlechtergerechtigkeit und Selbstbestimmung für alle Frauen und Mädchen erreichen

Gleichstellung Gleichstellung in der Gesellschaft fördern	Verdienstabstand zwischen Frauen und Männern	Verringerung des Abstandes auf 10 % bis 2020 Beibehaltung bis 2030
	Frauen in Führungspositionen in Wirtschaft	30 % Frauen in Aufsichtsräten der börsennotierten und voll mitbestimmten Unternehmen bis 2030.
Wirtschaftliche Teilhabe von Frauen global stärken	Berufliche Qualifizierung von Frauen und Mädchen durch dt. entwicklungspolitische Zusammenarbeit	Sukzessive Steigerung bis 2030 um ein Drittel verglichen mit Basisjahr 2015

SDG 6: Verfügbarkeit und nachhaltige Bewirtschaftung von Wasser und Sanitärversorgung für alle gewährleisten

Gewässerqualität Minderung der stofflichen Belastung von Gewässern	Gesamt-Phosphat in Fließgewässern	An allen Messstellen werden bis 2030 die gewässertypischen Orientierungswerte eingehalten oder unterschritten

Tab. 7.1: (Fortsetzung)

Indikatorenbereiche	Indikatoren	Ziele
	Nitrat im Grundwasser – Anteil der Messstellen in Deutschland, an denen der Schwellenwert von 50 mg/l Nitrat überschritten wird	Bis 2030 Einhaltung des 50 mg/l Nitrat Schwellenwertes im Grundwasser
Trinkwasser und Sanitärversorgung Besserer Zugang zu Trinkwasser und Sanitärversorgung weltweit, höhere (sichere) Qualität	Anzahl der Menschen, die neu Zugang zu Trinkwasser- und Sanitärversorgung erhalten durch deutsche Unterstützung	Bis 2030 sollen jährlich 10 Millionen Menschen Zugang zu Wasser erhalten

SDG 7: Zugang zu bezahlbarer, verlässlicher, nachhaltiger und zeitgemäßer Energie für alle sichern

Ressourcenschonung Ressourcen sparsam und effizient nutzen	Endenergieproduktivität	Steigerung der Endenergieproduktivität um 2,1 Prozent pro Jahr im Zeitraum von 2008–2050
	Primärenergieverbrauch	Senkung um 20 % bis 2020 und um 50 % bis 2050 je gegenüber 2008
Erneuerbare Energien Zukunftsfähige Energieversorgung ausbauen	Anteil erneuerbarer Energien am Brutto Endenergieverbrauch	Anstieg auf 18 % bis 2020, auf 30 % bis 2030 und 60 % bis 2050
	Anteil des Stroms aus erneuerbaren Energiequellen am Bruttostromverbrauch	Anstieg auf mindestens 35 % bis 2020 auf mindestens 50 % bis 2030, auf mindestens 65 % bis 2040 und auf mindestens 80 % bis 2050.

SDG 8: Dauerhaftes, inklusives und nachhaltiges Wirtschaftswachstum, produktive Vollbeschäftigung und menschenwürdige Arbeit für alle fördern

Ressourcenschonung Ressourcen sparsam und effizient nutzen	Gesamtrohstoffproduktivität: (BIP + Importe)/Raw Material Input (RMI)	Beibehaltung des Trends der Jahre 2000–2010 bis 2030.
Staatsverschuldung Staatsfinanzen konsolidieren – Generationengerechtigkeit schaffen	Staatsdefizit	Jährliches Staatsdefizit kleiner als 3 Prozent des BIP Beibehaltung bis 2030
	Strukturelles Defizit	Strukturell ausgeglichener Staatshaushalt, gesamtstaatliches strukturelles Defizit von max. 0,5 % des BIP Beibehaltung bis 2030
	Schuldenstand	Schuldenstandsquote max. 60 % des BIP Beibehaltung bis 2030

Tab. 7.1: (Fortsetzung)

Indikatorenbereiche	Indikatoren	Ziele
Wirtschaftliche Zukunftsvorsorge Gute Investitionsbedingungen schaffen – Wohlstand dauerhaft erhalten	Verhältnis der Bruttoanlageinvestitionen zum BIP	Angemessene Entwicklung des Anteils Beibehaltung bis 2030
Wirtschaftliche Leistungsfähigkeit Wirtschaftsleistung umwelt- und sozialverträglich steigern	BIP je Einwohner	Stetiges und angemessenes Wirtschaftswachstum
Beschäftigung Beschäftigungsniveau steigern	Erwerbstätigenquote insgesamt (20 bis 64 Jahre)	Erhöhung auf 78 % bis 2030
	Erwerbstätigenquote Ältere (60 bis 64 Jahre)	Erhöhung auf 60 % bis 2030
Globale Lieferketten Menschenwürdige Arbeit weltweit ermöglichen	Anzahl der Mitglieder des Textilbündnisses	Signifikante Steigerung bis 2030

SDG 9: Eine belastbare Infrastruktur aufbauen, inklusive und nachhaltige Industrialisierung fördern und Innovationen unterstützen

Innovation Zukunft mit neuen Lösungen gestalten	Private und öffentliche Ausgaben für Forschung und Entwicklung	Jährlich mindestens 3 % des BIP bis 2030.

SDG 10: Ungleichheit innerhalb von und zwischen Staaten verringern

Integration Schulische Bildungserfolge von Ausländern in Deutschland	Ausländische Schulabsolventen und Schulabsolventinnen	Erhöhung des Anteils der ausländischen Schulabgänger mit mindestens Hauptschulabschluss und Angleichung an die Quote deutscher Schulabgänger bis 2030
Verteilungsgerechtigkeit Zu große Ungleichheit innerhalb Deutschlands verhindern	Gini-Koeffizient Einkommen nach Sozialtransfer	GINI-Koeffizient Einkommen nach Sozialtransfers bis 2030 unterhalb des EU-28-Wertes.

SDG 11: Städte und Siedlungen inklusiv, sicher, widerstandsfähig und nachhaltig machen

Flächeninanspruchnahme Nachhaltige Flächennutzung	Anstieg der Siedlungs- und Verkehrsfläche	Senkung auf 30 ha minus x pro Tag bis 2030
	Freiraumverlust in qm/je Einwohner	Verringerung des einwohnerbezogenen Freiflächenverlustes
	Einwohner je Siedlungs- und Verkehrsfläche (Siedlungsdichte)	Keine Verringerung der Siedlungsdichte

Tab. 7.1: (Fortsetzung)

Indikatorenbereiche	Indikatoren	Ziele
Mobilität Mobilität sichern – Umwelt schonen	Endenergieverbrauch im Güterverkehr	Zielkorridor bis zum Jahre 2030 minus 15 bis minus 20 %
	Endenergieverbrauch im Personenverkehr	Zielkorridor bis zum Jahre 2030 minus 15 bis minus 20 Prozent
	Bevölkerungsgewichtete durchschnittliche ÖV- Reisezeit von jeder Haltestelle zum nächsten Mittel-/Oberzentrum	Verringerung
Wohnen Bezahlbarer Wohnraum für alle	Überlastung durch Wohnkosten	Anteil der durch Mietkosten belasteten Bevölkerung auf 13 % senken bis 2030.
SDG 12: Für nachhaltige Konsum- und Produktionsmuster sorgen		
Nachhaltiger Konsum Konsum umwelt- und sozialverträglich gestalten	Marktanteil von Produkten mit staatlichen Umweltzeichen (perspektivisch: Marktanteil von Produkten und Dienstleistungen, die mit glaubwürdigen und anspruchsvollen Umwelt- und Sozialsiegeln ausgezeichnet sind)	34 % bis 2030
	Energieverbrauch und CO_2-Emissionen des Konsums	Kontinuierliche Abnahme des Energieverbrauchs
Nachhaltige Produktion Anteil nachhaltiger Produktion stetig erhöhen	Umweltmanagement EMAS	5.000 Organisationsstandorte bis 2030
SDG 13: Umgehend Maßnahmen zur Bekämpfung des Klimawandels und seiner Auswirkungen ergreifen		
Klimaschutz Treibhausgase reduzieren	Treibhausgasemissionen	Minderung um mindestens 40 % bis 2020, um mindestens 55 % bis 2030, um mindestens 70 % bis 2040 und um 80 bis 95 % bis 2050 jeweils gegenüber 1990
Deutscher Beitrag internationale Klimafinanzierung	Internationale Klimafinanzierung zur Reduktion von Treibhausgasen und zur Anpassung an den Klimawandel	Verdopplung der Finanzierung bis 2020 gegenüber 2014

Tab. 7.1: (Fortsetzung)

Indikatorenbereiche	Indikatoren	Ziele
SDG 14: Ozeane, Meere und Meeresressourcen im Sinne einer nachhaltigen Entwicklung erhalten und nachhaltig nutzen		
Meere schützen Meere und Meeresressourcen schützen und nachhaltig nutzen	Nährstoffeinträge in Küstengewässer und Meeresgewässer – Stickstoffeintrag über die Zuflüsse in die Ostsee	Einhaltung des guten Zustands nach Oberflächengewässerverordnung (Jahresmittelwerte für Gesamtstickstoff bei in die Ostsee mündenden Flüssen sollen 2,6 Milligramm pro Liter nicht überschreiten).
	Nährstoffeinträge in Küstengewässer und Meeresgewässer – Stickstoffeintrag über die Zuflüsse in die Nordsee	Einhaltung des guten Zustands nach Oberflächengewässerverordnung (Jahresmittelwerte für Gesamtstickstoff bei in die Nordsee mündenden Flüssen sollen 2,8 Milligramm pro Liter nicht überschreiten).
	Anteil der nachhaltig befischten Fischbestände in Nord- und Ostsee	Ziel 2030: Erreichung der EU Vorgaben
SDG 15: Landökosysteme schützen, wiederherstellen und ihre nachhaltige Nutzung fördern, Wälder nachhaltig bewirtschaften, Wüstenbildung bekämpfen, Bodenverschlechterung stoppen und umkehren und den Biodiversitätsverlust stoppen		
Artenvielfalt Arten erhalten – Lebensräume schützen	Artenvielfalt und Landschaftsqualität	Anstieg auf den Indexwert 100 bis zum Jahr 2030
Ökosysteme Ökosysteme schützen, Ökosystemleistungen erhalten, Lebensräume bewahren	Eutrophierung der Ökosysteme	Bis 2030 Verringerung um 35 % gegenüber 2005
Wälder Entwaldungen vermeiden	Zahlungen an Entwicklungsländer für nachgewiesenen Erhalt bzw. Wiederaufbau von Wäldern unter dem REDD+-Regelwerk	Steigerung bis 2030
SDG 16: Friedliche und inklusive Gesellschaften im Sinne einer nachhaltigen Entwicklung fördern, allen Menschen Zugang zur Justiz ermöglichen und effektive, rechenschaftspflichtige und inklusive Institutionen auf allen Ebenen aufbauen		
Kriminalität Persönliche Sicherheit weiter erhöhen	Straftaten	Zahl der erfassten Straftaten je 100.000 Einwohner soll bis 2030 auf unter 7.000 sinken.

Tab. 7.1: (Fortsetzung)

Indikatorenbereiche	Indikatoren	Ziele
Frieden und Sicherheit Praktische Maßnahmen zur Bekämpfung der Proliferation, insb. von Kleinwaffen ergreifen	Anzahl der in betroffenen Weltregionen durchgeführten Projekte zur Sicherung, Registrierung und Zerstörung von Kleinwaffen und leichten Waffen durch Deutschland	Mindestens 15 Projekte jährlich bis 2030
Gute Regierungsführung Korruptionsbekämpfung	Corruption Perception Index in Deutschland	Verbesserung bis 2030
	Corruption Perception Index in den Partnerländern der deutschen Entwicklungszusammenarbeit	Verbesserung bis 2030

SDG 17: Umsetzungsmittel stärken und die globale Partnerschaft für nachhaltige Entwicklung wiederbeleben

Indikatorenbereiche	Indikatoren	Ziele
Entwicklungszusammenarbeit Nachhaltige Entwicklung unterstützen	Anteil öffentlicher Entwicklungsausgaben am Bruttonationaleinkommen	Steigerung auf 0,7 % des Bruttonationaleinkommens bis 2030
Wissenstransfer insbesondere im technischen Bereich Wissen international vermitteln	Anzahl der Studierenden und Forscherinnen/Forschern aus Entwicklungsländern sowie aus LDCs pro Jahr (Semester).	10 % Steigerung bis 2020, anschließend Verstetigung
Märkte öffnen Handelschancen der Entwicklungsländer verbessern	Anteil der Einfuhren aus LDCs an den gesamten Einfuhren nach Deutschland	Steigerung des Anteils um 100 % bis 2030 (Basiswert: 2014)

Die bisherige Realisierung der einzelnen Ziele lässt sich durch die Indikatoren bestimmen. Jedem SDG ist mindestens ein Indikator zugeordnet. Sie werden in bestimmten Abständen aktualisiert. So lässt sich der Grad der Zielerreichung überprüfen und wenn nötig nachjustieren. Der Grad der Erreichung wurde in vier Kategorien differenziert.

Die folgenden Ausführungen beschränken sich auf einige Beispiele zu den vier Kategorien:

Ziel wird (nahezu) erreicht (Status: insgesamt 21)

3.1.c Senkung der Raucherquote von Jugendlichen (Senkung auf 7 % bis 2030)

3.1.d Senkung der Raucherquote von Erwachsenen (Senkung auf 19 % bis 2030)

4.1.a Verringerung des Anteils früher Schulabgänger (Verringerung des Anteils auf unter 10 % bis 2020)

6.2 Besserer Zugang zu Trinkwasser und Sanitärversorgung weltweit (bis 2030 sollen jährlich 10 Millionen Menschen Zugang zu Wasser erhalten)

Status der Indikatoren

 Ziel wird (nahezu) erreicht

 Entwicklung geht in die richtige Richtung, aber Zielverfehlung zwischen 5 und 20 Prozent bleiben

 Entwicklung geht in die richtige Richtung, aber Lücke von mehr als 20 Prozent verbleibt

 Entwicklung in die falsche Richtung

Abb. 7.5: Kategorien der Zielerreichung (Quelle: Bundesregierung 2016, S. 35)

7.2.b	Zukunftsfähige Energieversorgung ausbauen (Anstieg auf mindestens 35 % bis 2020 auf mindestens 50 % bis 2030, auf mindestens 65 % bis 2040 und auf mindestens 80 % bis 2050)
8.1	Ressourcen sparsam und effizient nutzen (Beibehaltung des Trends der Jahre 2000 bis 2010 bis 2030)
8.2.a	Staatsfinanzen konsolidieren-Generationengerechtigkeit schaffen (jährliche Staatsdefizit weniger als 3 % des BIP, Beibehaltung bis 2030)
8.4	Wirtschaftsleistung umwelt- und sozialverträglich steigern (BIP je Einwohner – stetiges und angemessenes Wirtschaftswachstum)
16.2	Praktische Maßnahmen zur Bekämpfung der Proliferation, insbesondere von Kleinwaffen (mindestens 15 Projekte jährlich bis 2030)
16.3a	Gute Regierungsführung, Korruptionsbekämpfung (Verbesserung bis 2030)
17.1	Entwicklungszusammenarbeit (Steigerung auf 0,7 %)

Entwicklung geht in die richtige Richtung, aber Zielverfehlung zwischen 5 und 20 Prozent bleiben (Status: insgesamt 6)

1.1.a	Armut begrenzen (Anteil der Personen, die materiell depriviert sind, bis 2030 deutlich unter EU-28 Wert halten)
3.1.b	Länger gesund leben (Rückgang auf 190 je 100.000 Einwohner (Männer) bis 2030)
13.1.b	Deutscher Beitrag internationale Klimafinanzierung (Verdopplung der Finanzierung bis 2020 gegenüber 2014)

Entwicklung in die richtige Richtung, aber Lücke von mehr als 20 Prozent verbleibt (Status: insgesamt 20)

2.1.a	In unseren Kulturlandschaften umweltverträglich produzieren (Verringerung der Stickstoffüberschüsse der Gesamtbilanz für Deutschland auf 70 kg je Hektar landwirtschaftlich genutzte Fläche im Jahresmittel 2028–2032)
2.1.b	Ökologischer Landbau (Erhöhung des Anteils des ökologischen Landbaus an der landwirtschaftlich genutzten Fläche auf 20 % in den nächsten Jahren)
3.2.a	Luftbelastung – gesunde Umwelt erhalten (Reduktion der Emissionen des Jahres 2005 auf 55 % (ungewichtetes Mittel der 5 Schadstoffe bis 2030)

4.2.a   Perspektiven für Familien – Vereinbarkeit von Familie und Beruf verbessern (Ganztagsbetreuung für Kinder 0- bis 2-jährige, Anstieg auf 35 % bis 2030)

6.1.a   Gewässerqualität-Minderung der stofflichen Belastung von Gewässern (an allen Messstellen werden bis 2030 die gewässertypischen Orientierungswerte eingehalten oder unterschritten)

7.1.a   Ressourcenschonung – Ressourcen sparsam und effizient nutzen (Steigerung der Endenergieproduktivität um 2,1 % pro Jahr im Zeitraum von 2008–2050)

10.1   Gleiche Bildungschancen (Erhöhung des Anteils der ausländischen Schulabgänger mit mindestens Hauptschulabschluss und Angleichung an die Quote deutscher Schulabgänger bis 2030)

12.2.   Nachhaltige Produktion – Anteil nachhaltige Produktion stetig erhöhen (5.000 EMAS-Organisationsstandorte bis 2030)

13.1.a   Klimaschutz -Treibhausgase reduzieren (Minderung um mindestens 40 % bis 2020, um mindestens 55 % bis 2030, um mindestens 70 % bis 2040 und um mindestens 80–95 % bis 2050 jeweils gegenüber 1990)

14.1.aa Meere schützen (Einhaltung des guten Zustandes nach Oberflächengewässerverordnung, Jahresmittelwerte für Gesamtstickstoff bei in die Ostsee mündenden Flüssen sollen 2,6 mg/Liter nicht überschreiten)

17.3   Märkte öffnen – Handelschancen der Entwicklungsländer verbessern (Steigerung des Anteils um 100 % bis 2030 – Basiswert: 2014)

Entwicklung in die falsche Richtung (Status: insgesamt 9)

3.1.f   Länger gesund leben – Adipositasquote von Erwachsenen ab 18 Jahre (Anstieg dauerhaft stoppen)

6.1.b   Gewässerqualität – Nitrat im Grundwasser (bis 2030 Einhaltung des 50 mg/l Nitrat Schwellenwertes im Grundwasser)

11.2.a Mobilität sichern – Umwelt schonen (Zielkorridor bis zum Jahre 2030 minus 15 bis minus 20 %)

12.1   Nachhaltiger Konsum – Konsum umwelt- und sozialverträglich gestalten (kontinuierliche Abnahme des Energieverbrauchs)

15.1   Artenvielfalt- Arten erhalten, Lebensräume schützen (Anstieg auf den Indexwert 100 bis zum Jahr 2030)

15.3   Wälder – Entwaldung vermeiden (Steigerung bis 2030)

16.1   Kriminalität – Persönliche Sicherheit weiter erhöhen (Zahl der erfassten Straftaten je 100.000 Einwohner soll bis 2030 auf unter 7.000 sinken)
(Quelle: Bundesregierung 2016)

Die beiden ersten Kategorien, d. h. „Ziel wird (nahezu) erreicht" und „Entwicklung geht in die richtige Richtung, aber Zielverfehlung zwischen 5 und 20 Prozent bleiben" können insgesamt positiv beurteilt werden. Es handelt sich um 27 Ziele die noch ein gewisses Verbesserungspotenzial aufweisen. Die beiden anderen Kategorien „Entwicklung in die richtige Richtung, aber Lücke von mehr als 20 Prozent verbleibt" und

„Entwicklung in die falsche Richtung", die eher negative Trends aufzeigen, addieren sich zu 29 Zielen. Somit lässt sich feststellen, dass der Zielerreichungsgrad noch ein relativ großes Potenzial der Verbesserung aufweist. Bei dieser ersten Beurteilung fällt auf, dass bei der vierten Kategorie „Entwicklung in die falsche Richtung" besonders relevante Ziele wie Gewässerqualität, Mobilität, nachhaltiger Konsum, Artenvielfalt und Wälder (Entwaldung vermeiden) enthalten sind, die sich auch auf andere Ziele negativ auswirken. Hier besteht somit ein besonders hoher Handlungsbedarf.

Deutsche Nachhaltigkeitsstrategie Aktualisierung 2018

Die Aktualisierung der Deutschen Nachhaltigkeitsstrategie im Jahr 2018 wurde bereits in der Neuauflage 2016 angekündigt. Sie wurde am 7. November 2018 vom Bundeskabinett beschlossen. Auch hier bekennt sich die Bundesrepublik erneut dazu, dass die Agenda 2030 mit ihren 17 globalen Nachhaltigkeitszielen die „Richtschnur deutscher Politik" ist. Zum Entwicklungsstand der Strategie wird festgestellt:

> Die bisherigen Erfahrungen mit der Umsetzung der Agenda 2030 national wie global zeigen: wir können Fortschritte hin zu einer nachhaltigen Entwicklung erreichen. Gleichzeitig ist klar: wir müssen hierfür die Anstrengungen in allen Bereichen verstärken. Gerade auch in der derzeitigen weltpolitischen Lage führt hierbei kein Weg vorbei. (Bundesregierung 2018, S. 7)

Daher konzentriert sich die Fortschreibung 2018 auf eine Bestandsaufnahme und weiterführende Empfehlungen in vier Bereichen. Die beiden ersten Bereiche sollen exemplarisch ausgeführt werden.

I. Nachhaltigkeit: Zentrale politische Herausforderungen unserer Zeit

Die bisherigen Bemühungen der Umsetzung auf internationaler Ebene sollen verstärkt werden, da sich die Herausforderungen nur gemeinsam bewältigen lassen. Der Klimawandel ist eine der zentralen Herausforderung und die Ursachen für Vertreibung und Migration. Daher gilt das Abkommen von Paris als ein Erfolg der Zusammenarbeit der Staatengemeinschaft. Nun muss es darum gehen die Umsetzung der Regeln zu realisieren. Ein weiterer Schwerpunkt wird dem nachhaltigen Wirtschaften beigemessen. Es geht besonders darum, dass Wachstum „nachhaltig ausgestattet" wird. Schwerpunkte sind die begrenzten Ressourcen, der Schutz der natürlichen Lebensgrundlagen und die Forderung „leave no one behind". Dabei spielen bei dem aktualisierten Bericht die globalen Indikatoren und Fortschrittsberichte eine wichtige Rolle. Dazu wird festgestellt:

> Die vorliegenden Zahlen zeigen, dass die Weltgemeinschaft trotz einiger positiver Trends in vielen Bereichen deutlich hinter den Erwartungen und selbst gesteckten Ansprüchen zurückliegt. (S. 11)

Es fehlen für 66 der etwa 240 Indikatoren noch Daten. Für weitere 66 Indikatoren fehlen die methodologischen Standards um eine einheitliche Datenerhebung zu ermöglichen. Im Rahmen der Bilateralen Zusammenarbeit ist eine der großen Herausforderungen die Umsetzung der Agenda 2030 in Entwicklungsländern. Das lässt sich an wenigen aber sehr relevanten Indikatoren aufzeigen. So leben weltweit 2,2 Milliarden Menschen in Ländern mit Wasserknappheit, was sich sehr negativ auf die Gesundheit aber auch auf die Ernährung auswirkt. Das gilt auch für neun von zehn Stadtbewohnern die keine saubere Luft atmen, wodurch die geistige Entwicklung von Kindern beeinträchtigt wird und viele Krankheiten dadurch verursacht werden. Aber auch der Ressourcenverbrauch besonders der Industrieländer hat sich negativ entwickelt. So wird festgestellt, dass der Verbrauch natürlicher Ressourcen in dem Zeitraum von 2000 bis 2010 um 43 Prozent anstieg.

Die Bundesregierung hat sich weiterhin zum Ziel gesetzt in Europa einen neuen Aufbruch zu initiieren. So wird festgestellt, dass nur eine konsequente Umsetzung der Agenda 2030 den notwendigen Beitrag zur langfristigen Bewältigung der Herausforderungen leistet. Die EU-Mitgliedstaaten haben in ihren Schlussfolgerungen des Rates vom 20. Juni 2017 gemeinsam gefordert, dass für die Umsetzung der Agenda 2030 ein strategischer Rahmen notwendig ist. Auf der Grundlage einer langjährig von Deutschland erhobenen Forderung, wurde Ende 2017 eine neue Ratsarbeitsgruppe „Agenda 2030 für nachhaltige Entwicklung" eingerichtet. Bereits im Mai 2017 hat die Kommission eine Multi-Stakeholder-Plattform eingerichtet. Sie soll die EU bei der Umsetzung der Agenda 2030 beraten. Die 30 Mitglieder setzen sich aus zivilgesellschaftlichen Organisationen, Wissenschaft und Wirtschaft zusammen.

Ein weiterer Schwerpunkt der Aktualisierung 2018 sind die nationalen Herausforderungen. Einer der Schwerpunkte ist den sozialen Zusammenhalt zu stärken. Dabei geht es um das Versprechen, wonach alle Ziele für alle Bevölkerungsgruppen – also auch für die am weitesten zurück gelassenen – erreicht sein müssen. Grundlegende Prinzipien sind Gleichberechtigung und Nichtdiskriminierung. Die Menschen sollen zu einem selbstbestimmten Leben befähigt werden und es sollen ihnen gleiche Chancen eröffnet werden. Die Leistungsfähigkeit der deutschen Wirtschaft hängt besonders davon ab, dass qualifizierte Fachkräfte dauerhaft zur Verfügung stehen. Dafür ist hochwertige Bildung notwendig. Eine weitere zentrale Herausforderung ist der Klimaschutz. Alle Länder sind gefordert die in Paris vereinbarte Zielsetzung der Treibhausgasneutralität bis zur Mitte des Jahrhunderts zu erreichen. Schließlich wird als weitere Herausforderung „Innovation und Digitalisierung" aufgeführt. Sie weisen noch erhebliche Potentiale auf, um die Ziele der Nachhaltigkeitsstrategie zu unterstützen. Insofern darf die Digitalisierung nicht nur im Kontext von Ökonomie und Technologie gesehen werden, sondern im Kontext der Förderung von nachhaltiger Entwicklung.

II. Stand der Umsetzung der Deutschen Nachhaltigkeitsstrategie

Dieses Kapitel wurde in sechs Unterkapitel untergliedert: Internationaler Peer Review der deutschen Nachhaltigkeitsstrategie, Stärkung der Politikkohärenz, Stärkung der Einbeziehung gesellschaftlicher Akteure, Arbeit der Institutionen, Bund-Länder-Zusammenarbeit und Prioritäten der Ressorts für die Umsetzung der Deutschen Nachhaltigkeitsstrategie sowie der SDGs und der Beitrag des BPA (Bundespresseamtes). Von den sechs Unterkapiteln sollen die ersten beiden kurz vorgestellt werden. Im Mai 2017 wurde die ehemalige Premierministerin Neuseelands und ehemalige Leiterin des Entwicklungsprogramms der Vereinten Nationen Helen Clark mit dem Vorsitz der Peer-Review-Gruppe beauftragt. Die Mitglieder dieser Gruppe kommen zu der Erkenntnis: Deutschland ist für eine ambitionierte Umsetzung gut aufgestellt. Die Empfehlung in 11 Themenfelder mit 66 Unterpunkten zielen besonders auf eine Stärkung der Umsetzung der bestehenden Strategie, eine Erhöhung des Ambitionsniveaus und auf einige wichtige politische Handlungsfelder ab. Es werden u. a. der Klimawandel, Biodiversitätsverlust und die Nitratbelastung genannt. Institutionell wird eine Stärkung der Rolle des Staatssekretärsausschusses, des Parlamentarischen Beirates für nachhaltige Entwicklung und die Verankerung des Nachhaltigkeitsprinzips im Grundgesetz empfohlen. Schließlich wird noch ein stärkerer Handlungsbedarf für jene Ziele betont, die bisher verfehlt wurden (Off-track-Indikatoren). Da die Expertengruppe Deutschland bei einer erfolgreichen Umsetzung der Agenda 2030 eine besondere Verantwortung zuweist (*„wenn nicht Deutschland, wer dann"*), empfiehlt sie noch ambitioniertere Ziele zu formulieren. *„Dies betrifft u. a. die Bereiche Bodendegradation, Umstellungen in der Landwirtschaft, nachhaltiges Produktions- und Konsumverhalten sowie den beschleunigten Ausstieg aus der fossilen Energieerzeugung."* *(Bundesregierung 2018, S. 20)*

Die Stärkung der Politikkohärenz wurde als besondere Herausforderung für die Umsetzung der Nachhaltigkeitsstrategie hervorgehoben. Dabei geht es um einen kohärenten, abgestimmten Einsatz aller Politikinstrumente sowohl auf nationaler als auch auf internationaler Ebene. Für das ressortübergreifende Handeln wurde in jedem Ministerium möglichst auf Abteilungsleiterebene ein Ressortkoordinator für nachhaltige Entwicklung festgelegt. In dem Peer Review wurde die Bedeutung der Ressortkoordinatoren hervorgehoben und auf ihre angemessene Ausstattung mit Ressourcen hingewiesen. Eine große Bedeutung wird auch der Stärkung der Einbeziehung gesellschaftlicher Akteure beigemessen. *„Ein breiter gesellschaftlicher Konsens zur Bedeutung der globalen Nachhaltigkeitsziele ist Voraussetzung für eine erfolgreiche Umsetzung der Agenda 2030."* *(Bundesregierung 2018, S. 23)*

Hierzu wurde ein Dialogforum etabliert, wozu Expertinnen und Experten aus Zivilgesellschaft, Wirtschaft, Wissenschaft, Kirchen, Länder und Kommunen eingeladen werden. Dabei werden Aktivitäten präsentiert und mit Vertretern der Bundesregierung darüber diskutiert, welche Bereiche der Deutschen Nachhaltigkeitsstrategie aktualisiert werden sollten. In diesem Zusammenhang werden auch noch einmal die Bund-Länder-Zusammenarbeit und die Prioritäten der einzelnen Ministerien ausführlich aufgezeigt. Abschließend wird jedoch selbstkritisch festgestellt:

> Trotz aller Aktivitäten befindet sich international gesehen noch kein Staat umfassend auf Erfolgskurs. Die SDGs haben – wie im Rahmen des Dialogs angemerkt wurde – noch keinen tatsächlich tragenden Charakter in der politischen Diskussion erlangt. … Nur wer national handelt, kann

sich international glaubwürdig für Fortschritte für eine nachhaltige Entwicklung einsetzen. In diesem Sinne wird sich die Bundesregierung weiter an Nachhaltigkeit als Leitprinzip orientieren. (Bundesregierung 2018, S. 49)

7.4 Bewertung der Deutschen Nachhaltigkeitsstrategie 2016, der Aktualisierung 2018 und der Weiterentwicklung 2021

Die Bewertung der Deutschen Nachhaltigkeitsstrategie zielt darauf ab – entsprechend dem Peer-Review-Report – Möglichkeiten und die Notwendigkeit einer Weiterentwicklung aufzuzeigen. Wie schon verdeutlicht wurde, weist die Strategie noch Potenziale auf, ambitionierter ausgestaltet zu werden. Dabei wird zunächst aufgezeigt, welche neuen Indikatoren im Rahmen der Aktualisierung 2018 aufgenommen wurden. Weiterhin ist zu berücksichtigen, dass sowohl bei der Entstehung als auch bei der Weiterentwicklung verschiedene gesellschaftliche Gruppierungen mitgewirkt haben bzw. mitwirken, die teilweise sehr unterschiedliche Interessen haben, wird die Strategie bzw. deren Aktualisierung immer eine Kompromisslösung sein (vgl. hierzu Kapitel 7.6).

Die Erweiterung der Indikatoren zielt gleich auf SDG 1 ab. Weltweit hungern immer noch 821 Millionen Menschen und 2 Milliarden Menschen haben Nährstoffdefizite, obwohl Hunger und Mangelernährung bis 2035 überwunden werden sollen. Auch hier ist darauf hinzuweisen, dass dadurch auch andere SDGs wie Gesundheit und Bildung negativ beeinflusst bzw. belastet werden. Eine Verringerung von Hunger und Mangelernährung ist darauf ausgerichtet, dass der Anteil der ausgezahlten Mittel für Ernährungssicherung, der für Governance eingesetzt wird, bis 2030 angemessen steigen soll.

> Der Indikator misst in Prozent den Anteil der ausgezahlten Mittel an den Gesamtausgaben für Ernährungssicherung, mit dem die relevanten internationalen Normen und Empfehlungen zur Verwirklichung des Rechts auf Nahrung (definiert nach dem Global Strategic Framework des CFS) angewendet werden. (Bundesregierung 2018, S. 44)

Die Erhebung der Daten für den Indikator erfolgt dadurch, dass alle Projekt- und Programmdokumente im Bereich Ernährungssicherung einzeln geprüft werden. Dabei sollen auch Projekte zu 100 Prozent angerechnet werden können, wenn in dem Ziel, in der Wirkungsmatrix oder der Projektbeschreibung bestimmte Kriterien des Global Strategic Framework für Ernährungssicherung erfüllt werden. Der Indikator wurde in Stellungnahmen einerseits positiv beurteilt und andererseits wegen einseitiger Messung von Good Governance und der Ungenauigkeit des Indikators kritisiert.

Nachhaltige öffentliche Beschaffung wurde ebenfalls neu aufgenommen. Ausgangspunkt ist, dass die öffentliche Hand bei der nachhaltigen öffentlichen Beschaffung eine besondere Vorbildrolle hat. Nach Schätzung des Bundes handelt es sich dabei um ein Volumen von 280–360 Milliarden Euro. Auf der Grundlage der Vergabestatistik-Verordnung wird gegenwärtig bundesweit eine solche Statistik aufgebaut. Dabei geht es um die zukünftigen Ausgaben insgesamt und die Anteile einer nachhaltigen Beschaffung zu erfassen. Zur Klärung der Nachhaltigkeitskriterien in der Statistik laufen auf EU Ebene noch die Vorarbeiten. Die Schlüsselindikatoren beziehen sich auf die Bereiche Papier mit dem Blauen Engel und CO_2 Emissionen von handelsüblichen Kraftfahrzeugen der öffentlichen Hand.

Bevor es nun um die Bewertung einzelner Bereiche bzw. Ziele der Strategie 2016 und der Aktualisierung 2018 geht, wird die mangelnde Einbeziehung der Bevölkerung näher betrachtet. Konkret geht es darum die Gesellschaft z. B. im Rahmen von Produktion und Konsum stärker in die Anforderungen nachhaltiger Entwicklung mit einzubeziehen. Die Agenda 2030 mit den 17 SDGs steht, wie hinreichend ausgeführt wurde, im Mittelpunkt der Ausgestaltung und Umsetzung nachhaltiger Entwicklung. Bisher wird jedoch in den meisten Ländern – so auch in Deutschland – vernachlässigt die Bevölkerung stärker in den Prozess der Ausgestaltung und Umsetzung ausreichend mit einzubeziehen. Bei einer Befragung über den Bekanntheitsgrad der Agenda 2030 und der SDGs zeigt die Abb. 7.6, dass in Deutschland im Jahr 2017 weniger als 10 Prozent der Befragten angaben, von der Agenda 2030 schon gehört zu haben und auch eine Vorstellung darüber haben, was damit angestrebt wird. 23 Prozent haben den Begriff schon gehört, aber haben keine Vorstellung worum es dabei geht und zwei Drittel haben davon noch nichts gehört. Somit fehlt bei vielen Menschen ein Grundverständnis über die Forderungen und Verpflichtungen der Agenda 2030. Die Frage lautete: *„Haben Sie schon einmal etwas von den Nachhaltigen Entwicklungszielen ('Sustainable Development Goals') gehört oder etwas über diese gelesen?"*

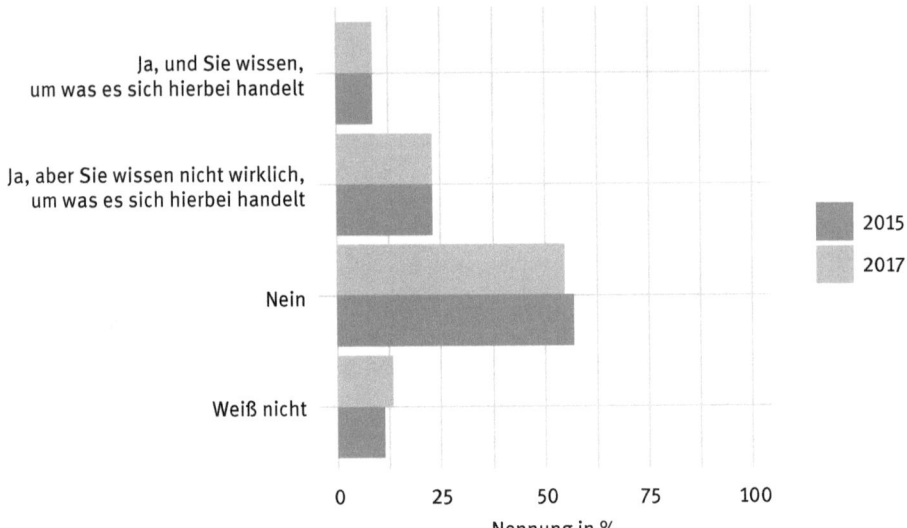

Abb. 7.6: Bekanntheitsgrad der Agenda und der 17 SDGs
(Quelle: Gleser et al., 2018, S. 50)

Dagegen erkennt die Bevölkerung im Rahmen einer Befragung des Umweltbundesamtes in einer nachhaltigen Entwicklung große Chancen. Etwa 80 Prozent sind der Ansicht, dass nachhaltige Entwicklung ihre Lebensqualität verbessert und mehr Naturverbundenheit ermöglicht. Weitere 50 Prozent erwarten von einer nachhaltigen Entwicklung, dass sie zu mehr Gemeinschaft und zu mehr selbstbestimmter Lebensgestaltung führt. *(Umweltbundesamt 2019)* Es besteht also ganz offensichtlich eine Kluft, was die Politik, die Wirtschaft und die Gesellschaft entsprechend der Agenda 2030 zu tun hat, um den Nutzen nachhaltiger Entwicklung auch zu erfahren bzw. zu realisieren.

Allgemein ist positiv festzustellen, dass Nachhaltigkeitsstrategie 2016 im Gegensatz zu jener von 2002 international vergleichbar ist, da es zu einer Angleichung an die Agenda 2030 und die 17 SDGs kam. Auch die Erweiterung der Ziele und Unterziele ist positiv hervorzuheben. Ihnen wurden auch mehr Indikatoren zugewiesen als jener von 2002. *(Stoltenberg, Fischer 2017, S. 133)* So wurden erstmals auch Ziele zur Armutsbekämpfung (SDG 1), zur Verfügbarkeit und nachhaltigen Bewirtschaftung von Wasser (SDG 6), zu nachhaltigen Konsum- und Produktionsmustern (SDG 12) und zur Erhaltung und Nutzung der Meere und Ozeane im Sinne nachhaltiger Entwicklung (SDG 14) aufgenommen, die auch für Deutschland von hoher Relevanz sind. Dagegen sind einige Ziele sehr vage formuliert und weisen keinen vorgegebenen Zeithorizont auf. *(Michelsen 2017, S. 36)* Einige Ziele haben auch Vorgaben, die im Prinzip schon erreicht sind. Im Rahmen der Aktualisierung kam es zu einigen Konkretisierungen, was jedoch insgesamt nicht befriedigend ist. *(Rat für nachhaltige Entwicklung 2018, S. 10)* Die folgenden Ausführungen konzentrieren sich exemplarisch auf Anregungen zu einer Weiterentwicklung.

Die Messung von SDG 1 „Armut beenden" bezieht sich lediglich auf den Indikator der materiellen und erheblich materiellen Deprivation. Im Rahmen der Aktualisierung 20118 kam es zu keiner Erweiterung. Dadurch beschränkt sich das Ziel nur auf einen Bereich der Armutsmessung. Somit wird die Mehrdimensionalität von Armut z. B. durch Indikatoren wie der Lebenserwartung und der Gesundheit vernachlässigt. *(Deutsches Institut für Entwicklungspolitik 2016, S. 4)* Bei der Armutsquote bzw. -gefährdungsquote wird auch nicht zwischen alten und neuen Bundesländern unterschieden, was ein wichtiger Grund für die breite Unzufriedenheit in den neuen Bundesländern begründet. Eine weitere wichtige Differenzierung wäre jene nach Geschlechtern. Hinzu kommt, dass die Zielvorgabe zur Armut „unter dem Niveau der EU" liegen sollte, was bereits bei der Veröffentlichung der Strategie erreicht war.

Das SDG 2 ist primär auf die Landwirtschaft ausgerichtet. Es geht sowohl darum den Hunger zu beenden, Ernährungssicherheit und bessere Ernährung zu erreichen und eine nachhaltige Landwirtschaft zu fördern. Das Ziel lautet: der Anteil des Ökologischen Landbaus soll auf 20 % erweitert werden. Es ist jedoch kein Zeitpunkt angegeben, wann dieses Ziel erreicht sein soll, was eine gewisse Beliebigkeit ermöglicht. *(Bundesregierung 2016, S. 67 ff.)* Betrachtet man sich die hohen Subventionen für die Landwirtschaft auf nationaler und EU Ebene, so stellt sich die Frage, warum diese nicht stärker an den Ausbau des ökologischen Landbaus gekoppelt werden. So hält auch der Rat für nachhaltige Entwicklung das Ziel für nicht ausreichend ambitioniert. *(2018, S. 45)* Daher sollte es nach oben korrigiert werden. Die unzureichende Zielvorgabe lässt sich sehr gut im Kontext des Lobbyismus erklären (vgl. hierzu 7.6)

Ein weiteres Problem ist der Stickstoffüberschuss. Das vorgegebene Ziel ist, den Stickstoffüberschuss auf 70 Kilogramm pro Hektar bis zum Jahr 2030 zu begrenzen. Der Rückgang zwischen 2008 und 2012 war jedoch so gering, dass es unwahrscheinlich ist, dass dieses Ziel erreicht wird. *(Bundesregierung 2016, S. 65)* Hinzu kommt, dass nach aktuellem Wissensstand dieses Ziel unzureichend ist: es müsste auf 30 kg pro Hektar angepasst werden. *(NABU 2017, S. 4 ff.)* Positiv zu werten ist, dass im Rahmen der Aktualisierung die Unterstützung guter Regierungsführung zur Erreichung einer angemessenen weltweiten Ernährung eingeführt und damit die Internationalisierung gestärkt wurde. Weitere Empfehlungen richten sich auf die Qualität der Ernährung bzw. die Fehlernährung z. B. tierisches Protein oder Zuckerverbrauch pro Kopf. *(BMEL 2020)* Da die deutsche Landwirtschaft 60 % der nationalen Methan-Emissionen verursacht, die negative Auswirkungen auf das Klima haben, sollte ein Bezug zu SDG 13 (Bekämpfung des Klimawandels) hergestellt werden. *(Umweltbundesamt 2019)*

Ein wichtiger Indikator bei SDG 3 „Ein gesundes Leben fördern" ist die Raucherquote. Sie wird nach verschiedenen Altersgruppen differenziert. Es erschließt sich jedoch nicht, warum die Altersgruppe der 15–17-Jährigen doppelt genannt wird. Da die Raucherquote bei Männern deutlich über jener von Frauen liegt, wäre hier für die Vorgabe von Maßnahmen und die Einführung eines weiteren Indikators wünschenswert. *(Statistisches Bunddesamt 2020a)* Es ist ausreichend belegt, dass die Emissionen von Luftschadstoffen für die Gesundheit belastend sind. Daher wurden bei dem Indikator die fünf gängigsten Luftschadstoffe berücksichtigt. Bei dem Indikator gehen jedoch Ozon, Methan, Benzol und Kohlenmonoxid nicht mit ein. Ziel des Indikators ist, die Luftschadstoffe bis 2030 um 45 % zu senken. Dabei werden jedoch die Emissionen der Schadstoffe insgesamt betrachtet. *(Bundesregierung 2016, S. 79)* Der Anstieg eines Luftschadstoffs kann also durch die Reduktion eines anderen Schadstoffs kompensiert werden. Aus Gründen der Beeinträchtigung der Gesundheit ist jedoch die Entwicklung jedes Luftschadstoffs relevant. Bei der Feinstaubmessung sollte auch der PM 0,1 (Durchmesser 0,1 Mikrometer) berücksichtigt werden, da die ultrafeinen Partikel als besonders gesundheitsbelastend gelten. *(NABU 2017, S. 6)* Ein weiterer gesundheitsrelevanter Indikator ist der Alkoholverbrauch: im Jahr 2015 konsumierten etwa 18 % der Männer und 14 % der Frauen eine gesundheitsschädliche Menge an Alkohol. So konnten 2012 über 500.000 Krankenhausaufenthalte auf alkoholbedingte Erkrankungen zurückgeführt werden. *(Schaller et al. 2017, S. 52)*

Bei SDG 4 „gerechte und hochwertige Bildung" werden gleiche Bildungschancen gefordert und es werden Hinweise auf Modellprojekte und Programme aufgeführt. Dabei werden jedoch Bildungsinhalte und die Qualität von Bildung und die Festlegung von Prioritäten vernachlässigt. *(Stoltenberg, Fischer 2017, S. 133 ff.)* Der Indikator richtet sich auf die Anzahl der „30–34-Jährigen mit tertiärem oder postsekundärem nicht-tertiärem Abschluss." Es geht also um die Quantifizierung erfolgreicher Schulabgänger, wobei die Qualität der Abschlüsse nicht thematisiert wird. Positiv zu werten ist die *„Umsetzung des UNESCO-Weltaktionsprogramms Bildung für nachhaltige Entwicklung." (Bundesregierung 2016, S. 86)* Es findet jedoch nur eine kurze Erwähnung und wird nicht adäquat berücksichtigt. Ein wichtiger Indikator sollte auch der Ausstattung von Schulen gewidmet werden. Digitalisierung und der Zugang von WLAN wären hierfür besonders wichtige Indikatoren, wie in letzter Zeit auch sehr deutlich wurde. Obwohl die Chancengleichheit gefordert wird, gibt es keinen Indikator, der über die Anzahl von Studierenden aus Arbeiterfamilien misst. *(Michelsen 2017, S. 90)* Die Relevanz wird deutlich, wenn man berücksichtigt, dass nur 6 % der Schülerinnen und Schüler aus einem Haushalt kamen, deren Eltern einen Hauptschulabschluss haben. *(Statistisches Bundesamt 2019)*

Im fünften SDG „Geschlechtergerechtigkeit und Selbstbestimmung aller Frauen und Mädchen" geht es primär um den Indikator des Verdienstabstands zwischen Männern und Frauen (Gender Pay Gap). Er soll bis 2030 auf 10 % halbiert werden. Da dieser jedoch keine Ursachen für den Verdienstabstand berücksichtigt, sollte der Indikator durch den bereinigten Gender Pay Gap ergänzt werden. Dadurch könnte geprüft werden, ob Frauen für die gleiche Arbeit auch das gleiche Gehalt erhalten. *(Statistisches Bundesamt 2019)* Die Einführung des Gender Care Gap könnte noch den Aufwandsunterschied zwischen Frauen und Männern für unbezahlte Sorgearbeit, wie zum Beispiel Arbeit im Haushalt oder Kinderbetreuung, verdeutlichen. *(BMFSFJ 2019)* Eine weitere Differenzierung sollte zwischen Ost- und Westdeutschland vorgenommen werden. Ein zweiter Indikator in SDG 5 bezieht sich auf die Anzahl von Frauen in Führungspositionen in der Wirtschaft. Hier stellt sich die Frage, warum sich die Frauenquote nur auf Frauen in Aufsichtsräten und nicht auch in Geschäftsführungs- oder Vorstandspositionen bezieht.

Das SDG 6 wendet sich der „Bewirtschaftung von Wasser und Sanitätsversorgung" zu. Ein wichtiger Indikator bezieht sich auf die Wasserqualität. Dabei geht es um den Anteil des Phosphateintrags in Fließgewässern und den Nitratanteil im Grundwasser. Hierzu wird kritisch angefragt, warum es nur um diese beiden Indikatoren geht. Weiterhin ist kritisch anzumerken, dass für die Messstellen, an denen der Schwellenwert des Nitrats im Grundwasser eingehalten wird, zwar ein Zielanteil von 100 % nicht jedoch ein Zeitpunkt der Umsetzung angegeben wird. Auch im Rahmen der Aktualisierung 2018 wurde kein Zeitpunkt genannt. Eine weitere Ergänzung, die gefordert wird, ist die Verunreinigung des Grundwassers durch Pharmazeutika und Produkte der Körperpflege. *(wpn2030 2019, S. 22)* Es ist zu erwarten, dass durch die demographische Entwicklung die Verunreinigung noch zunehmen wird. Zusätzlich sollte ein Indikator zu Mikroplastiks aufgenommen werden. Es gelangt u. a. durch Produkte der Köperpflege in das Wasser. Ein Phänomen, das bisher vernachlässigt wird, ist die zunehmende Wasserknappheit, die durch die heißen Sommer der letzten Jahre zumindest in bestimmten Regionen angestiegen ist. Der Indikator hierfür ist der Wasserstress. Bei dem internationalen Ranking liegt Deutschland in der mittleren Kategorie auf Platz 62. *(v. Hauff 2020, S. 90)* Schließlich sollte noch ein Indikator zu der Belastung von Nord- und Ostsee aufgenommen werden, da die bisherigen Indikatoren keine ausreichenden Informationen zu dem Schutz der Meere liefern, die an Deutschland angrenzen. *(NABU 2017, S. 8)*

Bei dem Ziel „saubere und bezahlbare Energie" werden die Energieproduktivität, der Energieverbrauch, der Anteil erneuerbarer Energien am Endenergieverbrauch und der Anteil des aus erneuerbaren Energiequellen erzeugten Stroms am Bruttoverbrauch dargestellt. Es gibt jedoch keinen Indikator zur Messung des Zugangs zu bezahlbarer nachhaltiger Energie. Für die Produktion erneuerbarer Energie gibt es klare Vorgaben. So soll bis 2030 der Anteil des Stroms aus erneuerbaren Energiequellen auf 50 % und bis 2050 auf 80 % steigen. Unberücksichtigt bleibt jedoch, dass die Energiekosten zwischen 2000 und 2020 um 126 % gestiegen sind, während der Anteil der Stromerzeugung dagegen nur von 6 auf 42 % stieg. Daher lässt sich ein Konflikt zwischen den Zielen saubere und bezahlbare Energie feststellen. Weiterhin müssten die Zielwerte für erneuerbare Stromerzeugung aktualisiert werden. Der für 2020 angestrebte Wert von 35 % wurde bereits 2019 mit einem Anteil von 42 % deutlich überschritten. *(Umweltbundesamt 2020)* Eine Erhöhung des Zielwertes für 2030 von 50 % auf 65 % wurde in der Aktualisierung 2018 in Aussicht gestellt. Schließlich wird festgestellt, dass die Deutsche Nachhaltigkeitsstrategie mit den Zielen des Pariser Klimaabkommens nicht kompatibel sind. Die Beschränkung der Klimaerwärmung von 1,5 bis 2 Grad ist nur bei einer vollständigen Dekarbonisierung der gesamten Klimaerzeugung bis 2050 bzw. 2070 zu erreichen. *(Deutsches Institut für Entwicklungspolitik 2016, S. 6)* Daher sollten zusätzliche und verbindliche Indikatoren für den Ausstieg aus Kohle und Kernenergie eingeführt werden. *(International Peer Group 2018, S. 54)*

Das SDG 8 „Menschenwürdige Arbeit und Wirtschaftswachstum" hat – wie schon ausgeführt – eine starke ökonomische Ausrichtung. Dabei geht es um die Gesamtrohstoffproduktivität, das Staatsdefizit, das strukturelle Defizit, den Schuldenstand, das Verhältnis der Bruttoanlageinvestitionen zum BIP, das BIP pro Einwohner und die Erwerbstätigenquote. Es enthält auch die Anzahl der Mitglieder des Textilbündnisses als Indikator. Zunächst lässt sich feststellen, dass das SDG unvermittelt den Bezug zu Green Economy herstellt. Unklar bleibt, ob Green Economy synonym mit nachhaltiger Entwicklung verendet wird. Es ist auch kritisch anzumerken, dass bei Investitionen und Innovationen kein Bezug zu dem Paradigma der nachhaltigen Entwicklung hergestellt wird (vgl. hierzu Kapitel 3). Eine vage Zielformulierung ist bei dem Indikator BIP je Einwohner festzustellen, indem nur ein stetiges und angemessenes Wirtschaftswachstum gefordert wird. Weiterhin ist anzumerken, dass das BIP pro Kopf im Kontext von nachhaltiger Entwicklung nur sehr begrenzt aussagefähig ist wie schon ausführlich begründet wurde, da es nur zur Messung des materiellen Wohlstands kommt. Umweltschäden, aber auch die Verteilung von Einkommen bleiben unberücksichtigt. Daher ist die Formulierung *„inklusives und nachhaltiges Wirtschaftswachstum"* in Bezug zu dem Indikator BIP pro Kopf ein Widerspruch. In der Nachhaltigkeitsstrategie 2016 wird auf diese Unzulänglichkeit hingewiesen, wobei bewusst offengelassen wird, ob und wann ein Nachhaltigkeitsindikator wie z. B. der NWI (Nationaler Wohlfahrtsindikator) *(Held et al. 2020)* hinzugefügt wird. Auch hier lassen sich massive Widerstände, den NWI einzuführen, aus Wirtschaftsverbänden feststellen.

Ein wichtiger Indikator ist die Gesamtrohstoffproduktivität. Der Rohstoffverbrauch und besonders der Primärrohstoffverbrauch pro Kopf sollten jedoch deutlicher als bisher ermittelt und absolut reduziert werden (SDG 8 und 12). Das wäre beispielsweise durch eine Verlängerung der gesetzlichen Gewährleistungsfristen und durch eine höhere Recyclingquote erreichbar. *(Michelsen 2017, S. 69)* Ein weiteres Defizit dieses Indikators ist, dass der Reboundeffekt nicht berücksichtigt wird. Unter Berücksichtigung der häufig verheerenden ökologischen und sozialen Folgen des Rohstoffabbaus, wäre es auch für die Rohstoffgewinnung angemessen, einen Indikator mit aufzunehmen. Hierfür würden sich der Environmental Performance Index (EPI) und der World Governance Index (WGI) eignen. *(European Commission 2017)* Die Beschäftigung wird durch den Indikator Erwerbstätigenquote quantifiziert. Auch hier ist zunächst festzustellen, dass dieser Indikator bereits vor der Fertigstellung der Nachhaltigkeitsstrategie erreicht wurde. *(Bundesregierung 2016, S. 138)* Hinzu kommt, dass dieser Indikator keine Erkenntnisse darüber liefert, in welchem Anstellungsverhältnis sich die Arbeitnehmer befinden. So kann beispielsweise die Erwerbstätigenquote steigen und gleichzeitig die atypischen Arbeitsverhältnisse bzw. die Niedriglohnbeschäftigten zunehmen. So stieg z. B. die Zahl der atypischen Arbeitsverhältnisse in dem Zeitraum von 2000 bis 2017 von etwa 6 Millionen auf etwa 7,7 Millionen. Dazu gehören u. a. befristete Beschäftigte und Leiharbeiter. *(Statistisches Bundesamt 2018)* Daraus leitet sich also auch ein potenzieller Konflikt ab.

Der Indikator 8.6 bezieht sich auf die Mitglieder des Textilbündnisses. *(Bundesregierung 2016, S. 140)* Hintergrund hierfür ist, dass die teilweise verheerenden Unfälle und auch die völlig unzureichenden Arbeitsverhältnisse in der Textilproduktion in viele Entwicklungsländern durch Medien bekannt wurden. Für die Analyse der globalen Lieferketten reicht es jedoch nicht aus, sich ausschließlich auf den Textilsektor zu beziehen, zumal es in SDG 8 im Prinzip für alle Lieferketten gefordert wird. Daher sollten ökologische und soziale Standards entlang von Lieferketten auch für Unternehmen anderer Branchen gelten. Die eingeschränkte Verwendung des Indikators ist somit nicht nachvollziehbar und die Mitgliederzahl im Textilbündnis kann als unzulängliches und nicht repräsentatives Kriterium zur Messung von Fortschritten bei der Schaffung menschenwürdiger Arbeit gewertet werden. *(Müller, Niebert 2017, S. 67)* Die Begrenzung auf den Textilsektor begründet sich daraus, dass er mit wenigen Ausnahmen völlig unzureichende ökologische und soziale Lieferketten aufweist, die vom Bundesminister für wirtschaftliche Zusammenarbeit und Entwicklung politisch aufgegriffen und angegangen wurden. Abschließend kann zu SDG 8 festgestellt werden, dass viele Formulierungen einem volkswirtschaftlichen Lehrbuch entstammen könnten, denen der Bezug zur nachhaltigen Entwicklung fehlt.

Das SDG 9 „belastbare Infrastruktur aufbauen, nachhaltige Industrie und Innovationen fördern" weist nur einen Indikator zur Messung der Innovationsförderung auf. Dabei werden die Ausgaben von Wirtschaft, Staat und Hochschulen in das Verhältnis zum Bruttoinlandsprodukt gesetzt. Im Rahmen der Aktualisierung 2018 wurde das Ziel der Ausgaben im Verhältnis zum BIP von 3 % auf 3,5 % erhöht. Das ist grundsätzlich positiv zu bewerten. Es können jedoch keine Aussagen über Qualität und Wirkung von Forschung und Entwicklung getroffen werden, da auch nicht-nachhaltige Forschung und Innovationen diesen Indikator positiv beeinflussen. Daher prüft die Bundesregierung wie die Qualität der Forschung in dem Indikator berücksichtigt werden kann. *(Bundesregierung 2018, S. 41)* Da kleine und mittelständische Unternehmen eine große Bedeutung für die Wertschöpfung und Beschäftigung von Arbeitnehmern haben, sollten sie stärker berücksichtigt werden. Weiterhin wird die Digitalisierung außer Acht gelassen. So ist Deutschland hinsichtlich der digitalen Infrastruktur im internationalen Vergleich stark zurückgeblieben. Deutschland belegte im ersten Quartal 2017 bei der durchschnittlichen Internetgeschwindigkeit weltweit nur den 25. Platz. *(Akamai Technologies 2017, S. 34)* Schließlich sollte für die Bereiche „belastbare Infrastruktur und inklusive und nachhaltige Industrialisierung" Indikatoren aufgenommen werden. Hier werden konkrete Konzepte und Ansätze vermisst. Berücksichtigt man, dass in Deutschland 23 % der Treibhausgasemissionen mit steigender Tendenz durch den automobilen Verkehr verursacht werden, wären hier auch Indikatoren zu einer nachhaltigen Mobilität wünschenswert.

Die „Verringerung von Ungleichheit innerhalb und zwischen Staaten verringern" (SDG 10) wird zunächst auf Schulabsolventinnen und -absolventen mit Migrationshintergrund bezogen. Da der Schulabschluss von Kindern mit dem Schulabschluss des Elternhauses weitgehend korreliert, sollte eine Differenzierung der verschiedenen Möglichkeiten des Schulabschlusses berücksichtigt werden. Die Verteilungsgerechtigkeit bezogen auf die Einkommensverteilung basiert auf dem Indikator des Gini-Koeffizienten. Der Gini-Koeffizient ist ein statistisches Maß für die Einkommensungleichverteilung in einem Land. Das Ziel ist, dass der Gini-Koeffizient des verfügbaren Äquivalenzeinkommens unterhalb des EU-Durchschnitts liegt. Mit einer Äquivalenzskala werden die Einkommen nach Haushaltsgröße und Zusammensetzung gewichtet, da durch die gemeinsame Nutzung besonders von Wohnraum Einsparungen möglich sind. *(Bundesregierung 2016, S. 153)*

Bei dem Gini-Koeffizienten wird die Vermögensverteilung, die deutlich ungleicher ist als die Einkommensverteilung, jedoch nicht berücksichtigt. *(Michelsen 2017, S. 92)* Im Jahr 2017 besaßen in Deutschland die reichsten 10 % insgesamt 56 % des Nettogesamtvermögens. Die Ärmeren 50 % hatten einen Anteil von 1,3 %. *(Grabka, Halbmeier 2019, S. 739)* Diese Ungleichheit sollte berücksichtigt werden. Unberücksichtigt bleibt auch, wie die Inklusion des hohen Zuwanderungsstroms der vergangenen Jahre gefördert und die sozialen Ungleichheiten niedrig gehalten werden können. Allein im Jahr 2015 wurden in Deutschland über 1 Million Zuwanderer registriert. *(BMI 2018)* Schließlich wird noch gefordert, dass konkrete Ziele und Maßnahmen für eine verteilungsgerechte Steuerpolitik mit aufgenommen werden. *(Deutsches Institut für Entwicklungspolitik 2016, S. 9)*

Das SDG 11 wendet sich einer nachhaltigen Ausrichtung von Städten und Siedlungen zu. Der Indikator zielt auf den Anstieg der Siedlungs- und Verkehrsflächen ab. Das Ziel ist, dass dieser Anstieg bis 2030 auf 30 Hektar pro Tag begrenzt bleibt. *(Bundesregierung 2016, S. 158)* Auf dieser Grundlage misst der Indikator den Freiraum und die Siedlungsdichte. Widersprüchlich erscheint, dass einerseits die Siedlungsdichte verringert und andererseits die Erschließung neuer Siedlungsflächen eingegrenzt werden soll. Hierzu gibt es jedoch keine Zielvorgaben bzw. konkreten Zielwerte. Es ist auch zu bedenken, dass eine Eingrenzung der Siedlungsfläche zu einer Erhöhung der Mietkosten führen kann. Berücksichtigt man die Überlegungen zu einer Mietpreisbremse, so kann es zu einem Zielkonflikt kommen. Es wäre auch wünschenswert die Wohnfläche in die Nachhaltigkeitsstrategie mit aufzunehmen. Die Wohnfläche pro Kopf erhöhte sich in Deutschland in dem Zeitraum von 2000 bis 2018 von 39,5 auf 46,7 Quadratmeter. Gleichzeitig steigt bei einer fast gleichbleibenden Bevölkerung der Bedarf an Wohnraum weiter. *(Statistisches Bundesamt 2019)* Ein weiterer Indikator ist die durchschnittliche Reisezeit mit öffentlichen Verkehrsmitteln. Dabei sollte jedoch die Anzahl der Verkehrsverbindungen berücksichtigt werden. Schließlich sollten für das Bauen Energieeffizienzziele und Vorgaben zum Recycling von Baustoffen genannt werden. Das würde die bisher umfangreichen Möglichkeiten des Recyclings in der Baubranche noch fördern. *(Rat für nachhaltige Entwicklung 2016, S. 9)*

Bei dem umfassenden Ziel „Für nachhaltigen Konsum- und Produktionsmuster sorgen" misst der Indikator in 12.1 den Marktanteil von Produkten mit staatlichem Umweltzeichen. Die Beziehung zwischen Umweltzeichen und dem Kauf von Produkten mit Umweltzeichen könnte hinsichtlich der Zielsetzung noch weiter konkretisiert werden. Nachhaltiger Konsum beinhaltet die endgültige Nutzung dieser Produkte, wofür keine Zielsetzung vorgegeben wird. Hinzu kommt, dass soziale Aspekte besonders bei staatlichen Siegeln noch zu wenig berücksichtigt werden. Ein weiterer Indikator misst den Energieverbrauch und die CO_2 Emissionen die durch den Konsum der privaten Haushalte entstehen. Bei der Zieldefinition wird jedoch weder ein konkreter Zeitrahmen noch ein Zielwert vorgegeben. Es wird auch gefordert, dass neben dem Energieverbrauch ein Bezug zu den Zielen SDG 8 (Ressourcenverbrauch) und SDG 13 (Klimaschutz) hergestellt wird. *(NABU 2017, S. 17)*

Die Aktualisierung 2018 führte im Rahmen der nachhaltigen öffentlichen Beschaffung zu einem neuen Indikator. Der Anteil des Verbrauchs von Papier mit dem Siegel des Blauen Engels soll bei dem gesamten Papierverbrauch erfasst werden. Es wäre wünschenswert gewesen, auch andere Güter wie Büroeinrichtung und Dienstkleidung mit einzubeziehen. In diesem Kontext sollte auch das Recycling der Güter mit einbezogen werden. *(Rat für nachhaltige Entwicklung 2018a, S. 7)* Weiterhin werden die CO_2 Emissionen von Kraftfahrzeugen der öffentlichen Hand gemessen. Der Zielwert ist 110 g CO_2 pro Kilometer bzw. 95 g CO_2 pro Kilometer als Durchschnitt für die Dienstwagenflotte. *(Bundesregierung 2018, S. 46)* Dabei sollten jedoch nicht nur die

Angaben der Hersteller, sondern die tatsächlich gemessenen Emissionen aller Dienstreisen erfasst werden. Die International Peer Group kam noch zu der Empfehlung, Indikatoren aufzunehmen die auf eine Beschleunigung der Umstellung von Verbrauchs- und Produktionsmuster auf eine Kreislaufwirtschaft ausgerichtet sind. *(2018, S. 54)* In Bezug zu SDG 8 könnten hierfür Recyclingquoten für die unterschiedlichen Sektoren formuliert und ergänzt werden. Eine weitere Ergänzung sollte der Konsumverzicht bzw. die Suffizienz sein. Das wurde bereits vom Rat für nachhaltige Entwicklung im Jahr 2016 kritisiert. Danach soll Suffizienz gleichwertig mit Effizienz und Innovation betrachtet werden. *(2016, S. 9)* Es wird festgestellt, dass Effizienzsteigerungen durch neue Technologien nicht zu der erforderlichen Reduktion des Ressourcenverbrauchs führen. Daher sollte in Bezug zu SDG 8 ein Indikator zur Suffizienz eingeführt werden.

Das SDG 13 ist auf die „Bekämpfung des Klimawandels" ausgerichtet. Der Indikator 13.1.a misst die Treibhausgasemissionen in CO_2-Äquivalent. Auch hier wäre eine Differenzierung nach den Verursachern hilfreich, um die Entwicklung verursachergerecht angehen zu können. Emissionen aus Landnutzung, Landnutzungsänderung, Forstwirtschaft, Schifffahrt und internationalem Flugverkehr werden jedoch nicht berücksichtigt. Dabei werden Emissionen durch Landnutzung, Landnutzungsänderung und Forstwirtschaft bereits durch das Umweltbundesamt erhoben. *(Umweltbundesamt 2019)* Daher wäre es kein großer Aufwand den Indikator zu erweitern bzw. zu ergänzen. Da die Emissionen der internationalen Schifffahrt einen Anteil von 2,6 % und des Flugverkehrs etwa 2,8 % (ähnlich wie die Digitalisierung) an den globalen Emissionen aufweisen, sollten diese ebenfalls berücksichtigt werden. *(Umweltbundesamt 2019, BDL 2019)*

Verbesserungswürdig ist auch der Indikator „internationale Klimafinanzierung" zur Reduktion von Treibhausgasen und zur Anpassung an den Klimawandel. Bisher wird primär die Höhe der Zahlungen Deutschlands an Entwicklungs- und Schwellenländer erfasst. *(Bundesregierung 2016, S. 186)* Dabei hat die Bundesregierung selbst festgestellt, dass eine rein monetäre Betrachtung der Klimafinanzierung keine Schlüsse auf die Wirksamkeit zulässt. Obwohl diese Unzulänglichkeit von der Bundesregierung benannt wurde, findet sich auch in der Aktualisierung 2018 keine Ergänzung. Eine sinnvolle Ergänzung des Indikators wäre eine Quantifizierung der Reduzierung von Treibhausgasen durch die finanzierten Projekte. Obwohl dem Klimaschutz in der Politik zumindest rhetorisch eine hohe Bedeutung beigemessen wird, weist dieses SDG keine weiteren Indikatoren auf. Es wäre auch angebracht die vielfältigen Beziehungen zu anderen Zielen stärker heraus zu stellen. Beispiele: Ausstieg aus der Kohleenergie (SDG 7) oder zu SDG 2 Senkung der Emissionen durch die Milch- und Fleischindustrie. *(International Peer Group 2018, S. 54)* Vernachlässigt wir auch der potenzielle Zielkonflikt zwischen Klimaschutz und Wirtschaftswachstum (SDG 8).

In der Zieldefinition zu SDG 14 „Ozeane, Meere und Meeresressourcen" geht es um Nährstoffeinträge in Küsten- und Meeresgewässern. Es wird der gleitende Fünfjahresdurchschnitt der Stickstoffeinträge in Nord- und Ostsee analysiert. Dabei werden von der Bundesregierung nur einige Flüsse berücksichtigt, die von Deutschland direkt in ein Meer münden. Es ist jedoch auffällig, dass sowohl der Rhein, Deutschlands längster Fluss, aber auch die Donau nicht berücksichtigt werden, obwohl auch sie durch Nährstoffeinträge in Deutschland belastet werden. Daher sollten diese Flüsse bei dem Indikator berücksichtigt werden. Eine notwendige Weiterentwicklung wäre die Aufnahme eines Indikators zu Meeresschutzgebieten. Es sollten die Anzahl, der Zustand und die gesamte Fläche dieser Gebiete gemessen werden. Die Daten hierfür stehen zur Verfügung. Im internationalen Kontext sollte aber auch die Beziehung zu SDG 8 und SDG 12, d. h. die Verunreinigung der Gewässer durch Rohstoffe, Produktion und Konsum analysiert werden. Schließlich war die Zielsetzung, alle Fischbestände bis 2020 nachhaltig zu bewirtschaften, äußert ambitioniert, wenn man bedenkt, dass dies eine Verdreifachung der Situation im Vergleich zu 2016 bedeutet hätte. *(Bundesregierung 2016, S. 193)*

„Landökosysteme schützen, Wälder nachhaltig bewirtschaften, Wüstenbildung bekämpfen, Biodiversitätsverlust stoppen" ist Gegenstand von SDG 15. Als Indikator wurden 51 Vogelarten repräsentativ für die Biodiversität ausgewählt. Kritisch anzumerken ist, dass es für die Auswahl keine Begründung gibt. Das für 2030 anvisierte Ziel wurde bereits schon für 2015 angestrebt. Es wurde jedoch deutlich verfehlt. Daher findet eine „Vertagung" der Problematik in die Zukunft statt, obwohl sich schon in den Jahren zuvor eine negative Entwicklung eingestellt hat. *(Statistisches Bundesamt 2017)* Es ist wohl ein Ziel für die nächste Generation was jedoch dem Grundsatz der Nachhaltigkeitsstrategie widerspricht. Die Bewertung der Artenvielfalt und Landschaftsqualität auf 51 Vogelarten zu reduzieren ist in jedem Fall unbegründet und unzureichend. Eine Erweiterung um Insekten wäre dringend notwendig. *(IPBES 2019)* Der Indikator 15.3 richtet sich auf die „Zahlungen an Entwicklungsländer für nachgewiesenen Erhalt bzw. Wiederaufbau von Wäldern." *(Bundesregierung 2016, S. 205)* Das Ziel fordert eine Steigerung bis 2030. Auf Grund der Vernichtung von Regenwäldern ist eine Konkretisierung des Ziels unbedingt notwendig. *(Mechik, v. Hauff 2021)*

Außerdem sollte dieser oder ein weiterer Indikator auch den Erhalt und Aufbau von Wäldern in Deutschland enthalten. *(NABU 2017, S. 21)* Da die Agenda 2030 eine „bodendegradationsneutrale Welt" fordert, wäre für die Konkretisierung der Entwicklung die Einführung eines Indikators erforderlich. Dies wurde bereits 2016 vom Rat für nachhaltige Entwicklung und 2018 im Peer Review von der International Peer Group gefordert. Die Anregung wurde in der Aktualisierung 2018 aufgenommen, wegen einer unzureichenden Datenlage jedoch verschoben. Es ist zu empfehlen weitere Indikatoren wie die Roten Listen gefährdeter Arten aufzunehmen oder die Zahl, den Zustand und Größe von Schutzgebieten um den Zustand der Ökosysteme an Land besser abbilden zu können. *(wpn2030, 2019b, S. 41)*

Das SDG 16 zielt darauf ab „Friedliche und inklusive Gesellschaften fördern und allen Menschen Zugang zur Justiz ermöglichen." Der Indikator misst die Anzahl der Straftaten pro 100.000 Einwohner. Dabei werden jedoch nicht alle Straftaten berücksichtigt. Besonders Wirtschaftsverbrechen werden außer Acht gelassen. Der Indikator sollte durch diese Straftaten ergänzt werden. Bei dem Indikator 16.2 wird die „An-

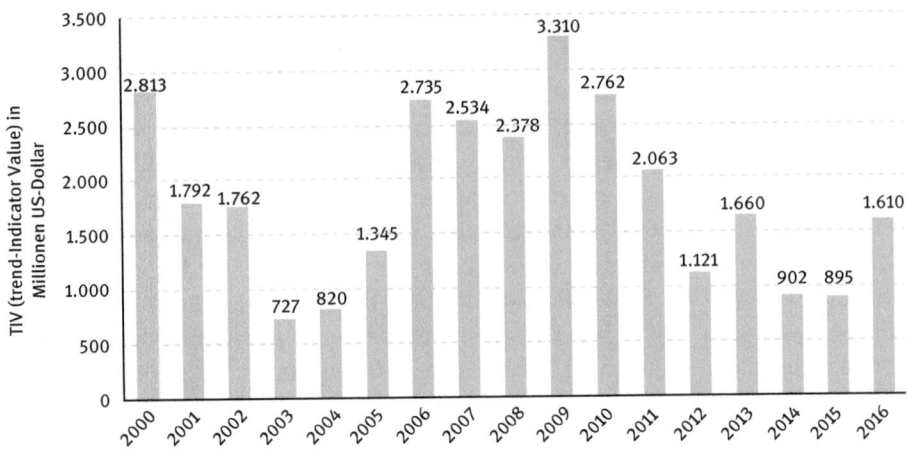

Abb. 7.7: Wert der Rüstungsexporte aus Deutschland von 2000 bis 2016 gemessen anhand des TIV
(Trend Indicator Value) in Millionen US-Dollar
(Quelle: Eigene Darstellung in Anlehnung an Statistisches Bundesamt, 2017)

zahl der in betroffenen Weltregionen durchgeführten Projekte zur Sicherung, Registrierung und Zerstörung von Kleinwaffen" gemessen. *(Bundesregierung 2016, S. 213)* Es ist schwer nachzuvollziehen warum sich der Indikator bei der Zielsetzung friedliche und inklusive Gesellschaften fördern nur auf Kleinwaffen und nicht auch auf Großwaffen bezieht. Das gilt besonders unter Berücksichtigung der Tatsache, dass die Zahl der Kriege von 2019 mit 15 Kriegen bis 2020 auf 19 Kriege gestiegen ist und damit das höchste Niveau seit 2014 erreicht wurde. Am meisten betroffen ist Subsahara Afrika, weltweit einer der ärmsten Regionen. *(Heidelberger Institut für Internationale Konfliktforschung/HIIK 2021)* Weiterhin lässt die Anzahl der Projekte keine Erkenntnisse über den Nutzen bzw. Erfolg zu. Betrachtet man die Entwicklung der Waffenexporte, so ist Deutschland nach dem schwedischen Friedensforschungsinstituts Sipri in der Rangliste von Platz vier auf Platz fünf zurückgefallen. Gleichzeitig sind die deutschen Waffenexporte in den vergangenen Jahren gestiegen. Hinzu kommt, dass unter den zehn wichtigsten Empfängerländern einige Länder aufgeführt sind, die zumindest latent in kriegerische Handlungen involviert sind.

Der Indikator, der unter 16.3 aufgeführt wird, ist der Korruptionswahrnehmungsindex (Corrution Perception Index/CPI). CPI ist ein Indikator, der auf Experten- sowie Unternehmensbefragungen zur Wahrnehmung von Korruption im öffentlichen Sektor beruht. Dieser Indikator ist nach dem Joint Research Centre der Europäischen Kommission jedoch „mit Vorsicht zu interpretieren." *(Bundesregierung 20116, S. 215)* Die Wahrnehmung lässt kaum Rückschlüsse auf die Anzahl der tatsächlichen Korruptionsdelikte zu. Aus diesem Grund sollte der Indikator ergänzt werden. Die Zielvorgabe enthält auch keine konkreten Werte, indem nur allgemein eine Verbesserung angestrebt wird.

Bei dem Ziel „friedliche und inklusive Gesellschaften" sollte es hinsichtlich der Straftaten eine stärkere Differenzierung geben. Es sollten auch Straftaten aus Hassmotiven, Rechtsextremismus oder Islam- bzw. Judenfeindlichkeit stärker berücksichtigt werden, zumal diese „Delikte" ständig zunehmen. Weiterhin sollte das Problem der sexuellen Gewalt und Belästigung in diesem Kontext noch mehr Aufmerksamkeit erfahren. Die Zahl nur der polizeilich erfassten Fälle ist im Zeitraum von 2015 bis 2019 von etwa 46.000 auf knapp 70.000 angestiegen. (*Bundeskriminalamt 2020*) Auch bei Kindern sollten diese Straftaten gegebenenfalls durch einen eigenen Indikator hervorgehoben werden. In Bezug auf SDG 3 sollten bei sexueller Gewalt die psychischen Langzeitfolgen der Opfer in der Strategie besser berücksichtigt werden.

„Umsetzungsmittel stärken und die globale Partnerschaft für nachhaltige Entwicklung wiederbeleben" ist die Zielrichtung von SDG 17. Dabei gibt es zu vielen anderen SDGs eine mittelbare oder unmittelbare Beziehung. Der „Anteil öffentlicher Entwicklungsausgaben am Bruttonationaleinkommen" ist bei diesem Ziel ein Indikator zur Messung der Entwicklungszusammenarbeit. Das schon lange angestrebte Ziel von 0,7 % wurde 2015 weiter in das Jahr 2030 verlagert. Weiterhin gibt es zwischen der innengerichteten Politik und der Entwicklungszusammenarbeit eine Kluft. Hier mangelt es an der geforderten kohärenten Politik. Im Zusammenhang mit den SDG 6, SDG 8 und SDG 12 sollte nicht nur eine quantitative Messung stattfinden. Es sollte vielmehr darum gehen, die sozialen und ökologischen Rahmenbedingungen beispielsweise bei dem Abbau von Ressourcen mit einzubeziehen. Auch die Einfuhr fossiler Energieträger ist nicht der nachhaltigen Zusammenarbeit zuzurechnen.

Ähnlich kritisch verhält es sich auch bei Edelhölzern, die aus Regenwäldern gewonnen werden. Eine weitere Empfehlung ist die Aufnahme eines Indikators für die Schuldentragfähigkeit besonders von Staaten mit niedrigem Einkommensniveau. Hier könnte beispielsweise das Debt Sustainability Framework der Weltbank und des Internationalen Währungsfonds verwendet werden. (*Deutsches Institut für Entwicklungspolitik 2016, S. 13*) Bei Bestrebungen von Ratings, Benchmarks und Indizes sollten auch Klimarisiken berücksichtigt werden. Dadurch würden Investitionen beispielsweise in Dekarbonisierung attraktiver. Ein weiterer Indikator sollte im Zusammenhang mit der Bekämpfung illegaler Finanzströme, z. B. durch den verbesserten Austausch von Steuerdaten, eingeführt werden. Deutschland sollte auch stets die Auswirkungen neuer Handelsabkommen der EU mit anderen Ländern bzw. Regionen analysieren. Hier besteht die Gefahr, dass Entwicklungsländer handelspolitisch weiter marginalisiert werden. (*Deutsches Institut für Entwicklungspolitik 2016, S. 12 ff.*)

Fazit: Die Neuauflage der Deutschen Nachhaltigkeitsstrategie 2016 ist im Vergleich zu der Nachhaltigkeitsstrategie 2002 sehr viel breiter und differenzierter angelegt. Sie ist in die Agenda 2030 eingebunden und hat damit im Prinzip auch die gleiche Grundstruktur wie die nationalen Nachhaltigkeitsstrategien aller UN Mitgliedsstaaten. Das führt nicht nur zu einem gleichen Grundverständniss, sondern auch zu Möglichkeiten der Kooperation mit anderen Ländern, was Deutschland teilweise auch schon realisiert hat. Die Deutsche Nachhaltigkeitsstrategie hat international eine gewisse Vorbildfunktion. Es konnte jedoch gezeigt werden, dass sie noch viele Möglichkeiten einer Weiterentwicklung bietet. Daraus wird deutlich, dass nationale Nachhaltigkeitsstrategien langfristig einen Prozess durchlaufen. Einige Ziele müssen konkretisiert und die Maßnahmen der Umsetzung noch weiter ausgestaltet werden. Die Zielrealisierung sollte auch durch konkrete Zeitvorgaben verbindlicher werden. Sonst besteht die Gefahr, dass die Verantwortung der mangelnden Zielrealisierung auf die nächste Generation verlagert wird. Die Entwicklung von Nachhaltigkeitsstrategien ist ein langfristiger Prozess, der sich immer wieder auch durch neue Herausforderungen auszeichnet. Daher ist sowohl eine ständige Überprüfung der Zielerreichung, aber auch ein ständiger Diskussionsprozess über die Weiterentwicklung erforderlich.

Einige Ziele sollten, wie schon gezeigt wurde, durch weitere Indikatoren ausdifferenziert werden um die Vielfalt von Problemen besser abbilden und angehen zu können. Es ist auch zu empfehlen, dass die Zielbeziehungen deutlicher herausgearbeitet werden, um potenzielle Zielkonflikte zu vermeiden. So treten bei den Beziehungen zwischen den Zielen teilweise auch Inkonsistenzen auf, wodurch die Grenzen des politischen Kompromisses verdeutlicht werden. *(Scholz 2017, S. 36)* Es gibt aber auch Defizite, die in der Agenda 2030 angelegt sind. So kommt dem Finanzsektor im Transformationsprozess nachhaltiger Entwicklung eine herausragende Bedeutung zu. *„Nachhaltige Finanzwirtschaft, Green Finance, muss einen wesentlichen Beitrag zur Transformation hin zu einer nachhaltigen Gesellschaft leisten."* (Bachmann *2017, S. 48 ff.)* Daher wird kritisch angemerkt, dass die Strategie hinter ihren Möglichkeiten zurückbleibt und daher ambitionierter weiterentwickelt werden sollte. *(Scholz 2017, S. 36)* Der Rat für nachhaltige Entwicklung stellt sogar fest, dass die Strategie „oft den einfachsten Weg des geringsten Widerstandes geht." *(2016, S. 1)* Die Vielzahl und Vielfalt von Empfehlungen für eine Erweiterung der Deutschen Nachhaltigkeitsstrategie kann nur in einem weiterführenden Prozess umgesetzt werden. Dabei handelt es sich um die Neuaufnehme von Indikatoren bzw. um den Austausch von bisherigen Indikatoren durch andere Indikatoren. Dieser Prozess muss einerseits die Dringlichkeiten berücksichtigen, andererseits aber auch nicht zu einer Überfrachtung der nationalen Nachhaltigkeitsstrategie führen. Abschließend stellt sich die Frage, ob die Weiterentwicklung der nationalen Nachhaltigkeitsstrategie 2021 ambitioniertere Akzente setzt.

Exkurs: Deutsche Nachhaltigkeitsstrategie – Weiterentwicklung 2021

Auf dem Nachhaltigkeitsgipfel 2019 hat der Generalsekretär der Vereinten Nationen Antonio Guterres die weltweite *„Decade of Action and Delivery for Sustainable Development"* ausgerufen. Das begründet er damit, dass die Gefahr besteht, – besser: sich abzeichnet – dass Ziele der Agenda 2030 verfehlt werden. In diesem Sinne stellt im Vorwort der Deutschen Nachhaltigkeitsstrategie – Weiterentwicklung 2021 auch die Bundeskanzlerin Merkel fest:

Um die Ziele der Deutschen Nachhaltigkeitsstrategie und der Agenda 2030 zu erreichen, müssen wir den Weg einer wirklich anspruchsvollen Transformation gehen, der wichtige Bereiche wie Energie, Kreislaufwirtschaft, Wohnen, Verkehr, Ernährung und Landwirtschaft umfasst. In Deutschland wollen wir mit der Weiterentwicklung unserer Nachhaltigkeitsstrategie und insbesondere mit Bildung, Forschung und Innovationen den Transformationsprozess voranbringen. (Bundesregierung 2021, S. 1)

Die zentrale Schlussfolgerung ist: *„Das bisherige Handeln reicht bei weitem nicht aus, um einen nachhaltigen Entwicklungspfad einzuschlagen.“* Daher stellt sich die Frage, welche neuen Akzente in der Weiterentwicklung 2021 gesetzt wurden. Sie lassen sich gegenwärtig darstellen, jedoch nur bedingt bewerten. Hierfür fehlen noch die erforderlichen Erkenntnisse hinsichtlich ihrer Umsetzung. Ein neuer Akzent sind die politischen Maßnahmen in Reaktion auf die Corona-Krise die auf nationaler, europäischer und internationaler Ebene an der Agenda 2030 und ihren globalen Nachhaltigkeitszielen ausgerichtet werden muss. Die zentrale Maxime dabei sollte auch in diesem Kontext sein: „leave no one behind“. Auf europäischer Ebene hat die Europäische Kommission zu Beginn der neuen Legislaturperiode (2019–2024) die Agenda 2030 in den Mittelpunkt der EU-Politik gestellt. Dabei kommt dem Europäischen Green Deel als neuem europäischen Zukunftsmodell eine besondere Bedeutung bei. Die Weiterentwicklung der Deutschen Nachhaltigkeitsstrategie (DNS) richtet sich zunächst auf eine stärkere Kohärenz im politischen Handeln und der zentralen Rolle gesellschaftlicher Akteure aus Politik, Wissenschaft, Wirtschaft, Gewerkschaften und Verbände im Sinne eines Gemeinschaftswerks Nachhaltigkeit (vgl. hierzu den Multiakteursansatz in Kapitel V).

Die Weiterentwicklung 2021 enthält nun 72 Indikatoren und Ziele in 39 Bereichen und wurde somit im Verhältnis von ursprünglich 63 Indikatoren deutlich erweitert. Es kamen seit der Aktualisierung 2018 folgende Indikatoren hinzu:

Globale Pandemie-Prävention – Indikator 3.3, Frauen in Führungspositionen im öffentlichen Dienst des Bundes – Indikator 5.1.c, Väterbeteiligung beim Elterngeld – Indikator 5.1.d, Breitbandausbau – Indikator 9.1.b, Kulturerbe/Zugang zum Kulturerbe verbessern – Indikator 11.4, weltweiter Bodenschutz – Indikator 15.3.b.

Die Bundesregierung hat sich durch die Stärkung der globalen Dimension im Rahmen der DNS positiv weiter entwickelt. Durch Anregungen aus dem Dialog mit gesellschaftlichen Akteuren kam es zu der Aufnahme weiterer Indikatoren wodurch die Nachhaltigkeitsstrategie noch an Profil gewonnen hat. So kann positiv festgestellt, dass es zu Verbesserungen bei den Indikatoren 7.2.a (Anteil erneuerbarer Energien am Brutto-Endenergieverbrauch), 8.2.c (Schuldenstand) und 11.1.c (Siedlungsdichte) kam. Verschlechterungen („off-track“) gab es bei den Indikatoren 12.1.bc (Globale Umweltinanspruchnahme durch den Konsum privater Haushalte) und 11.2.a (Endenergieverbrauch im Güterverkehr). Im Bereich der Off-track-Indikatoren, also bei Indikatoren, bei denen die Ziele voraussichtlich nicht erreicht werden, hat sich die Bewertung bei sechs Indikatoren verändert, davon bei drei zum Besseren, bei drei zum Schlechteren.

Ein wichtiger Akzent ist, dass Transformationsbereiche mit mehreren Zielen angeregt wurden, bei denen die Wechselwirkungen hervorgehoben werden. Die Bundesregierung hält folgende Transformationsbereiche für besonders relevant:

1. Der Transformationsbereich Menschliches Wohlbefinden und Fähigkeiten zur sozialen Gerechtigkeit verknüpft die SDGs 1, 3, 4, 5, 8, 9 und 10.
2. Der Transformationsbereich Energiewende und Klimaschutz (SDGs 7 und 13) erfordert ausgehend vom Schutz des Klimas einen integrierten Ansatz.
3. Der Transformationsbereich Kreislaufwirtschaft (SDGs 8, 9, 12) trägt der Notwendigkeit Rechnung, das Wachstum vom Ressourcenverbrauch zu entkoppeln. Konsum und Produktion müssen innerhalb der planetaren Grenzen stattfinden.
4. Bei dem Transformationsbereich nachhaltiges Bauen und Verkehrswende werden der Bau- und Gebäudebereich und der Verkehrssektor zusammengeführt. Er bezieht sich auf die SDGs 7, 8, 9, 11, 12 und 13.
5. Fortschritte im Transformationsbereich nachhaltiger Agrar- und Ernährungssysteme erfordern einen ganzheitlichen Blick. Ernährungssysteme beziehen sich auf die komplexen Zusammenhänge und Interdependenzen zwischen der Art und Weise der Produktion der Agrarrohstoffe, ihrer Verbreitung, ihrem Transport sowie dem Konsum und Umgang mit Lebensmitteln. Die Bundesregierung unterstützt den integrierten Ansatz der Food and Agriculture Organization (FAO). Dabei geht es um Bezüge zu SDGs 2, 3, 12, und 15.
6. Eine schadstofffreie Umwelt schafft die Grundlage für Gesundheit und Wohlergehen, sowohl physische als auch psychische Gesundheit. Bei diesem Transformationsbereich geht es um den Bezug zu den ökologischen SDGs 6, 13, 14 und 15 und zu einigen sozialen Zielen (SDGs 3 und 11) und wirkt sich auch auf das ökonomische SDG 8 aus.

Besondere Aufmerksamkeit sollen Maßnahmen zu jenen Indikatoren erfahren, bei denen die Zielerreichung nicht gesichert ist (Off-track-Indikatoren). Obwohl die einzelnen Ziele in der Nachhaltigkeitsstrategie einzeln aufgeführt bzw. einige Ziele in Transformationsbereiche zusammengeführt werden, versteht die Bundesregierung die Strategie mir den 72 Zielen als Gesamtheit. Ein differenzierter Vergleich, welche Empfehlungen zu der Nachhaltigkeitsstrategie 2016 und der Aktualisierung 2018 in der neuesten Version von 2021 Berücksichtigung fanden, ist hier nicht möglich. Sie soll exemplarisch nur an dem SDG 8 aufgezeigt werden. So wird festgestellt, dass die Bundesregierung kein quantitatives, sondern ein qualitatives Wachstum anstrebt, das ökologische und soziale Ziele berücksichtigt. So wird festgestellt:

> Das BIP ist nicht dafür konzipiert, die Gesamtheit aller gesellschaftlichen Aspekte der Wohlfahrtsmessung abzubilden. Um darüber hinaus auch diese zu erfassen, bedarf es weiterer Kennzahlen, die speziell für diese Zwecke konstruiert sind. Hierzu zählen unter anderem die Umwelt-

ökonomischen Gesamtrechnungen, die die Wechselbeziehungen zwischen Wirtschaft und Umwelt darstellen. (Bundesregierung 2021, S. 2018)

Es wird zumindest erkannt, dass die Defizite des Indikators BIP durch weitere Kennzahlen kompensiert werden müssen. Es wird jedoch weiterhin offen gelassen, ob ergänzend hierzu ein Nationaler Wohlfahrtsindikator eingeführt werden soll. Die Zieldefinition „stetiges und angemessenes Wirtschaftswachstum" bleibt weiterhin vage. Bei der Formulierung von 8.3 „Gute Innovationsbedingungen schaffen – Wohlstand dauerhaft erhalten" und 8.6 „Globale Lieferketten; Menschenwürdige Arbeit weltweit ermöglichen" fehlt weiterhin ein klarer Bezug zu nachhaltiger Entwicklung. Vergleicht man abschließend noch den Zielerreichungsgrade zwischen den Strategien 2016 und 2021 entsprechend der Abbildung 7-5, so lässt sich hier eine deutliche Verbesserung feststellen. Unter der Kategorie „Ziel wird nahezu erreicht" ist die Zahl von 21 auf 30 gestiegen. Bei der „Entwicklung geht in die richtige Richtung, aber Zielverfehlung zwischen 5 und 20 % bleiben" sind die Ziele von 6 auf 11 gestiegen. Die Zielkategorie „Entwicklung in die richtige Richtung, aber Lücke von mehr als 20 % verbleibt" ist von 20 auf 15 gefallen. Auch die Zielkategorie „Entwicklung in die falsche Richtung" ist von 9 auf 7 gesunken. Das ist jedoch eine Momentaufnahme, da sich Indikatoren wie z. B. Staatsverschuldung aber auch die Beschäftigung durch Pandemien und konjunkturelle Schwankungen verändern können. Außerdem bleibt offen, ob die einzelnen Zielvorgaben hinsichtlich der Dringlichkeit der Probleme in ausreichendem Maße ambitioniert sind.

7.5 Die Europäische Nachhaltigkeitsstrategie

Die EU-Kommission veröffentlichte im Mai 2016 die Anpassung der Nachhaltigkeitsstrategie der Europäischen Union mit dem Titel „Next steps for a sustainable European future – European action for sustainability." Es war die Weiterführung zur 2001 initiierten und 2006 erneuerten Strategie. Die Strategien von 2001 und 2006 zielten auf sechs Herausforderungen für eine nachhaltige Entwicklung: Klimawandel, öffentliche Gesundheit, Armut, demographischer Wandel, biologische Artenvielfalt und Verkehrsüberlastungen. Weitere Themen waren die wirtschaftliche Entwicklung, Globale Partnerschaft, Produktion und Konsum sowie gute Regierungsführung. Dagegen basiert die angepasste Nachhaltigkeitsstrategie 2016 auf den 17 Sustainable Development Goals mit den Unterzielen der Agenda 2030. Damit kam es zu einer deutlich umfangreicheren, ausgereifteren und neu gestalteten Nachhaltigkeitsstrategie. Ein wichtiger Beitrag sind die zehn Kommissionsprioritäten zur Agenda 2030. Dabei werden die wichtigsten Synergien zwischen den Nachhaltigkeitszielen und den zehn Prioritäten aufgezeigt. Die Prioritäten gelten als zentrale Herausforderungen mit denen sich Europa konfrontiert sieht *(Europäische Kommission 2015, S. 2; European Commission 2016, S. 7–12):*

1. neue Impulse für Arbeitsplätze, Wachstum und Investitionen,
2. ein vernetzter digitaler Binnenmarkt,
3. eine robuste Energieunion mit einer zukunftsorientierten Klimaschutzpolitik,
4. ein vertiefter und fairer Binnenmarkt mit gestärkter industrieller Basis,
5. eine vertiefte und fairere Wirtschafts- und Währungsunion,
6. ein ausgewogenes Freihandelsabkommen mit den Vereinigten Staaten,
7. ein auf gegenseitigem Vertrauen basierender Raum des Rechts und der Grundrechte,
8. eine neue Migrationspolitik,
9. mehr Gewicht auf der internationalen Bühne,
10. eine Union des demokratischen Wandels.

Anschließend wird dargelegt, wie die Europäische Union als globaler Partner bei der Umsetzung der Agenda 2030 agieren möchte. Sie wurde auf folgende Politikbereiche ausgerichtet: die Handelspolitik der EU, die Erweiterungspolitik, die Europäische Nachbarschaftspolitik, die Entwicklungspolitik, die EU-internen Partnerschaften und die Kohärenz der EU-Politik. Das übergeordnete Ziel ist die Verbesserung der Lebensqualität für heutige und zukünftige Generationen. Im Weiteren orientieren sich die von der EU formulierten Ziele ganz wesentlich an der Agenda 2030. Die Europäische Nachhaltigkeitsstrategie 2016 weist insgesamt 100 Indikatoren auf. Dabei wurden die Indikatoren gleichmäßig den 17 SDGs zugeordnet wodurch ein Gleichgewicht zwischen den verschiedenen Politikbereichen gewährleistet wird. *(Eurostat 2017a, S. 9)* Die 100 Indikatoren sind jedoch nicht nur einzelnen SDGs zugeordnet, sondern weisen eine multifunktionale Ausrichtung auf, d. h. sie werden zur Überwachung von mehr als einem Nachhaltigkeitsziel genutzt. Dadurch lassen sich auch Verbindungen zwischen den verschiedenen Zielen aufzeigen. Jedem der 17 Nachhaltigkeitsziele sind somit 5 bis 12 Indikatoren zugewiesen, womit sich der Fortschritt der einzelnen Ziele überprüfen lässt. Entsprechend der Intention der Vereinten Nationen zielt auch die europäische Nachhaltigkeitsstrategie darauf ab die nachhaltige Entwicklung weltweit zu fördern. Auch bei der europäischen Nachhaltigkeitsstrategie wurden die Hauptindikatoren im Vergleich zu den Nachhaltigkeitsstrategien 2001 und deren Erneuerung von 2006 von ursprünglich 12 Hauptindikatoren und 74 weiteren Indikatoren auf 100 Indikatoren erweitert. Die Ziele 10 und 17 wurden ausgeweitet, was den Komplexitätsgrad der Umsetzung erhöht hat. Für die politische Steuerung sind geeignete Instrumente notwendig die eine politische Koordination in der EU erfordert. Weiterhin geht es um die Messung des Fortschritts bei den einzelnen Zielen. Die Umsetzung der EU Nachhaltigkeitsstrategie soll in Übereinstimmung der EU Mitgliedsstaaten erfolgen. Auf der Grundlage des Prozesses soll auch eine umfassende Rechenschaft abgelegt werden.

Die Weiterentwicklung bzw. Erweiterung der Europäischen Nachhaltigkeitsstrategie 2016 führte zu einer deutlichen Ausdifferenzierung, die insgesamt positiv zu bewerten ist. Dennoch gibt es noch einige Unzulänglichkeiten bzw. Inkonsistenten, die sich aus der Vielzahl und Vielfalt der EU Mitgliedsstaaten, die daran mitgewirkt haben, begründen lässt. Als besonders kritisch zu beurteilen ist die mangelnde Quantifizierung vieler Ziele. Von den 100 Indikatoren konnten nur 16 besonders in den Bereichen Klima, Energieverbrauch, Bildung, Armut, und Beschäftigung mit Zielvorgaben konkretisiert werden. *(Eurostat 2017a, S. 9)* Bei den anderen Zielen werden Vorgaben gemacht, ob die Zielrichtung beibehalten werden oder eine Verbesserung angestrebt werden soll, ohne dass messbare Zielwerte aufgeführt werden. Daher ist zu empfehlen, dass zumindest ein minimaler oder maximaler Schwellenwert vorgegeben wird. Holden et al. bewerten Indikatoren mit relativen Zielen als zweckmäßig, jedoch nicht als sinnvoll. *(Holden et al. 2017, S. 222)*

Teilweise werden auch keine Zeitpunkte der Zielerreichung genannt. Nur bei einigen wenigen Indikatoren wurde festgelegt, bis wann das Ziel erreicht werden soll. Beispiel: bei SDG 8 soll der Indikator „Erwerbstätigenquote" bis 2020 eine Gesamterwerbstätigenquote von 75 % erreichen. Bei anderen Zielen gibt es Zielhorizonte. Eine Nichterreichung bis zu einem bestimmten Zeitpunkt führt dazu, dass die Zielerreichung auf einen späteren Zeitpunkt verschoben werden kann. Bei der Mehrzahl der Indikatoren mangelt es auch an konkreten Maßnahmen, die zu einer Förderung der Zielerreichung beitragen können. Eine offene Frage ist auch, warum jedes Ziel die gleiche Zahl an Indikatoren aufweist. Wie schon erwähnt ist zu vermuten, dass alle Ziele als gleichwertig eingestuft wurden, was jedoch nicht überzeugend erscheint. Es gibt auch einige Indikatoren, die vermisst werden wie beispielsweise die „Ganztagsbetreuung von Kindern" zur Verbesserung von Familie und Beruf und die „Siedlungsdichte" in Bezug auf die Flächeninanspruchnahme (SDG 11). Ein wünschenswerter Indikator wäre auch der „Bevölkerungsanteil der Auskunft über Kriminalität, Gewalt oder Vandalismus" Auskunft gibt.

Auffällig ist, dass kurz nach der Veröffentlichung der Nachhaltigkeitsstrategie bei der Vorbereitung des Monitoringberichts 2018 einige Indikatoren ersetzt oder grundlegend überarbeitet wurden. Viele Indikatoren wurden modifiziert und einige sollen noch durch neue Indikatoren ersetzt werden. Hierzu soll es weitere Beratungen geben. Dadurch entsteht der Eindruck, dass die Nachhaltigkeitsstrategie 2016 übereilt erstellt und veröffentlicht wurde, d. h. keine sorgfältig vorbereitete und ausgereifte Strategie vorlag. Auch die Europäische Nachhaltigkeitsstrategie weist Zielkonflikte auf. So wird auch in dieser Strategie das Pro-Kopf-Bruttoinlandsprodukt als Indikator zu Messung eines nachhaltigen Wachstums verwendet. Die Kritik hieran wurde bereits im Rahmen der deutschen Nachhaltigkeitsstrategie ausführlich begründet. Eine weitere Empfehlung ist, die Zielbeziehungen zu verdeutlichen. Hierzu bietet sich die Bildung von Transformationsbereichen an, wie sie in der Weiterentwicklung der deutschen Nachhaltigkeitsstrategie 2021, angestrebt werden. Abschließend kann festgestellt werden, dass die Europäische Nachhaltigkeitsstrategie 2016 positive Ansätze enthält, die jedoch vielfältige Potenziale einer Weiterentwicklung aufweisen.

7.6 Hemmnisse für die Umsetzung nachhaltiger Entwicklung

Es gibt vielfältige Hemmnisse bei der Umsetzung nachhaltiger Entwicklung. Eines der Hemmnisse lässt sich mit dem Begriff der Pfadabhängigkeit umschreiben. Danach wird an einem Pfad selbst dann festgehalten, wenn man absehen kann oder sich später herausstellt, dass eine Alternative z. B. im Kontext nachhaltiger Entwicklung bzw. der Sustainable Development Goals überlegen gewesen wäre. *(Pierson 2004)* Pfadabhängige Prozesse sind somit nicht selbstkorrigierend, sondern verfestigen gegebenenfalls auch Fehler. Konsumenten sind vielfach von diesem Phänomen geprägt, indem ihr Konsumverhalten bestimmten SDGs zuwiderlaufen. Obwohl vielen Konsumenten das im Prinzip bewusst ist, ziehen sie daraus jedoch keine Konsequenten. Zu nennen sind der hohe Fleischkonsum, das Mobilitätsverhalten, indem das eigene Auto dem öffentlichen Nahverkehr bevorzugt wird, oder Kleidungsgewohnheiten, bei denen Nachhaltigkeitskriterien noch zu oft vernachlässigt werden.

Die folgenden Ausführungen konzentrieren sich jedoch primär auf die Einflussnahme von Interessengruppen, d. h. auf den Lobbyismus. In der öffentlichen Wahrnehmung wird in Deutschland Lobbyismus primär wegen seiner Intransparenz eher kritisch beurteilt. In einer repräsentativen Umfrage wünschen sich etwa dreiviertel der Bevölkerung mehr Transparenz. *(LobbyControl 2015)* Aber auch in der medialen Berichterstattung wird Lobbyismus überwiegend negativ konnotiert. *(Seitz 2017, S. 6)* Die Relevanz der Lobbyisten ist unbestritten. Nach Schätzungen gibt es in Berlin 5000 Lobbyisten. So beklagten auch schon Politiker deren beachtlichen und in zunehmendem Umfang glänzend organisierten Einfluss. *(Basler, Ritzer 2016, S. 17)* Daher wird von einigen Parteien schon seit vielen Jahren ein verpflichtendes Lobbyregister gefordert. Die lobbyistische Einflussnahme setzt sich auf EU Ebene fort, wobei die Interessenvertretung durch die großen und mächtigen Lobbyisten noch breiter und vielschichtiger als auf nationaler Ebene ist. Dadurch potenziert sich die Einflussnahme.

Die inhaltliche Abgrenzung aber auch die Beurteilung von Lobbyismus weist eine große Bandbreite auf. Zunächst gilt zu berücksichtigen, dass Lobbyismus kein Phänomen der Moderne ist. So ist überliefert, dass Regierungen bzw. nominelle Herrscher auch im Heiligen Römischen Reich mit jenen Machtträgern zusammengearbeitet haben, die sie für die Erfüllung ihrer Aufgaben brauchten. Aus heutiger Perspektive erscheint folgende Abgrenzung für Lobbyismus hilfreich:

> Lobbying bezeichnet direkte und indirekte Versuche von Vertretern gesellschaftlicher Akteure auf politische Entscheidungsträger in Legislative und Exekutive sowie andere am politischen Willensbildungsprozess beteiligte Stakeholder durch Information, argumentative Überzeugung oder die Ausübung von Druck einzuwirken, um mehr oder weniger partikulare Interessen in Gesetzen oder staatlichem Handeln zu verankern. Der Erwerb, die Analyse und strategische Weitergabe von Informationen, die in formalen wie informellen Kontexten auch gegen politischen Einfluss oder andere relevante Informationen getauscht werden können, sind im Lobbying von elementarer Bedeutung, solange die Grenze zu Korruption oder anderen verbotenen Praktiken nicht überschritten wird. (Schwaneck 2019, S. 25)

Die Beurteilung nachhaltiger Entwicklung sollte daran gemessen werden, dass die Bundesregierung bereits in der Deutschen Nachhaltigkeitsstrategie 2016 diese als Politik leitende Strategie festlegte. In diesem Kontext ist festzustellen, dass die Gestaltung und Umsetzung von Nachhaltigkeitsstrategien bzw. -konzepten durch eine Vielzahl und Vielfalt von Akteuren bzw. Trägern beeinflusst wird. Dabei gibt es Akteure bzw. Träger, die einen offiziellen Auftrag oder eine politische bzw. gesellschaftspolitische Legitimität dafür haben und solche, die Einfluss nehmen, ohne dafür einen offiziellen Auftrag dazu haben. Träger für die Gestaltung und Umsetzung nachhaltiger Entwicklung und besonders der SDGs sind Personen und/oder Institutionen wie beispielsweise Ministerien oder Stadtparlamente, die auf der Grundlage gesetzlicher oder anderweitig legitimierter Befugnisse Einfluss nehmen können bzw. sollen. Dies ist eine Abgrenzung, die auch für andere Politikbereiche wie die Wirtschaftspolitik gilt. *(Neck, Schneider 2013, S. 51ff.)*

Im engeren Sinne kann man davon ausgehen, dass staatliche, d. h. öffentlich-rechtliche Institutionen als Träger benannt bzw. eingeordnet werden können. In einem föderalistischen System wie der Bundesrepublik Deutschland unterscheidet man drei Ebenen:
- die Bundesebene (Bundesregierung, wozu auch das Parlament und der Bundesrat zählen),
- die Landesebene (Landesregierung) und
- die kommunale Ebene (Gemeinderat).

Im Kontext nachhaltiger Entwicklung kommen noch Unternehmen und andere Organisationen wie kirchliche Einrichtungen, Schulen und Hochschulen, aber auch Verbände hinzu, die entsprechend der Agenda 2030 aufgefordert sind, eigenverantwortlich Nachhaltigkeitskonzepte für ihre jeweilige Organisation zu entwickeln und umzusetzen. Dagegen sind Interessenverbände bzw. -organisationen nicht als Träger zu verstehen, da sie keinen offiziellen Auftrag bzw. Mandat hinsichtlich der Entwicklung einer nationalen, regionalen oder lokalen Nachhaltigkeitsstrategie haben. Es gilt jedoch zu berücksichtigen, dass es auch Lobbyisten wie beispielsweise Umweltverbände gibt, die nachhaltige Entwicklung mit ihren Aktivitäten bzw. Programmen fördern. Andererseits gibt es Lobbyisten, die eine nachhaltige Entwicklung eher hemmen bzw. verhindern.

Insofern stehen sich hier konträre Vertreter von Lobbyorganisationen gegenüber. Ob und in welchem Maße ein Ungleichgewicht besteht, lässt sich empirisch nur schwer erfassen. Die konträren Positionen lassen sich an einem Beispiel verdeutlichen, das für SDG 13 *„Bekämpfung des Klimawandels"* besonders relevant ist. So versuchte die Autolobby in Brüssel den von der EU geplanten Grenzwert von 120 g CO_2/pro km anzuheben. Dagegen setzten sich die Umweltverbände dafür ein den Grenzwert durchzusetzen. Schließlich wurde 2013 vom EU-Parlament ein Beschluss zu strengeren Abgasnormen gefasst: bis 2020 sollte ein Großteil der Neuwagen den Grenzwert von 95 g CO_2/pro km nicht überschreiten. Der Wert gilt jedoch für die gesamte Auto-Flotte eines Herstellers. Dabei ist zu berücksichtigen, dass Elektroautos des gleichen Herstellers für eine ausgeglichene Klimabilanz sorgen. In diesem Kontext ist auch die Einflussnahme auf die Klimaforschung der Deutschen Energie-Agentur (DENA) zu erwähnen. Bei der Erstellung der DENA-Studie über den klimaneutralen Umbau der Energiewirtschaft haben Großkonzerne massiv Einfluss genommen. Nach LobbyControl wurden etwa 80 Prozent der Studie von Unternehmen finanziert, deren Geschäftsmodelle direkt von den Ergebnissen abhängen. *(LobbyControl 2021)*

Es stellt sich nun die Frage, wodurch das Handeln der Akteure bestimmt wird. Dabei geht es um die Analyse und Erklärung politischer Entscheidungsprozesse, die zunächst im Rahmen der Politikwissenschaft, der Soziologie, aber auch der Psychologie vorgenommen wurden. Dadurch lassen sich die bisherigen Ausführungen noch untermauern. In der Ökonomie wendet sich diesem Themenbereich die Neue Politische Ökonomie bzw. Ökonomische Theorie der Politik zu. Die Neue Politische Ökonomie wurde ganz wesentlich durch Arbeiten von Joseph Schumpeter *(1942)*, Anthony Downs *(1957)* und James Buchanan und Gordon Tullock *(1962)* geprägt. Analog zu Märkten, auf denen Güter durch Angebot und Nachfrage gehandelt werden, geht es im Rahmen der Neuen Politischen Ökonomie um Märkte, auf denen politische Güter gehandelt werden. Unter politischen Gütern versteht man z. B. Steuerermäßigungen, Subventionen an Unternehmen oder Transferleistungen an Haushalte oder im Kontext nachhaltiger Entwicklung um Maßnahmen, die von Politikern angeboten und von Wählern nachgefragt werden. Die Ökonomische Theorie der Interessenverbände ist ein wichtiger Forschungsbereich der Neuen Politischen Ökonomie, der nun in Grundzügen vorgestellt wird.

Ökonomische Theorie der Interessenverbände

In der Literatur besteht heute – wie schon ausgeführt – ein breiter Konsens, wonach Interessenverbände in verschiedenen Bereichen der Wirtschaft und Gesellschaft einen erheblichen Einfluss haben. Dieser Einfluss erfolgt vielfach über Entscheidungsprozesse staatlicher Institutionen wie Ministerien. Der Einfluss wird teilweise sehr hoch eingeschätzt, weshalb auch von der Herrschaft der Verbände gesprochen wird. Dieser Zustand wird – wie schon erwähnt – vielfach kritisch bewertet. Interessenverbände bzw. -organisationen vertreten spezifische Interessenlagen gesellschaftlicher Gruppierungen. Hier kann man von partikularen bzw. eigennützigem Handeln der verschiedenen Interessenverbände für ihre Mitglieder bzw. ihre Klientel ausgehen. Verbände steigern ihren Einfluss, indem sie die Interessen ihrer Mitglieder aggregieren und gebündelt einbringen. *(Seitz 2017, S. 8)* Nun könnte man annehmen, dass sich idealtypischerweise alle Interessenlagen in einer Gesellschaft in gleichem Maße organisieren und Einfluss nehmen. Wäre dies der Fall, so könnte man in einem weiteren Schritt von einer Machtbalance der Interessenverbände ausgehen, wonach sich der Einfluss der verschiedenen Interessenlagen durch die Lobbyisten ausgleicht bzw. neutralisiert.

Diesen Zusammenhängen und Fragestellungen wendet sich schon Mancur Olson in seinem berühmten Standardwerk „Die Logik des kollektiven Handelns" *(1968)* zu. In den folgenden Ausführungen werden einige Erkenntnisse von Olson kurz vorgestellt. Er geht davon aus, dass nicht alle potenziellen Gruppen in einer Demokratie in gleichem Maße fähig sind, sich in Interessenverbänden zu organisieren. Insofern geht er von einem Ungleichgewicht der politischen Einflussnahme von Interessenorganisationen aus, was sich zumindest durch folgende Dreigliederung begründen lässt:

- einige Interessenlagen werden sehr effizient vertreten,
- einige Interessenlagen werden weniger effizient vertreten, und
- einige Interessenlagen werden überhaupt nicht vertreten.

Zunächst werden die beiden Ebenen näher betrachtet, bei denen Interessenlagen effizient bzw. weniger effizient vertreten werden. Dabei ordnet er bestimmte Leistungen von Interessenverbänden, wie die gezielte Beeinflussung der Regierung durch eine bestimmte Gruppe, als Kollektivgut ein. Hier stellt sich nun die Frage nach der Bedeutung des Kollektivgutes für die Organisationsfähigkeit eines Interessenverbands. Zunächst begründet sich die Mitgliedschaft in einem Interessenverband damit, dass der positive Nutzen aus der Mitgliedschaft die Mitgliedskosten übersteigt. Eine Minimalanforderung wäre, dass der Nutzen zumindest nicht geringer als die Mitgliedskosten ist. Kollektivgüter bzw. öffentliche Güter weisen häufig noch die Besonderheit auf, dass nicht alle Individuen von dem Konsum des öffentlichen Gutes ausgeschlossen werden können, die sich nicht an den Kosten zur Erstellung des Kollektivgutes beteiligen. Daher spricht man auch von dem Trittbrettfahrerverhalten oder dem Prinzip des Free Rider.

Setzt sich beispielsweise ein landwirtschaftlicher Verband gegenüber der Regierung für Agrarsubventionen ein, auch wenn dieser Verband die konventionelle Landwirtschaft fördert, was als nicht-nachhaltig einzuordnen ist, so profitieren von dieser Maßnahme gegebenenfalls auch Landwirte, die in dem Verband nicht Mitglied sind und sich mit dem Mitgliedsbeitrag an den Kosten für Personal und Organisation des Verbandes nicht beteiligen. *(Reef 2010, S. 300 ff.)* Daher kommt Olson zu der Erkenntnis, dass kleine und mittelgroße Gruppen, die sich durch sehr ähnliche Interessen auszeichnen, besser bzw. stabiler organisiert sind als große Interessenorganisationen mit einer heterogenen Interessenlage. Obwohl große Interessenorganisationen häufig ein breiteres Angebot an Dienstleistungen aufweisen und daher auf den ersten Blick attraktiv erscheinen, ist die Stabilität kleiner und mittelgroßer Interessenorganisationen in der Regel größer. Für große Interessenorganisationen ist es daher besonders wichtig, dass sie auch Leistungen (private Güter) anbieten, die nur den Mitgliedern zugutekommen. Daher ist die Mitgliederzahl von Interessenorganisationen häufig kein ausreichender Indikator für ihre Effizienz.

Dagegen gibt es auch potenzielle Interessenlagen wie jene von Kindern oder auch von alten Menschen, die sich bisher nur unzureichend organisieren ließen. Daher ist es zu unspezifisch, von der Macht bzw. Herrschaft der Interessenverbände zu sprechen. Diese Bewertung gilt nur für eine relativ kleine, jedoch oft sehr mächtige, Gruppe von Interessenverbänden. Über den Einfluss der Interessenverbände gibt es eine Reihe von empirischen Untersuchungen. Dabei sind jedoch die Einflüsse, beispielsweise Änderungen von Steuergesetzen, aber auch bei der Einführung von Subventionen, empirisch nur schwer nachzuweisen.

Strukturelle Hemmnisse für die Umsetzung nachhaltiger Entwicklung

Die folgenden Ausführungen werden sich auf einige ausgewählte Hemmnisse, die sich aus bestimmten Strukturen ableiten lassen, beschränken. Aus den Anforderungen an die nachhaltige Entwicklung, wie sie in Kapitel zwei ausführlich aufgezeigt wurden, lassen sich unmittelbar konkrete Bereiche von Hemmnissen ableiten. So stößt die Anforderung sowohl der intra- als auch der intergenerationellen Gerechtigkeit bei einer Reihe von Verbänden grundsätzlich auf Widerstand, da Umverteilung nicht in ihrem, d. h. im Interesse der Mitglieder liegt. Daher stellt sich die Frage, wie sich die Verteilungsgerechtigkeit – wie sie in Kapitel fünf theoretisch vorgestellt wurde – entwickelt hat. Wendet man sich zunächst der intragenerationellen Gerechtigkeit zu, so kann man feststellen, dass die Einkommensdisparitäten in vielen Ländern, so auch in Deutschland, besonders in den beiden letzten Dekaden zugenommen haben. *(Fratzscher 2016)* Eine Ursache für die Einkommensungleichheit wird im Rahmen der Wettbewerbsverzerrung auf dem Arbeitsmarkt diskutiert. Dabei geht es um die Begründung bzw. Klärung unterschiedlicher Einkommen bei gleicher Arbeit zum Beispiel zwischen Männern und Frauen.

Die Einkommensdisparitäten werden in der Regel noch durch Kapitaleinkommen verstärkt. Die Vereinten Nationen stellen beispielsweise in ihrem „Bericht über die menschliche Entwicklung 2010" fest, dass der Anteil der Kapitaleinkommen am Gesamteinkommen bei den oberen Einkommensgruppen stark ausgeprägt ist und zugenommen hat. Dieser Sachverhalt ist bei der Analyse der Einkommensdisparitäten von großer Bedeutung. *(UN 2010, S. 89)* Diese Entwicklung hat in jüngerer Vergangenheit auch Piketty differenziert aufgezeigt. *(Piketty 2016)* Es ist festzustellen, dass die wachsende nationale, aber auch globale Einkommensdisparität seit einigen Jahren von Experten, Wohlfahrtsverbänden und Kirchen in zunehmendem Maße kritisch reflektiert wird. Diese kritische Reflektion findet jedoch bei mächtigen Wirtschaftsverbänden nicht statt. Sie rechtfertigen vielfach die Verteilungsentwicklung bzw. -situation mit dem Argument der Leistungsgerechtigkeit. Zur Bewertung dieser Entwicklungstendenzen kann festgestellt werden: Wachstum, das eine ungleiche Verteilung von Einkommen und Vermögen fördert, ist nicht nachhaltig. In diesem Zusammenhang können z. B. auch die ungleiche Behandlung im Gesundheits- und Bildungssystem eingeordnet werden.

Betrachtet man sich die intergenerationelle Gerechtigkeit, so kann auch hier festgestellt werden, dass sowohl der Klimawandel mit all seinen negativen Folgen, als auch der Verlust an Biodiversität, aber auch die hohe staatliche Verschuldung, besonders unter Berücksichtigung des demographischen Wandels, der nachhaltigen Entwicklung zuwiderläuft. Die nächste bzw. die nächsten Generationen werden dadurch in starkem Maße belastet, was der nationalen Nachhaltigkeitsstrategie widerspricht. Auch die sozialen Sicherungssysteme führen für die zukünftige Generation zu größeren Einschränkungen. So ist festzustellen, dass viele Interessenorganisationen keinen aktiven Beitrag zur Klimaschutzpolitik leisten bzw. ihm teilweise entgegenwirken. Der Einfluss von Lobbyverbänden der Automobilindustrie zur Begrenzung von Abgasnormen und der Einfluss großer Konzerne auf die DENA-Studie wurde bereits aufgezeigt. Ein anderes Beispiel ist die „Atomlobby" (Deutsches Atomforum e. V.), die in Deutschland erfolgreich zur Laufzeitverlängerung von Atomkraftwerken beitrug. In anderen Ländern betreiben die Atomverbände noch heute eine erfolgreiche Lobbypolitik, bei der die ökonomischen Interessen über den Anforderungen nachhaltiger Entwicklung stehen.

Zusammenfassend lässt sich feststellen: Ein wichtiges Hemmnis ist weiterhin das bestehende Primat der Ökonomie gegenüber den beiden anderen Dimensionen nachhaltiger Entwicklung, das von mächtigen Interessenverbänden in ihrem Sinne gefordert bzw. gefördert wird. So dominiert bis heute die schwache über die starke Nachhaltigkeit, aber auch über die ausgewogene Nachhaltigkeit. Sowohl die Politik als auch viele Verbände präferieren eindeutig die Stärkung des quantitativen Wachstums gegenüber einem nachhaltigen Wachstum. Die Diskussion über die Beziehung von Wachstum und Lebensqualität bzw. Wohlfahrt, die auch im Rahmen einer Enquetekommission stattfand, hat in die Politik bisher höchstens partiell Einzug gefunden. *(v. Hauff, Jörg 2017)* Viele Politikbereiche wie die Verkehrspolitik, aber auch die Gesundheitspolitik und besonders die Landwirtschaftspolitik werden stark durch Lobbyisten beeinflusst und stehen somit den Anforderungen nachhaltiger Entwicklung entgegen. Dabei sollten jedoch nicht die Möglichkeiten der Einflussnahme durch Konsumenten vernachlässigt werden. Die Diskussion zu dem Thema „nachhaltiger Konsum" zeigt vielmehr, dass die Konsumenten vielfältige Möglichkeiten und im Rahmen nachhaltiger Entwicklung auch die Verpflichtung haben, den Einfluss von Lobbyisten durch ihr Konsumverhalten einzuschränken und damit zu einer positiven nachhaltigen Entwicklung beizutragen. *(vgl. u. a. Weller 2014; Fischer, v. Hauff 2017).*

8 Ausblick

Abschließend stellt sich die Frage, welcher Stellenwert der Nationalen Nachhaltigkeitsstrategie in den vergangenen Jahren von der Regierung der Bundesrepublik Deutschland beigemessen wurde. In der Nationalen Nachhaltigkeitsstrategie (Neuauflage) 2016 wird festgestellt, dass die Förderung einer nachhaltigen Entwicklung grundlegendes Ziel und Maßstab des Regierungshandelns sei. Das wird in der Aktualisierung von 2018 noch einmal bestätigt, wonach die Nachhaltigkeitsstrategie die „Richtschnur deutscher Politik" sei. Dieser Anspruch wird in der Weiterentwicklung von 2021, wie schon erwähnt, kritisch reflektiert. Hierzu wird festgestellt:

> Um die Ziele der Deutschen Nachhaltigkeitsstrategie und der Agenda 2030 zu erreichen, müssen wir den Weg einer wirklich anspruchsvollen Transformation gehen, der wichtige Bereiche wie Energie, Kreislaufwirtschaft, Wohnen, Verkehr, Ernährung und Landwirtschaft umfasst. In Deutschland wollen wir mit der Weiterentwicklung unserer Nachhaltigkeitsstrategie und insbesondere mit Bildung, Forschung und Innovationen den Transformationsprozess voranbringen. (Bundesregierung 2021, S. 1)

Daraus wird deutlich, dass die Bundesregierung ihrem Anspruch bisher nicht in dem gewünschten Maße nachkommen konnte, was im Rahmen der Konkretisierungen der Sustainable Development Goals schon verdeutlicht werden konnte. Das gilt für besonders wichtige Ziele wie für Klimaschutz, Erhaltung der Biodiversität, Förderung des sozialen Zusammenhalts, Stärkung der Politikkohärenz, Verringerung des Ressourcenverbrauchs und Verringerung der Verteilungsdisparität.

In der Diskussion um die Nationale Nachhaltigkeitsstrategie Deutschlands wird vielfach vernachlässigt, dass in Deutschland nach den Kriegsjahren mit der Sozialen Marktwirtschaft ein bis dahin neues und einmaliges Wirtschaftsmodell bzw. -konzept etabliert wurde. Es erfuhr weltweit als Erfolgsmodell Anerkennung. Es hat ganz wesentlich zu dem Wiederaufbau aber auch zu der dynamischen Entwicklung der Wirtschaft, die als Wirtschaftswunder in die Literatur einging, beigetragen. Bis heute gilt die Soziale Marktwirtschaft als deutsches Modell, das auch in Deutschland noch viele Befürworter hat. Der breite Zuspruch auch in der Politik erklärt sich auch daraus, dass das Konzept der Sozialen Marktwirtschaft einen relativ breiten Interpretationsrahmen aufweist. Es wurde vielfach als dritter Weg zwischen Kapitalismus und Sozialismus eingeordnet. Einer der bedeutendsten Väter dieses Wirtschaftsmodells war Müller-Armack. Ihm ging es darum, das marktwirtschaftliche Modell mit sozialen Elementen auszustatten. Hierzu gab es jedoch von Beginn an kontroverse Vorstellungen, die bis heute existieren. Während die Vertreter des Ordoliberalismus wie Walter Eucken die Auffassung vertraten, dass eine gut funktionierende Wettbewerbsordnung für sozialen Ausgleich sorge, forderte Müller-Armack Maßnahmen des sozialen Ausgleichs z. B. im Rahmen der Sozialpolitik. Seine Intention war:

https://doi.org/10.1515/9783110722536-008

Ich möchte sie als eine ‚irensische' Formel bezeichnen, die versucht, die Ideale der Gerechtigkeit, der Freiheit und des wirtschaftlichen Wachstums in ein vernünftiges Gleichgewicht zu bringen. Sie bedarf der Weiterführung, der Vervollkommnung und auch der kritischen Sichtung. (Müller-Armack 1969)

Es kam zu der von Müller-Armack gewünschten „Weiterführung", indem in der Bundesrepublik Deutschland 1970 beispielsweise ein erstes Umweltprogramm eingeführt wurde. So kam es zu dem Begriff der öko-sozialen Marktwirtschaft. Es gibt jedoch einen breiten Konsens, dass die Ökonomie weiterhin dominierte und bis heute dominiert. Das Primat der Ökonomie, d. h. die Dominanz der Ökonomie über die ökologische und soziale Dimension, ist unbestritten. Daraus begründet sich vielfach die Kritik an der real existierenden Sozialen Marktwirtschaft. Daher wurde schon relativ früh festgestellt, dass das Leitbild der nachhaltigen Entwicklung und die Soziale Marktwirtschaft weitgehend unverbunden neben einander stehen und nicht kompatibel sind. *(v. Hauff 2007, 349 ff.)* So kam es zu ersten Ansätzen einer nachhaltigen Marktwirtschaft. *(Vierweg 2017, S. 137 ff.)* Bei diesen Überlegungen geht es – wie bereits ausgeführt – um einen Transformationsprozess, der auf der Grundlage der nationalen Nachhaltigkeitsstrategie stattfinden soll. So könnten die Defizite der Sozialen Marktwirtschaft überwunden werden und die Intention, wonach die nationale Nachhaltigkeitspolitik verbindlich zur „Richtschnur deutscher Politik" würde, bekäme eine höhere Verbindlichkeit.

Abbildungsverzeichnis

https://doi.org/10.1515/9783110722536-009

Tabellenverzeichnis

https://doi.org/10.1515/9783110722536-010

Literatur

Achzet, B., Zepf, V., Meissner, S. und Reller, A.: Strategie für einen verantwortlichen Umgang mit Metallen und deren Ressourcen. In: *Chemieingenieurtechnik*, 82(Nr. 11):1913–1924, 2010.

Acker-Widmaier, G.: *Intertemporale Gerechtigkeit und nachhaltiges Wirtschaften. Zur normativen Begründung des Leitbildes.* Marburg, 1999.

Acosta, S.: Waldschutz: Neue internationale Allianzen. In: Altner, G. et al. (Hrsg.), *Grüner Umbau – Neue Allianzen für die Umwelt, Jahrbuch Ökologie*, S. 108–116, Stuttgart, 2011.

Adebahr, C., Kefferpütz, R., Niemann, N. und Viëtor, M.: *Whitepaper Ressourcenstrategie: Rohstoff-strategien – Deutsche Rohstoffpolitik im internationalen Vergleich.* Stiftung Neue Verantwortung e. V., Berlin, 2011.

Agenda-Transfer: *Gemeinsam empfohlene Indikatoren zur kommunalen Nachhaltigkeit.* Bonn, 2003.

Akamai Technologies: *akamais's [state of the internet]: Q1 2017 report.* https://www.akamai.com/us/en/multimedia/documents/state-of-the-internet/q1-2017-state-of-the-internet-connectivity-report.pdf.

Allen, C. und Clouth, S.: *A Guidebook to the Green Economy. Issue 1: Green Economy, Green Growth, and Low-Carbon Development-history, definitions and a guide to recent publication.* Devision for Sustainable Development, UNDESA, 2012.

Anderson, B. und M'Gonigle, M.: Does Ecological Economics Have a Future? Contradiction and Re-invention in the Age of Climate Change. In: *Ecological Economics*, 84:37–48, 2012.

Asheim, G. B.: Net National Product as an Indicator of Sustainability. In: *Scandinavian Journal of Economics*, 96. Jg.(H. 2):257–265, 1994.

Aum, S. et al.: Computerizing industries and routinizing jobs: explaining trends in aggregate produc-tivity. In: *Journal of Monetary Economics*, 97:1–21, 2018.

Aurich, J. C. et al.: Nachhaltigkeit in der Produktion – Aufgabenstellung und Lösungsansätze. In: v. Hauff, M. und Nguyen, T. (Hrsg.), *Fortschritte in der Nachhaltigkeitsforschung*, S. 233–251. Baden-Baden, 2018.

Ayres, R. U.: Eco-thermodynamics – Economics and the Second Law. In: *Ecological Economics*, Bd. 26(H. 2):189–209, 1998.

Ayres, R. U. und van Leynseele, T.: Eco-Efficiency, Double Dividends and the Sustainable Firm. Working Paper, Fontainebleau, 1997. Nr. 97/34/EPS.

Bachmann, G.: Die Deutsche Nachhaltigkeitsstrategie 2016 – Stand und Perspektiven. In: Michel-sen, G. (Hrsg.), *Die Deutsche Nachhaltigkeitsstrategie – Wegweiser für eine Politik der Nachhal-tigkeit*, S. 41–54, Wiesbaden, 2017.

Barbiroli, G.: Eco-efficiency or/and eco-effectiveness? Shifting to innovative paradigms for re-source productivity. In: *International Journal of Sustainable Development and World Ecology*, 13(5):391–395, 2006. https://doi.org/10.1080/13504500609469688.

Barbier, E. B.: The Concept of Sustainable Economic Development. In: *Environmental Conservation*, 15. Jg.(Nr. 2):101–110, 1987.

Barbier, N., Ghisetti, C., Gilli, M. und Nicolli, F.: A survey of the literature on environmental innova-tion based on main path analysis. In: *Journal of Economic Surveys*, 30:596–623, 2016.

Barghorn, L.: *Blue Economy: Das Konzept von Gunter Pauli in 10 Punkten.* https://utopia.de/ratgeber/blue-economy-das-konzept-von-gunter-pauli-in-10-punkten/. Abruf 26. Januar 2020, 2019.

Bartholomae, F. W.: *Ökonomische Auswirkungen der Digitalisierung auf den internationalen Wettbe-werb und die internationale Arbeitsteilung.* München, 2018. Volkswirtschaftliche Diskussions-beiträge der Universität der Bundeswehr München, 30. Jg., Nr. 1.

https://doi.org/10.1515/9783110722536-011

Balser, M. und Ritzer, U.: Durch die Hintertür. Der Bundestag sperrt Unternehmenslobbyisten aus. Tatsächlich gab es noch nie so viele professionelle Einflüsterer. Ihre Macht ist enorm. Viele operieren versteckt und sind auf Hausausweise nicht angewiesen. In: *Süddeutsche Zeitung*, 29. Februar 2016:17, 2016.

Baum, H.-G., Albrecht, T. und Raffler, D.: *Umwelt- und Ressourcenschutz als Unternehmensziel – Steigerung des Unternehmenswerts durch Ressourcenmanagement*. Wiesbaden, 2007.

Baumgartner, R. H. und Biermann, H.: Öko-Effizienz als Beitrag zur Nachhaltigkeit? Defizite der Öko-Effizienz und Möglichkeiten zu deren ganzheitlichen Beachtung. In: Baumgartner, R. H. und Biedermann, H. (Hrsg.), *Öko-Effizienz: Konzepte, Anwendungen und Best Practices*, S. 9–25, München, 2009.

BDL: *Analyse der Klimaschutzinstrumente im Luftverkehr zur CO2-Reduktion*. Bundesverband der Deutschen Luftverkehrswirtschaft. https://www.bdl.aero/de/publikation/analyse-der-klimaschutzinstrumente-im-luftverkehr-zur-co2-reduktion/, 2019.

Beckenbach, F., Daskalakis, M. und Hofmann, D.: *Zur Pluralität der volkswirtschaftlichen Lehre in Deutschland – Eine empirische Untersuchung des Lehrangebotes in den Grundlagenfächern und der Einstellung der Lehrenden*. Marburg, 2016.

Becker, G. S.: Altruism, Egoism and Genetic Fitness: Economics and Sociobiology. In: *Journal of Economic Literature*, 14:817–826, 1976.

Belitz, H. und Schrooten, M.: Innovationssysteme – Motor der Wirtschaft. In: *Vierteljahreshefte zur Wirtschaftsforschung*, 77. Jg.(H. 2):5–10, 2008.

Bentham, J.: Eine Einführung in die Prinzipien der Moral und Gesetzgebung. In: Höffe, O. (Hrsg.), *Einführung in die utilitaristische Ethik*, S. 55–82, Tübingen, 1992.

Berg, C.: *Ist Nachhaltigkeit utopisch? Wie wir Barrieren überwinden und zukunftsfähig handeln*. München, 2020.

Bergson, A.: A Reformulation of Certain Aspects of Welfare Economics. In: *The Quarterly Journal of Economics*, 52. Jg.(H. 2):310–334, 1938.

Berle, A. und Means, G.: *The Modern Corporation and Private Property*. New York, 1932.

Bersch, J. et al.: *Abnehmendes Produktivitätswachstum – zunehmende Produktivitätsunterschiede*. ZEW policy brief, Nr. 4, 2018.

Blasche, S.: Begründung des Sozialstaates aus philosophischer Sicht. In: Blasche, S. und von Hauff, M. (Hrsg.), *Leistungsfähigkeit von Sozialstaaten*, S. 11–28, Marburg, 2003.

Blewitt, J.: *Understanding Sustainable Development*. London, 2012.

Blien, U., Ludewig, O., Rossen, A. und Sanner, H.: Zu den Arbeitsmarktwirkungen des technischen Fortschritts. In: Hagemann, H., Kromphard, J. und Sahin, B. (Hrsg.), *Arbeit und Beschäftigung – Keynes und Marx*, Schriften der Vereinigung der Keynes Gesellschaft, S. 43–55, Marburg, 2019.

BMEL: *Pro-Kopf-Konsum von Zucker in Deutschland in den Jahren 1950/51 bis 2017/18 (in Kilogramm Weißzuckerwert)*. Bundesministerium für Ernährung und Landwirtschaft. https://de.statista.com/statistik/daten/studie/175483/umfrage/pro-kopf-verbrauch-von-zucker-in-deutschland/, 2020.

BMFSFJ: *Gender Care Gap – ein Indikator für die Gleichstellung*. Bundesministerium für Familie, Senioren, Frauen und Jugend. https://www.bmfsfj.de/bmfsfj/themen/gleichstellung/gender-care-gap/indikator-fuer-die-gleichstellung/gender-care-gap---ein-indikator-fuer-die-gleichstellung/137294, 2019.

BMI: *Anzahl der neu registrierten Flüchtlinge* in Deutschland von 2014 bis 2018*. Bundesministerium des Innern, für Bau und Heimat. https://de.statista.com/statistik/daten/studie/663735/umfrage/jaehrlich-neu-registrierte-fluechtlinge-in-deutschland/, 2018.

Bourdieu, P.: Ökonomisches Kapital, kulturelles Kapital, soziales Kapital. In: Kreckel, R. (Hrsg.), *Soziale Ungleichheiten*, S. 183–198, Göttingen, 1983.

Boons, F., Montalvo, J. Q. und Wagner, M.: Sustainable Innovation, Business Models and Economic Performance: An Overview. In: *Journal of Cleaner Production*, 45:1–8, 2013.

Boons, F. und McMeekin, A. (Hrsg.): *Handbook of Sustainable Innovations*. Edward Elgar Publishing, 2019.

Bosshardt, F. W.: Ökoeffizienz – das Leitmotiv des World Business Council for Sustainable Development. In: von Weizsäcker, E.-U. und Seiler-Hausmann, J.-D. (Hrsg.), *Ökoeffizienz – Management der Zukunft*, S. 21–29, Berlin, Basel, Boston, 1999.

Boulding, K. E.: Die Ökonomie als Moralwissenschaft. In: Boulding, K. E. (Hrsg.), *Ökonomie als Wissenschaft*, S. 123–143, München, 1976.

Bourdieu, P.: Le capital social. Notes provisoires. In: *Actes de la Recherche en Sciences Sociales*, H. 31:2–4, 1980.

Bourdieu, P.: *Ökonomisches Kapital, kulturelles Kapital, soziales Kapital.* Göttingen, 1983. S. 183–198.

Braat, L.: The Predictive Meaning of Sustainability Indicators. In: Kuik, O. (Hrsg.), *In Search of Indicators of Sustainable Development*, S. 57–70, Dordrecht, 1991.

Braczyk, H.-J., Cooke, P. und Heidenreich, M.: *Regional innovation systems – the role of governances in a globalized world.* London, 1998.

Bradford, D., Gouldsen, A., Hemmelskamp, J., Kottmann, H. und Marsanich, A.: *The Impact of the EU Eco-Audit Regulation on Innovation in Europe.* Sevilla, 2000.

Brand, K.-W. und Jochum, G.: *Der Deutsche Diskurs zu Nachhaltiger Entwicklung.* www.sozialforschung.org Abruf 27.01.2009, München, 2000. MPS-Texte, Nr. 1/2000.

Braungart, M.: Cradle to Cradle – Ressourceneffektive Produktion. In: Neugebauer, R. (Hrsg.), *Handbuch ressourcenorientierte Produktion*, S. 141–149, München, 2014.

Braungart, M. und McDonough, W.: *Cradle To Cradle. Einfach intelligent produzieren*, 4. Auflage. München, Berlin Zürich, 2016.

Bregha, F., Jacob, K., Pintér, L., Swanson, D. und Volkery, A.: *National Strategies for Sustainable Development – Challenges, Approaches and Innovations in Strategic and Co-ordinated Action – Based on a 19-country Analysis.* http://www.iisd.org. Abruf 22.07.2004, 2004. Winnipeg, Bonn.

Brondizio, E. S., Settele, J., Díaz, S. und Ngo, H. T. (Hrsg.): *Global assessment report on biodiversity and ecosystem services of the Intergovernmental Science-Policy Platform on Biodiversity and Ecosystem Services.* IPBES secretariat, Bonn, 2019.

Brown-Weiss, E.: *In Fairness to Future Generations – International Law, Common Patrimony and Intergenerational Equity.* New York, 1989.

Brynjolfsson, E. et al.: *The Productivity-J-Curve: How Intangibles Complement General Purpose-Technologies*, National Bureau of Economic Research Working Paper Sires No. 25148. National Bureau of Economic Research, Cambridge, MA, 2018.

Buchanan, J. M. und Tullock, G.: *The Calculus of Consent, Logical Foundations of Constitutional Democracy.* Ann Arbor, 1962.

Buchholz, W.: *Intergenerational Equity and Environmental Economics.* Wirtschaftswissenschaftliche Fakultät der Universität Regensburg, 1997.

BUND, Brot für die Welt und EED (Hrsg.): *Zukunftsfähiges Deutschland in einer globalisierten Welt – ein Anstoß zur gesellschaftlichen Debatte.* Frankfurt, 2009.

Bundeskriminalamt: *Anzahl der polizeilich erfassten Fälle von Straftaten gegen die sexuelle Selbstbestimmung in Deutschland von 2008 bis 2019.* Bundeskriminalamt. https://de.statista.com/statistik/daten/studie/550357/umfrage/anzahl-der-straftaten-gegen-die-sexuelle-selbstbestimmung-in-deutschland/, 2020.

Bundesministerium für Umwelt und Reaktorsicherheit (BMU): *Auf dem Weg zu einer Nachhaltigen Entwicklung in Deutschland.* Bericht der Bundesregierung anlässlich der UN-Sondergeneralversammlung über Umwelt und Entwicklung 1997 in New York, Bonn, 1997.

Bundesministerium für Umwelt, Naturschutz und Reaktorsicherheit (BMU): *Green Tech Made in Germany – Umwelttechnologie-Atlas für Deutschland.* München, 2007.

Bundesministerium für Umwelt, Naturschutz, Bau und Reaktorsicherheit: *Nationale Nachhaltigkeitsstrategie -„Perspektiven für Deutschland".* URL: http://www.bmub.bund.de/themen/strategien-bilanzen-gesetze/nachhaltige-entwicklung/strategie-und-umsetzung/nachhaltigkeitsstrategie/, Abrufdatum: 05.04.2017, 2017.

Bundesministerium für Umwelt, Naturschutz und Reaktorsicherheit (BMU): *Klimaschutz in Zahlen.* Berlin, 2019.

Bundesministerium für wirtschaftliche Zusammenarbeit und Entwicklung: *Internationale Ziele – Die Agenda 2030 für nachhaltige Entwicklung.* URL: http://www.bmz.de/de/ministerium/ziele/2030_agenda/index.html, Abrufdatum: 27.03.2017, 2017.

Bundesregierung: *Perspektiven für Deutschland – Unsere Strategie für eine nachhaltige Entwicklung.* URL: http://www.nachhaltigkeitsrat.de/fileadmin/user_upload/dokumente/pdf/Nachhaltigkeitsstrategie_komplett.pdf, Abrufdatum: 02.03.2017, 2002.

Bundesregierung: *Nachhaltigkeitsstrategie – Neuauflage.* Berlin. URL: https://www.bundesregierung.de/Content/Infomaterial/BPA/Bestellservice/Deutsche_Nachhaltigkeitsstrategie_Neuauflage_2016.pdf?__blob=publicationFile&v=7, Abrufdatum: 02.03.2017, 2016.

Bundesregierung: *Deutsche Nachhaltigkeitsstrategie – Aktualisierung 2018.* Berlin, 2018.

Bundesregierung: *Deutsche Nachhaltigkeitsstrategie – Weiterentwicklung 2021.* Berlin, 2021.

Bundesverband für Naturschutz: *Positionspapier.* Bonn, 2019.

Burger, P.: Die Crux mit dem Zielwissen – Erkenntnisziele in transdisziplinärer Nachhaltigkeitsforschung und deren methodologische Implikationen. In: *Technikfolgenabschätzung – Theorie und Praxis,* 14. Jg.(H. 2):50–56, 2005.

Callens, I. und Tyteca, D.: Towards indicators of sustainable development for firms – A productive efficiency perspective. In: *Ecological Economics,* Bd. 28(H. 1):41–53, 1999.

Cameron, J. I.: Applying socio-ecological economics: a case study of of contingent valuation and integrated catchment management. In: *Ecological Economics,* 23(2):155–165, 1997.

Carlowitz, H. C. von: *Sylvicultura oeconomica oder haußwirtschaftliche Nachricht und naturmäßige Anweisung zur wilden Baum-Zucht.* Leipzig, 1713. Reprint Freiberg 2000.

Carlowitz, H. C. von: *Sylvicultura oeconomica, Mit einer Einführung von Jürgen Huss und Frederike von Gadow.* Remagen-Oberwinter, 2012.

Car Industry Flexes its Muscles, Commission Bows Down. http://archive.corporateeurope.org/carlobby.htm/#note03. Abgerufen 1. Juli 2012, 2007.

Cobb, C. W., Halstead, T. und Rowe, J.: *The Genuine Progress Indicator – Summary of Data an Methodology.* San Francisco, 1995.

Chaminade, C.: Innovation for What? Unpacking the Role of Innovation for Weak and Strong Sustainability. In: *Journal of Sustainability Research,* 2(1):1–16, 2020.

Christmann, S.: *Die Ressourcenfrage – Imperialismus oder Intelligenz?* In: Jahrbuch der Ökologie, URL: http://www.jahrbuch-oekologie.de.christmann2008.pdf, Stand: 12.05.2012, 2008.

Coenen, R. und Grunwald, A. (Hrsg.): *Nachhaltigkeitsprobleme in Deutschland – Analyse und Lösungsstrategien.* Berlin, 2003.

Coleman, J. S.: Social Capital in the Creation of Human Capital. In: *American Journal of Sociology,* Bd. 94(Beilagenheft):95–120, 1988.

Common, M. und Stagl, S.: *Ecological Economics – an Introduction.* Cambridge, New York, Melbourne, 2005.

Corrado, C. und Jäger, K.: *Communication Networks, ICT and Productivity Growth in Europe.* The Conference Board. Online: www.conference-board.orf/economics, zuletzt geprüft 04.06.2017.

Costanza, R., Cumberland, J., Daly, H. E., Goodland, R., Norgaard, R., Eser, T. W., Schwaab, J. A., Seidl, I. und Stewen, M.: *Einführung in die Ökologische Ökonomik*. Stuttgart, 2001.

Costanza, R. und Patten, B. C.: Defining and Predicting Sustainability. In: *Ecological Economics*, Bd. 15(H. 3):193–196, 1995.

Cradle to Cradle NGO: *Das Cradle to Cradle Designekonzept*. https://epea.com/ueber-uns, Abruf 14. Mai 2020.

Crafts, N.: The productivityslowdown: is it the new normal? In: *Oxford Review of Economic Policy*, 34(3):443–460, 2018.

Crutzen, P. und Stoermer, E. P.: The Anthropocene. In: *IGBP Newsletter*, 41:17–18, 2000.

CSI: *The Social Footprint – Introduction and Proof of Concept; Draft 3.1*. http://www.sustainableinnovation.org. Abruf 23.08.2006, 2006.

Cyert, R. M. und March, J. G.: *A behavioral theory of the firm*. Englewood Cliff, 1963.

Czymmek, F.: *Ökoeffizienz und unternehmerische Stakeholder*. Köln, 2003.

Czymmek, F., Freier, I., Hesselbarth, C. und Kleine, A.: Corporate Social Responsibility. In: Baumast, A. und Pape, J. (Hrsg.), *Betriebliches Umweltmanagement – vom Umwelt- zum Nachhaltigkeitsmanagement*, S. 241–254, 3. Auflage. Stuttgart, 2008.

Dalal-Clayton, B. und Bass, S.: *Sustainable Development Strategies – a Resource Book*. London, 2002.

Daly, H. E.: Toward Some Operational Principles of Sustainable Development. In: *Ecological Economics*, Bd. 2(H. 1):1–6, 1990.

Daly, H. E.: On Nicholas Georgescu-Roegen's Contribution to Economics – an Obituary Essay. In: *Ecological Economics*, Bd. 13(H. 3):149–154, 1995.

Daly, H. E.: *Wirtschaft jenseits vom Wachstum – die Volkswirtschaftslehre nachhaltiger Entwicklung*. Salzburg, München, 1999. Original: Beyond Growth – The Economics of Sustainable Development. Boston 1996.

Daly, H. E. und Farley, J.: *Ecological Economics – Principles and Applications, Second Edition*. Washington, 2011.

Dasgupta, P. und Heal, G.: The Optimal Depletion of Exhaustible Resources. In: *The Review of Economic Studies Symposium*, 41. Jg:3–28, 1974.

Davies, G. R.: A Praising Week and Strong Sustainability: Searching for a Middle Ground. In: *The Journal of Sustainable Development*, Vol. 10(Iss. 1):111–124, 2013.

De Graaf, J., Wann, D. und Naylor, T.: *Affluenza. Zeitkrankheit Konsum*. München, 2002.

Deutsche Bundesregierung: *Perspektiven für Deutschland – Unsere Strategie für eine nachhaltige Entwicklung*. Berlin, 2003.

Deutsche Bundesregierung: *Fortschrittsbericht 2004 zur Nationalen Nachhaltigkeitsstrategie – Endfassung*. Berlin, 2004.

Deutsche Bundesregierung: *Wegweiser Nachhaltigkeit – Bilanz und Perspektiven*. Berlin, 2005.

Deutsche Bundesregierung: *Für ein nachhaltiges Deutschland – Fortschrittsbericht 2008 zur nationalen Nachhaltigkeitsstrategie*. Berlin, 2008.

Deutsche Bundesregierung: *Wie wollen wir morgen leben? – Stimmen der Öffentlichkeit aus den Konsultationen zum Fortschrittsbericht 2008 zur nationalen Nachhaltigkeitsstrategie*. http://www.dialog-nachhaltigkeit.de Abruf 19.11.2008.

Deutsches Institut für Entwicklungspolitik: *Stellungnahme des Deutschen Instituts für Entwicklungspolitik (DIE) zum Entwurf der neuen deutschen Nachhaltigkeitsstrategie 2016*. https://www.die-gdi.de/uploads/media/20160801_Stellungnahme_DIE_zur_deutschen_Nachhaltigkeitsstrategie.pdf.

Diefenbacher, H., Karcher, H., Stahmer, C. und Teichert, V.: *Nachhaltige Wirtschaftsentwicklung im regionalen Bereich – Ein System von ökologischen, ökonomischen und sozialen Indikatoren*. Heidelberg, 1997. Texte und Materialien, R. A, Nr. 42.

Diefenbacher, H.: *Gerechtigkeit und Nachhaltigkeit – Zum Verhältnis von Ethik und Ökonomie*. Darmstadt, 2001.

Diefenbacher, H., Frank, A., Leipner, I., Teichert, V. und Wilhelmy, S.: *Indikatoren nachhaltiger Entwicklung in Deutschland – ein alternatives Indikatorensystem zur nationalen Nachhaltigkeitsstrategie*. Heidelberg, 2004. Texte und Materialien, R. B, Nr. 30.

Diefenbacher, H. und Zieschank, R.: *Wohlfahrtsmessung in Deutschland – ein Vorschlag für einen neuen Wohlfahrtsindex*. Heidelberg, 2008.

Dierkes, M.: Menschen, Gesellschaft, Technik – Auf dem Wege zu einem neuen gesellschaftlichen Umgang mit der Technik. In: Wildenmann, R. (Hrsg.), *Umwelt, Wirtschaft, Gesellschaft – Wege zu einem neuen Grundverständnis*, S. 41–59, Stuttgart, 1985.

Deutscher Naturschutzring (DNR), Bund für Umwelt und Naturschutz Deutschland (BUND) und Naturschutzbund (NABU): *Strategien für Nachhaltigkeit – die Rolle der Bundesländer bei der Umsetzung nachhaltiger Entwicklung – Dokumentation der Konferenz vom 5. Juli 2007 in Berlin (Hrsg.)*. Bonn, 2007.

Dockweiler, C.: Perspektiven der Digitalisierung für das Gesundheitswesen. In: v. Hauff, M. und Reller, A. (Hrsg.), *Nachhaltige Digitalisierung – eine noch zu bewältigende Zukunftsaufgabe*, S. 109–122, Wiesbaden, 2020.

Downs, A.: *An Economic Theory of Democracy*. New York, 1957. deutsch: Politische Theorie der Demokratie. Tübingen 1968.

Dresner, S.: *The Principles of Sustainability*. London, 2008.

Durth, R., Körner, H. und Michaelowa, K.: *Neue Entwicklungsökonomik*. Stuttgart, 2002.

DVFFA (Deutscher Verband Forstlicher Forschungsanstalten): *Anpassung der Wälder an den Klimawandel – Positionspapier*: 2019.

Dyllick, T. und Hockerts, K.: Beyond the business case for corporate sustainability. In: *Business Strategy and the Environment*, 11. Jg.(H. 2):130–141, 2002.

Ehrlich, P. R. und Holdren, J. P.: Impact of population and growth. In: *Science*, Bd. 171:1212–1217, 1971.

Eigner, M. und Schäfer, P.: Nachhaltigkeit aus Engineering Perspektive. In: v. Hauff, M. (Hrsg.), *Nachhaltige Entwicklung – Aus der Perspektive verschiedener Disziplinen*, S. 134–154, Baden-Baden, 2014.

Eigner, M., Apostolov, H. und Schäfer, P.: Nachhaltigkeit 4.0 – Nachhaltige Produktentwicklung im Zeitalter der vierten industriellen Revolution. In: v. Hauff, M. und Nguyen, T. (Hrsg.), *Fortschritte in der Nachhaltigkeitsforschung*, S. 253–271, Baden-Baden, 2018.

Ekins, P.: Strong sustainability and critical natural capital. In: Atkinson, G., Dietz, S., Neumayer, E. und Agarwala, M. (Hrsg.), *Handbook of Sustainable Development*, S. 55–71, 2. Auflage. Elgar, 2014.

Ellis, C. E.: *Anthropozän – Das Zeitalter des Menschen – Eine Einführung*. München, 2020.

Elkington, J.: Towards the Sustainable Corporation – Win-Win-Win Business Strategies for Sustainable Development. In: *California Management Review*, Bd. 36(Nr. 2):90–100, 1994.

Enders, C. und Remig, M. (Hrsg.): *Theories of Sustainable Development*. Oxon, New York, 2015.

Endres, A.: *Umweltökonomie*, 4. Auflage. Stuttgart, 2013.

Endres, A. und Radke, V.: *Indikatoren einer nachhaltigen Entwicklung*. Berlin, 1998.

Enquete-Kommission: *Die Industriegesellschaft gestalten – Perspektiven für einen nachhaltigen Umgang mit Stoff- und Materialströmen*. Bonn, 1994. Bundestagsdrucksache Nr. 12/8260.

Enquete-Kommission (Hrsg.). *Abschlußbericht der Enquête-Kommission ,Schutz des Menschen und der Umwelt – Ziele und Rahmenbedingungen einer nachhaltig zukunftsverträglichen Entwicklung' des 13. Deutschen Bundestages*, Kapitel Konzept Nachhaltigkeit – vom Leitbild zur Umsetzung. Zur Sache Nr. 4/98. Bonn, 1998.

Epstein, M. J. und Buhovac, A. R.: *Making Sustainability Work*, 2. Auflage. San Francisco, 2014.

Erlei, M., Leschke, M. und Sauerland, D.: *Neue Institutionenökonomik*, 3. Auflage. Stuttgart, 2016.

European Commission: *Next steps for a sustainable European future – European action for sustainability*. URL: https://ec.europa.eu/europeaid/sites/devco/files/communication-next-steps-sustainable-europe-20161122_en.pdf, Abrufdatum: 04.05.2018, 2016.

European Commission: *Study on the review of the list of critical raw materials: Criticality Assessments*. European Union, 2017. https://op.europa.eu/en/publication-detail/-/publication/08fdab5f-9766-11e7-b92d-01aa75ed71a1.

Europäische Kommission: *A Sustainable Europe for a Better World – A European Union Strategy for Sustainable Development – Commission's proposal to the Gotenburg European Council*. Communication from the Commission, COM (2001) 264final, Brüssel, 2001.

Entscheidung für Wachstum – Wissen, Innovation und Arbeit in einer auf Zusammenhalt gegründeten Gesellschaft – Bericht für die Frühjahrstagung des europäischen Rates am 21. März 2003 über die Lisabonner Strategie zur wirtschaftlichen, sozialen und ökologischen Erneuerung, 2003. Mitteilung der Kommission, KOM (2003) 5endgültig/2. Brüssel.

Europäische Kommission: *National Sustainable Development Strategies in the European Union – a first analysis by the European Commission*. Commission staff working document, 28.04.2004. http://europe.eu.int/comm/sustainable/. Abruf 14.05.2004, 2004.

Europäische Kommission: *Überprüfung der Strategie für nachhaltige Entwicklung – ein Aktionsprogramm*. Mitteilung der Kommission an das Europäische Parlament und den Rat, Kom (2005) 658 endgültig, Brüssel, 2005.

Europäische Kommission: *Fortschrittsbericht 2007 zur Strategie für nachhaltige Entwicklung*. Mitteilung der Kommission, KOM (2007) 642 endgültig, Brüssel, 2007.

Europäische Kommission: *Zehn Prioritäten für Europa – Ein neuer Start für Europa: eine EU-Agenda für Jobs, Wachstum, Fairness und demokratischen Wandel*. URL: https://www3.kaiserslautern.de/wb/media/10JunckerPrioritaeten_NA0115476DEN_002.pdf, Abrufdatum: 14.05.2018, 2015.

Europäische Kommission: *Eine neue Industriestrategie für Europa*. Mitteilung der Kommission an das Europäische Parlament, den Europäischen Rat, den Europäischen Wirtschafts- und Sozialausschuss und den Ausschuss der Regionen, Brüssel, 2020.

Europäische Union: *Vertrag über die Europäische Union – Vertrag von Maastricht*. In: *Europäisches Amtsblatt*, (Nr. C 191), 1992.

Europäische Union und Europäische Gemeinschaften: *Vertrag von Amsterdam zur Änderung des Vertrags über die Europäische Union, der Verträge zur Gründung der Europäischen Gemeinschaften sowie einiger damit zusammenhängender Rechtsakte*. In: *Europäisches Amtsblatt*, (Nr. C 340), 1997.

Europäischer Rat: *Europäischer Rat am 15./16.06.1998 in Cardiff – Schlussfolgerungen des Vorsitzes*. SN150/1/98Rev1-DE. http://www.europa.eu.int/european_council/, 1998. Abruf 18.04.2004).

Europäischer Rat: *Europäischer Rat am 23./24.04.2000 in Lissabon – Schlussfolgerungen des Vorsitzes*. SN100/00. http://www.ue.eu.int, 2000. Abruf 07.09.2004.

Europäischer Rat: *Europäischer Rat am 15./16.06.2001 in Göteborg – Schlussfolgerungen des Vorsitzes*. SN200/1/01Rev1-DE. http://www.europa.eu.int/european_council/, 2001. Abruf 06.09.2004.

Eurostat: *Measuring progress towards a more sustainable Europe – 2007 monitoring report of the EU sustainable development strategy*. Luxemburg, 2007.

Eurostat: *Sustainable development in the European Union – Monitoring report on progress towards the SDGs in an EU context*. URL: http://ec.europa.eu/eurostat/documents/3217494/8461633/KS-04-17-780-EN-N.pdf/f7694981-6190-46fb-99d6-d092ce04083f, Abrufdatum: 15.04.2018, 2017.

Factor 10 Club: *Carnoules Declaration*. http://www.factor10-institute.org. Abruf 22.04.2009, o. O., 1994.

FAO und UNEP: *The State of the World's Forests 2020: Forests, biodiversity and people*. https://doi.org/10.4060/ca8642en, Rome, Italy, 2020.

Fehr, E. und Schmidt, K. M.: A Theory of Fairness, Competition, and Cooperation. In: *The Quarterly Journal of Economics*, (August):817–868, 1999.

Figge, F.: Environmental Value Added – ein neues Maß zur Messung der Ökoeffizienz. In: *Zeitschrift für angewandte Umweltforschung*, 14. Jg.(H. 1–4):184–197, 2001.

Fischer, D. und v. Hauff, M.: *Nachhaltiger Konsum*. Wiesbaden, 2017.

Fischer, K., Baudach, T. und v. Hauff, M.: *Nachhaltige Gewerbe- und Industriegebiete. Theoretische Begründung und konzeptionelle Ausgestaltung*. Kaiserslautern, 2015. Volkswirtschaftliche Diskussionsbeiträge.

Fischer-Kowalski, M.: *Anforderungen an eine nachhaltige Entwicklung*. Klagenfurt, 1995. Schriftenreihe Soziale Ökologie des Interuniversitären Instituts für Interdisziplinäre Forschung und Fortbildung Klagenfurt.

FIU – Forschungsverbund Innovative Wirkungen umweltpolitischer Instrumente (Joint Project on Innovation Impacts of Environmental Policy Instruments): *Rundbrief September 1997*. RWI, Essen, 1997.

Five Winds International: *The Role of Eco-Efficiency – Global Challenges and Opportunities in the 21st Century*. o. O. 2000 http://www.fivewinds.com Abruf 19.11.2002.

Five Winds International: *Eco-Efficiency and Material*. Ottawa. http://www.fivewinds.com, 2001. Abruf 19.11.2002.

Foxon, T. J., Gross, R., Chase, A., Howes, J., Arnall, A. und Anderson, D.: The UK Innovation Systems for New and Renewable Energy Technologies. In: *Energy Policy*, 33. Jg.(H. 16):2123–2137, 2005.

Fratzscher, M.: *Verteilungskampf. Warum Deutschland immer ungleicher wird*. München, 2016.

Fratzscher, M.: *Die Neue Aufklärung – Wirtschaft und Gesellschaft nach der Corona Krise*. Berlin, 2020.

Freeman, C.: *Technology Policy and Economic Performance – Lessons from Japan*. London, 1987.

Frenz, W. und Unnerstall, H.: *Nachhaltige Entwicklung im Europarecht*. Baden-Baden, 1999.

Frey, B. S.: *Wirtschaftswissenschaftliche Glücksforschung*. Wiesbaden, 2017.

Friedman, M.: *Capitalism and Freedom*. Chicago University Press, 1962. Chicago.

Fuchs, S.: *Geltungsbereiche des sozialen Kapitals in Deutschland*. Heidelberg, 2020.

Funck, D. und Pape, J.: Integrierte Managementsysteme. In: Baumast, A. und Pape, J. (Hrsg.), *Betriebliches Umweltmangement – vom Umwelt- zum Nachhaltigkeitsmanagement*, S. 93–102, 3. Auflage. Stuttgart, 2008.

Gäth, S. und Meißner, S.: Ressourcenschonung durch innovative Recycling- und Kreislaufkonzepte. In: Reller, A. et al. (Hrsg.), *Ressourcenstrategien – Eine Einführung in den nachhaltigen Umgang mit Ressourcen*, S. 105–122, Darmstadt, 2013.

Gege, M.: *Kosten senken durch Umweltmanagement – 1000 Erfolgsbeispiele aus 100 Unternehmen*. München, 1997.

Georgescu-Roegen, N.: *The Entropy Law and Economic Process*. Cambridge, 1971.

Giegrich, J., Möhler, S. und Borken, J.: *Entwicklung von Schlüsselindikatoren für eine nachhaltige Entwicklung*. Bericht des Instituts für Energie- und Umweltforschung, Heidelberg, 2003.

Gillwald, K.: *Konzepte sozialer Innovation*. Berlin, 2000. Paper der Querschnittsgruppe ‚Arbeit und Ökologie' des Wissenschaftszentrums Berlin, Nr. 00-519.

Gleser, S., Schneider, S. H. und Buder, M.: *Die deutsche Entwicklungspolitik im Spiegel der Öffentlichkeit – der DEval-Meinungsmonitor (MeMo) Entwicklungspolitik*: 2018.

Glimcher, P. W. und Fehr, E.: Introduction: A Brief History of Neuroeconomics. In: Glimcher, P. W., Camerer, C., Fehr, E. und Poldrack, R. A. (Hrsg.), *Neuroeconomics*. 2009.

Global Footprint Network: *Footprint Analysen*. http://footprintnetwork.org, 2013. Abruf 22.01.2014.

Göbel, E.: *Neue Institutionenökonomik*. Stuttgart, 2002.

Golub, A., Mahoney, M. und Parlow, J.: Sustainability and Intergenerational Equity: Do Past Injustices Matter? In: *Sustainable Science*, 8:269–277, 2013.

Gordon, R. J.: Is U.S. Economic Growth Over? Faltering Innovation Confronts the Six Headwinds. working paper 18315, National Bureau of Economic Research, 2012.

Gowdy, J. M. und McDaniel, C. N.: The Physical Destruction of Nauru – an Example of Weak Sustainability. In: *Land Economics*, 75. Jg.(H. 2):333–338, 1999.

Grambow, M. und Korck, J.: Environmental and Ecological Aspects of Sustainable Risk Management. In: Wilderer, P. et al. (Hrsg.), *Sustainable Risk Management*, S. 55–75. Springer International Publishing, 2018.

Greenpeace: *Klimaschutz unter den Rädern – Wie die Autoindustrie die Klimapolitik torpediert*. http://www.greenpeace.de/themen/klima/nachrichten/artikel/mit_vollgas_richtung_klimawandel/, Abruf am 26. Juni 2012.

GRI: *Leitfaden zur Nachhaltigkeitsberichterstattung*. http://www.globalreporting.org. Abruf 18.08.2007.

Grober, U.: *Die Entdeckung der Nachhaltigkeit – Kulturgeschichte eines sperrigen Begriffs*. München, 2010.

Grossmann, G. M. und Helpmann, E.: Endogenous Innovation in the Theory of Growth. In: *The Journal of Economic Perspectives*, 8. Jg.(H. 1):23–44, 1994.

Grunwald, A. und Kopfmüller, J.: *Nachhaltigkeit*, 2. Auflage. Frankfurt, New York, 2012.

Günther, E.: *Öko-Effizienz – der Versuch einer Konsolidierung der Begriffsvielfalt*. Dresden, 2005. Dresdner Beiträge zur Betriebswirtschaftslehre, Nr. 103/05.

Haas, W. et al.: How Circular is the Global Economy? An Assessment of Material Flows, Waste Production, and Recycling in the European Union and the World in 2005. In: *Journal of Industrial Ecology*, 19(Issue 5):765–777, 2015. doi:10.1111/jiec.12244.

Haeckel, E.: *Prinzipien der generellen Morphologie der Organismen*. Berlin, 1866.

Hartwick, J. M.: Intergenerational Equity and the Investing of Rents from Exhaustible Ressources. In: *American Economic Review*, 67. Jg.(H. 5):972–974, 1977.

Hasan, I. und Tucci, C. *Research Policy*, Kapitel The Innovation-Economic Growth Nexus Global Evidence, S. 1264–1276. 2010.

Haslinger, F.: Zum Konzept der ‚nachhaltigen Entwicklung'. In: Feser, H.-D. und von Hauff, M. (Hrsg.), *Neuere Entwicklungen in der Umweltökonomie und -politik*, S. 3–16, Regensburg, 1997.

Hauff, M. von und Kleine, A.: *Methodischer Ansatz zur Systematisierung von Handlungsfeldern und Indikatoren einer Nachhaltigkeitsstrategie – Das Integrierende Nachhaltigkeits-Dreieck*. Kaiserslautern, 2005. Volkswirtschaftliche Diskussionsbeiträge an der Universität Kaiserslautern, Nr. 19-05.

Hauff, M. von: Von der Sozialen zur Nachhaltigen Marktwirtschaft. In: von Hauff, M. (Hrsg.), *Die Zukunftsfähigkeit der Sozialen Marktwirtschaft*, S. 349–392, Marburg, 2007.

Hauff, M. von und Wilderer, P. A.: Industrial Ecology – Engineered Representation of Sustainability. In: *Sustainability Science*, 3. Jg.(Bd. 1):103–115, 2008.

Hauff, M. von und Kleine, A.: Nachhaltigkeit in 3D – Plädoyer für drei Nachhaltigkeitsdimensionen. In: *Gaia*, 18. Jg.(H. 1):29–31, 2009.

Hauff, M. von, Isenmann, R. und Müller-Christ, G. (Hrsg.): *Industrial Ecology Management. Nachhaltige Entwicklung durch Unternehmensverbünde*. Wiesbaden, 2012.

Hauff, M. von und Schiffer, H.: *Soziale Nachhaltigkeit im Kontext der neuen Institutionenökonomik*. Kaiserslautern, 2010. Volkswirtschaftliche Diskussionsbeiträge an der Technischen Universität Kaiserslautern, Nr. 30-10.

Hauff, M. von und Schiffer, H.: Anforderungen des Paradigmas nachhaltiger Entwicklung. In: Hauff, M. von und Nguyen, T. (Hrsg.), *Nachhaltige Wirtschaftspolitik*, S. 9–34, Baden-Baden, 2013.

Hauff, M. von: Anforderungen an nachhaltige Gewerbegebiete. In: Hauff, M. von, Isenmann, R. und Müller-Christ, G. (Hrsg.), *Industrial Ecology Management – Nachhaltige Entwicklung durch Unternehmensverbünde*, S. 11–121, Wiesbaden, 2012.

Hauff, M. von und Nguyen, T.: *Nachhaltige Wirtschaftspolitik*. Baden-Baden, 2013.

Hauff, M. von und Parlow, A.: *CO_2-Emissions and Economic Growth – A bounds-testing cointegration analysis for German industries*. Kaiserslautern, 2014. Volkswirtschaftliche Diskussionsbeiträge Technische Universität Kaiserslautern.

Hauff, M. von und Mistri, A.: *Economic Development and Water Sustainability: Study from an Emerging Nation, India*. Delhi, 2016.

Hauff, M. von und Fischer, K.: Industrial and commercial zone planing according to the requirements of sustainable development. In: v. Hauff, M. und Kuhnke, C. (Hrsg.), *Sustainable Deveolment Policy*, S. 228–249. Routledge, 2017.

Hauff, M. von und Jörg, A.: *Nachhaltiges Wachstum*, 2. Auflage. München, 2017.

Hauff, M. von und Claus, K.: *Fair Trade*, 3. Auflage. Stuttgart, 2017.

Hauff, M. von: Economic Growth: Opportunity or Risk. In: Wilderer, P. A. et al. (Hrsg.), *Sustainable Risk Management*, S. 33–44. Springer International, 2018.

Hauff, M. von: *Fortschrittsdenken in der Ökonomie. Neoklassische Ökonomie versus Nachhaltigkeitsökonomie*. In: v. Hauff, M. and Nguyen, T. (Hrsg.): Fortschritte in der Nachhaltigkeitsforschung. Baden-Baden. S. 11–31, 2018.

Hauff, M. von, Schulz, R. und Wagner, R.: *Deutschlands Nachhaltigkeitsstrategie*. München, 2018.

Hauff, M. von: *Nachhaltige Entwicklungspolitik*. München, 2019.

Hauff, M. von: *Nachhaltigkeit für Deutschland? Klare Antworten aus erster Hand*. München, 2020.

Hauff, M. von und Reller, A.: Nachhaltige Entwicklung und Digitalisierung: Eine noch nichtganz geklärte Herausforderung. In: v. Hauff, M. und Reller, A. (Hrsg.), *Nachhaltige Digitalisierung – Eine noch zu bewältigende Zukunftsaufgabe*, S. 5–10, Wiesbaden, 2020.

Hauff, M. von: Digitalisierung: Die nachhaltigkeitsökonomische Perspektive. In: v. Hauff, M. und Reller, A. (Hrsg.), *Nachhaltige Digitalisierung – Eine noch zu bewältigende Zukunftsaufgabe*, S. 11–24, Wiesbaden, 2020.

Hauff, V. (Hrsg.): *Unsere gemeinsame Zukunft – der Brundtland-Bericht der Weltkommission für Umwelt und Entwicklung*. Greven, 1987. Original: WCED: Our Common Future. Oxford 1987.

Haug, S.: *Soziales Kapital – ein kritischer Überblick über den aktuellen Forschungsstand*. Mannheimer Zentrum für Europäische Sozialforschung, Nr. 15, Mannheim, 1997.

Haug, S. und Gerlitz, J.-Y.: Messkonzepte sozialen Kapitals – eine Betrachtung vor dem Hintergrund der Nachhaltigkeitsdebatte. In: Beckenbach, F., Hampicke, U., Leipert, C., Meran, G., Minsch, J., Nutzinger, H. G., Pfriem, R., Weimann, J., Wirl, F. und Witt, U. (Hrsg.), *Soziale Nachhaltigkeit*, Jahrbuch Ökologische Ökonomik, S. 189–218, Marburg, 2007.

Hauschild, M. Z.: Better – But is it Good Enough? On the Need to Consider Both Eco-efficiency and Eco-effectiveness to Gauge Industrial Sustainability. In: *Procedia CIRP*, 29:1–7, 2015.

Hayek, F. A. von: *Die Theorie komplexer Phänomene*. Tübingen, 1972.

Hediger, W.: Sustainable Development and Social Welfare. In: *Ecological Economics*, Bd. 32(H. 3):481–492, 2000.

Heidelberger Institut für Internationale Konfliktforschung (HIIK): *Konfliktbarometer 2020*. Heidelberg, 2021.

Heinrich, P. und Schmidpeter, R.: Wirkungsvolle CSR-Kommunikation-Grundlagen. In: Heinrich, P. (Hrsg.), *CSR und Kommunikation – Unternehmerische Verantwortung überzeugend vrmitteln*, S. 1–25, 2. Auflage. Gabler, Berlin, Heidelberg, 2018.

Heins, B.: *Soziale Nachhaltigkeit*. Berlin, 1998.

Held, B., Rodenhäuser, D. und Diefenbachr, H.: *NWI 22020 – Auswirkungen der Pandemie auf die Wohlfahrt.* IMK Policy Brief 96 August, 2020.

Hemmelskamp, J.: *Umweltpolitik und technischer Fortschritt.* Heidelberg, 1999.

Hemmelskamp, J., Rennings, K. und Leone, F.: *Innovation-Oriented Environmental Regulation – Theoretical Approaches and Empirical Analysis.* Heidelberg, 2000.

Hennicke, P., Kristof, K. und Dorner, U.: *Ressourcensicherheit und Ressourceneffizienz – Wege aus der Rohstoffkrise.* URL: http://d-nb.info/996881921/34, Stand: 05.01.2013.

Hennicke, P. und Schleicher, T.: Nachhaltige Energiepolitik. In: v. Hauff, M. und Nguyen, T. (Hrsg.), *Nachhaltige Wirtschaftspolitik*, S. 217–250, Baden-Baden, 2013.

Hicks, J. R.: *Value and Capital – An Enquiry into some Fundamental Principals of Economic Theory*, 2. Auflage. Oxford, 1946.

Hillebrand, B., Löbbe, K., Clausen, H., Dehio, J., Halstrick-Schwenk, M., von Loeffelholz, H. D., Moos, W. und Storchmann, K. H.: *Nachhaltige Entwicklung in Deutschland – ausgewählte Problemfelder und Lösungsansätze.* Essen, 2000. Untersuchungen des Rheinisch-Westfälischen Instituts für Wirtschaftsforschung, Nr. 36.

Holden, E., Linnerud, K. und Banister, D: (2017): The imperatives of sustainable development. In: *Sustainable Development.*, 25. Jg.(Nr. 3):213–226, 2017.

Höffe, O.: *Einführung in die utilitaristische Ethik. Klassische und zeitgenössische Texte*, 5., überarb. und erw. Auflage. Francke, Tübingen & Basel, 2013.

Hoffrén, J. und Korhonen, J.: Eco-Efficiency is Important when it is Strategic. In: *Progress in Industrial Ecology*, Bd. 4(H. 1/2):1–18, 2007.

Holm, S.-O. und Englund, G.: Increased Ecoefficiency and Gross Rebound Effect: Evidence from USA and six European Countries 1960–2002. In: *Ecological Economics*, Bd. 68(H. 3):879–887, 2009.

Holstein, L.: *Nachhaltigkeit und neoklassische Ökonomik – der Homo oeconomicus und die Begründung intergenerationeller Gerechtigkeit.* Marburg, 2003.

Horbach, J.: Methodological Aspects of an Indicator System for Sustainable Innovation. In: Horbach, J. (Hrsg.), *Indicator Systems for Sustainable Innovation*, S. 1–19, Heidelberg, 2005.

Horbach, J. und Reif, C. *New Developments in Eco-Innovation Research*, Kapitel New Developments in Eco-Innovation Research. Springer Nature, 2018.

Horbach, J.: Determinants of eco-innovation at the firm level. In: Boons, F. und McMeekin, A. (Hrsg.), *Handbook of sustainable innovation.* Edward Elgar, Cheltenham, 2019.

Horbach, J. und Rammer, C.: *Employment and Performance Effects of Circular Economy Innovations*: 2019. ZEW Discussion Paper, No. 19-016, 05/2019.

Huber, J.: *Nachhaltige Entwicklung – Strategien für eine ökologische und soziale Erdpolitik.* Berlin, 1995.

Huber, J.: *Allgemeine Umweltsoziologie.* Wiesbaden, 2001.

Huber, J.: *Technological Environmental Innovations.* http://www.uni-halle.de Abruf 02.12.2008, Halle, 2005. Der Hallesche Graureiher, Nr. 2005-1.

Huber, J.: Technologische Umweltinnovationen. In: Isenmann, R. und von Hauff, M. (Hrsg.), *Industrial Ecology – mit Ökologie zukunftsorientiert Wirtschaften*, S. 153–165, München, 2007.

Huber, J. *Jahrbuch Ökologie*, Kapitel Konstistenz – schlüssig für Nachhaltigkeit, S. 55–63. 2014.

Hübner, K. und Nill, J.: *Nachhaltigkeit als Innovationsmotor – Herausforderungen für das deutsche Innovationssystem.* Berlin, 2001.

Hukkinen, J.: Eco-Efficiency as Abandonment of Nature. In: *Ecological Economics*, Bd. 38:311–315, 2001.

International Bank for Reconstruction and Development (IBRD): *Nachhaltige Entwicklung in einer dynamischen Welt – Institutionen, Wachstum und Lebensqualität verbessern – Weltentwicklungsbericht.* Bonn, 2003. Original: IBRD: Sustainable Development in a Dynamic World – World Development Report 2003. Washington 2006.

International Bank for Reconstruction and Development (IBRD): *Chancengerechtigkeit und Entwicklung – Weltentwicklungsbericht.* Düsseldorf, 2006. Original: IBRD: Equity and Development – World Development Report 2006. Washington 2006.

International Bank for Reconstruction and Development (IBRD): *Where is the Wealth of Nations? – Measuring Capital for the 21st Century.* Washington, 2006.

International Council For Science (Hrsg.): *A Guide To Interactions: From Science To Implementation.* Paris, 2017.

International Peer Group: *The 2018 Peer Review one the German Sustainability Strategy.* https:// www.nachhaltigkeitsrat.de/wp-content/uploads/2018/05/2018_Peer_Review_of_German_ Sustainability_Strategy_BITV.pdf, 2018.

Isenmann, R.: *Natur als Vorbild.* Marburg, 2003.

Jackson, T.: *Wohlstand ohne Wachstum. Leben und Wirtschaften in einer endlichen Welt,* 3. Auflage. München, 2017.

Jacob, K.: Shaping System Innovation: Transformative Environmental Policies. In: Horbach, J. und Reif, C. (Hrsg.), *New Development in Eco-Innovation Research,* S. 81–94. Springer, 2018.

Jacobs, M.: What is Socio-Ecological Economics? In: *Ecological Economics Bulletin,* 1:239–255, 1996.

Jäger, T. A., Wellhausen, M. B. und Schwarz, M.: *Umweltschutz, Umweltmanagement und Umweltberatung – Ergebnisse einer Befragung in kleinen und mittleren Unternehmen.* Köln, 1998. Berichte des Instituts für Erforschung sozialer Chancen, Nr. 55.

Jaeger-Erben, M.: *Kreislaufwirtschaft – Ein Ausweg aus der sozial-ökologischen Krise?* Wiesbaden, 2019.

Jaeger-Erben, M., Peuker, B. und Rückert-John, J.: Die Potenziale der Digitalisierung zur Förderung sozialer Innovationen. In: v. Hauff, M. und Reller, A. (Hrsg.), *Nachhaltige Digitalisierung – eine noch zu bewältigende Zukunftsaufgabe,* S. 123–140, Wiesbaden, 2020.

Jänicke, M.: *Megatrend Umweltinnovation – zur ökologischen Modernisierung von Wirtschaft und Staat.* München, 2008.

John, K. D.: Wirtschaftswachstum und Nachhaltigkeit aus wirtschaftsdynamischer Perspektive. In: v. Hauff, M. (Hrsg.), *Nachhaltige Entwicklung – Aus der Perspektive unterschiedlicher Disziplinen.* Baden-Baden, 2014 (erscheint im Sommer).

Kapp, K. W.: *Soziale Kosten der Marktwirtschaft.* Frankfurt, 1979. Original: Social Costs of Business Enterprise. Bombay 1963.

Kemp, R., Arundel, A. und Smith, K.: Several Indicators for Environmental Innovation. In: *Conference Paper ‚Towards Environmental innovation Systems‘,* Garmisch-Partenkirchen, 2001.

Kemp, R. und Pearson, P.: *Final Report MEI Project About Measuring Eco-Innovation.* www.merit.unu. edu/MEI, Maastricht, 2008.

Khanna, M., Deltas, G. und Harrington, D. R.: Adoption of pollution prevention techniques: The role of management systems and regulatory pressures. In: *Environmental and Resource Economics,* 44:85–106, 2009.

Kirchgässner, G.: Gibt es die ökologische und soziale Wirtschaft? In: *Außenwirtschaft,* 57. Jg.(H. 4):391–406, 2002.

Kirchgässner, G.: *Homo Oeconomicus,* 4. Auflage. Tübingen, 2013.

Kirsch, G.: *Neue Politische Ökonomie,* 5. Auflage. Stuttgart, 2004.

Kleine, A.: *Operationalisierung einer Nachhaltigkeitsstrategie – Ökologie, Ökonomie und Soziales integrieren.* Wiesbaden, 2009.

Kleine, A. und von Hauff, M.: Sustainability-Driven Corporate Social Responsibility – Application of the Integrative Sustainability Triangle. In: *Journal of Business Ethics,* 2009.

Kleine, A. und Weber, V.: *Ökoeffizienz-Analyse zu Entsorgungsoptionen von pech-/teerhaltigem Straßenaufbruch – Kaltrecyclingverfahren, Ablagerung und thermische Behandlung – im Ge-*

samtkontext einer Straßensanierung überörtlicher Straßen. http://www.sam-rlp.de, Mainz, 2007.

Kleine, A.: *Operationalisierung einer Nachhaltigkeitsstrategie.* Wiesbaden, 2009.

Kölling, C.: Klimahüllen für 27 Waldbaumarten. In: *AFZ-Der Wald,* 23:1242–1245, 2007.

KOM (363 endgültig): *Mitteilung der Kommission an das Europäische Parlament, den Rat, den europäischen Wirtschafts- und Sozialausschuss und den Ausschuss der Regionen: Rio+20: Hin zu einer umweltverträglichen Wirtschaft und besserer Governance.* Brüssel, 2011.

Kondratieff, N. D.: Die langen Wellen der Konjunktur. In: *Archiv für Sozialwissenschaft und Sozialpolitik,* Bd. 56:573–609, 1926.

Konrad, W. und Nill, J.: *Innovationen für Nachhaltigkeit.* Berlin, 2001. Schriftenreihe des IÖW, Nr. 157.

Kopfmüller, J., Brandl, V., Jörissen, J., Paetau, M., Banse, G., Coenen, R. und Grunwald, A.: *Nachhaltige Entwicklung integrativ betrachtet – Konsitutive Elemente, Regeln, Indikatoren.* Berlin, 2001.

Korhonen, J., Honkasalob, A. und Seppälä, J.: Circular Economy: The Concept and its Limitations. In: *Ecological Economics,* 143, 2018. https://www.researchgate.net/publication/318385030_Circular_Economy_The_Concept_and_its_Limitations#read, Abruf 30. Januar 2021.

Krüger, L. und Bizer, K.: Innovationen im Kontext von Nachhaltigkeit. Diskussionsbeiträge Nr. 144, Volkswirtschaftliches Seminar Universität Göttingen, 2009.

Kubon-Gilke, G. und Bender, B.: *Gerechtigkeit als normativer Orientierungspunkt für Wissenschaft und Politik.* Darmstadt, 2013. Arbeitspapiere aus der Evangelischen Hochschule Darmstadt, Nr. 17.

Lange, S. und Santarius, T.: *Smarte grüne Welt.* München, 2018.

Lawn, P. A.: *Toward Sustainable Development – an Ecological Economics Approach.* Boca Raton, 2001.

Layard, P. R. G.: *Die glückliche Gesellschaft – Kurswechsel für Politik und Wirtschaft.* Frankfurt, 2005.

Lazarvic, C. D. und Valve, H.: Narrating expectations for the circular economy: towards a common and contested European transition. In: *Energy Res. Soc. Sc.,* Vol. 31:60–69, 2017.

Le Blanc, D.: Towards integration at last? The Sustainable Development Goals as a network of targets. Working Paper No.14, UN DESA, New York, 2015.

Leif, T. und Speth, R.: *Die fünfte Gewalt – Lobbyismus in Deutschland.* Wiesbaden, 2006.

Leisinger, K. M.: *Die Kunst der verantwortungsvollen Führung.* Bonn, 2018.

Lerner, A.: The Economics of Consumer Souvereignity. In: *American Economic Review,* 62(2):258–266, 1972.

Leschke, M.: Nachhaltigkeit und Institutionen – eine wirtschaftswissenschaftliche Sicht. In: Kahl, W. (Hrsg.), *Nachhaltigkeit als Verbundbegriff,* S. 297–325, Tübingen, 2008.

Lindemann, S. und Jänicke, M.: *Nachhaltigkeitsstrategien in Deutschland und der EU – Eine Zwischenbilanz aus umweltpolitischer Sicht*: 2008. FFU-report 02.

Lingnau, V.: Menschenfreundlichkeit ist keine ökonomische Kategorie – oder: Warum die Betriebswirtschaftslehre Probleme mit ethischen Aspekten hat, aber nicht haben sollte. In: Schmidt, M. et al. (Hrsg.), *Führung und Verantwortung,* S. 33–45. Mering, München, 2011.

Linz, M.: Warum Suffizienz unentbehrlich ist. In: Linz, M., Bartelmus, P., Hennicke, P., Jungkeit, R., Scherhorn, G., Wilke, G. und von Winterfeld, U. (Hrsg.), *Von nichts zu viel – Suffizienz gehört zur Zukunftsfähigkeit,* Wuppertal Papers Nr. 125, S. 7–14. Wuppertal, 2002.

Lobbycontrol: *Umfrage: rund Dreiviertel für mehr Transparenz bei Lobbyismus.* Verfügbar unter: https://www.lobbycontrol.de/2015/11/umfrage-rund-dreiviertel-fuer-mehr-transparenz-beilobbyismus/ (zuletzt geprüft am: 28.04.2017).

Lobbycontrol: *Newsletter April*: 2021.

Lowe, E.: Regional Resource Recovery and Eco-Industrial Parks – an Integrated Strategy. In: Strebel, H. und Schwarz, E. (Hrsg.), *Kreislauforientierte Unternehmenskooperationen: Stoffstrommanagement durch innovative Verwertungsnetze*, S. 27–58. Oldenbourg, München, Wien, 1998.

Loewe, M. et al.: Promot sustained, inclusive and sustainable development economic growth, full and productive employment and decent work for all. In: Loewe, M. und Rippin, N. (Hrsg.), *Translating an Ambitious Vision into Global Transformation – The 2030 Agenda for Sustainable Development*. Deutsches Institut für Entwicklungspolitik, 2015. Discussion Paper 7/2015.

Lomborg, B.: *Global Crises, Global Solutions*. Cambridge, 2004.

Luks, F. und Nill, J.: Unausgeschöpfte Potenziale – Die Chancen nationaler Nachhaltigkeitsstrategien nutzen. In: *Ökologisches Wirtschaften*, – Spezial ‚Perspektiven nationaler Nachhaltigkeitsstrategien' (H. 3–4):2–3, 2003.

Luks, F.: Innovationen, Wachstum und Nachhaltigkeit – eine ökologisch-ökonomische Betrachtung. In: Beckenbach, F., Hampicke, U., Leipert, C., Meran, G., Minsch, J., Nutzinger, H. G., Pfriem, R., Weimann, J., Wirl, F. und Witt, U. (Hrsg.), *Innovationen und Nachhaltigkeit*, Jahrbuch Ökologische Ökonomik, S. 41–62, Marburg, 2005.

Luks, F.: Theories of „sustainability" and the sustainability of theories: for alternatives to the mainstream, and against simple solutions. In: Enders, J. C. und Remig, M. (Hrsg.), *Theories of Sustainable Development*, S. 80–88. Routledge, 2015.

Lundvall, B.-Å.: *Product Innovation and User-Producer Interaction*. Aalborg, 1985. Industrial Development Research Series, Nr. 31.

Lundvall, B.-Å.: *National Systems of Innovation – Towards a Theory of Innovation and Interactive Learning*. London, 1992.

Malaska, P. et al.: *Advanced Sustainability Analyses: Conceptualizing Information Age Sustainability*: 2002. Work Package 14: Information Age Sustainability, International Report.

Manstetten, R. und Faber, M.: Umweltökonomie, Nachhaltigkeitsökonomie und Ökologische Ökonomie. In: *Jahrbuch Ökologische Ökonomik, Band 1*, Marburg, 1999.

Markandya, A. und D., Rübbelke (Hrsg.): *Climate and Development*. World Scientific, Singapore, 2021.

Marschall, L. und Holdinghausen, H.: *Seltene Erden: Umkämpfte Rohstoffe des Hightech-Zeitalters*. München, 2018.

Martens, J. und Obenland, W.: *Die 2030-Agenda – Globale Zukunftsziele für nachhaltige Entwicklung*. Bonn, Osnabrück, 2016.

Martus, T.: Wie schädlich ist das Internet fürs Klima? In: *Berliner Morgenpost*, 07. Januar 2020:5, 2020.

Marwell, G. und Ames, R. E.: Economists Free Ride, Does Anyone Else? Experiments on the Provision of Public Goods, IV. In: *Journal of Public Economics*, 15(3):295–310, 1981.

McDonough, W. und Braungart, M.: *Cradle to Cradle – Remaking the Way we make Things*. New York, 2002.

McKinsey Global Institute (Hrsg.): *Digital Europe: pushing the frontier, capturing the benefit*. https://www.mckinsey.de/files/mgi-digital-europe-june-2016.pdf. Zuletzt geprüft 29.05.2017, 2016.

Meadows, D. L., Meadows, D. H. und Zahn, E.: *Die Grenzen des Wachstums – Bericht des Club of Rome zur Lage der Menschheit*. Stuttgart, 1972. Original: Meadows, D. L., Meadows, D. H., Randers, J., Behrens, W. W.: The Limits to Growth – a Report for the Club of Rome's Project on the Predicament of Mankind. New York 1972.

Meadows, D. L., Meadows, D. H. und Randers, J.: *Beyond the Limits*. Chelsea Green Publishing Company, 1992.

Meadows, D. L., Meadows, D. H. und Randers, J.: *Limits to Growth – The 30-Year Update*. Chelsea Green Publishing Company, 2004.

Mechik, E. und von Hauff, M.: The fight against deforestation of tropical forests – the contribution of the blockchain based contract management method to minimize illegal logging. In: Markandya, A und Rübbelke, D. (Hrsg.), *Climate and Development*. World Scientific, forthcoming, Singapore, 2021.

Merkel, W. und Krück, M.: Social Justice and Democracy – Investing the Link. In: *Internationale Politik und Gesellschaft*., H. 1:134–158, 2004.

Meyer, T.: Eine Theorie der sozialen Demokratie. In: *Zeitschrift für Gesellschaftsanalyse und Reformpolitik*, 21. Jg.(H. 1):5–16, 2004.

Michaelis, N. V.: *Nachhaltige Entwicklung und programmgebundene Kreditvergabe der Weltbank*. Regensburg, 2003.

Michaelis, N. V.: Wohlstandsmessung 2.0. In: *E+Z*, Jg. 50:470–471, 2009.

Michaelis, N. V.: Reform der Wohlstandsmessung als Grundlage für eine nachhaltige Ökonomie – Bewertung alternativer Ansätze und Umsetzung. In: Sauer, T. (Hrsg.), *Ökonomie der Nachhaltigkeit – Grundlagen, Indikatoren, Strategien*, S. 15–40, Marburg, 2012.

Michaelis, N. V.: Nachhaltige Umweltpolitik. In: v. Hauff, M. und Nguyen, T. (Hrsg.), *Nachhaltige Wirtschaftspolitik*, S. 195–216, Baden-Baden, 2013.

Michelsen, G. und Fischer, D.: *Bildung für nachhaltige Entwicklung*. Wiesbaden, 2015.

Michelsen, G. (Hrsg.): *Die deutsche Nachhaltigkeitsstrategie – Wegweiser für eine Politik der Nachhaltigkeit*. Wiesbaden, 2017.

Michelsen, G.: Verortung der Deutschen Nachhaltigkeitsstrategie. In: Michelsen, G. (Hrsg.), *Die deutsche Nachhaltigkeitsstrategie – Wegweiser für eine Politik der Nachhaltigkeit*, Wiesbaden, 2017.

Mittelstraß, J.: Auf dem Wege zur Transdisziplinarität. In: *Gaia*, 1. Jg.(Nr. 5):250, 1992.

Moreau, V., Sahakian, M., van Griethuysen, P. und Vuille, F.: Coming Full Circle: Why Social and Institutional Dimensions Matter for the Circular Economy. In: *Journal of Industrial Ecology*, 21(3):497–506, 2017. URL: https://online-library.wiley.com/doi/full/10.1111/jiec.12598, zuletzt geprüft am: 11.03.2019.

Morin, E.: *La Voie*. Paris, 2011.

Müller, C.: *Nachhaltige Ökonomie*. München, 2015.

Müller, M. und Niebert, K.: Verantwortung im Anthroprozän. In: Michelsen, G. (Hrsg.), *Die Deutsche Nachhaltigkeitsstrategie – Wegweiser für eine Politik der Nachhaltigkeit*, S. 55–70, Wiesbaden, 2017.

Müller-Armack, A.: Der Moralist und der Ökonom. Zur Frage der Humanisierung der Wirtschaft. In: Müller-Armack, A. (Hrsg.), *Genealogie der Sozialen Marktwirtschaft. Frühschriften und weiterführende Konzepte*, S. 123–140, Bern, Stuttgart, 1969.

Murphy, J. und Gouldson, A.: Environmental Policy and Industrial Innovation – Integrating Environment and Economy Through Ecological Modernisation. In: *Geoforum*, 31. Jg.(H. 1):33–44, 2000.

Myrdal, G.: *Das politische Element der nationalökonomischen Doktrinbildung*, 2. Auflage. Bonn-Bad Godesberg, 1976.

NABU: *Kommentare des NABU zur Deutschen Nachhaltigkeitsstrategie 2016: STELLUNGNAHME / NACHHALTIGKEITSSTRATEGIE 2016*. Naturschutzbund Deutschland (NABU) e. V. https://www.nabu.de/imperia/md/content/nabude/nachhaltigkeit/170706-nabu-stellungnahme-nachhaltigkeitsstrategie.pdf, 2017.

Nash, J. F.: The Bargaining Problem. In: *Econometrica*, Bd. 18:155–162, 1950.

Nauta, C. und Merten, T.: Nachhaltiges Wirtschaften – erfolgreiche Unternehmen betreiben CSR systematisch. In: Forum Marktforschung und Deutsche Gesellschaft für Qualität (Hrsg.), *Excellence Barometer 2008 – Qualität bewegt*, S. 18–26, Mainz, Frankfurt, 2008.

Neck, R. und Schneider, F.: *Wirtschaftspolitik*. München, 2013.

Nefiodow, L. A.: *Der fünfte Kondratieff – Strategien zum Strukturwandel in Wirtschaft und Gesell-schaft.* Frankfurt, 1990.

Nefiodow, L. A.: *Der sechste Kondratieff – Wege zur Produktivität und Vollbeschäftigung im Zeitalter der Information.* Sankt Augustin, 1996.

Neligan, A.: Digitalisation as enabler towards a sustainable circular economy in Germany. In: *Inter-economics*, 53:101–106, 2018.

Nelson, R. R.: *National Innovation Systems – A Comparative Analysis.* New York, Oxford, 1993.

Nelson, R. R. und Winter, S. G.: *An Evolutionary Theory of Economic Change.* Cambridge, London, 1982.

Neumayer, E.: Global Warming – Discounting is not the Issue but Substitutability is. In: *Energy Poli-cy*, Bd. 27(H. 1):33–43, 1999.

Neumayer, E.: *Weak Versus Strong Sustainability: Exploring the Limits of two Opposing Paradigms*, 4. Auflage. Elgar, London, 2013.

Neumayer, E.: *Weak Versus Strong Sustainability*, 3. Auflage. Cheltenham, 2010.

Nordbeck, R.: *Nachhaltigkeitsstrategien als politische Langfriststrategien: Innovationswirkungen und Restriktionen.* http://www.fu-berlin.de/ffu/. Abruf 22.08.2003, Berlin, 2001. FFU-Report Nr. 01-02.

Nordhaus, W. D. und Tobin, J.: Is Growth Obsolete? In: Moss, M. (Hrsg.), *The Measurement of Econo-mic and Social Performance*, S. 509–532. New York, 1973.

North, D. C.: *Institutionen, institutioneller Wandel und Wirtschaftsleistung.* Tübingen, 1992. Original: North, D. C.: Institutions, institutional change and economic performance. Cambridge 1990.

North, D. C. und Wallis, J. J.: Integrating Institutional Change and Technical Change in Economic History. A Transaction Cost Approach. In: *Journal of Institutional and Theoretical Economics*, Jg. 150(Heft 4):609–624, 1994.

Olson, M.: *Die Logik kollektiven Handelns.* Tübingen, 1968. Original: The Logic of Collective Action: Public Goods and the Theory of Groups. Cambridge 1965.

Organisation for Economic Co-operation and Development (OECD): *Technologies for cleaner Produc-tion and Products – Towards technological Transformation of Sustainable Development.* Paris, 1995.

Organisation for Economic Co-operation and Development (OECD), Eurostat: *Oslo Manual – Propo-sed Guidelines for Collecting and Interpreting Technological Innovation Data.* Paris, 1997.

Organisation for Economic Cooperation and Development (OECD): *Eco-Efficiency. Nr. 50093-1998.* Paris, 1998.

Organisation for Economic Cooperation and Development (OECD): *Towards Sustainable Develop-ment – Indicators to Measure Progress. Proceedings of the OECD Rome Conference.* o. O, 2000.

Organisation for Economic Cooperation and Development (OECD): *Good Practices in the National Sustainable Development Strategies of OECD Countries.* Paris, 2006.

Organisation for Economic Cooperation and Development (OECD): *Mehr Ungleichheit trotz Wachs-tum? Einkommensverteilung und Armut in OECD- Ländern.* Paris, 2008.

Organisation for Economic Co-operation and Development (OECD): *Divided we Stand: Why Inequality Keeps Rising.* Paris, 2011.

Organisation for Economic Co-operation and Development (OECD): *Making Inclusive Growth Happen.* Paris, 2014.

Organisation for Economic Co-operation and Development (OECD): *OECD Faktbook 2015–2016.* Paris, 2016.

Osranek, R.: *Nachhaltigkeit in Unternehmen.* Wiesbaden, 2017.

Ostrom, E.: *Governing the Comments. The Evolution of Institutions for Collective Actions.* Cambridge, 1990.

Ott, K. und Döring, R.: Soziale Nachhaltigkeit – Suffizienz zwischen Lebensstilen und politischer Ökonomie. In: Beckenbach, F., Hampicke, U., Leipert, C., Meran, G., Minsch, J., Nutzinger, H. G., Pfriem, R., Weimann, J., Wirl, F. und Witt, U. (Hrsg.), *Soziale Nachhaltigkeit*, Jahrbuch Ökologische Ökonomik, S. 35–71, 2007.

Ott, K. und Döring, R.: *Theorie und Praxis starker Nachhaltigkeit*, 3. Auflage. Marburg, 2011.

Paulus, W.: *Selbständig zuhause leben im Alter: Auf dem Weg zu einer integrierten Versorgung*. IAT, Gelsenkirchen, 2015.

Pastoors, S.: Einleitung. In: Scholz, U. et al. (Hrsg.), *Praxishandbuch Nachhaltige Produktentwicklung*, S. 1–8, Berlin, Heidelberg, 2018.

Pastoors, S. und Scholz, U.: Methoden zum Messen der Nachhaltigkeit von Produkten. In: Scholz, U. et al. (Hrsg.), *Praxishandbuch Nachhaltige Produktentwicklung*, S. 23–30, Berlin, Heidelberg, 2018.

Patel, P. und Pavitt, K.: The Continuing, Widespread (and Neglected) Importance of Improvements in Mechanical Technologies. In: *Research Policy*, 23. Jg.(H. 4):533–545, 1994.

Pauli, G.: *The Blue Economy – 10 Years, 100 Innovations, 100 Million Jobs*. Paradigm Publcations, New Mexico USA, 2010.

Pearce, D. W. und Atkinson, G. D.: Capital Theory and the Measurement of Sustainable Development – an Indicator of Weak Sustainability. In: *Ecological Economics*, Bd. 8(H. 2):103–108, 1993.

Pearce, D. W. und Atkinson, G. D.: The Concept of Sustainable Development. In: *Schweizerische Zeitschrift für Volkswirtschaft und Statistik*, 134. Jg.(H. 3):251–271, 1998.

Pearce, D. W., Atkinson, G. D. und Dubourg, W. R.: The Economics of Sustainable Development. In: *Annual Review of Energy and the Environment*, 19. Jg:457–474, 1994.

Pearce, D.: Foundations of Ecological Economics. In: *Ecological Modelling*, 38:9–18, 1987.

Peet, J. und Bossel, H.: An Ethics-Based Systems Approach to Indicators of Sustainable Development. In: *International Jounal of Sustainable Development*, 3. Jg.(H. 3):221–238, 2000.

Perrings, C.: Ecological Economics of the Millennium Assessment. In: *International Journal of Ecological Economics and Statitistics*, 6:8–22, 2006.

Peukert, H.: *Klimaneutralität jetzt! Politiken der Klimaneutralität auf dem Prüfstand*. Marburg, 2021.

Peyrelón, P.: *Grundzüge der Neuroökonomie – So entstehen Entscheidungen*. Heidelberg, 2020.

Pichler, C.: Das Leitbild Nachhaltiger Entwicklung – Eine Einführung. In: *Der öffentliche Sektor – The Public Sector*, Jg. 46(Ausgabe 1):93–99, 2020.

Pierson, P.: *Politics in time. History, Institutions and Social Analysis*. Princeton University Press, Princeton, 2004.

Piketty, T.: *Das Kapital im 21. Jahrhundert*, 8. Auflage. München, 2016.

Pillarisetti, J. R.: The World Bank's Genuine Savings Measure and Sustainability. In: *Ecological Economics*, Bd. 55(H. 4):599–609, 2005.

Pittel, K.: Nachhaltige Entwicklung und Wirtschaftswachstum. In: *Wirtschaftswissenschaftliches Studium*, 33. Jg.(H. 9):537–544, 2004.

Platon: *5. Buch der Nomoi (Die Gesetze)*. Stuttgart, 1862. Platons Werke, vierte Gruppe, neuntes bis fünfzehntes Bändchen, (nach der Übersetzung von Franz Susemihl).

Porter, M. E. und van der Linde, C.: Toward a New Conception of the Environment – Competitiveness Relationship. In: *The Journal of Economic Perspectives*, 9. Jg.(H. 4):97–118, 1995.

Pradhan, P. et al.: A Systematic Study of Sustainable Development Goals (SDG) Interactions. In: *Earth's Future*, 2017.

Putnam, R. D.: The Prosperous Community – Social Capital and Public Life. In: *The American Prospect*, 30. November 1993:35–42, 1993.

Pufé, I.: *Nachhaltigkeit, Konstanz*, 3. Auflage. München, 2017.

Pyka, A., Müller, M. und Kudic, M.: Regional Innovation Systems in Policy Laboratories. In: *Journal of Open Innovation: Technology, Market, and Complexity*, 4(4):44, 2018.

Radke, V.: *Balancing Economic, Ecological and Social Assets for Sustainable Development*. Hagen, 1996. Diskussionsbeiträge des Fachbereichs Wirtschaftswissenschaften, Nr. 230.

Randall, A.: Week Sustainability, conservation and precaution. In: Atkinson, G., Dietz, S., Neumayer, E. und Agarwala, M. (Hrsg.), *Handbook of Sustainable Development*, S. 160–172, 2. Auflage. Elgar, 2014.

Randers, J.: *2050. Der neue Bericht an den Club of Rom: eine globale Prognose für die nächsten 40 Jahre*. München, 2012.

Randhahn, A. et al.: Digitalisierung – Segen oder Fluch für den Klimaschutz? In: Wittpahl, V. (Hrsg.), *Klima – Politik & Green Deal Technologie & Digitalisierung Gesellschaft & Wirtschaft*, S. 180–194. Springer Vieweg, 2020.

Rat für nachhaltige Entwicklung: *Stellungnahme zur Nationalen Nachhaltigkeitsstrategie der Bundesregierung*. Berlin, 2002.

Rat für Nachhaltige Entwicklung: *Schwerpunkte der nationalen Nachhaltigkeitsstrategie 2004 – Stellungnahme des Rates für Nachhaltige Entwicklung zum Konsultationspapier des Bundeskanzleramtes zum Fortschrittsbericht 2004*. http://www.nachhaltigkeitsrat.de. Abruf 09.03.2004, Berlin, 2004.

Rat für Nachhaltige Entwicklung: *Welche Ampeln stehen auf Rot? Stand der 21 Indikatoren der nationalen Nachhaltigkeitsstrategie – auf der Grundlage des Indikatorenberichts 2006 des Statistischen Bundesamtes*. Berlin, 2008. Texte, Nr. 22.

Rat für Nachhaltige Entwicklung: *Sustainability – Made in Germany, Second review*. Berlin, 2013.

Rat für nachhaltige Entwicklung: *Mutiger und nicht nur moderat verändern! Der Regierungsentwurf zur Nachhaltigkeit bleibt hinter den Erfordernissen zurück: Stellungnahme zum Regierungsentwurf der Deutschen Nachhaltigkeitsstrategie vom 31. Mai 2016*. Rat für nachhaltige Entwicklung. https://www.nachhaltigkeitsrat.de/wp-content/uploads/migration/documents/20160620_RNE_Stellungnahme_RegE_DE_Nachhaltigkeitsstrategie.pdf, 2016.

Rat für Nachhaltige Entwicklung: *Der Nachhaltige Warenkorb. Einfach besser einkaufen. Ein Ratgeber*. URL: www.nachhaltiger-warenkorb.de, abgerufen 2019.

Rauschmayer, F., Omann, I. und Frühmann, J. (Hrsg.): *Sustainable Development*. London, New York, 2012.

Rawls, J.: *A Theory of Justice*. Cambridge, 1971.

Rawls, J.: *Eine Theorie der Gerechtigkeit*. Frankfurt, 1979. Original: Rawls, J.: A Theory of Justice. Cambridge 1971.

Rawls, J.: *Das Recht der Völker*. Berlin, New York, 2002. Original: The law of peoples/The idea of public reason revisited, 4. Aufl. Cambridge 2002.

Rawls, J.: *Gerechtigkeit als Fairness – ein Neuentwurf*. Frankfurt, 2003.

Reef, B.: *Theoretische Grundlagen der Wirtschaftspolitik – eine Einführung*. Marburg, 2010.

Reich, U.-P.: Gibt es eine Entropie in der Ökonomie? In: Hagemann, H. und v. Hauff, M. (Hrsg.), *Nachhaltige Entwicklung – das neue Paradigma in der Ökonomie*, S. 33–62, Marburg, 2010.

Reich, A. et al.: Waldbewirtschaftung in Zeiten des Klimawandels. In: *Aktuell – Naturschutz und Landschaftsplanung*, 42(9):257–260, 2010.

Reike, D., Vermeulen, W. J. V. und Witjes, S.: The circular economy: New or Refurbished as CE 3.0? — Exploring Controversies in the Conceptualization of the Circular Economy through a Focus on History and Resource Value Retention Options. In: *Resources, Conservation & Recycling*, S. 1–19, 2017.

Reller, A. et al. (Hrsg.): *Ressourcenstrategien – Eine Einführung in den nachhaltigen Umgang mit Ressourcen*. Darmstadt, 2013.

Reller, A. und Dießenbacher, J.: Reichen die Ressourcen für unseren Lebensstil? Wie Ressourcen-strategie vom Stoffverbrauch zum Stoffgebrauch führt. In: v. Hauff, M. (Hrsg.), *Nachhaltige Entwicklung – Aus der Perspektive verschiedener Disziplinen*, S. 89–114, Baden-Baden, 2014.

Reller, A.: Schon die Digitalisierung Ressourcen? Kurze Bestandsaufnahme zur Dynamik der Digi-talisierung. In: v. Hauff, M. und Reller, A. (Hrsg.), *Nachhaltige Digitalisierung – eine noch zu bewältigende Zukunftsaufgabe*, S. 25–34, Wiesbaden, 2020.

Renn, O., Deuschle, J., Jäger, A. und Weimer-Jehle, W.: *Leitbild Nachhaltigkeit – eine normativ-funk-tionale Konzeption und ihre Umsetzung*. Wiesbaden, 2007.

Rennings, K.: Innovationen aus Sicht der neoklassischen Umweltökonomik. In: Meyerhoff, J. (Hrsg.), *Innovationen und Nachhaltigkeit*, Jahrbuch Ökologische Ökonomik, S. 15–39, Marburg, 2005.

Rennings, K., Ankele, K., Hoffmann, E., Nel, J. und Ziegler, A.: *Innovationen durch Umweltmanage-ment – Empirische Ergebnisse zum EG-Öko-Audit*. Heidelberg, 2005.

Richter, R. und Furuboton, E. G.: *Neue Institutionenökonomik – eine Einführung und kritische Würdi-gung*, 4. Auflage. Tübingen, 2010.

Rockström, J. et al.: A safe operating space for humanity. In: *Nature*, 416(7263):472–475, 2009.

Rogall, H.: *Akteure der nachhaltigen Entwicklung – der ökologische Reformstau und seine Gründe*. München, 2003.

Rogall, H.: *Ökologische Ökonomie – Eine Einführung*, 2. Auflage. Wiesbaden, 2008.

Rogall, H.: *Nachhaltige Ökonomie – Ökonomische Theorie und Praxis einer nachhaltigen Entwick-lung*. Marburg, 2012.

Rogers, P. P., Jalal, K. F. und Boyd, J. A.: *An Introduction to Sustainable Development*. London, 2008.

Rosenberg, N.: *Innovation and Economic Growth*. OECD, Paris, 2004.

Roßteutscher, S., Westle, B. und Kunz, V.: Das Konzept des Sozialkapitals und Beiträge zentraler Klassiker. In: Westle, B. und Gabriel, O. W. (Hrsg.), *Sozialkapital – Eine Einführung*, S. 11–40, Baden-Baden, 2008.

Rottländer, E.: Ein historisches Beispiel nachhaltigen Wirtschaftens – Siegerländer Haubergswirt-schaft. In: Deutsches Institut für Fernstudienforschung an der Universität Tübingen (Hrsg.), *Veränderung von Böden durch anthropogene Einflüsse*, S. 475–500, Berlin u. a, 1997.

Ruth, M.: A Quest for the Economics of Sustainability and the Sustainability of Economics. In: *Ecolo-gical Economics*, Bd. 56(H. 3):332–342, 2006.

Sachs, W.: Die zwei Gesichter der Ressourcenproduktivität. In: Linz, M., Bartelmus, P., Hennicke, P., Jungkeit, R., Scherhorn, G., Wilke, G. und von Winterfeld, U. (Hrsg.), *Von nichts zu viel – Suffizienz gehört zur Zukunftsfähigkeit*, Wuppertal Papers Nr. 125, S. 49–56. Wuppertal, 2002.

Sachverständigenrat für Umweltfragen (SRU): *Wege zur 100 % erneuerbaren Stromversorgung*. Ber-lin, 2011. Sondergutachten des Sachverständigenrats für Umweltfragen.

Sachverständigenrat zur Begutachtung der gesamtwirtschaftlichen Entwicklung: *Zukunftsfähigkeit in den Mittelpunkt – Jahresgutachten 15/16*. Paderborn, 2015.

Saling, P., Kicherer, A., Dittrich-Krämer, B., Wittlinger, R., Zombik, W., Schmidt, I., Schrott, W. und Schmidt, S.: Eco-efficiency Analysis by BASF – The Method. In: *International Journal of Life Cycle Assessment*, 7. Jg.(H. 4):203–218, 2002.

Samuelson, P. A.: Welfare Economics. In: Samuelson, P. A. (Hrsg.), *Foundations of Economic Analy-sis*, S. 203–253, Cambridge, 1947.

Schaich, H. und Konold, W.: Honorierung ökologischer Leistungen der Forstwirtschaft. In: *Aktuell – Natursachutz und Landschaftsplanung*, 44(1):005–013, 2012.

Schaller, K., Kahnert, S. und Mons, U.: *Alkoholatlas Deutschland 2017*, 1. Auflage. Pabst Sci-ence Publishers, 2017. https://www.dkfz.de/de/tabakkontrolle/download/Publikationen/ sonstVeroeffentlichungen/Alkoholatlas-Deutschland-2017_Doppelseiten.pdf.

Schaltegger, S. und Sturm, A.: Ökologische Rationalität – Ansatzpunkte zur Ausgestaltung von öko-logieorientierten Managementinstrumenten. In: *Die Unternehmung*, 44. Jg.(Nr. 4):273–290, 1990.

Schaltegger, S. et al.: *Nachhaltigkeitsmanagement in Unternehmen – Konzepte und Instrumente zur nachhaltigen Unternehmensentwicklung.* Bundesministerium für Umwelt, Naturschutz und Reaktorsicherheit, 2002. Berlin.

Schleile, M. P. et al.: Innovation Systems for Transformations Towards Sustainability? Taking the Normative Dimension Seriously. In: *Sustainability*, 9(12):1–20, 2017.

Schmidheiny, S.: *Kurswechsel – Globale unternehmerische Perspektiven für Entwicklung und Um-welt.* München, 1992.

Schmidpeter, R.: CSR, Sustainable Entrepreneuership und Social Innovation – Neue Ansätze der Betriebswirtschaftslehre. In: Schneider, A. und Schmidpeter, R. (Hrsg.), *Corporate Social Re-sponsibility –Verantwortungsvolle Unternehmensführung in Theorie und Praxis*, S. 135–144, 2. Auflage. Berlin Heidelberg, 2015.

Schmidt-Bleek, F.: *Das MIPS-Konzept – weniger Naturverbrauch – mehr Lebensqualität durch Faktor 10.* München, 1998.

Schmookler, J.: *Invention and Economic Growth.* Cambridge, 1966.

Scholz, I.: Herausforderung Sustainable Development Goals. In: Michelsen, G. (Hrsg.), *Die Deutsche Nachhaltigkeitsstrategie – Wegweiser für eine Politik der Nachhaltigkeit*, S. 23–39, Wiesbaden, 2017.

Scholz, U. et al. (Hrsg.): *Praxishandbuch Nachhaltige Produktentwicklung.* Berlin, Heidelberg, 2018.

Schrack, D.: *Nachhaltigkeitsorientierte Materialflusskostenrechnung.* Wiesbaden, 2016.

Schumpeter, J. A.: *Capitalism, Socialism and Democracy.* New York, 1942 (deutsch: Kapitalismus, Sozialismus und Demokratie. Tübingen 1993).

Schwaneck, S.: *Lobbyismus und Transparenz: Eine vergleichende Studie einer komplexen Bezie-hung.* Wiesbaden, 2019.

Schwarz, M., Birke, M. und Beerheide, E.: Die Bedeutung sozialer Innovationen für eine nachhaltige Entwicklung. In: Howaldt, J. und Jacobsen, H. (Hrsg.), *Soziale Innovationen – auf dem Weg zu einem postindustriellen Innovationsparadigma*, S. 165–180, Wiesbaden, 2010.

Seitz, A.: *Lobbyismus: Problematiken organisierter Interessenvertretung am Beispiel der Bertels-mann Stiftung.* Halle, 2017. Campus PUBLIK – Schriften zur politischen Bildung.

Sen, A. K.: Rational Fools: A Critique of the Behavioral Foundations of Economic Theory. In: *Philoso-phy & Public Affairs*, Vol. 6(No. 4):317–344, 1977.

Sen, A. K.: Rational Fools: A Critique of the Behavioral Foundations of Economic Theory. In: Mans-bridge, J. J. (Hrsg.), *Beyond Self Interest*, S. 25–43. Chicago u. a, 1997.

Sen, A. K.: Equality of What? In: McMurrin, S. M. (Hrsg.), *The Tanner Lecture on Human Values*, S. 195–220, Salt Lake City, 1980.

Sen, A. K.: *Ökonomie für den Menschen – Wiege zur Gerechtigkeit und Solidarität in der Marktwirt-schaft.* München, Wien, 2000.

Sen, A.: *The Idea of Justice.* London, 2010.

Sen, A.: The Ends and Means of Sustainability. In: *Journal of Human Development and Capabilities*, Vol. 14(No.1):6–20, 2013.

Sener, S. und Saridogan, E.: The Effects of Science-Technology-Innovation on Competitiveness and Economic Growth. In: *Procedia-Social and Beaviorial Sciences*, 24:815–828, 2011.

Senge, K.: Zum Begriff der Institution im Neo-Institutionalismus. In: Senge, K. und Hellmann, K.-U. (Hrsg.), *Einführung in den Neo-Institutionalismus*, S. 35–47, Wiesbaden, 2006.

Senge, P. M., Carstedt, G. und Porter, P. L.: Innovating our way to the next industrial revolution. In: *Sloan Management Review*, 42. Jg.(Bd. 2):24–38, 2001.

Settele, J.: *Die Tripple Krise – Artensterben, Klimawandel, Pandemien.* EDEL Books, 2020.

Simon, H. A.: A Behavioral Model of Rational Choice. In: *Quarterly Journal of Economics*, 69:99–118, 1955.

Simon, H. A.: *Models of Men, Social and Rational*. New York/London, 1957.

Simon, H. A.: Behavioral Economics. In: Eatwell, J., Milgate, M. und Newman, P. (Hrsg.), *The New Palgrave. A Dictionary of Economics, Vol. 1*, S. 221–225. London, 1987.

Schumpeter, J. A.: *Theorie der wirtschaftlichen Entwicklung*. Göttingen, 1964.

Siebenhüner, B.: *Homo sustinens – Auf dem Weg zu einem Menschenbild der Nachhaltigkeit*. Marburg, 2001.

Siebenhüner, B.: Homo sustinens – Neue Einsichten für nachhaltiges Handeln. In: Leitschuh, H. et al. (Hrsg.), *Mut zu Visionen – Brücken in die Zukunft, Jahrbuch Ökologie*, Stuttgart, 2014.

Simonis, U. E.: Das magische Dreieck zukunftsfähiger Entwicklung. In: *Gewerkschaftliche Monatshefte*, 49. Jg.(H. 6/7):466, 1998.

Skene, K. und Murray, A.: *Sustainable Economics. Context, Challenges and Opportunities for the 21st-Century Practitioner*. Sheffield, 2015.

Skinner, B. J.: Earth resources. In: *Proceedings of the National Academy of Sciences*, 76. Jg.(Nr. 9):4212–4217, 1979.

Solow, R. M.: The Economics of Resources or the Resources of Economics. In: *American Economic Review*, 64. Jg.(H. 2):1–14, 1974.

Solow, R. M.: Intergenerational Equity and Exhaustible Resources. In: *Review of Economic Studies Symposium*, 41. Jg:29–45, 1974.

Solow, R. M.: Review of 'Manufacturing Matters'. In: *The New York Times Book Review*, 12. Juli 1987:36, 1987.

Solow, R. M.: Sustainability – An Economist's Perspective. In: Dorfman, R. und Dorfman, N. S. (Hrsg.), *Economics of the Environment, Selected Readings*, S. 179–187, 3. Auflage. New York, London, 1993.

Solow, R. M.: Georgescu-Roegen versus Solow-Stiglitz – Reply. In: *Ecological Economics*, 22:267–268, 1997.

Spangenberg, J. H.: *Towards Sustainable Europe – Sustainable Europe – Environmental Space*. Wuppertal, 1994.

Spangenberg, J. H.: *Ein zukunftsfähiges Europa – Towards Sustainable Europe – Zusammenfassung einer Studie aus dem Wuppertal Institut im Auftrag von Friends of the Earth Europe*. Wuppertal, 1995. Wuppertal Papers, Nr. 42.

Spangenberg, J. H.: *Prisma der Nachhaltigkeit*. Wuppertal, 1997. Archiv des Wuppertal Instituts, UM-631/97.

Spangenberg, J. H.: *Die ökonomische Nachhaltigkeit der Wirtschaft*. Berlin, 2005.

Spash, C. L.: The Shallow or the Deep Ecological Economics Movement? In: *Ecological Economics*, 93:351–362, 2013.

Spash, C. L.: New Foundations for Ecological Economics. In: *Ecological Economics*, 77:36–47, 2012.

Spash, C. I. (Hrsg.): *Routledge Handbook of Ecological Economics: Nature and Society*. Routledge, Abingdon-on-Thames, 2017.

Spraul, K. und Friedrich, C.: Mit Digitalisierung zur Agenda 2030: Der Weg über digitale Innovationen. In: Spraul, K. (Hrsg.), *Nachhaltigkeit und Digitalisierung. Wie digitale Innovationen zu den Sustainable Development Goals beitragen*, S. 13–36, Baden-Baden, 2019.

Stahel, W. R. und Reday-Mulvey, G.: *Jobs for tomorrow: The Potential for Substituting Manpower for Energy*. Brussels, 1976. study no. 76/13 for DG Manpower.

Statistisches Bundesamt: *Nachhaltige Entwicklung in Deutschland – Indikatorenbericht 2006*. Wiesbaden, 2007.

Statistisches Bundesamt: *Nachhaltige Entwicklung in Deutschland – Indikatorenbericht 2008*. Wiesbaden, 2008.

Statistisches Bundesamt: *Statistisches Jahrbuch*. http:www.destatis.de, 2013. Abruf 06.02.2014.

Statistisches Bundesamt (Hrsg.): *Bruttoinlandsprodukt 2016 für Deutschland, Begleitmaterial zur Pressekonferenz am 12. Januar 2017 in Berlin*. Online verfügbar unter https://www.destatis.de/DE/PresseSer-vice/Presse/Pressekonferenzen/2017/BIP2016/Pressebro-schuere_BIP2016.pdf?__blob=publicationFile, zuletzt geprüft am 13.06.2017, Wiesbaden.

Statistisches Bundesamt: *Anzahl der atypisch Beschäftigten in Deutschland nach Erwerbsformen von 1999 bis 2017*. Statistisches Bundesamt. https://de.statista.com/statistik/daten/studie/161608/umfrage/atypisch-beschaeftigte-in-deutschland-nach-erwerbsformen-seit-1999/, 2018.

Statistisches Bundesamt: *Gender Pay Gap*. Statistisches Bundesamt. https://www.destatis.de/DE/Themen/Arbeit/Arbeitsmarkt/Qualitaet-Arbeit/Dimension-1/gender-pay-gap.html, 2019.

Statistisches Bundesamt: *Wie wird der Gender Pay Gap erhoben und berechnet?* Statistisches Bundesamt. https://www.destatis.de/DE/Themen/Arbeit/Verdienste/FAQ/gender-pay-gap.html, 2019.

Stauf, C.: *Ganzheitliches Intellectual Property Management im Unternehmen*. Springer, 2016.

Stauf, C. und Horeth, M.: Benefits and Effects of Intellectual Property Rights. In: *International Journal of Intellectual Property Management (IJIPM)*, Vol. 10(No. 2):99–112, 2017.

Steffen, W. et al.: PLanetary bounderies: Guiding human development on a changing planet. In: *Science*, 347:6223, 2015.

Steurer, R.: Paradigmen der Nachhaltigkeit. In: *Zeitschrift für Umweltpolitik und Umweltrecht*, 24. Jg.(H. 4):537–566, 2001.

Stiglitz, J. E.: Growth with Exhaustible Natural Resources – Efficient and Optimal Growth Paths. In: *The Review of Economic Studies*, 41. Jg:123–137, 1974.

Stiglitz, J. E., Sen, A. und Fitoussi, J.-P.: *Report by the Commission on the Measurement of Economic Performance and Social Progress*. Paris, 2009.

Stiglitz, J.: *Freefall. America, Free Markets, and the Thinking of the World Economy*. New York, 2010.

Stiglitz, J.: *Der Preis für Ungleichheit*. München, 2012.

Stoltenberg, U. und Fischer, D.: Bildung und Kommunikation als integraler Bestandteil der Deutschen Nachhaltigkeitsstrategie. In: Michelsen, G. (Hrsg.), *Die Deutsche Nachhaltigkeitsstrategie – Wegweiser für eine Politik der Nachhaltigkeit*, S. 123–140. Hessische Landeszentrale für politische Bildung, Wiesbaden, 2017.

Sturn, R.: Die Krise und der Fortschritt in der Ökonomik. In: Held, M., Kubon-Gilke, G. und Sturn, R. (Hrsg.), *Normative und institutionelle Grundfragen der Ökonomik, Jahrbuch 10*, S. 7–30, Marburg, 2011.

Sunken, J. und Schubert, K.: *Ökonomische Theorie der Politik*, 2. Auflage. Wiesbaden, 2018.

Sustainable Asset Management (SAM): *Corporate Sustainability Assessment Questionnaire*. Stand 21.04.2004. http://www.sam-group.com, Abruf 22.08.2006, 2004.

Thaler, R.: *Misbehaving – Was uns die Verhaltensökonomik über unsere Verhaltensweisen verrät*. Wiesbaden, 2018.

Teichert, V., Diefenbacher, H., Dümig, D. und Wilhelmy, S.: *Indikatoren zur Lokalen Agenda 21 – ein Modellprojekt in sechzehn Kommunen*. Opladen, 2002.

Thorenz, A.: Ressourcenmanagement aus betriebswirtschaftlicher Sicht. In: Reller, A. et al. (Hrsg.), *Ressourcenstrategien – eine Einführung in den nachhaltigen Umgang mit Ressourcen*, S. 123–131, Darmstadt, 2013.

Toman, M. A.: Economics and Sustainability – Balancing Trade-offs and Imperatives. In: *Land Economics*, 70. Jg.(H. 4):399–413, 1994.

Türkeli, S. und Kemp, R.: Changing Patterns in Eco-Innovation Research: A Bibliometric Analysis. In: Horbach, J. und Reif, C. (Hrsg.), *New Developments in Eco-Innovation Research*. Springer Nature, 2018.

Turner, R. K.: Sustainability – Principals and Practice. In: Turner, R. K. (Hrsg.), *Sustainable Environmental Economics and Management – Principals and Practice*, S. 3–36, Chichester, 1993.

Umweltbundesamt (Hrsg.): *Konzeptionelle Weiterentwicklung der Nachhaltigkeitsindikatoren der UN-Commission on Sustainable Development.* Berlin, 1997.

Umweltbundesamt: *Gesamtwirtschaftliche Ziele und Indikatoren zur Rohstoffinanspruchnahme.* Berlin, 2015.

Umweltbundesamt: *Umweltbewusstsein in Deutschland.* umweltbewusstsein-in-deutschland, online:https://www.umweltbundesamt.de/themen/nachhaltigkeit-strategien-internationales/gesellschaft-erfolgreich-veraendern/, abgerufen am: 16.10.2019, Dessau Roßlau, 2019.

Umweltbundesamt: *Digitalisierung nachhaltig gestalten.* Dessau-Roßlau, 2019.

Umweltbundesamt: *Arzneimittel in der Umwelt | Umweltbundesamt.* Umweltbundesamt. https://www.umweltbundesamt.de/daten/chemikalien/arzneimittel-in-der-umwelt, 2019.

Umweltbundesamt: *Bauabfälle.* https://www.umweltbundesamt.de/daten/ressourcen-abfall/verwertung-entsorgung-ausgewaehlter-abfallarten/bauabfaelle#verwertung-von-bau-und-abbruchabfallen. Abruf 12. März 2020, 2019.

Umweltbundesamt: *Erneuerbare Energie in Zahlen | Umweltbundesamt.* Umweltbundesamt. https://www.umweltbundesamt.de/themen/klima-energie/erneuerbare-energien/erneuerbare-energien-in-zahlen, 2020.

United Nations: *General Assembly 2012 Outcome document: The future we want.* https://sustainabledevelopment.un.org/content/documents/733FutureWeWant.pdf, 2012. 20.10.2020.

United Nations: *Resolution adopted by the General Assembly on 25 September 2015 – 70/1. Transforming our world: the 2030 Agenda for Sustainable Development.* URL: http://www.un.org/ga/search/view_doc.asp?symbol=A/ RES/70/1&Lang=E, Abrufdatum: 27.03.2017. A/Res/70/1.

United Nations Conference on Environment and Development (UNCED): *Agenda 21.* New York, 1992.

United Nations Conference on Environment and Development (UNCSD) (Hrsg.): *Indicators of Sustainable Development – Framework and Methodologies.* New York, 1996.

United Nations Conference on Environment and Development (UNCSD): *Indicators of Sustainable Development – Guidelines and Methodologies.* http://www.un.org/esa/sustdev/, New York, 2001. Abruf 29.09.2004.

United Nations Conference on Trade and Development (UNCTAD): *A Manual for the Preparers and Users of Eco-efficiency indicators, Version 1.1.* New York, Genf, 2004. UNCTAD/ITE/IPC/2003/7.

United Nations Department of Economic and Social Information and Policy Analysis (UNDESA): *Guidance in preparing a national sustainable dvelopment strategy: managing sustainable development in the new millennium.* https://sustainabledevelopment.un.org/con-tent/documents/nsds_guidance.pdf, 14.09.2020, 2002.

United Nations Department of Economic and Social Affairs (UNDESA): *Assessment Report on National Sustainable Development Strategies – the Global Picture 2003.* http://www.un.org/esa/sustdev/. Abruf 09.09.2004, o. O., 2004.

United Nations Department of Economic and Social Affairs (UNDESA): *National Sustainable Development Strategies – the Global Picture 2003.* Stand Juli 2004 http://www.un.org/esa/sustdev/. Abruf 09.09.2004, 2003.

United Nation Environment Programme (UNEP): *Towards a Green Economy: Pathways to Sustainable Development and Poverty Eradication; A Synthesis for Policy Makers:* 2011. Internetlink.

United Nations General Assembly (UNGASS): *What Now – Dag Hammarskjöld Report on Development and International Cooperation.* New York, 1975.

Unruh, G. C.: Understanding carbon lock-in. In: *Energy Policy*, 28. Jg.(H. 12):817–830, 2000.

Urmetzer, S. und Pyka, A.: *Understanding innovation processes. An overview of evolutionary innovation modells:* 2017. REELER Working Paper Series, Working paper 1, version 2.0. November.

Verfaillie, H. A. und Bidwell, R.: *Measuring eco-efficiency – A guide to reporting company performance*. http://www.wbcsd.org, o. O., 2000. Abruf 18.11.2002.

Vieweg, W.: *Nachhaltige Marktwirtschaft – Eine Erweiterung der Sozialen Marktwirtschaft*. Wiesbaden, 2017.

Vogt, M.: Nachhaltigkeit aus theologisch-ethischer Perspektive. In: v. Hauff, M. (Hrsg.), *Nachhaltige Entwicklung – Aus der Perspektive unterschiedlicher Disziplinen*, Baden-Baden, 2014.

Voigt, S.: *Institutionenökonomik*, 13. Auflage. Paderborn, 2009.

Waage, J. und Yep, C.: *Thinking Beyond Sectors For Sustainable Development*. Ubiquity Press, 2015.

Walz, R.: *Der Beitrag von R. M. Solow zur Entwicklung des schwachen Nachhaltigkeitsbegriffs*. Fraunhofer-Institut für Systemtechnik und Innovationsforschung, Karlsruhe, 1999.

Weber, H. und Kubek, V.: Chancen und Risiken der Digitalisierung für sozial benachteiligte Personengruppen. In: v. Hauff, M. und Reller, A. (Hrsg.), *Nachhaltige Digitalisierung – eine noch zu bewältigende Zukunftsaufgabe*, S. 98–108, Wiesbaden, 2020.

WBGU (Wissenschaftlicher Beirat der Bundesregierung Globale Umweltveränderungen): *Unsere gemeinsame digitale Zukunft*. Berlin, 2019.

Weisz, H.: Metabolismus von Industriegesellschaften. In: Isenmann, R. und v. Hauff, M. (Hrsg.), *Industrial Ecology: Mit Ökologie zukunftsorientiert wirtschaften*, S. 209–224, München, 2007.

Weizsäcker, E.-U. von, Lovins, A. B. und Lovins, L. H.: *Faktor Vier – Doppelter Wohlstand ~ halbierter Naturverbrauch – Der neue Bericht an den Club of Rome*. München, 1995.

Weizsäcker, E. U. von et al.: *Faktor fünf – Die Formel für nachhaltiges Wachstum*. München, 2010.

Weizsäcker, E. U. von: Effizienz – erforderlich für Nachhaltigkeit. In: *Mut zu Visionen – Brücken in die Zukunft, Jahrbuch Ökologie*, S. 64–70. Stuttgart, 2014.

Weller, I.: Nachhaltiger Konsum in Zeiten des Klimawandels. In: v. Hauff, M. (Hrsg.), *Nachhaltige Entwicklung aus verschiedener Perspektive*, S. 75–90, Baden-Baden, 2014.

Welsch, J.: *Innovationspolitik – eine problemorientierte Einführung*. Wiesbaden, 2005.

Weskamp, M.: *Modell zur Bewertung von Investitionen zur Steigerung der Ökoeffektivität innerbetrieblicher Wertschöpfungsketten*. Dissertation, Universität Stuttgart, 2017. Stuttgart. URL: http://d-nb.info/1160235864/34.

Wicke, L. und Franke, W.: *Umweltökonomie – eine praxisorientierte Einführung*, 3. Auflage. München, 1991.

Wiedmann, T. und Minx, J.: *A definition of 'carbon footprint'*: 2007. ISA Research Report Nr. 07-01, http://www.isa-research.co.uk. Abruf 27.02.2009.

Wilderer, M. Z.: *Economic Growth, Environment and Development*. Delhi, 2002.

Wilderer, P. A. und v. Hauff, M.: Industrial Ecology: engineered representation of sustainability. In: *Sustainability Science*, Vol. 4(März):103–115, 2008.

Wilderer, P. A. und v. Hauff, M.: Nachhaltige Entwicklung durch Resilienz-Steigerung. In: v. Hauff, M. (Hrsg.), *Nachhaltige Entwicklung aus verschiedener Perspektive*, S. 17–40, Baden-Baden, 2014.

Winter, G.: Natur ist Fundament, nicht Säule – 20 Jahre nachhaltige Entwicklung als rechtspolitisches Konzept. In: *Gaia*, 16. Jg.(Bd. 4):255–260, 2007.

Witt, U.: Innovationsförderung als Königsweg zur Nachhaltigkeit? In: Beckenbach, F., Hampicke, U., Leipert, C., Meran, G., Minsch, J., Nutzinger, H. G., Pfriem, R., Weimann, J., Wirl, F. und Witt, U. (Hrsg.), *Innovationen und Nachhaltigkeit*, Jahrbuch Ökologische Ökonomik, S. 87–94, Marburg, 2005.

World Bank: *Where is the Wealth of Nations? – Measuring Capital for the 21st Century*. Washington, 2006.

World Bank: *World Development Indicators, Datebase*. http://datebank.worldbank.org/data/reports.aspx?source=2&series=NY.GDP.MKTP.KD.ZG&country, 2017.

World Bank: *World Development Indicators*. http://databank.worldbank.org. Abruf: 04.02.2014.

Über den Autor

Prof. Dr. Michael von Hauff studierte Volkswirtschaftslehre an der University of Augusta/Georgia, USA, und an den Universitäten Stuttgart und Konstanz. 1977 promovierte er zum Dr. rer. pol. und habilitierte sich an der Universität Stuttgart 1987. Seit 1991 ist er ordentlicher Professor an der TU Kaiserslautern. 2020 wurde er pensioniert. 1995 war er Gastprofessor an der University of Delhi. 2003 hielt er Gastvorlesungen an der Nanyang Technological University in Singapur. Viele Jahre hielt er auch Gastvorlesungen an der Jawaharlal Nehru University/Delhi und dem Institute of Economics/Yangon Myanmar. Er war Mitglied des Herausgeberbeirates mehrerer Internationaler Journals wie „Progress in Industrial Ecology – An International Journal" und „International Quarterly for Asian Studies". Weiterhin ist er Mitglied in verschiedenen nationalen und internationalen Organisationen wie der European Academy of Sciences and Arts. Seine wichtigsten Forschungsgebiete sind Nachhaltige Entwicklung und Entwicklungsökonomie. Im Jahr 2009 wurde er mit dem Deutschen Umweltpreis von B.A.U.M. für seine wissenschaftlichen Leistungen zugunsten des Forschungsgebietes nachhaltige Entwicklung ausgezeichnet. 2015 gehörte er im Rahmen eines Rankings der F.A.Z. zu den 100 einflussreichsten deutschsprachigen Ökonomen.

https://doi.org/10.1515/9783110722536-012

Stichwortverzeichnis

https://doi.org/10.1515/9783110722536-013